해커스
윤민호
재무관리연습

해커스 경영아카데미

이 책의 저자

윤민호

학력

연세대학교 경제학과 졸업
한국외국어대학교 경영학 석사

경력

현 | 해커스 경영아카데미 교수
해커스공기업 교수
웅지세무대학교 회계세무정보학부 교수

전 | 안진회계법인
유리자산운용(주) 자산운용본부
국민은행 증권운용팀

자격증

한국공인회계사

저서

해커스 윤민호 재무관리
해커스 윤민호 객관식 재무관리
해커스 윤민호 재무관리연습
해커스공기업 쉽게 끝내는 재무관리 기본서 + 기출동형모의고사 2회분

머리말

본서는 공인회계사 2차 시험을 준비하는 수험생들이 효율적으로 학습할 수 있도록 쓰여진 주관식 재무관리 연습서이다. 성공적인 2차 시험 결과를 위해서는 각 주제의 내용을 종합적으로 정리하고, 관련 문제를 체계적으로 풀이하는 과정을 연습하는 것이 매우 중요하다. 그러나 저자의 다년간 경험에 따르면 공인회계사 1차 시험에 합격한 수험생들의 상당수가 재무관리의 기본적인 내용에 대한 학습이 부족한 상황에서 2차 시험을 준비하게 되고, 이에 따라 만족스럽지 못한 시험 결과에 좌절하는 경우를 자주 접하게 되었다. 본서의 가장 큰 목적은 금융투자론과 기업재무론의 핵심 내용을 숙지함과 동시에 핵심 문제들의 풀이를 통해서 2차 시험의 실전대비능력을 향상시키는 데 있다.

본서의 특징은 다음과 같다.

첫째, 1994년부터 2023년까지의 2차 시험에 출제되었던 주요 문제들은 모두 수록하고, 2차 시험에 출제되지 않았던 내용 중 실제 시험 준비를 위해 필요한 최소한의 내용들만을 엄선해서 수록하여 2차 시험에 적합한 난이도의 문제들로만 구성하였다. 너무 쉬운 기본적인 내용의 문제나 2차 시험의 실전 난이도를 초과하는 문제들은 과감하게 제외하였기 때문에 본서를 통하여 가장 효율적으로 2차 시험에 대비할 수 있을 것이다.

둘째, 금융투자론에 대한 이해가 상대적으로 부족한 수험생들의 현실적인 상황을 고려하여 재무관리 기본서와 상반되게 금융투자론 이후에 기업재무론을 배치하였다. 따라서 본서를 통하여 금융자산의 평가방법을 기업재무론의 의사결정에 적용하는 능력을 향상시킬 수 있을 것이다.

셋째, 각 장마다 핵심 이론 내용을 주제별로 간결하면서도 체계적으로 요약정리하였고, 각 장의 문제들을 논리적 순서에 맞게 구성하였으며, 문제풀이방법을 일관성 있게 서술하였다. 따라서 수험생들은 본서를 통하여 2차 시험에 대비하기 위해서 반드시 알아두어야 할 주요 내용을 짧은 시간에 효율적으로 정리하고, 빠르고 정확하게 문제를 푸는 노하우를 익혀 문제풀이시간을 단축할 수 있을 것이다.

넷째, 2차 수험생들의 가장 큰 고민인 답안 작성 요령을 체계적으로 습득할 수 있도록 하기 위해 해답을 실제 시험에서 작성해야 할 답안의 형식으로 구성하였다. 따라서 본서를 통하여 실제 시험에서 효과적으로 답안을 작성할 수 있는 능력을 습득할 수 있을 것이다.

이와 같이, 본서는 최근 공인회계사 2차 시험의 출제경향을 모두 반영하고, 필수문제들로만 구성되었기에 수험생들이 짧은 시간 내에 공인회계사 2차 시험에 대비하는 데 부족함이 없을 것으로 확신한다. 더 좋은 교재가 나올 수 있도록 많은 의견을 주었던 독자 여러분께 감사의 말씀을 드리며, 모두에게 합격의 영광이 있기를 기원한다.

윤민호

목차

해커스 윤민호 재무관리연습

제1장

주식의 가치평가와 투자전략

핵심 이론 요약

01 배당평가모형

(1) 무성장모형

① 내부유보를 통한 재투자 없이 발생된 이익을 모두 배당으로 지급

- 추가적인 투자가 없으므로 이익의 성장이 없음

② $P_0 = \dfrac{d}{k_e}$

- 주당배당액(d) = 주당순이익(EPS)

(2) 항상성장모형

① 이익의 유보율과 유보이익의 재투자수익률이 매기 일정

- 유보이익의 재투자수익률 = 자기자본이익률(ROE)

② 추가적인 재투자수익만큼 매기의 이익이 성장

- 이익의 당기 성장률(g) = 전기 말 유보율(b) × 당기 재투자수익률(ROE)

③ 주식의 균형가격

- $P_0 = \dfrac{d_1}{k_e - g}$ (단, $k_e > g$)
- $d_1 = EPS_1 \times (1-b) = d_0 \times (1+g) = EPS_0 \times (1+g) \times (1-b)$

④ 배당성향(유보율)이 일정하게 유지되는 경우

- 이익의 성장률 = 배당의 성장률 = 배당락주가 기준 주가의 상승률

⑤ 배당성향(유보율)이 변동되는 경우

- 이익의 성장률 ≠ 배당의 성장률

(3) 성장기회의 (주당)순현재가치

① 미래 성장기회의 (주당)순현재가치의 현재가치 합계액

- 성장기회가 있는 상황의 주가 − 성장기회가 없다고 가정 시 주가
- 항상성장모형: $NPVGO = \dfrac{d_1 = EPS_1 \times (1-b)}{k_e - g} - \dfrac{EPS_1}{k_e}$

② 유보이익의 재투자수익률(ROE)과 주주의 요구수익률(k_e)

- $ROE > k_e$: $NPVGO > 0$
- $ROE < k_e$: $NPVGO < 0$

02 주가배수를 이용한 주식의 상대가치평가모형

(1) 주가이익비율

① 기업의 회계이익 1원에 대한 시장의 평가

- $PER = \dfrac{P_0}{EPS_1}$

② 기업(이익)의 성장성에 대한 평가 반영

- $PER = \dfrac{P_0}{EPS_1} = \dfrac{\dfrac{EPS_1}{k_e} + NPVGO}{EPS_1} = \dfrac{1}{k_e} + \dfrac{NPVGO}{EPS_1}$

- 무성장기업($NPVGO = 0$): $PER = \dfrac{1}{k_e}$

- 항상성장기업: $PER = \dfrac{P_0}{EPS_1} = \dfrac{\dfrac{EPS_1 \times (1-b)}{k_e - g}}{EPS_1} = \dfrac{1-b}{k_e - g}$

③ PER를 이용한 적정주가 계산

- 적정P_0 = 적정$PER \times EPS_1$

(2) 주가 대 장부금액 비율과 주가 대 매출액 비율

① 주가 대 장부금액 비율

- $PBR = \dfrac{P_0}{BPS_0 = \text{주당순자산장부금액}}$
- 적정P_0 = 적정$PBR \times BPS_0$
- 성장주: 상대적으로 PBR이 높은 주식

② 주가 대 매출액 비율

- $PSR = \dfrac{P_0}{SPS_1 = \text{주당매출액}}$
- 적정P_0 = 적정$PSR \times SPS_1$

문제 01 화폐의 시간가치와 배당평가모형

CPA 14

다음 물음에 대하여 답하라. 각 물음은 서로 연관성이 없는 별개의 물음이다.

물음 1

A기업은 내년의 주당이익(EPS_1)을 660원으로 예상하고 있으며 주식에 대한 적정할인율은 12%이다. A기업은 앞으로 매년 이익의 60%를 재투자할 예정이며 자기자본에 대한 투자수익률은 15%를 유지할 것으로 전망된다. 배당할인모형에 의하면 주식가치는 얼마인가? 또 주식가치 중에서 성장기회에 대한 가치(NPVGO)는 얼마인가?

물음 2

B채권은 만기가 5년이며 액면이자율이 6.2%이고 분기별로 이자를 지급한다. 현재 이 채권은 액면가와 동일한 가격으로 거래되고 있다. 이 채권에 대한 실효이자율(effective rate of interest)은 얼마인가? 계산결과는 %단위로 표시하되 반올림하여 소수점 둘째 자리까지 표기하라.

물음 3

C은행의 정기예금은 연이자율이 3.6%이다. 이 정기예금을 이용해서 세후 기준으로 원금의 두 배를 마련하려면 몇 년간 투자해야 하는가? 단, 현재 이자소득세율은 15.4%이고, 이자소득세는 만기시점에 한 번만 납부한다고 가정한다. 아래 표에 제시된 각 실수에 대한 자연대수 값을 계산에 이용하고, 계산결과는 반올림하여 소수점 둘째 자리까지 표기하라.

실수(x)	자연대수($\ln x$)	실수(x)	자연대수($\ln x$)
0.036	- 3.3242	1.036	0.0354
0.154	- 1.8708	1.846	0.6130
0.846	- 0.1672	2.000	0.6931
1.000	0.0000	2.182	0.7802

물음 4

일반적으로 재무관리의 목표는 기업가치극대화라고 말한다. 기업가치가 아니라 이익을 극대화하는 것을 재무관리의 목표로 설정하면 어떤 문제점이 있는지 5줄 이내로 설명하라.

해답

물음 1

이익과 배당의 성장률: $g = 0.6 \times 0.15 = 0.09$

주식가치: $P_0 = \dfrac{660\text{원} \times (1-0.6)}{0.12-0.09} = 8,800\text{원}$

성장기회에 대한 가치: $NPVGO = 8,800\text{원} - \dfrac{660\text{원}}{0.12} = 8,800\text{원} - 5,500\text{원} = 3,300\text{원}$

물음 2

연간실효이자율 $= \left(1+\dfrac{0.062}{4}\right)^4 - 1 = 6.35\%$

물음 3

세후이자액 = 세전이자액 × (1 − 0.154) = 원금액

$\therefore$ 투자기간 동안의 총세전이자율$= \dfrac{\text{세전이자액}}{\text{원금액}} = \dfrac{1}{1-0.154} = 1.182$

$(1+0.036)^n = (1+1.182)$

$\ln(1+0.036)^n = n \times \ln 1.036 = \ln 2.182$

$\therefore\ n = \dfrac{\ln 2.182}{\ln 1.036} = \dfrac{0.7802}{0.0354} = 22.04\text{년}$

물음 4

이익의 극대화는 극대화 대상 이익의 개념이 모호하고, 회계처리방법의 선택에 따라 이익의 크기가 달라질 수 있으며, 자기자본사용의 기회비용을 고려하지 못하고, 화폐의 시간가치와 미래의 불확실성을 고려하지 못한다는 문제점이 있다.

문제 02 배당평가모형과 주가의 변동 CPA 97

무부채기업인 W기업의 당기 말 순이익은 25억원으로 예상되며, 현재의 발행주식수는 100만주이고 자본비용은 10%이다. W기업은 이익의 80%를 배당으로 지급하는 배당정책을 향후에도 유지할 계획이며, 유보이익의 재투자수익률은 40%로 향후에도 일정하게 유지될 것으로 기대된다.

물음 1

현재의 배당성향을 계속 유지하는 경우에 W기업의 현재주가를 계산하시오.

물음 2

W기업이 갖는 성장기회의 주당 순현재가치(NPVGO)를 계산하시오.

물음 3

W기업의 당기 말 배당부주가와 배당락주가를 계산하시오.

물음 4

이상의 물음과 달리 당기 말에는 계획된 현금배당을 지급하지 않고, 동 금액만큼의 자사주 매입을 실시할 계획이라고 가정한다. 매입시점의 시장가격으로 자사주를 매입하는 경우에 W기업의 현재주가를 계산하시오.

해답

물음 1

주당이익: $EPS_1 = \frac{25억원}{100만주} = 2,500원$

이익과 배당의 성장률: $g = 0.2 \times 0.4 = 0.08$

주가: $P_0 = \frac{2,500원 \times 0.8}{0.1 - 0.08} = 100,000원$

물음 2

$NPVGO = 100,000원 - \frac{2,500원}{0.1} = 75,000원$

물음 3

배당부주가: $P_1^{배당부} = 2,500원 \times 0.8 + \frac{2,500원 \times 0.8 \times 1.08}{0.1 - 0.08} = 110,000원$

배당락주가: $P_1^{배당락} = \frac{2,500원 \times 0.8 \times 1.08}{0.1 - 0.08} = 108,000원$

물음 4

자사주 매입액 = $2,500원 \times 0.8 \times 100만주 = 20억원$

자사주 매입주식수 = $\frac{20억원}{110,000원} = 18,182주$

자사주 매입 후 주가 = $\frac{110,000원 \times 100만주 - 20억원}{100만주 - 18,182주} = 110,000원$

현재주가 = $\frac{110,000원}{1.1} = 100,000원$

문제 03 배당평가모형과 PER

CPA 07

기업 X의 회계연도 초(t = 0)의 발행주식수는 1,000주이며, 회계연도 말(t = 1)에 예상되는 순이익은 200만원이다. 기업 X는 회계연도 말(t = 1)에 총 80만원을 주주에게 배당금으로 지급하고 나머지는 재투자를 위해 내부에 유보할 계획이다. 기업 X는 매 회계연도마다 평균적으로 자기자본이익률(ROE)을 20%로 유지하고 있다. (단, 자기자본이익률 = 회계연도 당기순이익 ÷ 회계연도 초 자기자본) 기업 X의 배당정책과 자기자본이익률은 회계연도 말 이후 계속적으로 유지될 것이며, 기업 X의 주주의 연간 요구수익률은 16%이다.

물음 1

배당할인모형(Dividend discount model)에 근거한 기업 X의 내재가치가 시장가치와 동일하다면, 기업 X의 회계연도 초의 PER(Price Earnings Ratio)는 얼마인가? (단, PER = 회계연도 초 주가 ÷ 회계연도 말 주당순이익)

물음 2

일부 투자자들은 PER가 낮은 주식(저 PER주)을 선호하는 경향이 있다. 저 PER주에 투자하는 전략이 이론적으로 타당한 투자전략인지를 PER를 결정하는 요인에 근거해서 세 줄 이내로 설명하시오.

물음 3

기업 X의 재투자 정책에 따른 성장기회의 현재가치(NPVGO)를 계산하시오. 기업 X의 주가가 당기순이익을 전액 배당금으로 지급하는 정책에 따른 주가보다 높기 위해서는 어떤 조건이 충족되어야 하는가?

해답

물음 1

회계연도 말 주당이익: $EPS_1 = \frac{200\text{만원}}{1,000\text{주}} = 2,000\text{원}$

회계연도 말 주당배당금: $d_1 = \frac{80\text{만원}}{1,000\text{주}} = 800\text{원}$

이익과 배당의 성장률: $g = 0.6 \times 0.2 = 0.12$

회계연도 초 주가: $P_0 = \frac{800\text{원}}{0.16 - 0.12} = 20,000\text{원}$

회계연도 초 PER $= \frac{20,000\text{원}}{2,000\text{원}} = 10$

물음 2

PER를 결정하는 주요한 요인은 이익과 배당의 성장률이다. 저 PER주는 성장률이 낮은 기업의 주식이므로 상대적으로 주가가 낮게 평가되는 주식이라고 할 수 있다. 따라서 저 PER주에 투자하는 전략은 이론적으로 타당하지 못하다.

물음 3

성장기회의 현재가치(NPVGO) $= 20,000\text{원} - \frac{2,000\text{원}}{0.16} = 7,500\text{원}$

조건: 유보이익의 재투자수익률(ROE)이 자기자본비용(k_e)보다 높아야 한다.

문제 04 유보율의 변경과 NPVGO

CPA 01

20X1년 초 현재 W기업의 자기자본 장부금액은 50억원이고, 발행주식수는 40만주이며, 무위험이자율로 차입한 부채의 장부금액은 20억원이다. W기업은 향후에 매년 14.5억원의 영업이익이 영구히 일정하게 발생할 것으로 기대되며, W기업의 자기자본에 대한 베타는 1.2이다. W기업은 20X1년 말부터 매년 순이익의 60%를 유보하여 현재 W기업의 자기자본이익률($ROE = \frac{\text{순이익}}{\text{기초자기자본}}$)과 동일한 재투자수익률을 일정하게 얻을 수 있는 새로운 투자기회를 포착하였다. 무위험이자율은 10%, 시장포트폴리오의 기대수익률은 15%, 법인세율은 20%이다.

물음 1

ROE와 EPS_1를 계산하시오.

물음 2

W기업이 새로운 투자기회를 포착하지 못하였다고 할 경우의 1주당 주식가치를 계산하시오.

물음 3

W기업이 새로운 투자기회를 포착하였다고 할 경우의 1주당 주식가치를 계산하고, 이러한 경우 W기업이 포착한 성장기회의 주당 순현재가치(NPVGO)를 계산하시오.

물음 4

유보율을 증가시켰을 때 주당 내재가치가 줄어들 수 있는가? 만약 그렇다면 그런 상황이 발생하는 경우에 대해서 설명하시오.

물음 5

이상의 물음과는 독립적으로 W기업이 향후 3년간 순이익의 80%를 매년 유보하여 고속성장을 할 것으로 기대되며, 그 후로는 순이익의 50%를 영구히 유보하여 꾸준히 성장할 것으로 기대된다고 가정하는 경우에 W기업의 1주당 주식가치를 계산하시오.

해답

물음 1

$NI = (14.5억원 - 20억원 \times 0.1) \times (1 - 0.2) = 10억원$

$ROE = \frac{10억원}{50억원} = 20\%$

$EPS_1 = \frac{10억원}{40만주} = 2,500원$

물음 2

$k_e = 0.1 + (0.15 - 0.1) \times 1.2 = 0.16$

새로운 투자기회를 포착하지 못한 경우의 주가$= \frac{2,500원}{0.16} = 15,625원$

물음 3

$g = 0.6 \times 0.2 = 0.12$

새로운 투자기회를 포착하는 경우의 주가$= \frac{2,500원 \times (1 - 0.6)}{0.16 - 0.12} = 25,000원$

NPVGO = 25,000원 − 15,625원 = 9,375원

물음 4

유보이익의 재투자수익률이 자기자본비용보다 낮은 경우에는 유보율을 증가시켰을 때 주당 내재가치가 감소될 수 있다.

물음 5

유보율이 80%인 경우 이익의 성장률: $g' = 0.8 \times 0.2 = 0.16$

유보율이 50%인 경우 이익의 성장률: $g'' = 0.5 \times 0.2 = 0.1$

$d_1 = 2,500원 \times (1 - 0.8) = 500원$

$d_2 = 2,500원 \times 1.16 \times (1 - 0.8) = 580원$

$d_3 = 2,500원 \times 1.16^2 \times (1 - 0.8) = 672.8원$

$d_4 = 2,500원 \times 1.16^3 \times (1 - 0.5) = 1,951.12원$

$d_5 = 2,500원 \times 1.16^3 \times 1.1 \times (1 - 0.5) = 2,146.232원$

$$주가 = \frac{500원}{1.16} + \frac{580원}{1.16^2} + \frac{672.8원}{1.16^3} + \frac{1,951.12원}{1.16^4} + \frac{2,146.232원}{0.16 - 0.1} \times \frac{1}{1.16^4} = 22,126.44원$$

문제 05 배당평가모형과 적정주가

CPA 14

포트폴리오 매니저인 김민국 씨는 A기업의 자본비용을 추정하고, 이를 이용하여 A기업의 현재 주가가 과대 혹은 과소평가되어 있는지에 대한 보고서를 작성하고자 한다. 이를 위해 A기업에 대해 다음과 같은 자료를 수집하였다. 아래의 정보는 이후 변동이 없을 것으로 예상되며, 회사채는 채무불이행위험이 없다고 가정한다.

- 자본구조
  - 회사채를 발행하여 조달한 부채와 보통주를 발행하여 조달한 자본으로 구성
  - 부채비율(B/S): 100%
- 회사채 관련 정보
  - 액면이자율(coupon rate): 8%
  - 현재 액면가(par value)로 거래되고 있으며, 1년에 한 번 이자를 지급하는 영구채
- 보통주 관련 정보
  - 시장포트폴리오의 기대수익률: 9%
  - 무위험이자율: 5%
  - A기업의 주식베타: 1.2
  - A기업의 현재 주가: 250원
  - A기업의 배당성장률 예측치: 5%
  - 작년 말 주당 배당(d_0): 5원
  - 보통주 발행주식수: 3,200,000주
- 법인세율: 30%

위의 자료를 바탕으로 김민국 씨는 다음과 같은 보고서를 작성하였다.

- 자기자본비용
  - 일정성장 배당평가모형(항상성장모형 혹은 고정성장모형)을 활용하여 자기자본비용을 계산할 수 있으나, A기업의 경우 CAPM모형을 적용하는 것이 적절하다고 판단되었다.
  - CAPM모형을 이용하여 추정한 자기자본비용은 (가)%이다.
- 타인자본비용
  - 세전타인자본비용은 현재 시장에서 거래되고 있는 A기업 회사채를 통해 추정한 만기수익률을 이용하였으며, 세후타인자본비용은 (나)%이다.
- A기업의 현재 부채비율(B/S)은 100%이고, 자기자본비용과 세후타인자본비용을 활용하여 추정한 가중평균자본비용은 (다)%이다.
- 지난해 A기업의 주주잉여현금흐름(FCFE)은 4,000만원이었고, 영원히 매년 5% 성장할 것으로 예상된다. 따라서 현재 A기업의 주식은 (라)평가되어 있는 것으로 판단된다.

물음 1

빈칸 (가)와 (나)에 들어갈 자기자본비용과 세후타인자본비용은 얼마인가? 계산결과는 %단위로 표시하되 반올림하여 소수점 첫째 자리까지 표기하라.

물음 2

A기업의 자기자본비용 추정과 관련하여 다음 물음에 답하여라.

① 일정성장 배당평가모형을 활용하여 A기업의 자기자본비용을 추정하라. 계산결과는 %단위로 표시하되 반올림하여 소수점 첫째 자리까지 표기하라.

② ①의 계산결과를 이용하여 김민국 씨가 일정성장 배당평가모형을 이용하였을 때의 문제점을 2줄 이내로 설명하라.

물음 3

빈칸 (다)에 적절한 가중평균자본비용은 얼마인지 계산하라. 계산결과는 %단위로 표시하되 반올림하여 소수점 첫째 자리까지 표기하라.

물음 4

주주잉여현금흐름에 대한 김민국 씨의 예상이 옳다고 가정할 때, 주주잉여현금흐름을 이용하여 A기업 주식의 내재가치(intrinsic value)를 계산하라. 이를 바탕으로 판단할 때, 괄호 (라)에 들어갈 적절한 단어는 무엇인가? 계산결과는 반올림하여 원 단위로 표기하라.

해답

물음 1

(가) 자기자본비용: $k_e = 0.05 + (0.09 - 0.05) \times 1.2 = 9.8\%$

(나) 세후타인자본비용: $k_d \times (1 - t) = 0.08 \times (1 - 0.3) = 5.6\%$

물음 2

① 자기자본비용: $k_e = \dfrac{d_1}{P_0} + g = \dfrac{5\text{원} \times 1.05}{250\text{원}} + 0.05 = 7.1\%$

② 배당평가모형을 적용하는 경우에는 적정주가를 이용해야 적정자기자본비용을 계산할 수 있는데, 현재의 주가 250원은 적정주가인지 여부가 불확실하다.

물음 3

(다) 가중평균자본비용(WACC): $k_0 = 0.056 \times 0.5 + 0.098 \times 0.5 = 7.7\%$

물음 4

자기자본의 가치: $S_L = \dfrac{4{,}000\text{만 원} \times 1.05}{0.098 - 0.05} = 87{,}500\text{만 원}$

주식의 내재가치: $P_0 = \dfrac{87{,}500\text{만 원}}{320\text{만 주}} = 273\text{원}$

∴ 현재의 주가인 250원은 (라) 과소평가되어 있는 것으로 판단된다.

문제 06 NPVGO와 부채사용효과

CPA 06

새로운 회계연도 초인 현재(시점 0), 무부채기업인 (주)트윈은 1만주의 주식을 발행하고 있고 직전 회계연도 말 세후순이익은 120만원이다. 연간 무위험이자율과 시장포트폴리오의 기대수익률은 각각 6%와 12%이며 이후 변동이 없을 것으로 예상되고, 현재 (주)트윈의 자본비용은 15%이다. 법인세(세율 40%) 외 개인소득세는 없으며 거래비용도 없고, 시장은 완전하다. 단, 계산은 소수점 아래 넷째 자리에서 반올림하시오.

물음 1

(주)트윈은 향후 영속적으로 동일한 세후순이익이 기대되고 새로운 성장기회가 없어 직전 회계연도 순이익을 전액 현금배당으로 지급한 경우, (주)트윈의 현재 주가를 배당평가모형을 이용하여 구하시오.

물음 2

물음 1의 상황을 전제로, (주)트윈이 내부자금 100만원을 1주당 833.333원의 조건으로 전액 자사주 매입에 사용할 것이라고 발표하였다. 만약 당신이 해당 주식을 10주 보유하고 있는 투자자라고 할 때, 제시된 조건으로 자사주 매입에 응할 것인지, 아니면 주식을 계속 보유할 것인지에 대한 의견을 두 경우 간 최종 부의 차이를 통해 제시하시오. 단, 자사주 매입에 응하는 경우 보유주식 10주를 모두 처분하는 것으로 가정한다.

물음 1과 동일한 상황에서, 이번 회계연도 말에 100만원을 투자하면 매년 30만원의 영업이익이 영구히 발생하면서 기존의 투자와 동일한 영업위험을 갖지만 독립적인 신규투자기회가 (주)트윈에게 발견되었다고 하자. 즉, 새로운 투자기회로 인한 매기 말 예상현금흐름은 아래와 같으며, 더 이상의 투자기회는 없다고 한다.

시점	1	2	3	…
투자금액	100만원	-	-	-
영업이익(EBIT)	-	30만원	30만원	…

물음 3

투자금액을 전액 내부자금으로 조달하는 경우, 신규투자기회의 순현가(NPVGO)를 구하고, 이를 감안한 (주)트윈의 주가도 함께 구하시오.

물음 4

투자금액의 절반은 영구부채를 통해 무위험이자율로 조달하고, 나머지는 내부자금으로 조달하는 경우, 신규투자기회를 감안한 (주)트윈의 주가를 구하시오.

해답

물음 1

$$주가 = \frac{120만원/10,000주}{0.15} = 800원$$

물음 2

$$자사주\ 매입주식수 = \frac{100만원}{833.333원} = 1,200주$$

$$자사주\ 매입\ 후\ 주가 = \frac{10,000주 \times 800원 - 1,200주 \times 833.333원}{10,000주 - 1,200주} = \frac{700만원}{8,800주} = 795.455원$$

자사주 매입에 응하는 경우의 부 = 10주 × 833.333원 = 8,333.33원

주식을 계속 보유하는 경우의 부 = 10주 × 795.45원 = 7,954.55원

∴ 고가 자사주 매입이므로 자사주 매입에 응하는 것이 378.78원만큼 유리하다.

물음 3

$$NPV_{1년후} = -100만원 + \frac{30만원 \times (1-0.4)}{0.15} = 20만원$$

$$NPVGO = \frac{20만원}{1.15} = 17.391만원$$

$$주가 = 800원 + \frac{17.391만원}{10,000주} = 817.391원$$

물음 4

$$NPV_{1년후} = -100만원 + \frac{30만원 \times (1-0.4)}{0.15} + \frac{50만원 \times 0.06 \times 0.4}{0.06} = 40만원$$

$$NPVGO = \frac{40만원}{1.15} = 34.783만원$$

$$주가 = 800원 + \frac{34.783만원}{10,000주} = 834.783원$$

해커스 윤민호 재무관리연습

회계사 · 세무사 · 경영지도사 단번에 합격!
해커스 경영아카데미 cpa.Hackers.com

제2장

채권의 가치평가와 투자전략

핵심 이론 요약

01 채권가격과 이자율의 기간구조

(1) 연표시이자율과 연간실효이자율

① 이산복리계산(연간 이자계산횟수 m회)

- $FV_1 = PV \times \left(1 + \frac{\text{연표시이자율}}{m}\right)^m$
- $FV_n = PV \times \left[\left(1 + \frac{\text{연표시이자율}}{m}\right)^m\right]^n = PV \times \left(1 + \frac{\text{연표시이자율}}{m}\right)^{m \times n}$

② 연속복리계산

- $FV_1 = PV \times e^{\text{연표시이자율}}$
- $FV_n = PV \times \left(e^{\text{연표시이자율}}\right)^n = PV \times e^{\text{연표시이자율} \times n}$

③ 연표시이자율과 연간실효이자율

- 이산복리계산: 연간실효이자율 $= (1 + \frac{\text{연표시이자율}}{m})^m - 1$
- 연속복리계산: 연간실효이자율 $= e^{\text{연표시이자율}} - 1$

④ 현물이자율과 선도이자율 및 만기수익률은 모두 연표시이자율

(2) 현물이자율과 선도이자율 간의 관계

① 연간 이자계산횟수가 1회인 경우

- $(1 + {}_0R_2)^2 = (1 + {}_0R_1) \times (1 + {}_1f_2)$
- $(1 + {}_0R_3)^3 = (1 + {}_0R_1) \times (1 + {}_1f_2) \times (1 + {}_2f_3)$
  $= (1 + {}_0R_2)^2 \times (1 + {}_2f_3) = (1 + {}_0R_1) \times (1 + {}_1f_3)^2$

② 연간 이자계산횟수가 2회인 경우

- $(1 + {}_0R_1) = (1 + \frac{{}_0R_{0.5}}{2}) \times (1 + \frac{{}_{0.5}f_1}{2})$

(3) 채권가격과 현물이자율 및 만기수익률

① 만기 2년, 연 1회 이자후급 조건의 채권

- $P_0 = \frac{CF_1}{1 + {}_0R_1} + \frac{CF_2}{(1 + {}_0R_2)^2} = \frac{CF_1}{1 + YTM} + \frac{CF_2}{(1 + YTM)^2}$

② 만기 1년, 연 2회 이자후급 조건의 채권

• $P_0 = \frac{CF_{0.5}}{1+\frac{{}_0R_{0.5}}{2}} + \frac{CF_1}{1+{}_0R_1} = \frac{CF_{0.5}}{1+\frac{YTM}{2}} + \frac{CF_1}{(1+\frac{YTM}{2})^2}$

02 이자율의 기간구조이론

(1) 불편기대이론

① 가정

• 위험중립형 투자자

• 장·단기채권 간의 완전한 대체관계

② 선도이자율과 기간별 기대현물이자율 간의 관계

• ${}_{n-1}f_n = E({}_{n-1}R_n)$

③ 미래의 기간별 기대현물이자율

• $E({}_1R_2) = {}_1f_2,\ E({}_2R_3) = {}_2f_3$

④ 1년 후 시점의 각 만기별 기대현물이자율

• 1년 만기 기대현물이자율: $E({}_1R_2) = {}_1f_2$

• 2년 만기 기대현물이자율: $E({}_1R_3) = \sqrt{[1+E({}_1R_2)] \times [1+E({}_2R_3)]} - 1$

⑤ 1년 후 시점의 잔존만기 2년인 무이표채권의 기대가격

• $E(P_1) = \frac{\text{액면금액}}{[1+E({}_1R_3)]^2} = \frac{\text{액면금액}}{[1+E({}_1R_2)] \times [1+E({}_2R_3)]}$

(2) 유동성프리미엄이론

① 가정

• 위험회피형 투자자

• 장기채권에 대한 추가적인 프리미엄

– 투자자: 투자원금의 가치 유지와 유동성 확보 중시(단기채권 투자 선호)

– 발행자: 자금의 안정적 확보 중시(장기채권 발행 선호)

② 선도이자율과 기간별 기대현물이자율 간의 관계

• ${}_{n-1}f_n = E({}_{n-1}R_n) + {}_{n-1}L_n$

③ 미래의 기간별 기대현물이자율

• $E({}_1R_2) = {}_1f_2 - {}_1L_2,\ E({}_2R_3) = {}_2f_3 - {}_2L_3$

④ 1년 후 시점의 각 만기별 기대현물이자율

• 기간별 유동성프리미엄이 현재와 동일하다고 가정하는 경우

• 1년 만기 기대현물이자율: $E({}_1R_2) = {}_1f_2 - {}_1L_2$

• 2년 만기 기대현물이자율: $E({}_1R_3) = \sqrt{[1+E({}_1R_2)] \times [1+E({}_2R_3) + {}_1L_2]} - 1$

⑤ 1년 후 시점의 잔존만기 2년인 무이표채권의 기대가격

• $E(P_1) = \frac{\text{액면금액}}{[1+E(_1R_3)]^2} = \frac{\text{액면금액}}{[1+E(_1R_2)] \times [1+E(_2R_3)+{}_1L_2]}$

03 듀레이션과 볼록성

(1) 이자율 변동에 따른 채권가격의 변동

① 수정듀레이션과 볼록성

• 수정듀레이션: $D^m = -\frac{dP}{dR} \times \frac{1}{P_0}$

• 이자율 탄력성: $E = \frac{dP/P_0}{dR/R} = \frac{dP}{dR} \times \frac{R}{P_0} = -D^m \times R$

• 볼록성: $C = \frac{d^2P}{dR^2} \times \frac{1}{P_0}$

② 채권가격의 변동액

• $\Delta P = \frac{1}{1!} \times \frac{dP}{dR} \times \Delta R + \frac{1}{2!} \times \frac{d^2P}{dR^2} \times (\Delta R)^2$

$= \frac{dP/P_o}{dR} \times P_0 \times \Delta R + \frac{1}{2} \times \frac{d^2P/P_0}{dR^2} \times P_0 \times (\Delta R)^2$

$= -D^m \times P_0 \times \Delta R + \frac{1}{2} \times C \times P_0 \times (\Delta R)^2$

③ 채권가격의 변동률

• $\frac{\Delta P}{P_0} = \frac{1}{1!} \times \frac{dP}{dR} \times \frac{1}{P_0} \times \Delta R + \frac{1}{2!} \times \frac{d^2P}{dR^2} \times \frac{1}{P_0} \times (\Delta R)^2$

$= -D^m \times \Delta R + \frac{1}{2} \times C \times (\Delta R)^2$

(2) 듀레이션과 볼록성의 계산

① 연간 이자지급횟수 1회, 잔존만기 2년 이표채권

• $P_0 = \frac{CF_1}{1+R} + \frac{CF_2}{(1+R)^2}$

• $D = \left(\frac{CF_1}{1+R} \times 1 + \frac{CF_2}{(1+R)^2} \times 2\right) \times \frac{1}{P_0}$

• $\frac{dP}{dR} \times \frac{1}{P_0} = \left((-1) \times \frac{CF_1}{(1+R)^2} + (-2) \times \frac{CF_2}{(1+R)^3}\right) \times \frac{1}{P_0}$

$= -\frac{1}{1+R} \times \left(\frac{CF_1}{(1+R)} \times 1 + \frac{CF_2}{(1+R)^2} \times 2\right) \times \frac{1}{P_0} = -\frac{1}{1+R} \times D$

- $D^m = \frac{1}{1+R} \times D = -\frac{dP}{dR} \times \frac{1}{P_0}$

- $E = \frac{dP/P_0}{dR/R} = \frac{dP}{dR} \times \frac{R}{P_0} = -\frac{R}{1+R} \times D$

- $C = \frac{d^2P}{dR^2} \times \frac{1}{P_0}$

$$= \left((-1) \times (-2) \times \frac{CF_1}{(1+R)^3} + (-2) \times (-3) \times \frac{CF_2}{(1+R)^4}\right) \times \frac{1}{P_0}$$

$$= \left(\frac{1}{1+R}\right)^2 \times \left(\frac{CF_1}{(1+R)} \times 1 \times 2 + \frac{CF_2}{(1+R)^2} \times 2 \times 3\right) \times \frac{1}{P_0}$$

② 연간 이자지급횟수 2회, 잔존만기 1년 이표채권

- $P_0 = \frac{CF_{0.5}}{1+\frac{R}{2}} + \frac{CF_1}{(1+\frac{R}{2})^2}$

- $D = \left(\frac{CF_{0.5}}{1+\frac{R}{2}} \times 0.5 + \frac{CF_1}{(1+\frac{R}{2})^2} \times 1\right) \times \frac{1}{P_0}$

$$= \frac{1}{2} \times \left(\frac{CF_{0.5}}{1+\frac{R}{2}} \times 1 + \frac{CF_1}{(1+\frac{R}{2})^2} \times 2\right) \times \frac{1}{P_0}$$

- $\frac{dP}{dR} \times \frac{1}{P_0} = \left((-1) \times \frac{CF_{0.5}}{(1+\frac{R}{2})^2} \times \frac{1}{2} + (-2) \times \frac{CF_1}{(1+\frac{R}{2})^3} \times \frac{1}{2}\right) \times \frac{1}{P_0}$

$$= -\frac{1}{1+\frac{R}{2}} \times \frac{1}{2} \times \left(\frac{CF_{0.5}}{(1+\frac{R}{2})} \times 1 + \frac{CF_1}{(1+\frac{R}{2})^2} \times 2\right) \times \frac{1}{P_0} = -\frac{1}{1+\frac{R}{2}} \times D$$

- $D^m = \frac{1}{1+\frac{R}{2}} \times D = -\frac{dP}{dR} \times \frac{1}{P_0}$

- $E = \frac{dP/P_0}{dR/R} = \frac{dP}{dR} \times \frac{R}{P_0} = -\frac{R}{1+\frac{R}{2}} \times D$

- $C = \frac{d^2P}{dR^2} \times \frac{1}{P_0}$

$$= \left((-1) \times (-2) \times \frac{CF_{0.5}}{(1+\frac{R}{2})^3} \times \left(\frac{1}{2}\right)^2 + (-2) \times (-3) \times \frac{CF_1}{(1+\frac{R}{2})^4} \times \left(\frac{1}{2}\right)^2\right) \times \frac{1}{P_0}$$

$$= \left(\frac{1}{1+\frac{R}{2}}\right)^2 \times \left(\frac{1}{2}\right)^2 \times \left(\frac{CF_{0.5}}{(1+\frac{R}{2})} \times 1 \times 2 + \frac{CF_1}{(1+\frac{R}{2})^2} \times 2 \times 3\right) \times \frac{1}{P_0}$$

③ 연간 이자지급횟수 m회, 잔존만기 n년 이표채권

- $P_0 = \sum_{t=1}^{m \times n} \frac{CF_t}{(1+\frac{R}{m})^t}$

- $D = \frac{1}{m} \times \left(\sum_{t=1}^{m \times n} \frac{CF_t}{(1+\frac{R}{m})^t} \times t \right) \times \frac{1}{P_0}$

- $D^m = \frac{1}{1+\frac{R}{m}} \times D$

- $E = \frac{dP/P_0}{dR/R} = \frac{dP}{dR} \times \frac{R}{P_0} = - \frac{R}{1+\frac{R}{m}} \times D$

- $C = \left(\frac{1}{1+\frac{R}{m}} \right)^2 \times \left(\frac{1}{m} \right)^2 \times \left(\sum_{t=1}^{m \times n} \frac{CF_t}{(1+\frac{R}{m})^t} \times t \times (t+1) \right) \times \frac{1}{P_0}$

04 채권투자전략

(1) 목표시기면역전략

① 목적

- 이자율 변동에 따른 재투자위험과 가격위험 상쇄
- 채권 매입 당시의 시장이자율(만기수익률)을 그대로 실현시키고자 하는 전략

② 면역화 조건

- 목표투자기간 = 채권(포트폴리오)의 듀레이션
- 시간의 경과 또는 시장이자율 변동 시 지속적인 포트폴리오의 재조정 필요

(2) 순자산가치면역전략

① 목적

- 이자율 변동과 무관하게 순자산의 가치 유지
- $\Delta K = \Delta A - \Delta L = 0$

② 면역화 조건

- $\Delta A = -D_A \times \frac{1}{1+R_A} \times A \times \Delta R_A = -D_L \times \frac{1}{1+R_L} \times L \times \Delta R_L = \Delta L$
- $R_A = R_L$의 경우: $D_A \times A = D_L \times L$

③ 면역화되지 못한 경우

- $D_A \times A > D_L \times L$인 경우: 이자율 상승 시 순자산가치 감소
- $D_A \times A < D_L \times L$인 경우: 이자율 하락 시 순자산가치 감소

④ 듀레이션갭

- $R_A = R_L$의 경우: $\Delta K = \Delta A - \Delta L = -\left(D_A - D_L \times \dfrac{L}{A}\right) \times \dfrac{1}{1+R} \times A \times \Delta R$
- 듀레이션갭 $= D_A - D_L \times \dfrac{L}{A}$

⑤ 듀레이션갭 관리

- 이자율 하락 예상 시: $D_A - D_L \times \dfrac{L}{A} > 0 \Rightarrow D_A \times A > D_L \times L$
- 이자율 상승 예상 시: $D_A - D_L \times \dfrac{L}{A} < 0 \Rightarrow D_A \times A < D_L \times L$

(3) 자기자본비율 유지 전략

① 목적

- 이자율 변동과 무관하게 자기자본비율 유지
- $\dfrac{K}{A} = \dfrac{K + \Delta K}{A + \Delta A} = \dfrac{K'}{A'}$

② 자기자본비율 유지 조건

- $\dfrac{\Delta A}{A} = -D_A \times \dfrac{1}{1+R_A} \times \Delta R_A = -D_L \times \dfrac{1}{1+R_L} \times \Delta R_L = \dfrac{\Delta L}{L}$
- $R_A = R_L$의 경우: $D_A = D_L$

(4) 기타의 채권투자전략

① 만기전략

- 만기별 채권투자위험을 평준화
- 유동성과 수익성을 동시에 추구
- 사다리형: 만기가 서로 다른 채권들에 균등하게 분산 투자
- 바벨형: 중기채를 제외하고 단기채와 장기채로 포트폴리오 구성

② 수익률곡선타기전략

- 만기별 채권수익률의 차이를 이용한 자본이득 추구
- 우상향하는 수익률곡선의 형태가 투자기간 동안 변동 없이 유지되어야 효과적
- 시간의 경과로 채권의 잔존만기가 감소함에 따른 채권수익률 하락과 자본이득

③ 스프레드운용전략

- 스프레드 축소 예상: 수익률 낮은 채권(국채) 매도, 수익률 높은 채권(회사채) 매입
- 스프레드 확대 예상: 수익률 높은 채권(회사채) 매도, 수익률 낮은 채권(국채) 매입

문제 01 이자율과 채권의 균형가격

CPA 19

금년도 1월 1일(t = 0) 기준으로 만기, 액면금액, 액면이자율, 만기수익률이 상이한 채권들이 아래 표에 제시되어 있다. 자본시장에서 채권 A, B, C가 각각 균형가격하에 있고 모든 이자지급 주기는 1년으로 가정한다. 계산결과는 소수점 아래 다섯째 자리에서 반올림하여 넷째 자리까지 표시하시오.

채권	만기	액면금액	액면이자율	만기수익률
A	1년	100,000원	0%	6%
B	2년	70,000원	10%	9%
C	3년	50,000원	15%	12%
D	3년	100,000원	20%	13%

물음 1

금년도 1월 1일 시점(t = 0)에서 채권 A, B, C의 시장가격은 각각 얼마인가?

물음 2

금년도 1월 1일 시점(t = 0)에서 t = k년 만기 현물이자율을 ${}_0i_k$, t = k년 시점에서 1년 만기 선도이자율을 ${}_kf_{k+1}$으로 각각 표기한다. $(1+{}_0i_2)^2$, $(1+{}_0i_3)^3$, ${}_1f_2$, ${}_2f_3$은 각각 얼마인가?

물음 3

채권을 매입, 매도하는 경우 거래비용이 없다고 가정하고 다음에 대해 답하시오.

① 채권 D의 시장가격과 균형가격을 각각 계산하고 채권 D의 과소 또는 과대평가 여부를 판단하시오.

② 채권 D 1개를 거래단위 기준으로 하여 차익거래전략을 제시하시오. 단, 금년도 1월 1일 시점(t = 0)을 제외한 다른 시점(t = 1, 2, 3)의 순현금흐름은 0이 되도록 차익거래를 구성한다. 1단위 이하로 분할하여 채권의 거래가 가능하다고 가정한다.

물음 4

차익거래에서 매입 및 매도되는 모든 채권의 거래비용이 거래금액의 0.3%라고 가정한다. 차익거래가 발생할 수 있는 채권 D의 가격범위를 구하시오.

해답

물음 1

$$P_0^A = \frac{100,000원}{1.06} = 94,339.6226원$$

$$P_0^B = \frac{7,000원}{1.09} + \frac{77,000원}{1.09^2} = 71,231.3778원$$

$$P_0^C = \frac{7,500원}{1.12} + \frac{7,500원}{1.12^2} + \frac{57,500원}{1.12^3} = 53,602.7469원$$

물음 2

$$P_0^B = 71,231.3778원 = \frac{7,000원}{1.06} + \frac{77,000원}{(1+{}_0i_2)^2}$$

$$\therefore\ (1+{}_0i_2)^2 = 1.1914$$

$$P_0^C = 53,602.7469원 = \frac{7,500원}{1.06} + \frac{7,500원}{1.1914} + \frac{57,500원}{(1+{}_0i_3)^3}$$

$$\therefore\ (1+{}_0i_3)^3 = 1.4292$$

$${}_1f_2 = \frac{(1+{}_0i_2)^2}{1+{}_0i_1} - 1 = \frac{1.1914}{1.06} - 1 = 0.1240$$

$${}_2f_3 = \frac{(1+{}_0i_3)^3}{(1+{}_0i_2)^2} - 1 = \frac{1.4292}{1.1914} - 1 = 0.1996$$

물음 3

① 시장가격: $P_0^D = \dfrac{20,000원}{1.13} + \dfrac{20,000원}{1.13^2} + \dfrac{120,000원}{1.13^3} = 116,528.0682원$

균형가격: $P_0^D = \dfrac{20,000원}{1.06} + \dfrac{20,000원}{1.1914} + \dfrac{120,000원}{1.4292} = 119,617.9541원$

∴ 채권 D의 현재 시장가격은 과소평가되어 있다.

② [채권 D 1개 매입 + 채권 C 2.0870개 매도 + 채권 B 0.0565개 매도 + 채권 A 0.0395개 매도]의 차익거래를 통해 현재시점 기준 3,090원의 차익거래이익 획득 가능

거래내용	t = 0	t = 1	t = 2	t = 3
D 1개 매입	- 116,528.0682	20,000	20,000	120,000
C 2.0870개 매도	111,866.6022	- 15,652	- 15,652	- 120,000
B 0.0565개 매도	4,022.2601	- 395	- 4,348	
A 0.0395개 매도	3,729.2453	- 3,953		
합계(차익거래이익)	3,090	0	0	0

* 채권 C 매도 단위수 = $\dfrac{120,000원}{57,500원} = 2.0870$

* 채권 B 매도 단위수 = $\dfrac{4,348원}{77,000원} = 0.0565$

* 채권 A 매도 단위수 = $\dfrac{3,953원}{100,000원} = 0.0395$

물음 4

〈채권 D의 가격이 과소평가된 경우〉

(111,866.6022원 + 4,022.2601원 + 3,729.2453원) × 0.997 − P_0^D × 1.003 > 0

∴ P_0^D < 118,902.5456원

〈채권 D의 가격이 과대평가된 경우〉

P_0^D × 0.997 − (111,866.6022원 + 4,022.2601원 + 3,729.2453원) × 1.003 > 0

∴ P_0^D > 120,337.9759원

채권 D의 가격이 118,902.5456원 미만이거나, 120,337.9759원을 초과하는 경우에 차익거래 발생 가능

문제 02 채권의 복제와 상환요구권의 가치 CPA 09

다음과 같은 상환요구사채(putable bond)와 일반사채(straight bond)가 거래되며 차익거래기회가 존재하지 않는다고 가정하자. 모든 채권의 만기, 이자지급방법 및 신용등급 등 기타 조건은 동일하며, 액면가는 10,000원이다.

채권	채권유형	액면이자율	가격
A	상환요구사채	6.47%	12,000원
B	일반사채	5.45%	10,528원
C	일반사채	7.15%	12,350원

물음 1

채권 A가 옵션적 특성이 없는 일반사채인 경우를 가정한다. 채권 B와 채권 C를 이용해서 채권 A와 모든 조건이 동일하고 옵션적 특성이 없는 사채를 복제하는 전략을 나타내시오.

물음 2

상환요구사채에 내재된 풋옵션의 가치는 상환요구사채 가격의 몇 퍼센트에 해당되는지 구하시오.

해답

물음 1

$w_B \times 5.45\% + (1 - w_B) \times 7.15\% = 6.47\%$

$\therefore\ w_B = 0.4,\ w_C = 0.6$

채권 B 0.4단위와 채권 C 0.6단위를 매입하면 채권 A 1단위 매입을 복제할 수 있다.

물음 2

채권 A와 동일한 조건의 일반사채의 가치 = 0.4 × 10,528원 + 0.6 × 12,350원 = 11,621.2원

채권 A에 내재된 풋옵션의 가치 = 12,000원 − 11,621.2원 = 378.8원

$\therefore\ \dfrac{\text{풋옵션의 가치}}{\text{상환요구사채의 가격}} = \dfrac{378.8\text{원}}{12,000\text{원}} = 3.1567\%$

문제 03 채권의 복제와 수익률곡선 CPA 20

다양한 만기와 액면이자를 가진 채권들이 자본시장에서 거래되고 있다. 모든 채권은 채무불이행위험이 없으며, 이자지급주기가 1년, 액면금액이 100,000원으로 동일하다. 또한 모든 채권은 공매가 가능하며, 거래비용 없이, 차익거래 기회가 없는 균형가격에 거래된다.

※ 물음 1과 물음 2는 채권 A ~ 채권 D의 잔존만기, 액면이자율, 만기수익률, 가격의 일부 정보를 제시한 아래 표를 이용하여 답하시오.

채권	잔존만기(년)	액면이자율	만기수익률	가격(원)
A	15	0%		
B	15	6%		64,000
C	15	8%		78,400
D	15			100,000

물음 1

채권 B와 채권 C를 활용하여, 채권 A의 시장가격을 구하시오.

물음 2

물음 1을 활용하여, 채권 D의 만기수익률을 구하시오.

※ 물음 3 ~ 물음 5는 채권 E ~ 채권 G의 잔존만기, 액면이자율, 만기수익률, 가격의 일부 정보를 제시한 아래 표를 이용하여 답하시오.

채권	잔존만기(년)	액면이자율	만기수익률	가격(원)
E	1	0%		
F	2	10%	9.80%	
G	3	0%	10.00%	

물음 3

채권 F의 가격을 구하시오. 계산결과는 반올림하여 원 단위로 표시하시오.

물음 4

만기 3년 이내의 현물이자율 수익률곡선이 우상향(만기가 증가할 때 현물이자율이 같거나 증가)하기 위한 채권 E의 최대가격을 구하시오. 계산결과는 반올림하여 원 단위로 표시하시오.

물음 5

만기 3년 이내의 현물이자율 수익률곡선이 우상향(만기가 증가할 때 현물이자율이 같거나 증가)하기 위한 채권 E의 최소가격을 구하시오. 계산결과는 반올림하여 원 단위로 표시하시오.

해답

물음 1

$w_B + w_C = 1$

$w_B \times 6\% + w_C \times 8\% = 0\%$

∴ 채권 A 1단위 매입을 복제하기 위한 투자비율: $w_B = 4$, $w_C = -3$

채권 A의 시장가격 = 64,000원 × 4 − 78,400원 × 3 = 20,800원

물음 2

$w_B + w_C = 1$

$w_B \times 64{,}000\text{원} + w_C \times 78{,}400\text{원} = 100{,}000\text{원}$

∴ 채권 D 1단위 매입을 복제하기 위한 투자비율: $w_B = -1.5$, $w_C = 2.5$

채권 D의 만기수익률(액면이자율) = $-1.5 \times 6\% + 2.5 \times 8\% = 11\%$

물음 3

$$\text{채권 F의 가격} = \frac{10{,}000\text{원}}{1.098} + \frac{110{,}000\text{원}}{1.098^2} = 100{,}348\text{원}$$

물음 4

$$\text{채권 F의 가격} = \frac{10{,}000\text{원}}{1 + {}_0R_1} + \frac{110{,}000\text{원}}{(1 + {}_0R_2)^2} = 100{,}348\text{원}$$

제시된 조건하에 채권 E의 가격이 최대가 되기 위한 ${}_0R_2 = 10\%$, ${}_0R_1 = 5.9444\%$

$$\text{채권 E의 최대가격} = \frac{100{,}000\text{원}}{1.059444} = 94{,}389\text{원}$$

물음 5

제시된 조건하에 채권 E의 가격이 최소가 되기 위한 ${}_0R_2 = 9.8\%$, ${}_0R_1 = 9.8\%$

$$\text{채권 E의 최소가격} = \frac{100{,}000\text{원}}{1.098} = 91{,}075\text{원}$$

문제 04 불편기대이론과 보유기간수익률

CPA 14

액면금액이 100,000원인 갑채권은 1년 만기 순수할인채이며 현재 채권시장에서 95,238원에 거래되고 있다. 병채권은 1년에 한 번씩 후급으로 6% 이자를 지급하는 이표채인데 만기는 2년이며 현재 액면가 100,000원에 거래되고 있다.

물음 1

불편기대가설(unbiased expectation hypothesis)이 성립한다고 가정하고 1년 후부터 2년 말까지의 내재선도이자율(implied forward interest rate)을 구하라. 계산결과는 %단위로 표시하되 반올림하여 소수점 둘째 자리까지 표기하라.

물음 2

불편기대가설이 성립한다는 가정하에서 1년 후 병채권의 예상가격을 계산하고, 병채권을 현재 매입하여 1년 동안 보유한 후 매각할 때 기대되는 1년간 보유수익률(holding period return)을 구하라. 계산결과는 %단위로 표시하되 반올림하여 소수점 둘째 자리까지 표기하라.

물음 3

이자율의 기간구조(term structure of interest rate)를 설명하는 가설들을 6줄 이내로 서술하라.

해답

물음 1

1년 만기 현물이자율: ${}_0R_1 = \dfrac{100,000\text{원}}{95,238\text{원}} - 1 = 5\%$

$100,000\text{원} = \dfrac{6,000\text{원}}{1.05} + \dfrac{106,000\text{원}}{(1+{}_0R_2)^2}$

2년 만기 현물이자율: ${}_0R_2 = 6.03\%$

1년 후부터 2년 말까지의 내재선도이자율: ${}_1f_2 = \dfrac{1.0603^2}{1.05} - 1 = 7.07\%$

물음 2

기대현물이자율: $E({}_1R_2) = {}_1f_2 = 7.07\%$

1년 후 예상가격: $E(P_1) = \dfrac{106,000\text{원}}{1.0707} = 99,000\text{원}$

1년간 보유수익률 $= \dfrac{6,000\text{원} + 99,000\text{원}}{100,000\text{원}} - 1 = 5\%$

물음 3

불편기대가설은 장·단기 이자율의 차이가 선도이자율에 의해 결정되는 것이며, 선도이자율은 투자자들의 기대현물이자율을 그대로 반영한다는 이론이다. 반면에 유동성프리미엄가설은 위험회피형 투자자를 가정하여 선도이자율이 기대현물이자율과 더불어 만기 증가에 따라 추가적으로 요구되는 보상인 유동성프리미엄의 합으로 구성된다는 이론이다. 시장분할이론은 채권시장이 만기별로 완전히 분할되어 분할된 하위시장 내의 수요와 공급에 따라 만기별 수익률이 결정된다는 이론이며, 선호영역이론은 투자자들이 선호하는 만기 영역이 존재하지만 자신이 선호하는 영역 이외의 채권에 충분한 프리미엄이 존재한다면 다른 만기 영역의 채권에도 투자할 수 있다는 이론이다.

문제 05 채권수익률과 채권의 기대가격 CPA 06

기간구조와 관련하여 순수기대가설(불편기대가설)만 성립된다고 가정하고 다음 물음에 답하시오.

물음 1

A, B 두 채권은 액면가가 각각 10,000원이고 이자는 매 6개월마다 후급되는 무위험 이표채이다. A채권의 표면금리는 4%인데 어제 이자가 지급되었고 현재 잔존만기는 6개월이며 만기수익률(yield to maturity; YTM)은 4%이다. 한편, B채권의 표면금리는 6%인데 어제 이자가 지급되었고 현재 잔존만기는 1년이며 만기수익률은 8%이다. 이를 이용하여 이론적으로 도출되는 6개월 만기 현물이자율(spot rate)과 1년 만기 현물이자율은 각각 얼마인가? [단, 계산과정 중 금액과 관련된 수치는 반올림하여 소수점 아래 두 자리까지 계산하고, 이자율과 관련된 수치(1 + 이자율 등)는 반올림하여 소수점 아래 여섯 자리까지 계산하시오. 또한 답은 %단위로 표시하되 반올림하여 소수점 아래 네 자리까지 나타낼 것]

물음 2

물음 1의 답을 무시하고 6개월 만기 현물이자율과 1년 만기 현물이자율이 각각 6%와 10%라고 가정하자. C채권은 액면가가 10,000원이고 표면금리가 8%인데 매 이자는 매 6개월마다 후급되는 잔존만기 1년의 무위험 이표채이다. 6개월 후 이자가 지급된 다음 날 만기가 6개월 남은 C채권의 적정기대가격은 얼마인가? [단, 계산과정 중의 이자율과 관련된 수치(1 + 이자율 등)는 반올림하여 소수점 아래 여섯 자리까지 계산하고, 채권가격은 반올림하여 원 단위까지 나타낼 것]

해답

물음 1

잔존만기가 6개월인 A채권의 만기수익률이 4%이므로 6개월 만기 현물이자율은 연 4%(6개월간 2%)이다.

$\therefore\ {}_0R_{0.5} = 4\%$

$$\text{B채권의 현재가격} = \frac{300\text{원}}{1+\frac{YTM}{2}} + \frac{10{,}300\text{원}}{(1+\frac{YTM}{2})^2} = \frac{300\text{원}}{1+\frac{0.08}{2}} + \frac{10{,}300\text{원}}{(1+\frac{0.08}{2})^2}$$

$$= 9{,}811.39\text{원} = \frac{300\text{원}}{1+\frac{{}_0R_{0.5}}{2}} + \frac{10{,}300\text{원}}{1+{}_0R_1} = \frac{300\text{원}}{1+\frac{0.04}{2}} + \frac{10{,}300\text{원}}{1+{}_0R_1}$$

$\therefore\ {}_0R_1 = 8.2243\%$

물음 2

$$1+0.1 = (1+\frac{0.06}{2}) \times (1+\frac{{}_{0.5}f_1}{2})$$

$\therefore\ {}_{0.5}f_1 = 13.5922\% = E({}_{0.5}R_1)$

$$\text{6개월 후 C채권의 적정기대가격} = \frac{10{,}400\text{원}}{1+\frac{0.135922}{2}} = 9{,}738\text{원}$$

문제 06 이자율의 기간구조와 수익률곡선타기전략 CPA 10

액면금액이 모두 10,000원이면서 다음의 조건을 갖는 채권 A, B, C가 있다. 이표채는 연 1회 이자를 지급한다. 각 기간별 유동성프리미엄은 ${}_0L_1$ = 0.0%, ${}_1L_2$ = 0.2%, ${}_2L_3$ = 0.3%이다. (${}_{n-1}L_n = n-1$년부터 n년까지 1년 동안의 유동성프리미엄) 금액에 대해서는 소수점 셋째 자리에서 반올림하여 둘째 자리까지 사용하고, 수익률 등 비율에 대해서는 소수점 다섯째 자리에서 반올림하여 넷째 자리까지 사용하시오.

채권	만기	표면이자율	만기수익률
A	1년	10%	10%
B	2년	20%	12%
C	3년	0%	13%

물음 1

만기별 현물이자율을 구하고 이를 이용하여 수익률곡선을 그리시오.

물음 2

1년이 지난 시점에서의 1년 만기와 2년 만기의 기대현물이자율을 구하시오. 유동성프리미엄은 각 기간별로 현재와 동일하게 유지된다고 가정하시오. 즉, 1년 후 시점을 0으로 보았을 때 ${}_0L_1$ = 0.0%, ${}_1L_2$ = 0.2%로 1년 전과 동일하다.

물음 3

물음 2를 무시하고 물음 1의 수익률곡선이 1년 후에도 그대로 유지될 것이라고 예상하는 투자자가 있다. 이 투자자의 목표투자기간이 1년일 때, 현재시점에서 채권 C를 이용하여 수익률곡선타기전략을 취한다면 이 투자자가 기대하는 투자수익률은 얼마인가?

해답

물음 1

${}_0R_1$ = 채권 A의 만기수익률 = 10%

채권 B의 현재가격 $= \frac{2,000원}{1.12} + \frac{12,000원}{1.12^2} = 11,352.04원 = \frac{2,000원}{1.1} + \frac{12,000원}{(1+{}_0R_2)^2}$

${}_0R_2 = 12.19\%$

${}_0R_3$ = 채권 C의 만기수익률 = 13%

〈수익률곡선〉

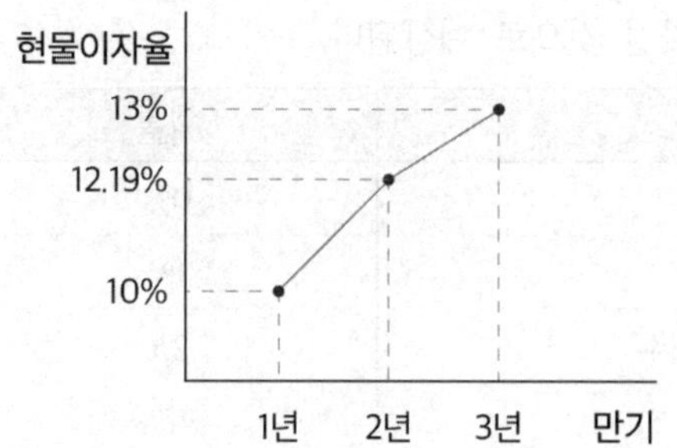

물음 2

$${}_1f_2 = \frac{1.1219^2}{1.1} - 1 = 14.42\%$$

$${}_2f_3 = \frac{1.13^3}{1.1219^2} - 1 = 14.64\%$$

$E({}_1R_2) = {}_1f_2 - {}_1L_2 = 0.1442 - 0.002 = 14.22\%$
$E({}_2R_3) = {}_2f_3 - {}_2L_3 = 0.1464 - 0.003 = 14.34\%$

〈1년이 지난 시점에서의 만기별 기대현물이자율〉

1년 만기 기대현물이자율: $E({}_1R_2) = 14.22\%$

2년 만기 기대현물이자율: $E({}_1R_3) = \sqrt{1.1422 \times (1 + 0.1434 + 0.002)} - 1 = 14.38\%$

물음 3

채권 C의 현재가격 $= \frac{10,000원}{1.13^3} = 6,930.50원$

채권 C의 1년 후 기대가격 $= \frac{10,000원}{1.1219^2} = 7,944.96원$

기대 투자수익률 $= \frac{7,944.96원}{6,930.50원} - 1 = 14.64\%$

문제 07 채권수익률의 위험구조 CPA 17

가나기업이 발행한 무보증 채권(만기 2년, 액면가 100,000원, 액면이자율 3%, 연 1회 이자 지급)의 현행수익률(current yield)은 3.2%이고, 무위험수익률은 2%이다.

물음 1

채권의 현재가격과 만기수익률을 추정하시오. 만기수익률은 %기준으로 반올림하여 소수점 둘째 자리까지 표시하시오.

물음 2

채권의 원리금 상환 가능성은 다음과 같은 확률분포를 가질 것으로 예상된다.

상황	확률
ⓐ 이자와 원금전액 회수불능	0%
ⓑ 제1회의 이자만 회수	1%
ⓒ 제1회 및 제2회 이자회수와 원금의 70%만 회수	2%
ⓓ 이자와 원금전액 회수	97%

다음 물음에 답하시오.

① 상황에 따른 각각의 수익률을 구하시오.

② 위 ①에서 구한 수익률을 실현수익률이라고 가정하고 채권의 기대수익률을 구하시오. 수익률은 % 기준으로 반올림하여 소수점 둘째 자리까지 표시하시오.

물음 3

물음 1의 만기수익률과 물음 2의 기대수익률을 이용하여 수익률 스프레드와 채무불이행 위험프리미엄을 각각 구하시오. 수익률은 %기준으로 반올림하여 소수점 둘째 자리까지 표시하시오.

물음 4

물음 1과 동일한 조건에서 만기수익률이 2%포인트 하락하였다(t = 0). 매콜리(Macaulay) 듀레이션을 이용하는 경우의 채권가격변화율과 실제 채권가격변화율의 차이를 구하시오. 단, 수익률곡선은 수평이고 평행이동한다고 가정한다. 듀레이션 추정은 소수점 셋째 자리에서 반올림하여 계산하고, 듀레이션을 통한 채권금액변화분은 원 단위까지 계산하며, 각 채권가격변화율은 반올림하여 소수점 다섯째 자리까지 구하여 계산하시오.

물음 5

만기수익률이 변동하는 경우, 실제 채권의 가격변화와 듀레이션을 통해 추정한 채권의 가격변화 사이의 차이는 왜 발생하는지 설명하고 그 차이를 줄이는 방안을 제시하시오.

해답

물음 1

$$현행수익률 = 0.032 = \frac{액면이자 = 100,000원 \times 0.03}{채권의\ 현재가격}$$

$\therefore$ 채권의 현재가격: $P_0 = 93,750원$

$$93,750원 = \frac{3,000원}{1+YTM} + \frac{103,000원}{(1+YTM)^2}$$

$\therefore$ 만기수익률$(YTM) = 6.43\%$

물음 2

① ⓐ $R = -100\%$

ⓑ $R = \frac{3,000원}{93,750원} - 1 = -96.8\%$

ⓒ $93,750원 = \frac{3,000원}{1+R} + \frac{73,000원}{(1+R)^2}$ $\quad \therefore R = -10.14\%$

ⓓ $R = YTM = 6.43\%$

② 기대수익률 $= 0 \times (-100\%) + 0.01 \times (-96.8\%) + 0.02 \times (-10.14\%) + 0.97 \times 6.43\%$
$= 5.07\%$

물음 3

수익률 스프레드 $= 6.43\% - 2\% = 4.43\%$

채무불이행 위험프리미엄 $= 6.43\% - 5.07\% = 1.36\%$

물음 4

$$D=\left(\frac{3,000원}{1.0643}\times 1+\frac{103,000원}{1.0643^2}\times 2\right)\times\frac{1}{93,750원}=1.97년$$

$$\Delta P=-1.97\times\frac{1}{1.0643}\times 93,750원\times(-0.02)=3,471원$$

듀레이션 이용 채권가격변화율: $\frac{\Delta P}{P_0}=\frac{3,471원}{93,750원}=0.03702$

이자율 하락 후 실제 채권가격: $P_0^{'}=\frac{3,000원}{1.0443}+\frac{103,000원}{1.0443^2}=97,319.41원$

실제 채권가격변화율: $\frac{P_0^{'}-P_0}{P_0}=\frac{97,319.41원-93,750원}{93,750원}=0.03807$

∴ 채권가격변화율의 차이 $=0.00105$

물음 5

듀레이션을 이용하는 경우에는 이자율과 채권가격 간의 선형관계를 가정하여 채권가격의 볼록성을 무시하기 때문에 발생하는 차이이다. 그 차이를 줄이기 위해서는 채권가격의 볼록성에 기인하는 오차조정부분까지 고려해야 한다.

문제 08 현금흐름할인법과 듀레이션

CPA 13

금융기관인 (주)바사의 재무상태표에 따르면 자산으로서 장기채권의 시장가치가 1,000이고 부채로서 정기예금이 600, 그리고 자본금이 400으로 되어있다. 장기채권은 만기가 3년이고 4%의 액면이자를 매년 말 지급한다. 한편 정기예금은 만기가 1년이며 4%의 액면이자를 연말에 지급한다. 현재 시장이자율은 4%라고 가정한다.

물음 1

시장이자율이 1%포인트 상승하는 경우와 1%포인트 하락하는 경우 현금흐름할인법을 이용하여 자기자본의 가치변화를 각각 계산하라. 계산결과는 반올림하여 소수점 둘째 자리까지 표기하라.

물음 2

시장이자율이 1%포인트 상승하는 경우와 1%포인트 하락하는 경우 (주)바사의 자산과 부채 듀레이션을 이용하여 자기자본의 가치변화를 각각 계산하라. 계산결과는 반올림하여 소수점 둘째 자리까지 표기하라.

물음 3

물음 1과 물음 2의 결과를 요약하고 그 함축적 의미를 설명하라.

해답

물음 1

〈시장이자율이 1%포인트 상승하는 경우〉

$$\Delta K = \Delta A - \Delta L = \left(\frac{40}{1.05} + \frac{40}{1.05^2} + \frac{1,040}{1.05^3} - 1,000\right) - \left(\frac{624}{1.05} - 600\right)$$

$$= -27.23 - (-5.71) = -21.52$$

∴ 자기자본의 가치는 21.52만큼 감소

〈시장이자율이 1%포인트 하락하는 경우〉

$$\Delta K = \Delta A - \Delta L = \left(\frac{40}{1.03} + \frac{40}{1.03^2} + \frac{1,040}{1.03^3} - 1,000\right) - \left(\frac{624}{1.03} - 600\right)$$

$$= 28.29 - 5.83 = 22.46$$

∴ 자기자본의 가치는 22.46만큼 증가

물음 2

자산의 듀레이션: $D_A = \left(\frac{40}{1.04} \times 1 + \frac{40}{1.04^2} \times 2 + \frac{1,040}{1.04^3} \times 3\right) \times \frac{1}{1,000} = 2.8861$년

부채의 듀레이션: $D_L = 1$년

〈시장이자율이 1%포인트 상승하는 경우〉

$$\Delta K = \Delta A - \Delta L$$

$$= \left(-2.8861 \times \frac{1}{1.04} \times 1,000 \times 0.01\right) - \left(-1 \times \frac{1}{1.04} \times 600 \times 0.01\right)$$

$$= -27.75 - (-5.77) = -21.98$$

∴ 자기자본의 가치는 21.98만큼 감소

〈시장이자율이 1%포인트 하락하는 경우〉

$$\Delta K = \Delta A - \Delta L$$

$$= \left[-2.8861 \times \frac{1}{1.04} \times 1,000 \times (-0.01)\right] - \left[-1 \times \frac{1}{1.04} \times 600 \times (-0.01)\right]$$

$$= 27.75 - 5.77 = 21.98$$

∴ 자기자본의 가치는 21.98만큼 증가

물음 3

이자율의 변동		1%포인트 상승	1%포인트 하락
자산가치 변동액	현금흐름할인법	21.52 감소	22.46 증가
	듀레이션 이용	21.98 감소	21.98 증가

듀레이션을 이용해서 이자율 변동에 따른 채권(자산/부채)가격의 변동액을 계산하는 경우에는 채권가격의 볼록성을 고려하지 못하므로 현금흐름할인법에 의해 계산되는 실제 채권가격의 변동에 비해 이자율 상승 시에는 채권가격이 더 감소하고 이자율 하락 시에는 채권가격이 덜 증가하는 것으로 계산하는 오차가 발생하게 된다.

문제 09 연간 1회 이자지급 채권의 듀레이션과 볼록성

잔존만기가 2년인 A채권은 액면금액이 10,000원이고, 액면이자율이 연 6%이며, 액면이자를 연 1회 후급으로 지급하는 채권이다. A채권의 현재 만기수익률은 연 6%이다. 계산의 결과는 반올림해서 소수점 아래 넷째 자리까지 표시하시오.

물음 1

A채권의 맥컬레이듀레이션을 계산하시오.

물음 2

A채권의 수정듀레이션을 계산하시오.

물음 3

A채권의 이자율 탄력성을 계산하시오.

물음 4

A채권의 볼록성을 계산하시오.

물음 5

이상의 계산 결과를 이용해서 A채권의 만기수익률이 현재의 연 6%에서 연 7%로 1%p 상승하는 경우의 채권가격 변동액을 계산하시오.

해답

물음 1

$$P_0 = \frac{600원}{1.06} + \frac{10,600원}{1.06^2} = 10,000원$$

$$D = \left(\frac{600원}{1.06} \times 1 + \frac{10,600원}{1.06^2} \times 2\right) \times \frac{1}{10,000원} = 1.9434년$$

물음 2

$$D^m = \frac{1}{1+R} \times D = \frac{1}{1.06} \times 1.9434$$

$$= \frac{1}{1.06} \times \left(\frac{600원}{1.06} \times 1 + \frac{10,600원}{1.06^2} \times 2\right) \times \frac{1}{10,000원} = 1.8334$$

물음 3

$$E = \frac{dP}{dR} \times \frac{R}{P_0} = -\frac{R}{1+R} \times D = -\frac{0.06}{1.06} \times 1.9434 = -0.11$$

물음 4

$$C = \frac{1}{1.06^2} \times \left(\frac{600원}{1.06} \times 1 \times 2 + \frac{10,600원}{1.06^2} \times 2 \times 3\right) \times \frac{1}{10,000원} = 5.1385$$

물음 5

$$\Delta P = -D^m \times P_0 \times \Delta R + \frac{1}{2} \times C \times P_0 \times (\Delta R)^2$$

$$= -1.8334 \times 10,000원 \times 0.01 + \frac{1}{2} \times 5.1385 \times 10,000원 \times 0.01^2 = -180.7708원$$

문제 10 연간 2회 이자지급 채권의 듀레이션과 볼록성 CPA 06

갑채권은 액면가가 10,000원인 무위험 이표채이다. 이 채권의 표면금리는 8%인데 이자는 매 6개월마다 후급으로 지급된다. 어제 이자가 지급되었고 현재 잔존만기는 2년이며 만기수익률(YTM)은 8%이다. 수익률곡선이 수평하고 또한 수평이동한다고 가정하고 다음 물음에 답하시오.

물음 1

갑채권의 맥컬레이듀레이션(Macaulay duration; D)은 몇 년인가? (단, 계산과정 중 금액과 관련된 수치는 반올림하여 소수점 아래 두 자리까지 계산하고, 듀레이션은 반올림하여 소수점 아래 네 자리까지 표시하되 년 단위로 할 것)

물음 2

갑채권의 수정듀레이션(modified duration; D^m)은 얼마인가? (맥컬레이듀레이션을 이용하여 수정듀레이션을 구하되 그 식도 간단히 나타내시오. 또한 수정듀레이션은 반올림하여 소수점 아래 네 자리까지 표시하되 단위는 물음 1과 동일하게 년 기준으로 할 것)

물음 3

갑채권의 만기수익률이 오늘 8%에서 7%로 1%p 하락한다면(Δy = - 1%), 채권가격의 변동률은 수정듀레이션으로 계산한 가격변동률과 볼록성(convexity)에 기인한 오차조정부분의 합으로 나타낼 수 있다.

$$\text{채권가격변동률} = -D^m \cdot \Delta y + \text{볼록성에 기인한 오차조정부분}$$

이때, 볼록성에 기인한 오차조정부분은 얼마인가? (볼록성 계산공식을 이용하시오. 단, 중간과정의 계산은 반올림하여 소수점 아래 6자리까지 구하고 답은 %단위로 표시하되 반올림하여 소수점 아래 네 자리까지 나타낼 것)

해답

물음 1

$$P_0 = \frac{400원}{1+\frac{R}{2}} + \frac{400원}{\left(1+\frac{R}{2}\right)^2} + \frac{400원}{\left(1+\frac{R}{2}\right)^3} + \frac{10,400원}{\left(1+\frac{R}{2}\right)^4}$$

$$= \frac{400원}{1.04} + \frac{400원}{1.04^2} + \frac{400원}{1.04^3} + \frac{10,400원}{1.04^4} = 10,000원$$

$$D = \left(\frac{400원}{1.04} \times 0.5 + \frac{400원}{1.04^2} \times 1 + \frac{400원}{1.04^3} \times 1.5 + \frac{10,400원}{1.04^4} \times 2\right) \times \frac{1}{10,000원}$$

$$= \frac{1}{2} \times \left(\frac{400원}{1.04} \times 1 + \frac{400원}{1.04^2} \times 2 + \frac{400원}{1.04^3} \times 3 + \frac{10,400원}{1.04^4} \times 4\right) \times \frac{1}{10,000원} = 1.8875년$$

물음 2

$$D^m = -\frac{dP}{dR} \times \frac{1}{P_0} = \frac{1}{1+\frac{R}{2}} \times D = \frac{1}{1.04} \times 1.8875 = 1.8149$$

물음 3

$$C = \frac{d^2P}{dR^2} \times \frac{1}{P_0}$$

$$= \left(\frac{1}{1.04}\right)^2 \times \left(\frac{1}{2}\right)^2 \times \left(\begin{array}{l} \frac{400원}{1.04} \times 1 \times 2 + \frac{400원}{1.04^2} \times 2 \times 3 \\ + \frac{400원}{1.04^3} \times 3 \times 4 + \frac{10,400원}{1.04^4} \times 4 \times 5 \end{array}\right) \times \frac{1}{10,000원} = 4.2773$$

볼록성에 기인한 오차조정부분

$$= \frac{1}{2!} \times \frac{d^2P}{dR^2} \times \frac{1}{P_0} \times (\Delta R)^2 = \frac{1}{2} \times C \times (\Delta R)^2$$

$$= \frac{1}{2} \times 4.2773 \times (-0.01)^2 = 0.0214\%$$

문제 11 이자율 탄력성과 볼록성

CPA 11

액면가격이 10,000원이고 표면금리는 8%이며 만기수익률은 12%인 무위험 이표채 A가 있다. 이 채권의 이자는 매 3개월마다 후급되며 만기까지는 9개월이 남아 있다. (계산과정 중 금액과 관련된 수치는 반올림하여 소수점 아래 두 자리까지 계산하고 이자율 등의 비율과 듀레이션은 반올림하여 소수점 아래 네 자리까지 표시하시오.)

물음 1

듀레이션을 이용하여 이 채권의 이자율 탄력성을 구하시오.

물음 2

채권가격과 만기수익률과의 관계는 선형관계가 아니기 때문에 가격변화를 더욱 정확하게 추정하기 위해서는 듀레이션과 함께 볼록성을 고려해야 한다. 이 채권의 볼록성은 얼마인가?

물음 3

(앞의 지문과 물음들을 무시하고 다음의 물음에 답하시오.) 기업 B는 시장가치 기준으로 100억원의 부채를 가지고 있으며 부채의 평균 듀레이션은 3년이다. 부채 중 50억원은 듀레이션이 4년인 5년 만기 채권으로 이루어져 있다. 이 기업은 부채의 듀레이션을 2년으로 낮추기 위해 1년 만기 무이표채를 발행하여 5년 만기 채권의 일부를 상환하려고 한다. 수익률곡선이 수평이라는 가정하에 기업 B가 발행해야 할 1년 만기 무이표채의 규모는 얼마인가?

해답

물음 1

$$P_0 = \frac{200원}{1+\frac{R}{4}} + \frac{200원}{(1+\frac{R}{4})^2} + \frac{10,200원}{(1+\frac{R}{4})^3}$$

$$= \frac{200원}{1.03} + \frac{200원}{1.03^2} + \frac{10,200원}{1.03^3} = 9,717.14원$$

$$D = \frac{1}{4} \times \left(\frac{200원}{1.03} \times 1 + \frac{200원}{1.03^2} \times 2 + \frac{10,200원}{1.03^3} \times 3 \right) \times \frac{1}{9,717.14원} = 0.7352년$$

$$E = \frac{dP}{dR} \times \frac{R}{P_0} = -\frac{R}{1+\frac{R}{4}} \times D = -\frac{0.12}{1.03} \times 0.7352 = -0.0857$$

물음 2

$$C = \frac{d^2P}{dR^2} \times \frac{1}{P_0}$$

$$= (\frac{1}{1.03})^2 \times (\frac{1}{4})^2 \times \left(\frac{200원}{1.03} \times 1 \times 2 + \frac{200원}{1.03^2} \times 2 \times 3 + \frac{10,200원}{1.03^3} \times 3 \times 4 \right) \times \frac{1}{9,717.14원}$$

$$= 0.6883$$

물음 3

조정 이전: $\frac{50억원}{100억원} \times 4년 + \frac{50억원}{100억원} \times D_{나머지} = 3년$

∴ 나머지 부채 50억원의 듀레이션 = 2년

조정 이후: $\frac{50억원 - X}{100억원} \times 4년 + \frac{50억원}{100억원} \times 2년 + \frac{X}{100억원} \times 1년 = 2년$

∴ 발행해야 할 1년 만기 무이표채의 규모: $X = 33.33억원$

문제 12 볼록성과 채권가격의 변화율

CPA 21

현재시점($t = 0$)인 금년도 1월 1일 기준으로 만기와 액면이자율이 상이한 이표채들이 아래 표에 제시되어 있다. 채권시장에서 이표채 A, B, C는 액면가채권(par value bond)으로 채권가격은 모두 100원으로 동일하며 균형하에 있다고 가정한다. 채권시장에서 불편기대이론이 성립한다. 모든 채권은 신용위험이 없으며 이자지급 주기를 1년으로 한다. 계산결과는 소수점 아래 다섯째 자리에서 반올림하여 넷째 자리까지 표시하시오.

이표채	만기	액면이자율
A	1년	4%
B	2년	5%
C	3년	6%

물음 1

현재시점($t = 0$)에서 $t = k$년 만기 현물이자율(spot interest rate)을 ${}_0i_k$, $t = k$년 시점에서 1년 만기 선도이자율(forward interest rate)을 ${}_kf_{k+1}$으로 각각 표기한다. 현재시점($t = 0$) 채권시장의 수익률곡선을 설명할 수 있는 $(1 + {}_0i_1)$, $(1 + {}_0i_2)^2$, $(1 + {}_0i_3)^3$, ${}_1f_2$, ${}_2f_3$을 각각 계산하시오.

물음 2

물음 1에서 도출된 수익률곡선하에서 액면가 100원, 만기 3년, 액면이자율 10%인 이표채 D의 현재시점($t = 0$) 듀레이션을 계산하시오.

물음 3

현재시점($t = 0$)에서 물음 1에서 도출된 수익률곡선이 1%p 하향 평행이동하는 경우 물음 2 이표채 D의 가격변화율을 볼록성(convexity)을 조정하여 계산하시오.

물음 4

현재시점($t = 0$)에서 채권시장에 액면금액이 100원인 3년 만기 무이표채 E가 존재한다. 물음 1에서 도출된 수익률곡선이 1년 후에도 그대로 유지될 것으로 예상된다. 목표투자기간이 1년일 때, 현재시점($t = 0$)에서 무이표채 E를 이용하여 수익률곡선타기 투자전략을 실행하는 경우 기대 투자수익률을 계산하시오.

해답

물음 1

A: $(1+{}_0i_1)=1.04$

B: $100원=\frac{5원}{1.04}+\frac{105원}{(1+{}_0i_2)^2}$ $\qquad\therefore (1+{}_0i_2)^2=1.103$

C: $100원=\frac{6원}{1.04}+\frac{6원}{1.103}+\frac{106원}{(1+{}_0i_3)^3}$ $\qquad\therefore (1+{}_0i_3)^3=1.1938$

$${}_1f_2=\frac{1.103}{1.04}-1=0.0606$$

$${}_2f_3=\frac{1.1938}{1.103}-1=0.0823$$

물음 2

D의 현재가격$=\frac{10원}{1.04}+\frac{10원}{1.103}+\frac{110원}{1.1938}=110.8243원$

D의 듀레이션$=\left(\frac{10원}{1.04}\times 1+\frac{10원}{1.103}\times 2+\frac{110원}{1.1938}\times 3\right)\times\frac{1}{110.8243원}=2.7447년$

물음 3

수정듀레이션

$$=\left(\frac{1}{1.04}\times\frac{10원}{1.04}\times 1+\frac{1}{1.103^{\frac{1}{2}}}\times\frac{10원}{1.103}\times 2+\frac{1}{1.1938^{\frac{1}{3}}}\times\frac{110원}{1.1938}\times 3\right)\times\frac{1}{110.8243원}$$

$=2.5905$

볼록성

$$=\left(\frac{1}{1.04^2}\times\frac{10원}{1.04}\times 1\times 2+\frac{1}{1.103}\times\frac{10원}{1.103}\times 2\times 3+\frac{1}{1.1938^{\frac{2}{3}}}\times\frac{110원}{1.1938}\times 3\times 4\right)\times\frac{1}{110.8243원}$$

$=9.4713$

D의 가격변화율: $\frac{\Delta P}{P_0}=-2.5905\times(-0.01)+\frac{1}{2}\times 9.4713\times(-0.01)^2=0.0264$

물음 4

E의 현재가격: $P_0^E = \dfrac{100원}{1.1938} = 83.7661원$

E의 1년 후 기대가격: $E(P_1^E) = \dfrac{100원}{1.103} = 90.6618원$

1년간의 기대수익률$= \dfrac{90.6618원}{83.7661원} - 1 = 0.0823$

문제 13 목표시기면역전략과 포트폴리오의 재조정 CPA 07

5년 후 채무를 상환해야 하는 한 투자자가 정부가 발행한 3년 만기 순수할인채권과 역시 정부가 발행한 영구채권을 이용하여 목표시기면역화전략(immunization strategy)을 적용하기로 하였다. 채무액의 현재가치는 100원이며 무위험이자율은 연 10%이다. 수익률곡선은 수평이라고 가정한다. (단, 영구채권의 듀레이션 = (1 + 만기수익률)/만기수익률, 모든 수치는 소수점 셋째 자리에서 반올림하시오.)

물음 1

이자율위험을 면역화하기 위해서 순수할인채권과 영구채권에 대한 투자금액은 얼마이어야 하는지 계산하시오.

물음 2

순수할인채권과 영구채권을 매입한 직후 무위험이자율이 1%포인트 상승하여 연 11%가 된다면 이자율위험을 면역화하기 위해서 각 채권에 대한 투자금액은 얼마이어야 하는지 계산하시오.

물음 3

이자율이 11%로 상승하였다고 가정한 물음 2를 무시하기로 하자. 면역화전략을 시작한 이후 무위험이자율이 계속 10%를 유지한 채 1년이 지났다면, 이자율위험을 면역화하기 위해서 각 채권에 대한 투자금액은 얼마이어야 하는지 계산하시오.

물음 4

물음 1 ~ 물음 3의 결과들이 면역화전략에 어떤 시사점을 주는지 다섯 줄 이내로 기술하시오.

해답

물음 1

$D_{순수할인채} = 3년, \ D_{영구채} = \frac{1.1}{0.1} = 11년$

$5년 = w_{순수할인채} \times 3년 + (1 - w_{순수할인채}) \times 11년$

$\therefore \ w_{순수할인채} = 0.75, \ w_{영구채} = 0.25$

순수할인채권 투자금액 = 100원 × 0.75 = 75원

영구채권 투자금액 = 100원 × 0.25 = 25원

물음 2

$D_{순수할인채} = 3년, \ D_{영구채} = \frac{1.11}{0.11} = 10.09년$

$5년 = w_{순수할인채} \times 3년 + (1 - w_{순수할인채}) \times 10.09년$

$\therefore \ w_{순수할인채} = 0.72, \ w_{영구채} = 0.28$

$부채의 \ 현재가치 = \frac{100원 \times 1.1^5}{1.11^5} = 95.58원$

순수할인채권 투자금액 = 95.58원 × 0.72 = 68.82원

영구채권 투자금액 = 95.58원 × 0.28 = 26.76원

물음 3

$D_{순수할인채} = 2년, \ D_{영구채} = \frac{1.1}{0.1} = 11년$

$4년 = w_{순수할인채} \times 2년 + (1 - w_{순수할인채}) \times 11년$

$\therefore \ w_{순수할인채} = 0.78, \ w_{영구채} = 0.22$

$부채의 \ 현재가치 = \frac{100원 \times 1.1^5}{1.1^4} = 110원$

순수할인채권 투자금액 = 110원 × 0.78 = 85.80원

영구채권 투자금액 = 110원 × 0.22 = 24.20원

물음 4

최초 목표시기면역전략을 실행한 이후에도 시간이 경과하거나 이자율이 변동하면 채권포트폴리오를 구성하는 채권들의 듀레이션이 변동하므로 면역화를 계속해서 유지하기 위해서는 지속적인 채권포트폴리오의 재조정이 필요하다.

문제 14 면역전략과 볼록성

CPA 19

1년, 2년, 3년 후에 각각 1,000억원을 지불할 부채를 보유하고 있는 (주)한국보험은 이자율 변동으로 발생하는 부채 포트폴리오의 가치변동위험을 면역화하려고 한다. 자본시장에서 현재의 채권수익률은 5%이고 수익률곡선은 수평이며 평행이동한다고 가정한다. 금액은 억원 단위이며, 모든 계산결과는 소수점 아래 다섯째 자리에서 반올림하여 넷째 자리까지 표시하시오.

물음 1

(주)한국보험이 보유한 부채 포트폴리오의 듀레이션과 볼록성(convexity)은 각각 얼마인가?

물음 2

(주)한국보험이 1년 만기 무이표채와 3년 만기 무이표채를 이용하여 면역전략을 수행하고자 한다. 단, (주)한국보험은 다른 자산을 보유하고 있지 않으며, 자산과 부채 포트폴리오의 현재가치를 일치시켜서 면역전략을 수행한다고 가정한다.

① 1년 만기 및 3년 만기 무이표채에 투자할 비중과 금액은 각각 얼마인가?

② (주)한국보험이 보유한 자산 포트폴리오의 볼록성은 얼마인가?

③ 이자율 변동으로 발생하는 부채 포트폴리오의 가치변동에 대하여 완전면역이 확보되는지 설명하시오.

물음 3

(주)한국보험이 1년 만기 무이표채와 2년 만기 무이표채를 이용하여 면역전략을 수행하고자 한다. 단, (주)한국보험은 다른 자산을 보유하고 있지 않으며, 자산과 부채 포트폴리오의 현재가치를 일치시켜서 면역전략을 수행한다고 가정한다.

① 1년 만기 및 2년 만기 무이표채에 투자할 비중과 금액은 각각 얼마인가?

② (주)한국보험이 보유한 자산 포트폴리오의 볼록성은 얼마인가?

③ 이자율 변동으로 발생하는 부채 포트폴리오의 가치변동에 대하여 완전면역이 확보되는지 설명하시오.

물음 4

물음 2와 물음 3의 전략이 부채 포트폴리오의 가치변동위험에 대한 면역화에 차이를 발생시키는가? 만약 차이를 발생시킨다면 근본적인 이유를 설명하시오.

해답

물음 1

부채 포트폴리오의 현재가치

$$= \frac{1{,}000\text{억원}}{1.05} + \frac{1{,}000\text{억원}}{1.05^2} + \frac{1{,}000\text{억원}}{1.05^3} = 2{,}723.2480\text{억원}$$

부채 포트폴리오의 듀레이션

$$= \left(\frac{1{,}000\text{억원}}{1.05} \times 1 + \frac{1{,}000\text{억원}}{1.05^2} \times 2 + \frac{1{,}000\text{억원}}{1.05^3} \times 3\right) \times \frac{1}{2{,}723.2480\text{억원}} = 1.9675\text{년}$$

부채 포트폴리오의 볼록성

$$= \left(\frac{1}{1.05}\right)^2 \times \left(\frac{1{,}000\text{억원}}{1.05} \times 1 \times 2 + \frac{1{,}000\text{억원}}{1.05^2} \times 2 \times 3 + \frac{1{,}000\text{억원}}{1.05^3} \times 3 \times 4\right) \times \frac{1}{2{,}723.2480\text{억원}}$$

$= 5.8996$

물음 2

① 자산 포트폴리오의 듀레이션 $= w_1 \times 1\text{년} + (1 - w_1) \times 3\text{년} = 1.9675\text{년}$

1년 만기 무이표채 투자비율: $w_1 = 51.63\%$

1년 만기 무이표채 투자금액 $= 2{,}723.2480\text{억원} \times 0.5163 = 1{,}406.0129\text{억원}$

3년 만기 무이표채 투자비율: 48.37%

3년 만기 무이표채 투자금액 $= 2{,}723.2480\text{억원} \times 0.4837 = 1{,}317.2351\text{억원}$

② 자산 포트폴리오의 볼록성

$$= \left(\frac{1}{1.05}\right)^2 \times (1{,}406.0129\text{억원} \times 1 \times 2 + 1{,}317.2351\text{억원} \times 3 \times 4) \times \frac{1}{2{,}723.2480\text{억원}}$$

$= 6.2014$

③ 부채 포트폴리오의 볼록성보다 자산 포트폴리오의 볼록성이 크기 때문에 완전면역이 확보되지 않는다.

물음 3

① 자산 포트폴리오의 듀레이션 $= w_1 \times 1\text{년} + (1 - w_1) \times 2\text{년} = 1.9675\text{년}$

1년 만기 무이표채 투자비율: $w_1 = 3.25\%$

1년 만기 무이표채 투자금액 $= 2{,}723.2480\text{억 원} \times 0.0325 = 88.5056\text{억 원}$

2년 만기 무이표채 투자비율: 96.75%

2년 만기 무이표채 투자금액 $= 2{,}723.2480\text{억 원} \times 0.9675 = 2{,}634.7424\text{억 원}$

② 자산 포트폴리오의 볼록성

$$= \left(\frac{1}{1.05}\right)^2 \times (88.5056\text{억 원} \times 1 \times 2 + 2{,}634.7424\text{억 원} \times 2 \times 3) \times \frac{1}{2{,}723.2480\text{억 원}}$$

$= 5.3243$

③ 자산 포트폴리오의 볼록성보다 부채 포트폴리오의 볼록성이 크기 때문에 완전면역이 확보되지 않는다.

물음 4

자산 포트폴리오와 부채 포트폴리오의 듀레이션이 일치해도 볼록성이 상이한 경우에는 이후에 시간의 경과나 이자율의 변동에 따른 자산 포트폴리오와 부채 포트폴리오의 듀레이션 변동 정도가 상이하게 되어서 면역화에 차이가 발생하게 된다. 자산 포트폴리오의 볼록성이 부채 포트폴리오의 볼록성보다 큰 경우에 이자율 하락 시 부채보다 자산의 가치가 더 많이 증가하고, 이자율 상승 시 부채보다 자산의 가치가 더 적게 감소하므로 물음 3의 전략보다 물음 2의 전략이 더 유리하다.

문제 15 순자산가치면역전략과 자기자본비율의 유지 CPA 08

A은행의 장부가치 재무상태표가 다음과 같이 제시되었다.

자산(단위: 원)		부채와 자본(단위: 원)	
현금	50	요구불예금	400
대출채권	400	CD	130
장기채권	150	자기자본	70
합계	600	합계	600

대출채권의 연이자율은 10%이며 2년에 걸쳐 매년 말에 원리금을 균등분할상환받는 조건이다. 장기채권은 연 8%의 이자를 매년 말에 지급받는 3년 만기 채권이다. 부채 중 CD의 이자율은 연 7%이며, 1년 후에 원리금을 일시 상환하는 조건이다. 현재 시장이자율은 연 8%이다. (모든 계산은 반올림하여 소수점 넷째 자리까지 표시한다.)

물음 1

A은행이 보유하고 있는 자산의 듀레이션은 얼마인가?

물음 2

A은행이 보유하고 있는 부채의 듀레이션은 얼마인가?

물음 3

시장이자율이 100 베이시스 포인트(1%p) 상승할 경우 A은행의 자기자본의 시장가치에 미치는 영향을 듀레이션 모형을 이용하여 계산하시오.

물음 4

다음의 물음에 답하시오.

① A은행의 입장에서 순자산가치가 이자율위험으로부터 면역되기 위한 조건은 무엇인가?

② 이러한 조건을 충족하기 위해서는 부채의 듀레이션이 얼마가 되어야 하는가? (단, 자산의 듀레이션은 변경될 수 없다고 가정하시오.)

물음 5

A은행이 이자율위험으로부터 자기자본비율(= 자기자본/자산)의 변화를 "0"으로 만들 수 있는 방법을 듀레이션을 이용하여 설명하시오.

해답

물음 1

현금: 시장가치 = 50원, 듀레이션 = 0년

대출채권: 매년 상환 원리금 = 400원÷$(\frac{1}{1.1}+\frac{1}{1.1^2})$ = 230.4762원

$$시장가치 = \frac{230.4762원}{1.08} + \frac{230.4762원}{1.08^2} = 411원$$

$$듀레이션 = \left(\frac{230.4762원}{1.08}\times 1 + \frac{230.4762원}{1.08^2}\times 2\right)\times \frac{1}{411원} = 1.4808년$$

장기채권: 시장가치 = 150원(∵ 액면이자율 = 시장이자율)

$$듀레이션 = \left(\frac{12원}{1.08}\times 1 + \frac{12원}{1.08^2}\times 2 + \frac{162원}{1.08^3}\times 3\right)\times \frac{1}{150원} = 2.7833년$$

자산의 시장가치 = 50원 + 411원 + 150원 = 611원

$$D_A = \frac{50원}{611원}\times 0년 + \frac{411원}{611원}\times 1.4808년 + \frac{150원}{611원}\times 2.7833년 = 1.6794년$$

물음 2

요구불예금: 시장가치 = 400원, 듀레이션 = 0년

CD: 시장가치 = $\frac{130원\times 1.07}{1.08}$ = 128.7963원, 듀레이션 = 1년

부채의 시장가치 = 400원 + 128.7963원 = 528.7963원

$$D_L = \frac{400원}{528.7963원}\times 0년 + \frac{128.7963원}{528.7963원}\times 1년 = 0.2436년$$

물음 3

$$\begin{aligned}\Delta K &= \Delta A - \Delta L \\ &= -1.6794\times\frac{1}{1.08}\times 611원\times 0.01 - (-0.2436\times\frac{1}{1.08}\times 528.7963원\times 0.01) \\ &= -8.3083원\end{aligned}$$

∴ 자기자본의 시장가치가 8.3083원만큼 감소한다.

물음 4

① '자산 듀레이션 × 자산 시장가치 = 부채 듀레이션 × 부채 시장가치'가 만족되어야 한다.

② $D_A \times A = 1.6794$년 $\times 611$원 $= D_L^* \times L = D_L^* \times 528.7963$원

$\therefore\ D_L^* = 1.9405$년

물음 5

자산가치의 변동률과 자기자본가치의 변동률이 일치해야 하며, 이러한 경우 부채가치의 변동률도 이와 일치한다. 이는 자산과 부채의 듀레이션이 일치해야 한다는 것과 동일하다.

$$\frac{\Delta A}{A} = \frac{\Delta L}{L} \Rightarrow -D_A \times \frac{1}{1+R} \times \Delta R = -D_L \times \frac{1}{1+R} \times \Delta R$$

$\therefore$ 자산의 듀레이션(D_A)과 부채의 듀레이션(D_L)이 일치해야 한다.

문제 16 순자산가치면역전략과 듀레이션갭

CPA 10

물음 1

은행이 만기가 2년인 고정금리 대출을 동일한 금액의 만기가 1년인 고정금리 예금으로 조달하였다. 만약 시장이자율이 1년 후 2%p 상승하면 은행이 어떤 종류의 이자율 위험에 노출되는지 50자 이내로 설명하시오.

※ 물음 2 ~ 물음 5는 다음의 내용을 이용하여 답하시오.

현재 S은행의 시장가치 기준 재무상태표는 다음과 같다.

자산(단위: 억원)	
현금	5
채권	100
합계	105

부채와 자기자본(단위: 억원)	
CD	90
자기자본	15
합계	105

채권은 표면이자율이 연 8%이고 만기가 2년이며 이자를 매 6개월마다 지급한다. 만기 1년의 CD는 이자율이 연 8%(반기 복리)이고 액면금액을 만기에 지급한다. 현재 시장이자율은 연 8%(반기 복리)이다. 수익률곡선은 수평이며 평행이동한다. 금액은 억원 단위로 표기하고, 모든 계산은 반올림하여 소수점 둘째 자리까지 나타내시오.

물음 2

시장이자율이 2%p 상승하면 자기자본의 시장가치가 얼마나 변하는가? 듀레이션을 이용하여 금액 기준으로 답하시오.

물음 3

S은행은 듀레이션갭을 이용하여 이자율 위험을 면역화하려고 한다. S은행이 면역화하기 위한 조건식을 도출과정과 함께 제시하시오. 그리고 S은행이 부채의 듀레이션과 부채비율을 변경할 수 없다면, 이 은행이 면역화하기 위하여 자산의 듀레이션을 얼마로 조정해야 하는가?

물음 4

시장이자율의 2%p 상승이 자기자본의 시장가치에 미치는 영향을 현금흐름할인법(DCF)을 이용하여 계산하시오.

물음 5

물음 2와 물음 4의 값에 차이가 발생하는 이유를 30자 이내로 설명하시오.

해답

물음 1

이자율 상승 시 자산가치 감소액이 부채가치 감소액보다 크기 때문에 순자산가치가 감소될 위험에 노출된다. 특히 1년 후 고정금리 예금의 만기일에 지급해야 할 금액은 확정되어 있으나, 시장이자율 상승에 따라 대출(자산)의 가치가 감소하여 순자산가치가 감소하게 된다.

물음 2

채권의 듀레이션

$$= \frac{1}{2} \times \left(\frac{4억원}{1.04} \times 1 + \frac{4억원}{1.04^2} \times 2 + \frac{4억원}{1.04^3} \times 3 + \frac{104억원}{1.04^4} \times 4 \right) \times \frac{1}{100억원} = 1.89년$$

자산가치의 변동액 $= -1.89 \times \frac{1}{1.04} \times 100억원 \times 0.02 = -3.63억원$

부채의 듀레이션 = 1년

부채가치의 변동액 $= -1 \times \frac{1}{1.04} \times 90억원 \times 0.02 = -1.73억원$

자기자본의 시장가치 변동액 = − 3.63억원 − (− 1.73억원) = − 1.9억원

∴ 자기자본의 시장가치는 1.9억원만큼 감소한다.

물음 3

$$\Delta K = \Delta A - \Delta L = -(D_A - D_L \times \frac{L}{A}) \times \frac{1}{1 + \frac{R}{2}} \times A \times \Delta R = 0$$

∴ 듀레이션갭$= D_A - D_L \times \frac{L}{A} = 0$이 되어야 한다.

$$D_A = D_L \times \frac{L}{A} = 1년 \times \frac{90억원}{105억원} = 0.86년$$

∴ 자산의 듀레이션을 0.86년으로 조정해야 한다.

물음 4

이자율 상승 시 채권의 가치 = $\frac{4억원}{1.05} + \frac{4억원}{1.05^2} + \frac{4억원}{1.05^3} + \frac{104억원}{1.05^4} = 96.45억원$

자산가치의 변동액 = 채권가치의 변동액 = 96.45억원 - 100억원 = - 3.55억원

이자율 상승 시 CD의 가치 = $\frac{90억원 \times 1.04^2}{1.05^2} = 88.29억원$

부채가치의 변동액 = CD가치의 변동액 = 88.29억원 - 90억원 = - 1.71억원

자기자본의 시장가치 변동액 = - 3.55억원 - (- 1.71억원) = - 1.84억원

∴ 자기자본의 시장가치는 1.84억원만큼 감소한다.

물음 5

듀레이션을 이용하는 경우 채권가격의 볼록성을 고려하지 못하기 때문이다.

문제 17 순자산가치면역전략과 교체매매 CPA 04

덕진은행의 현재 시장가치 기준 재무상태표가 다음과 같다. 부채의 듀레이션은 1.2년, 수익률은 6%이며, 이자율이 변화하는 경우에 이는 모든 자산과 부채에 동일하게 적용된다고 가정하며, 수익률 변화에 따른 가격변화의 비대칭성은 무시하고, 듀레이션은 맥콜리 듀레이션을 의미한다. 계산의 결과는 소수점 아래 다섯째 자리에서 반올림하여 물음에 답하시오.

자산(단위: 원)		부채와 자기자본(단위: 원)	
담보부대출(만기 1년)	1,000	부채	3,450
채권 B(만기 3년, 1좌당 액면가 10원)	2,300		
투자부동산(토지)	200	자기자본	50
합계	3,500	합계	3,500

① 담보부대출은 1년 후에 1,100원의 원리금을 상환받는 조건이다.

② 채권 B는 만기 3년, 액면이자율 연 9%의 조건으로 발행된 채권이며, 만기 시 원금상환 총액은 2,300원이며, 현재 액면가에 거래되고 있다.

③ 토지는 연 20%의 수익률을 영구적으로 제공하는 자산이다.

물음 1

이자율이 변화하는 경우, 채권 B의 가격에 미치는 영향과 이자의 재투자수익에 미치는 영향이 서로 균형을 이루게 되는 시점을 구하라.

물음 2

금융위기 상황을 맞아 중앙은행은 2%포인트의 큰 폭의 금리인상을 계획하고 있다고 하자. 만일 이 상황에서 구조조정을 하지 않고 현 상태의 구조를 그대로 유지한다고 할 경우 재무구조가 취약한 이 은행의 자본잠식은 어느 정도 일어나겠는가?

물음 3

이자율 상승이 지속된다고 판단한 은행의 자산운용자가 자산 간의 구성 비율이나 부채의 조정은 불가능하고, 단기적으로 조정이 가능하다고 보는 채권 B의 종목을 다른 종목으로 적극 교체하기로 결정하였다. 어떤 특성의 채권으로 교체(swap)하여야 하는지를 답하고, 그 이유를 3줄 이내로 간단히 설명하라.

해답

물음 1

$$\text{채권 B의 듀레이션} = \left(\frac{207\text{원}}{1.09}\times 1 + \frac{207\text{원}}{1.09^2}\times 2 + \frac{2,507\text{원}}{1.09^3}\times 3\right)\times\frac{1}{2,300\text{원}} = 2.7591\text{년}$$

물음 2

$$\text{담보부대출의 만기수익률} = \frac{1,100\text{원}}{1,000\text{원}} - 1 = 10\%$$

$$\text{토지(투자부동산)의 듀레이션} = \frac{1.2}{0.2} = 6\text{년}$$

자산				부채와 자기자본			
구분	시장가치	듀레이션	YTM	구분	시장가치	듀레이션	YTM
담보부대출	1,000	1	10%	부채	3,450	1.2	6%
채권 B	2,300	2.7591	9%	자기자본	50		
투자부동산	200	6	20%				
합계	3,500			합계	3,500		

$$\text{담보부대출 가치의 변동액} = -1\times\frac{1}{1.1}\times 1,000\text{원}\times 0.02 = -18.1818\text{원}$$

$$\text{채권 B 가치의 변동액} = -2.7591\times\frac{1}{1.09}\times 2,300\text{원}\times 0.02 = -116.4391\text{원}$$

$$\text{투자부동산 가치의 변동액} = -6\times\frac{1}{1.2}\times 200\text{원}\times 0.02 = -20\text{원}$$

$$\text{자산가치의 변동액} = -18.1818\text{원} - 116.4391\text{원} - 20\text{원} = -154.6209\text{원}$$

$$\text{부채가치의 변동액} = -1.2\times\frac{1}{1.06}\times 3,450\text{원}\times 0.02 = -78.1132\text{원}$$

$$\text{자기자본가치의 변동액} = -154.6209\text{원} - (-78.1132\text{원}) = -76.5077\text{원}$$

∴ 자기자본의 가치가 현재의 50원에서 76.5077원 만큼 감소하여 -26.5077원이 되는 자본잠식이 발생한다.

물음 3

이자율 상승 시 자산가치의 감소액을 최소화하기 위해서는 채권 B를 듀레이션이 보다 짧은 채권으로 교체해야 한다. 즉, 만기가 짧고 액면이자율이 높은 채권, 원금분할상환채권 또는 변동금리부채권 등으로 교체해서 자산의 듀레이션을 감소시켜야 한다.

해커스 윤민호 재무관리연습

제3장

선물가격의 결정과 투자전략

핵심 이론 요약

01 선물거래의 기초

(1) 선물거래자의 손익

① 만기(T)손익

- 선물매입자: $S_T - F_0$ ⇒ 기초자산가격 상승 시 이득
- 선물매도자: $F_0 - S_T$ ⇒ 기초자산가격 하락 시 이득

② 만기 이전(t) 손익

- 선물매입자: $F_t - F_0$ ⇒ 선물가격 상승 시 이득
- 선물매도자: $F_0 - F_t$ ⇒ 선물가격 하락 시 이득

(2) 베이시스와 스프레드

① 베이시스

- 선물가격과 현물가격 간의 차이 = $F_0 - S_0$
- 만기일 수렴현상: 만기일의 $F_T = S_T$, 만기일의 베이시스=0

② 스프레드

- 조건이 상이한 선물가격들 간의 차이 = $F_0^2 - F_0^1$
- 만기 간 스프레드: 만기만 상이한 선물가격들 간의 차이

02 균형선물가격

(1) 보관비용과 보유수익의 발생시점과 발생금액 이용

① $F_0 = S_0 \times (1 + R_f)^T + C_T - D_T$

- C_T: 선물만기 이전 발생하는 보관비용의 선물만기시점가치
- D_T: 선물만기 이전 발생하는 보유수익의 선물만기시점가치

② $F_0 = [S_0 + PV(C) - PV(D)] \times (1 + R_f)^T$

- $PV(C)$: 선물만기 이전 발생하는 보관비용의 현재가치
- $PV(D)$: 선물만기 이전 발생하는 보유수익의 현재가치

(2) 연간 보관비용률(c)과 보유수익률(δ) 이용

① 일반적 적용

- $F_0 = S_0 \times [1+(R_f+c-\delta)]^T$
- $F_0 = S_0 \times [1+(R_f+c-\delta) \times \frac{잔존일수}{365}]$

② 보유수익(배당)을 기초자산(주식)에 계속해서 재투자하는 경우

- $F_0 = \frac{S_0}{(1+\delta)^T} \times (1+R_f)^T = S_0 \times \left(\frac{1+R_f}{1+\delta}\right)^T$

(3) 시장의 불완전성을 고려한 균형선물가격의 범위

① 시장의 불완전성

- 매입가격($S_0^{매입}$ =시장 매도호가) > 매도가격($S_0^{매도}$ = 시장 매입호가)
- 거래수수료(TF): 최초 거래시점과 포지션 청산시점에 모두 발생 가능
- 현물 공매대금에 대한 사용제한: 일정 증거금률(m)만큼 증거금으로 예치
- 차입이자율($R_{차입}$) > 대출이자율($R_{대출}$) > 공매 예치금에 대한 이용료율($R_{예치}$)

② 균형선물가격의 상한

- $\left[S_0^{매입} - \frac{D}{(1+R_{차입})^t} + TF_0\right] \times (1+R_{차입})^T + TF_T$

③ 균형선물가격의 하한

- $\left[S_0^{매도} \times (1-m) - \frac{D}{(1+R_{대출})^t} - TF_0\right] \times (1+R_{대출})^T - TF_T + S_0^{매도} \times m \times (1+R_{예치})^T$

④ 불균형 시 발생 가능한 차익거래

- 선물가격이 과대평가된 경우의 차익거래

거래내용	현재	t	T
선물매도			$F_0 - S_T$
현물매입	$-S_0^{매입}$	D	S_T
거래수수료	$-TF_0$		$-TF_T$
차입	$\frac{D}{(1+R_{차입})^t}$	$-D$	
차입	$\left[S_0^{매입} - \frac{D}{(1+R_{차입})^t} + TF_0\right]$		$-\left[S_0^{매입} - \frac{D}{(1+R_{차입})^t} + TF_0\right] \times (1+R_{차입})^T$
합계 (차익거래이익)	0	0	$F_0 - \left[S_0^{매입} - \frac{D}{(1+R_{차입})^t} + TF_0\right] \times (1+R_{차입})^T - TF_T$

• 선물가격이 과소평가된 경우의 차익거래

거래내용	현재	t	T
선물매입			$S_T - F_0$
현물공매	$S_0^{매도}$	$-D$	$-S_T$
증거금	$-S_0^{매도} \times m$		$S_0^{매도} \times m \times (1+R_{예치})^T$
거래수수료	$-TF_0$		$-TF_T$
대출	$-\dfrac{D}{(1+R_{대출})^t}$	D	
대출	$-\left[S_0^{매도} \times (1-m) - \dfrac{D}{(1+R_{대출})^t} - TF_0\right]$		$\left[S_0^{매도} \times (1-m) - \dfrac{D}{(1+R_{대출})^t} - TF_0\right] \times (1+R_{대출})^T$
합계 (차익거래 이익)	0	0	$\left[S_0^{매도} \times (1-m) - \dfrac{D}{(1+R_{대출})^t} - TF_0\right] \times (1+R_{대출})^T + S_0^{매도} \times m \times (1+R_{예치})^T - TF_T - F_0$

(4) 만기 간 스프레드와 선도이자율

① 현물 - 선물등가식

• 1년 만기 선물: $F_0^1 = S_0 \times (1 + {}_0R_1)$

• 2년 만기 선물: $F_0^2 = S_0 \times (1 + {}_0R_2)^2$

② 만기만 상이한 선물가격 간의 관계식

• $F_0^2 = F_0^1 \times (1 + {}_1f_2)$

03 선물을 이용한 위험관리

(1) 채권보유포지션(= 무위험대출)으로 전환

① 조건

• 보유현물 = 선물의 기초자산

• 보유현물포지션의 청산시점 = 선물의 만기일

② 이용할 선물의 계약수

• 현물보유수량 기준: $N_F = -\dfrac{현물보유수량}{선물\ 1계약의\ 거래단위수량}$

• 시장가격의 불균형을 이용한 무위험차익거래 시에도 동일

(2) 가치변동위험 제거

① 현물가격변동액과 선물가격변동액이 일치하는 경우

- 개시베이시스 = 커버베이시스
- 현물보유수량과 동일한 수량에 대한 선물을 매도하여 완전헤지 가능

② 현물가격변동액과 선물가격변동액 간에 완전한 정의 상관관계가 있는 경우

- 현물가격변동액과 선물가격변동액 간의 민감도를 이용해서 완전헤지 가능

(3) 불완전헤지 시 가치변동위험의 최소화

① 가격변동액 기준 최소분산헤지

- 헤지비율: $HR = -\frac{\Delta S}{\Delta F} = -\frac{Cov(\Delta S, \Delta F)}{Var(\Delta F)} = -\frac{\sigma_{\Delta S}}{\sigma_{\Delta F}} \times \rho_{\Delta S, \Delta F}$
- 선물의 계약수: $N_F = HR \times \frac{\text{현물보유수량}}{\text{선물 1계약의 거래단위수량}}$

② 가격변동률 기준 최소분산헤지

- 베타: $\beta_{SF} = \frac{R_S}{R_F} = \frac{Cov(R_S, R_F)}{Var(R_F)} = \frac{\sigma_{R_S}}{\sigma_{R_F}} \times \rho_{R_S, R_F}$
- 헤지비율: $HR = -\frac{\Delta S}{\Delta F} = -\frac{S_0}{F_0} \times \frac{R_S}{R_F} = -\frac{S_0}{F_0} \times \beta_{SF}$
- 선물의 계약수: $N_F = HR \times \frac{\text{현물보유수량}}{\text{선물 1계약의 거래단위수량}}$

$$= -\frac{\text{현물보유금액}}{\text{선물 1계약의 계약금액}} \times \beta_{SF}$$

(4) 주가지수선물을 이용한 위험관리

① 지수펀드 보유 시 주가지수선물의 만기까지 채권보유포지션으로 전환

- 선물의 계약수(현물수량 기준): $N_F = -\frac{\text{현물보유금액}}{\text{현물지수} \times \text{거래승수}}$

② 가치변동위험 제거

- 선물의 계약수: $N_F = -\frac{\text{현물보유금액}}{\text{선물지수} \times \text{거래승수}} \times \beta_{\text{보유현물}}$

③ 목표 베타 관리

- 선물의 계약수: $N_F = \frac{\text{현물보유금액}}{\text{선물지수} \times \text{거래승수}} \times (\beta_{\text{목표}} - \beta_{\text{보유현물}})$

04 채권선물

(1) 채권선물의 균형가격

① 무이표채권(액면금액 100원, 만기 1년)에 대한 만기 1년의 선물

- $F_0 = S_0 \times (1 + {}_0R_1) = \dfrac{100원}{(1 + {}_0R_2)^2} \times (1 + {}_0R_1) = \dfrac{100원}{1 + {}_1f_2}$

② 이표채권(액면금액 100원, 액면이자율 10%, 만기 2년)에 대한 만기 1년의 선물

- $F_0 = S_0 \times (1 + {}_0R_1) - 10원$

$$= \left[\frac{10원}{1 + {}_0R_1} + \frac{10원}{(1 + {}_0R_2)^2} + \frac{110원}{(1 + {}_0R_3)^3}\right] \times (1 + {}_0R_1) - 10원$$

$$= \frac{10원}{1 + {}_1f_2} + \frac{110원}{(1 + {}_1f_2) \times (1 + {}_2f_3)}$$

(2) 채권선물을 이용한 위험관리

① 할인수익률과 채권등가수익률

- 할인수익률(discount yield): $DY = \dfrac{액면금액 - 현재가격}{액면금액}$
- 채권등가수익률(bond equivalent yield): $BEY = \dfrac{액면금액 - 현재가격}{현재가격}$

② 채권선물을 이용한 듀레이션 관리

- D_S: 현물채권의 듀레이션
- D_F: 선물만기일을 기준으로 계산된 선물기초채권의 듀레이션
- S_0: 현물채권의 시장가치(BEY 경우) 또는 액면금액(DY 경우)
- F_0: 선물 1계약의 시장가치(BEY 경우) 또는 액면금액(DY 경우)
- 헤지: $N_F = -\dfrac{\Delta S}{\Delta F} = -\dfrac{D_S \times \dfrac{1}{1 + R_S} \times S_0 \times \Delta R_S}{D_F \times \dfrac{1}{1 + R_F} \times F_0 \times \Delta R_F}$
- $R_S = R_F$인 경우의 헤지: $N_F = -\dfrac{S_0}{F_0} \times \dfrac{D_S}{D_F}$
- 목표 듀레이션 관리: $N_F = \dfrac{S_0}{F_0} \times \dfrac{D_{목표} - D_S}{D_F}$

05 통화선물

(1) 통화선물의 균형가격

① 원달러 선물의 균형가격

• 이자율평가설: $F_0 = S_0 \times \left(\dfrac{1+명목R_K}{1+명목R_A}\right)^T$

② 시장의 불완전성을 고려한 균형선물환율의 범위

• 상한: $F_0 \le S_0^{매입} \times \left(\dfrac{1+명목R_K^{차입}}{1+명목R_A^{예금}}\right)^T$

• 하한: $F_0 \ge S_0^{매도} \times \left(\dfrac{1+명목R_K^{예금}}{1+명목R_A^{차입}}\right)^T$

(2) 현물환율과 선물환율 간의 불균형을 이용한 차익거래

① 원달러 선물 과대평가의 경우

• $F_0 > S_0^{매입} \times \left(\dfrac{1+명목R_K^{차입}}{1+명목R_A^{예금}}\right)^T$

• 통화선물매도 + 원화 차입 + 달러화로 환전(달러화 현물매입) + 달러화 예금

② 원달러 선물 과소평가의 경우

• $F_0 < S_0^{매도} \times \left(\dfrac{1+명목R_K^{예금}}{1+명목R_A^{차입}}\right)^T$

• 통화선물매입 + 달러화 차입 + 원화로 환전(달러화 현물매도) + 원화 예금

문제 01 주가지수선물가격의 상한과 하한 CPA 98

5개의 종목으로 구성된 KOSPI 5의 현물지수가 300이며, 동 지수를 기초자산으로 하고 만기가 90일 후인 주가지수선물이 거래되고 있다. 1년은 360일로 가정하며, 이자계산 시 $(1+R\times\frac{90}{360})$를 적용하고, 배당은 고려하지 않는다는 가정하에 다음 물음에 답하시오.

물음 1

거래비용이 없는 완전자본시장을 가정한다. 무위험이자율이 연 12%인 경우에 상기 주가지수선물의 이론적인 가격을 계산하시오.

이하의 물음에서는 다음과 같은 거래비용이 존재하는 경우를 가정한다.

(1) 대출이자율은 10%, 차입이자율은 14%이다.
(2) 선물 거래비용은 매입, 매도, 청산 시 모두 0.3이다.
(3) 현물 거래비용은 매입, 매도(공매) 시 1.5이다.

물음 2

주가지수선물의 시장가격이 320으로 과대평가된 경우를 가정한다. 실행 가능한 차익거래과정을 구체적으로 나타내고, 획득 가능한 선물 1계약당 차익거래이익을 선물만기시점을 기준으로 계산하시오.

물음 3

차익거래가 발생하지 않기 위한 선물가격의 상한을 나타내시오.

물음 4

주가지수선물의 시장가격이 300으로 과소평가된 경우를 가정한다. 실행 가능한 차익거래과정을 구체적으로 나타내고, 획득 가능한 선물 1계약당 차익거래이익을 선물만기시점을 기준으로 계산하시오.

물음 5

차익거래가 발생하지 않기 위한 선물가격의 하한을 나타내시오.

해답

물음 1

균형선물가격 $= 300 \times (1 + 0.12 \times \frac{90}{360}) = 309$

물음 2

거래내용	현재	선물만기일(90일 후)
선물매도	- 0.3	$(320 - S_T) - 0.3$
현물매입	- 300 - 1.5	$S_T - 1.5$
차입	301.8	$- 301.8 \times (1+0.14 \times \frac{90}{360})$
합계(차익거래이익)	0	320 - 314.163 = 5.837

물음 3

선물가격의 상한 $= (300 + 0.3 + 1.5) \times (1 + 0.14 \times \frac{90}{360}) + 0.3 + 1.5 = 314.163$

물음 4

거래내용	현재	선물만기일(90일 후)
선물매입	- 0.3	$(S_T - 300) - 0.3$
현물매도	300 - 1.5	$- S_T - 1.5$
대출	- 298.2	$298.2 \times (1+0.1 \times \frac{90}{360})$
합계(차익거래이익)	0	303.855 - 300 = 3.855

물음 5

선물가격의 하한 $= (300 - 0.3 - 1.5) \times (1 + 0.1 \times \frac{90}{360}) - 0.3 - 1.5 = 303.855$

문제 02 금선물가격의 상한과 하한

CPA 12

만기가 1년인 금선물계약을 고려하자. 금의 현물가격은 온스당 400달러이고 무위험이자율은 연 10%이다. 보관비용은 연간 온스당 2달러이며 만기에 지불된다. 금선물 1계약은 금 100온스 기준이다. 선물거래에 대해서는 만기에 가서 현물을 인수 또는 인도함으로써 계약을 이행한다고 가정하자.

물음 1

금선물의 균형가격을 계산하시오.

물음 2

선물가격이 500인 경우 차익거래(arbitrage)를 통한 차익(payoff)을 계산하시오. 계산결과는 아래의 표를 이용하여 시점별 현금흐름의 관점에서 표기하시오. (단, 선물계약 1단위 기준으로 작성한다.)

거래내용	t = 0	t = 1
⋮	⋮	⋮
차익(payoff)		

물음 3

선물가격이 420인 경우 차익거래(arbitrage)를 통한 차익(payoff)을 계산하시오. 계산결과는 물음 2와 동일하게 표를 이용하여 시점별 현금흐름의 관점에서 표기하시오. (단, 선물계약 1단위 기준으로 작성한다.)

물음 4

위 질문과 무관하게, 거래금액의 90%에 한해서 공매도가 허용되며 예치금에 대해서는 3%의 이용료가 지급된다. 차입이자율(borrowing rate)과 대출이자율(lending rate)이 각각 12%, 8%일 때 금선물의 차익거래(arbitrage)가 발생하지 않는 비차익구간(no-arbitrage bounds)을 추정하시오. 계산결과는 물음 2와 동일하게 표를 이용하여 시점별 현금흐름의 관점에서 표기하시오. (단, 선물계약 1단위 기준으로 작성한다.)

해답

물음 1

$F_0 = \$400 \times (1+0.1) + \$2 = \$442$

물음 2

선물시장가격($500) 과대평가: [선물매도 + 현물매입 + 차입]의 차익거래 가능

거래내용	t = 0	t = 1
선물매도	0	($500 - S_T) × 100온스
현물매입	- $400 × 100온스	(S_T - $2) × 100온스
차입	$400 × 100온스	- $400 × 100온스 × 1.1
차익(payoff)	0	$5,800

∴ 선물계약 1단위 기준 선물만기시점 차익거래이익 = $5,800

물음 3

선물시장가격($420) 과소평가: [선물매입 + 현물공매 + 대출]의 차익거래 가능

거래내용	t = 0	t = 1
선물매입	0	(S_T - $420) × 100온스
현물공매	$400 × 100온스	(- S_T + $2) × 100온스
대출	- $400 × 100온스	$400 × 100온스 × 1.1
차익(payoff)	0	$2,200

∴ 선물계약 1단위 기준 선물만기시점 차익거래이익 = $2,200

물음 4

선물가격의 상한: $F_0 \le \$450$

거래내용	t = 0	t = 1
선물매도	0	(F_0 - S_T) × 100온스
현물매입	- $400 × 100온스	(S_T - $2) × 100온스
차입	$400 × 100온스	- $400 × 100온스 × 1.12
차익(payoff)	0	F_0 × 100온스 - $45,000 ≤ 0

선물가격의 하한: $F_0 \ge \$432$

거래내용	t = 0	t = 1
선물매입	0	(S_T - F_0) × 100온스
현물공매	$400 × 100온스	(- S_T + $2) × 100온스
예치금	- $40 × 100온스	$40 × 100온스 × 1.03
대출	- $360 × 100온스	$360 × 100온스 × 1.08
차익(payoff)	0	$43,200 - F_0 × 100온스 ≤ 0

∴ 비차익구간: $\$432 \le F_0 \le \$450$

문제 03 주가지수선물을 이용한 헤지와 목표베타관리 CPA 96

파랑투자회사가 보유하고 있는 포트폴리오는 다음과 같은 4개의 주식으로 구성되어 있으며, 각 주식들의 현재가격과 보유주식수, 각 주식수익률의 분산 및 주가지수변동률과의 상관계수가 다음과 같다.

구분	A주식	B주식	C주식	D주식
주가	11,000원	22,000원	33,000원	44,000원
보유주식수	10,000주	10,000주	10,000주	10,000주
분산	0.09	0.16	0.36	0.25
상관계수	0.4	0.5	0.6	0.8

현재의 주가지수는 100포인트이며, 주가지수수익률의 분산은 0.04이다. 동 주가지수를 기초자산으로 하는 1년 만기 주가지수선물이 시장에서 거래되고 있으며, 현재의 선물지수는 110포인트로 이는 균형가격과 동일하고, 주가지수선물의 거래승수는 1포인트당 500,000원이다.

물음 1

파랑투자회사가 보유하고 있는 포트폴리오 수익률의 주가지수변동률에 대한 베타(β_{PI})를 계산하시오.

물음 2

파랑투자회사가 보유하고 있는 포트폴리오의 가치변동위험을 헤지하고자 하는 경우에 주가지수선물을 이용하는 전략에 대해 기술하시오. 단, 주가지수변동률과 주가지수선물가격변동률 간의 베타(β_{FI})는 1로 가정한다.

물음 3

물음 2와 같은 헤지전략을 취한 이후에 1개월이 경과된 시점의 각 주식들의 주가가 다음과 같은 경우에 헤지전략의 총손익을 나타내시오. 단, 1개월 후 시점의 선물지수는 105포인트가 되었다고 가정한다.

구분	A주식	B주식	C주식	D주식
주가	10,000원	21,000원	30,000원	42,000원

물음 4

파랑투자회사가 보유하고 있는 포트폴리오의 베타를 2.5로 상승시키고자 하는 경우에 주가지수선물을 이용하는 전략에 대해 기술하시오.

해답

물음 1

$$\beta_{AI} = \frac{\sigma_A}{\sigma_I} \times \rho_{AI} = \frac{0.3}{0.2} \times 0.4 = 0.6$$

$$\beta_{BI} = \frac{0.4}{0.2} \times 0.5 = 1.0$$

$$\beta_{CI} = \frac{0.6}{0.2} \times 0.6 = 1.8$$

$$\beta_{DI} = \frac{0.5}{0.2} \times 0.8 = 2.0$$

$\therefore\ \beta_{PI} = 0.1 \times 0.6 + 0.2 \times 1.0 + 0.3 \times 1.8 + 0.4 \times 2.0 = 1.6$

물음 2

$$N_F = -\frac{\text{현물보유금액}}{\text{선물지수} \times \text{거래승수}} \times \beta_{PI}$$

$$= -\frac{1,100,000,000\text{원}}{110\text{포인트} \times 500,000\text{원}} \times 1.6 = -32$$

∴ 주가지수선물 32계약을 매도해야 한다.

물음 3

보유포트폴리오의 가치변동액 = − 70,000,000원

주가지수선물매도의 손익 = (110포인트 − 105포인트) × 500,000원 × 32계약 = 80,000,000원

∴ 총이익 = 10,000,000원

물음 4

$$N_F = \frac{\text{현물보유금액}}{\text{선물지수} \times \text{거래승수}} \times (\beta_{\text{목표}} - \beta_{PI})$$

$$= \frac{1,100,000,000\text{원}}{110\text{포인트} \times 500,000\text{원}} \times (2.5 - 1.6) = 18$$

∴ 주가지수선물 18계약을 매입해야 한다.

문제 04 채권선물의 복제와 차익거래

CPA 95

액면금액이 100,000원으로 동일한 순수할인채권 A와 B에 대한 자료이다.

구분	만기	현재가격
채권 A	1년	95,238원
채권 B	2년	89,000원

한편, 잔존만기가 1년이고 액면금액이 100,000원인 순수할인채권을 거래대상으로 하는 만기 1년의 선물계약이 거래되고 있으며, 동 채권선물의 현재 시장가격은 96,000원이다. 관련된 다음 물음에 답하시오.

물음 1

채권선물의 매입 포지션과 동일한 효과를 가져올 수 있는 현물시장에서의 투자전략을 나타내시오.

물음 2

현재의 시장상황에서 실행 가능한 차익거래과정을 구체적으로 제시하시오.

해답

물음 1

채권선물 1계약 매입 = 채권 B 1단위 매입 + 채권 A 0.9345단위[1)] 공매

1) $\frac{채권 B\ 현재가격}{채권 A\ 현재가격} = \frac{89,000원}{95,238원} = 0.9345단위$

거래내용	현재	1년 후	2년 후
채권선물 1계약 매입	0	- 96,000	100,000

거래내용	현재	1년 후	2년 후
채권 B 1단위 매입	- 89,000		100,000
채권 A 0.9345단위 공매	89,000	- 93,450	
계	0	- 93,450	100,000

물음 2

차익거래전략: 채권선물 1계약 매도 + 채권 B 1단위 매입 + 채권 A 0.9345단위 공매

거래내용	현재	1년 후	2년 후
채권선물 1계약 매도	0	96,000	- 100,000
채권 B 1단위 매입	- 89,000		100,000
채권 A 0.9345단위 공매	89,000	- 93,450	
합계(차익거래이익)	0	2,550	0

문제 05 채권선물의 복제

CPA 09

1년, 2년, 3년 만기 현물이자율(spot rate)이 각각 4.50%, 5.12%, 5.53%이다. 백분율은 반올림하여 소수점 넷째 자리까지 구하고, 가격은 소수점 둘째 자리까지 계산한다. 채권의 액면가는 10,000원이고 연 1회 이자를 지급한다.

물음 1

3년 만기 액면가채권(par value bond)의 액면이자율을 계산하시오.

물음 2

유동성프리미엄가설(liquidity premium hypothesis)이 성립하며 2차 연도와 3차 연도의 유동성프리미엄이 각각 50bp와 60bp라고 가정하자. 액면이자율이 6%인 3년 만기 채권의 1년 후 기대가격을 구하시오.

물음 3

무이표채를 이용하여 2차 연도의 투자수익률을 확정시킬 수 있는 포지션을 제시하고 투자수익률을 계산하시오. 1년과 2년 만기 무이표채(액면가 10,000원)가 존재한다고 가정한다. 포지션은 1년 만기 무이표채 1개를 기준으로 구성하며 각 무이표채의 개수를 반올림하여 소수점 여섯째 자리까지 계산한다.

해답

물음 1

$$\text{액면이자} \times \left(\frac{1}{1.045} + \frac{1}{1.0512^2} + \frac{1}{1.0553^3}\right) + \frac{10,000\text{원}}{1.0553^3} = 10,000\text{원}$$

액면이자 = 549.67원

∴ 액면이자율 = 5.4967%

물음 2

$$_1f_2 = \frac{1.0512^2}{1.045} - 1 = 5.7437\%$$

$$\therefore\ E(_1R_2) = {_1f_2} - {_1L_2} = 5.7437\% - 0.5\% = 5.2437\%$$

$$_2f_3 = \frac{1.0553^3}{1.0512^2} - 1 = 6.3548\%$$

$$\therefore\ E(_2R_3) = {_2f_3} - {_2L_3} = 6.3548\% - 0.6\% = 5.7548\%$$

$$\text{채권의 1년 후 기대가격} = \frac{600\text{원}}{1 + 5.2437\%} + \frac{10,600\text{원}}{(1 + 5.2437\%)(1 + 5.7548\% + 0.5\%)} = 10,049.08\text{원}$$

물음 3

포지션: 1년 만기 무이표채 1개 발행(공매) + 2년 만기 무이표채 1.057437개[1] 매입

1) $\dfrac{\text{1년 만기 무이표채 현재가격}}{\text{2년 만기 무이표채 현재가격}} = \dfrac{\frac{10,000\text{원}}{1.045}}{\frac{10,000\text{원}}{1.0512^2}} = \dfrac{9,569.38\text{원}}{9,049.60\text{원}} = 1.057437\text{개}$

거래내용	현재	1년 후	2년 후
1년 만기 무이표채 1개 발행(공매)	9,569.38	- 10,000	
2년 만기 무이표채 1.057437개 매입	- 9,049.60 × 1.057437개		10,000 × 1.057437개
합계	0	- 10,000	10,574.37

$$\therefore\ \text{2차 연도의 투자수익률} = \frac{10,574.37\text{원}}{10,000\text{원}} - 1 = 5.7437\%$$

문제 06 통화선물의 균형가격

CPA 06

한국의 무위험이자율이 8%이고 미국의 무위험이자율이 4%이며, 1 US달러당 원화의 현물환율이 950원이라고 하자. 1년 만기 선도환율이 950원이라면 어떤 차익거래가 있는지를 아래의 ①, ②, ③ 순서대로 답하시오.

단, 미국에서는 10,000달러만, 한국에서는 950만원만을 무위험이자율로 차입할 수 있으며, 세금이나 거래비용이 없고 거래 관련 신용위험도 없다고 가정한다. 차익은 만기시점에서만 발생하도록 포지션을 구성해야 하며, 이론선도환율(₩/$)은 소수점 아래 셋째 자리에서 반올림하시오.

> ① 이자율평가설(interest-rate parity)을 이용하여 미국달러화에 대한 1년 만기 이론선도환율 도출
> ② 구성해야 할 포지션
> ③ 만기에서의 원화기준 차익

해답

① 1년 만기 이론선도환율: $F_0 = S_0 \times \frac{1+명목R_K}{1+명목R_A} = 950원/\$ \times \frac{1.08}{1.04} = 986.54원/\$$

② 현재의 1년 만기 선도환율 950원/$는 이론선도환율에 비해 과소평가되어 있으므로, 시장에서의 선도환율로 10,400달러에 대한 원달러 선도매입계약을 체결하고 미국에서 10,000달러를 미국의 무위험이자율 4%에 차입하여 현물환율에 원화로 환전 후 한국에서 950만원을 한국의 무위험이자율 8%로 대출하는 차익거래 실행 가능

거래내용	현재	1년 후
원달러 선도매입	0	($1 - 950원) × 10,400
달러화 차입	$10,000	- $10,000 × 1.04
원화 대출	- 9,500,000원	9,500,000원 × 1.08
합계(차익거래이익)	0	10,260,000원 - 9,880,000원 = 380,000원

③ 만기에서의 원화기준 차익 = 380,000원

문제 07 균형선물환율의 범위

CPA 02

지금까지 국내수요에만 의존하던 주식회사 엑손통신은 올해 처음으로 미국에 통신장비를 수출하고 수출대금 $10,000를 3개월 후에 달러화로 수취하기로 하였다. 환율이 하락하여 3개월 후에 받을 수출대금의 원화가치가 하락하는 위험을 방지하기 위해서 엑손통신은 위의 달러 수취 포지션 전체에 대해서 헤징을 하기로 하였다. 가격 변수들이 다음과 같은 경우를 가정하여 물음에 답하시오.

환율	매입환율	매도환율
원달러 현물환율	1,245원/$	1,235원/$
원달러 선물환율	1,242원/$	1,230원/$

* 매입환율은 엑손통신이 달러화를 매입할 때 적용되는 환율을 의미한다.

이자율	예금이자율	차입이자율
원화 이자율	연 5.6%	연 6.4%
달러화 이자율	연 7.6%	연 8.4%

* 이자계산 시 $(1+\text{연이자율}\times\frac{3}{12})$을 적용한다.

물음 1

달러 선물환 매도를 통한 헤징과 단기 금융시장(money market)을 이용한 헤징 중 어떤 것이 엑손통신에게 더 유리한지 3개월 후에 확보되는 원화금액을 비교하시오. 단기 금융시장을 이용한다는 것은 단기간에 걸쳐 달러화와 원화로 대출이나 예금을 실행하는 것을 의미한다.

물음 2

위의 물음 1에서 어느 한 쪽이 유리하다면 차익거래(arbitrage)의 가능성을 생각해 볼 수도 있을 것이다. 앞에서의 헤징과 별도로, 엑손통신의 외환시장과 단기 금융시장의 불균형을 이용한 차익거래 가능 여부를 구체적으로 계산을 통해서 답하시오.

해답

물음 1

〈달러 선물환 매도를 통한 헤징〉

달러화에 대한 선물환 매도계약: $10,000을 $1당 1,230원에 매도

확보 가능한 3개월 후 원화금액: $\$10,000 \times 1,230원 = 12,300,000원$

〈단기 금융시장을 이용한 헤징〉

미국에서 달러화 $\$\frac{10,000}{1+0.084\times\frac{3}{12}}$ 차입 + 현물환시장에서 원화로 환전 후 원화예금

확보 가능한 3개월 후 원화금액: $\$\frac{10,000}{1+0.084\times\frac{3}{12}}\times 1,235원/\$ \times (1+0.056\times\frac{3}{12}) = 12,265,328원$

∴ 3개월 후 확보되는 원화금액이 보다 많은 달러 선물환 매도를 통한 헤징이 유리하다.

물음 2

〈차익거래전략 1: 달러 선물환 매도 + 원화 차입 + 달러화 예금〉

포지션	현재	3개월 후
달러 선물환 매도		1,230원 - $1
달러화 예금	$-\$\frac{1}{1+0.076\times\frac{3}{12}}$ = - $0.98135	$1
원화 차입 후 달러화 환전	$0.98135 × 1,245원/$ = 1,221.78원	- 1,221.78원 × $(1+0.064\times\frac{3}{12})$ = - 1,241.33원
계	-	1,230원 - 1,241.33원 < 0

∴ 달러 선물환 매도를 통한 차익거래 불가능

〈차익거래전략 2: 달러 선물환 매입 + 달러화 차입 + 원화 예금〉

포지션	현재	3개월 후
달러 선물환 매입		$1 - 1,242원
달러화 차입 후 원화 환전	$\$\frac{1}{1+0.084\times\frac{3}{12}}\times 1,235원/\$$ = 1,209.60원	- $1
원화 예금	- 1,209.60원	1,209.60원 × $(1+0.056\times\frac{3}{12})$ = 1,226.53원
계	-	1,226.53원 - 1,242원 < 0

∴ 달러 선물환 매입을 통한 차익거래 불가능

문제 08 다양한 파생상품을 이용한 헤지

CPA 21

(주)한국정유는 다양한 파생상품을 활용하여 원유가격 인상과 환율 상승에 대비한 헤지 전략을 수립하려고 한다. 원유선도, 선물환, 통화옵션에 대한 정보가 아래와 같을 때 다음 물음에 답하시오.

(1) 3개월 후 10만 배럴의 원유 구입 예정
(2) 원유 현물가격은 배럴당 40달러, 3개월 만기 원유 선도가격은 배럴당 45달러, 3개월 만기 원유 선도가격에 대한 원유 현물가격의 민감도는 0.9
(3) 현재 환율은 1,000원/달러, 3개월 만기 선물환 환율은 1,050원/달러
(4) 3개월 만기 행사가격이 1,020원/달러인 유럽형 콜옵션의 현재가격은 1달러당 30원, 유럽형 풋옵션의 현재가격은 1달러당 20원
(5) 원유선도의 거래단위는 1계약당 1,000배럴, 선물환 및 달러옵션의 거래단위는 1계약당 100,000달러
(6) 무위험이자율은 연 12%

물음 1

원유선도 거래를 이용해 원유가격 변동위험을 헤지하고자 한다. 매입 또는 매도할 선도계약수를 계산하시오.

※ 물음 2와 물음 3은 독립적이다.

물음 2

선물환을 이용해 환위험을 헤지하고자 한다. 매입 또는 매도할 선물환 계약수와 3개월 후 지급해야 하는 원화금액을 계산하시오. 단, 물음 1에서 계약이행을 통해 선도거래를 청산한다고 가정한다.

물음 3

달러옵션을 이용해 환위험을 헤지하고자 한다. 차입을 통해 옵션을 매입하는 경우 3개월 후 지급해야 하는 총비용을 원화금액으로 계산하시오. 단, 물음 1에서 계약이행을 통해 선도거래를 청산한다고 가정한다.

해답

물음 1

이용할 선물계약수 $= \dfrac{\text{원유 매입예정수량}}{\text{원유선도 1계약의 거래단위수량}} = \dfrac{\text{10만 배럴}}{\text{1,000배럴}} = \text{100계약}$

3개월 후 원유를 매입할 예정이므로 원유가격의 인상위험을 헤지하기 위해서는 3개월 만기 원유선도 100계약을 매입해야 한다.

물음 2

3개월 후 달러 지급예정액(매입예정액) $= \text{100계약} \times \text{1,000배럴} \times \text{45달러} = \text{450만 달러}$

선물환 매입 계약수 $= \dfrac{\text{달러 매입예정액}}{\text{선물환 1계약의 거래단위수량}} = \dfrac{\text{450만 달러}}{\text{100,000달러}} = \text{45계약}$

3개월 후 지급 원화금액 $= \text{45계약} \times \text{10만 달러} \times \text{1,050원/달러} = \text{4,725,000,000원}$

물음 3

콜옵션 매입 계약수 $= \dfrac{\text{달러 매입예정액}}{\text{달러옵션 1계약의 거래단위수량}} = \dfrac{\text{450만 달러}}{\text{100,000달러}} = \text{45계약}$

현재시점 차입액(콜옵션 매입액) $= \text{45계약} \times \text{10만 달러} \times \text{30원/달러} = \text{135,000,000원}$

〈3개월 후 환율이 1,020원/달러 이상인 경우 지급 원화금액〉

$\text{45계약} \times \text{10만 달러} \times \text{1,020원/달러} + \text{135,000,000원} \times (1 + 0.12 \times \dfrac{3}{12})$

$= \text{4,729,050,000원}$

〈3개월 후 환율이 1,020원/달러 미만인 경우 지급 원화금액〉

$\text{45계약} \times \text{10만 달러} \times S_T + \text{135,000,000원} \times (1 + 0.12 \times \dfrac{3}{12})$

$= \text{450만 달러} \times S_T + \text{139,050,000원}$

∴ 3개월 후 지급해야 하는 총비용의 원화금액은 최대 4,729,050,000원이다.

해설

물음 3 합성선물매입을 이용하는 경우
달러 콜옵션 45계약을 매입하고 풋옵션 45계약을 매도해야 한다.
현재시점 차입액 = 콜옵션 매입액 - 풋옵션 매도액
$= \text{45계약} \times \text{10만 달러} \times (\text{30원/달러} - \text{20원/달러}) = \text{45,000,000원}$
3개월 후 지급 원화금액
$= \text{45계약} \times \text{10만 달러} \times \text{1,020원/달러} + \text{45,000,000원} \times (1 + 0.12 \times \dfrac{3}{12})$
$= \text{4,636,350,000원}$

문제 09 채권선물을 이용한 헤지

CPA 23

채권포트폴리오를 관리하는 펀드매니저 A는 미국 국채에 5억 달러를 투자하여 포트폴리오 X를 구성하였다. 포트폴리오 X의 듀레이션은 5.3년이며 만기수익률은 6%이다. 주어진 정보를 이용하여 다음 물음에 답하시오.

※ 물음 1 ~ 물음 3은 독립적이다.

물음 1

펀드매니저 A는 포트폴리오 X와 T-bond 선물을 이용하여 단기채권에 투자한 것과 동일한 효과를 얻을 수 있도록 포트폴리오를 재구성하려고 한다. 현재 계약당 가격이 100,000달러인 T-bond 선물의 듀레이션은 12.72년이며, 만기수익률은 6%이다. 포트폴리오 X와 T-bond의 수익률베타는 1.2이다. 펀드매니저 A가 2,250계약의 T-bond 선물을 매도하는 경우 펀드매니저 A의 목표 포지션 수정듀레이션을 구하시오.

물음 2

펀드매니저 A는 이자율이 상승할 것으로 예상하고 유로달러선물을 이용하여 포트폴리오 X의 이자율 위험을 헷지하려고 한다. 유로달러선물의 호가단위는 1bp(0.01%)로 1틱(tick)의 가치는 25달러이고 거래단위는 1,000,000달러이다. 또한, 유로달러선물과 포트폴리오 X의 수익률베타는 1이다. BPV (basis point value)를 활용하여 필요한 선물거래의 유형을 제시하고 선물계약의 수를 구하시오.

물음 3

채권포트폴리오의 이자율 위험을 효과적으로 관리하기 위해 금리선물 또는 채권선물을 이용할 수 있으나 현실을 완전하게 반영하지 못하는 가정들을 전제로 하고 있다. 이 가정들을 세 줄 이내로 서술하시오.

해답

물음 1

$$\Delta P = -수정D_P \times P_0 \times \Delta R_P = -수정D_P \times 5억\ 달러 \times 1.2 \times \Delta R_F$$

$$= \Delta S + N_F \times \Delta F = -D_S \times \frac{1}{1+R_S} \times S_0 \times \Delta R_S + N_F \times (-D_F \times \frac{1}{1+R_F} \times F_0 \times \Delta R_F)$$

$$= -5.3년 \times \frac{1}{1.06} \times 5억\ 달러 \times 1.2 \times \Delta R_F$$

$$+ (-2{,}250계약) \times (-12.72년 \times \frac{1}{1.06} \times 10만\ 달러 \times \Delta R_F)$$

$\therefore$ $수정D_P = 0.5$

물음 2

$$BPV_P = 0 = BPV_S + N_F \times BPV_F$$

$$= -5.3년 \times \frac{1}{1.06} \times 5억\ 달러 \times 0.0001 + N_F \times (-25달러)$$

$N_F = -10{,}000$

$\therefore$ 유로달러선물 10,000계약을 매도해야 한다.

물음 3

현실과 상이하게 수평의 수익률곡선과 수익률곡선의 평행이동을 가정하며, 이자율과 채권가격 간의 선형관계를 가정하여 채권가격의 볼록성을 고려하지 못한다는 문제점이 있다. 또한, 현물채권과 선물의 수익률 간 베타가 안정적이라고 가정한다는 문제점도 있다.

cpa.Hackers.com

해커스 윤민호 재무관리연습

제4장

옵션가격의 결정과 투자전략

핵심 이론 요약

01 옵션거래의 기초

(1) 옵션의 만기일 가치와 거래자의 만기손익

① 옵션의 만기일 가치

- 콜옵션의 만기일 가치: $Max[0,\ S_T - X] \Rightarrow S_T > X$인 경우 행사
- 풋옵션의 만기일 가치: $Max[X - S_T,\ 0] \Rightarrow S_T < X$인 경우 행사

② 옵션거래자의 만기손익

- 콜옵션 매입자: $Max[0,\ S_T - X] - C_0 \times (1 + R_f)^T$
- 콜옵션 매도자: $-Max[0,\ S_T - X] + C_0 \times (1 + R_f)^T$
- 풋옵션 매입자: $Max[X - S_T,\ 0] - P_0 \times (1 + R_f)^T$
- 풋옵션 매도자: $-Max[X - S_T,\ 0] + P_0 \times (1 + R_f)^T$

(2) 옵션가치의 구성

① 내재가치

- 현재시점에서 옵션 행사 시 얻을 수 있는 가치
- 콜옵션의 내재가치: $Max[0,\ S_0 - X]$
- 풋옵션의 내재가치: $Max[X - S_0,\ 0]$

② 시간가치

- 전통적인 화폐의 시간가치 + 미래 기초자산가격 변동성에 대한 프리미엄
- 심내가격 풋옵션은 음(−)의 시간가치 가능

③ 시간가치 감소효과

- 만기일에 근접할수록 시간가치는 점차 감소: 만기일 시간가치 = 0
- 만기일에 근접할수록 시간가치의 감소폭이 더 증가: 옵션매도자에게 유리

(3) 옵션가격의 범위

① 콜옵션가격의 범위

- 하한: $Max[0,\ S_0 - PV(X)]$
- 상한: 기초자산의 현재가격 = S_0

② 풋옵션가격의 범위

- 하한: $Max[0,\ PV(X) - S_0]$
- 상한: 행사가격의 현재가치 = $PV(X)$

(4) 옵션투자전략

① 헤지전략

- 보호적풋전략: $+1\times S_0+1\times P_0$
- 방비콜전략: $+1\times S_0-1\times C_0$
- 풋콜등가식전략: $+1\times S_0+1\times P_0-1\times C_0$ (단, $X_P=X_C$)
- 펜스전략: $+1\times S_0+1\times P_0-1\times C_0$ (단, $X_P\neq X_C$)

② 수직스프레드전략

- 동종옵션: $X_1<X_2$
- 강세스프레드: $+1\times X_1-1\times X_2$
- 약세스프레드: $-1\times X_1+1\times X_2$
- 기초자산가격의 방향성에 대한 투자

③ 나비형스프레드와 샌드위치형스프레드

- 동종옵션: $X_1<X_2<X_3$
- 나비형스프레드: $+1\times X_1-2\times X_2+1\times X_3$
- 샌드위치형스프레드: $-1\times X_1+2\times X_2-1\times X_3$
- 기초자산가격의 변동성에 대한 투자

④ 수평스프레드전략과 대각스프레드전략

- 동종옵션: $T_1<T_2$
- 수평스프레드전략: 만기만 상이한 동종옵션들에 반대포지션
- 대각스프레드전략: 행사가격과 만기가 모두 상이한 동종옵션들에 반대포지션
- 시간가치 감소효과 활용: $-1\times T_1+1\times T_2$

⑤ 컴비네이션전략

- 이종옵션들에 동일 포지션
- 스트래들 매입($X_P=X_C$): $+1\times C_0+1\times P_0$
- 스트립 매입($X_P=X_C$): $+1\times C_0+2\times P_0$
- 스트랩 매입($X_P=X_C$): $+2\times C_0+1\times P_0$
- 스트랭글 매입($X_P<X_C$): $+1\times C_0+1\times P_0$
- 스트랭글: 옵션프리미엄과 행사 가능성이 낮은 옵션들을 이용

02 풋 - 콜등가식

(1) 단순모형

① $S_0 + P_0 - C_0 = PV(X)$

- 모든 조건이 동일한 유럽형 풋옵션과 콜옵션 가격 간의 관계식
- 주식 1주 매입 + 풋옵션 1개 매입 + 콜옵션 1개 매도 = 무위험대출

② 행사가격의 현재가치: $PV(X)$

- 이산복리: $S_0 + P_0 - C_0 = \dfrac{X}{(1+R_f)^T}$
- 연속복리: $S_0 + P_0 - C_0 = \dfrac{X}{e^{R_f \times T}}$

③ 미국형 옵션의 풋 - 콜부등식

- $PV(X) \leq S_0 + P_0 - C_0 \leq X$

(2) 배당을 고려한 풋 - 콜등가식

① 배당금의 지급시점과 금액 이용

- 배당의 현재가치가 조정된 주가 적용: $S' = S_0 - PV(D)$
- $[S_0 - PV(D)] + P_0 - C_0 = PV(X)$

② 연간 배당수익률(δ) 이용

- 연간 배당수익률로 할인된 주가 적용: $S' = \dfrac{S_0}{(1+\delta)^T}$ 또는 $\dfrac{S_0}{e^{\delta \times T}}$
- 이산복리: $\dfrac{S_0}{(1+\delta)^T} + P_0 - C_0 = \dfrac{X}{(1+R_f)^T}$
- 연속복리: $\dfrac{S_0}{e^{\delta \times T}} + P_0 - C_0 = \dfrac{X}{e^{R_f \times T}}$

③ 통화옵션(달러화에 대한 옵션)의 경우

- 이산복리: $\dfrac{S_0}{(1+R_A)^T} + P_0 - C_0 = \dfrac{X}{(1+R_K)^T}$
- 연속복리: $\dfrac{S_0}{e^{R_A \times T}} + P_0 - C_0 = \dfrac{X}{e^{R_K \times T}}$

(3) 옵션가격과 선물가격 간의 관계

① 풋 – 콜 – 선물등가식

- 기초자산과 만기가 동일한 옵션들의 가격과 선물가격 간의 관계식
- $\frac{F_0}{(1+R_f)^T} = C_0 - P_0 + \frac{X}{(1+R_f)^T}$

② 옵션을 이용한 선물포지션 복제

- 합성선물매입 = 콜옵션 매입 + 풋옵션 매도
- 합성선물매도 = 콜옵션 매도 + 풋옵션 매입

③ 박스스프레드

- 콜옵션 강세스프레드전략 + 풋옵션 약세스프레드전략
- 행사가격 X_1 합성선물매입 + 행사가격 X_2 합성선물매도 ($X_1 < X_2$)

03 이항옵션가격결정모형

(1) 기초자산과 옵션을 이용한 무위험헤지포트폴리오 구성

① 기초자산 1개 매입 + 콜옵션 m개 매도

- $+1 \times S_0 - m \times C_0$
- 조건: $uS - m \times C_u = dS - m \times C_d$
- $m = \frac{uS - dS}{C_u - C_d}$

② 기초자산 1개 매입 + 풋옵션 h개 매입

- $+1 \times S_0 + h \times P_0$
- 조건: $uS + h \times P_u = dS + h \times P_d$
- $h = -\frac{uS - dS}{P_u - P_d}$

(2) 기초자산과 무위험채권을 이용한 옵션의 복제

① 콜옵션의 복제

- $+1 \times C_0 = x \times S_0 + B$
- 조건: $x \times uS + B \times (1+R_f)^{\Delta T} = C_u$, $x \times dS + B \times (1+R_f)^{\Delta T} = C_d$
- 콜옵션의 델타: $\Delta_{Call} = x = \dfrac{C_u - C_d}{uS - dS} = \dfrac{1}{m}$

② 풋옵션의 복제

- $+1 \times P_0 = x \times S_0 + B$
- 조건: $x \times uS + B \times (1+R_f)^{\Delta T} = P_u$, $x \times dS + B \times (1+R_f)^{\Delta T} = P_d$
- 풋옵션의 델타: $\Delta_{Put} = x = \dfrac{P_u - P_d}{uS - dS} = -\dfrac{1}{h}$

(3) 위험중립형접근법

① 위험중립확률

- 위험중립형 투자자들이 예상하는 확률
- 위험자산의 기대수익률이 무위험이자율과 같아지는 확률
- 위험자산의 기대현금흐름이 확실성등가(CEQ)와 같아지는 확률

② 위험중립확률의 계산

- 이산복리: $S_0 = \dfrac{uS \times p + dS \times (1-p)}{(1+R_f)^{\Delta T}} \Rightarrow p = \dfrac{(1+R_f)^{\Delta T} - d}{u-d}$
- 연속복리: $S_0 = \dfrac{uS \times p + dS \times (1-p)}{e^{R_f \times \Delta T}} \Rightarrow p = \dfrac{e^{R_f \times \Delta T} - d}{u-d}$

③ 선물가격을 이용한 위험중립확률 계산

- 만기일 수렴현상: $F_T = S_T$
- $F_0 = F_u \times p + F_d \times (1-p) \Rightarrow p = \dfrac{F_0 - F_d}{F_u - F_d}$

(4) 배당을 고려한 이항옵션가격결정모형

① 주가의 변동시점과 배당의 지급시점이 일치하는 주식옵션

- 배당의 효과: 주가의 변동과정에서 고려
- 위험중립확률: 무배당의 경우와 동일

② 주가의 변동시점과 배당의 지급시점이 상이한 주식옵션

- 배당금의 현재가치를 차감하여 조정된 주가의 변동과정 파악
- 미국형 옵션: 조정된 주가에 배당금의 가치를 가산하여 조기행사 검토
- 위험중립확률: 무배당의 경우와 동일

③ 배당이 연속적으로 지급되는 주식옵션

- 배당을 기초자산에 계속해서 재투자한다고 가정
- 배당의 효과: 위험중립확률에 연간 배당수익률을 고려
- 주가의 변동과정: 무배당의 경우와 동일
- 이산복리: $\frac{S_0}{(1+\delta)^{\Delta T}} = \frac{uS \times p + dS \times (1-p)}{(1+R_f)^{\Delta T}} \Rightarrow p = \frac{\left(\frac{1+R_f}{1+\delta}\right)^{\Delta T} - d}{u-d}$
- 연속복리: $\frac{S_0}{e^{\delta \times \Delta T}} = \frac{uS \times p + dS \times (1-p)}{e^{R_f \times \Delta T}} \Rightarrow p = \frac{e^{(R_f - \delta) \times \Delta T} - d}{u-d}$

④ 통화옵션(달러화에 대한 옵션)의 경우

- 이산복리: $p = \frac{\left(\frac{1+R_K}{1+R_A}\right)^{\Delta T} - d}{u-d}$
- 연속복리: $p = \frac{e^{(R_K - R_A) \times \Delta T} - d}{u-d}$

04 블랙숄즈옵션가격결정모형

(1) 옵션가격결정식

① $N(d)$

- 표준정규분포에서 $-\infty$부터 d까지의 누적확률

- $d_1 = \dfrac{\ln(\frac{S_0}{X}) + (R_f + \frac{1}{2} \times \sigma^2) \times T}{\sigma\sqrt{T}}$

- $d_2 = \dfrac{\ln(\frac{S_0}{X}) + (R_f - \frac{1}{2} \times \sigma^2) \times T}{\sigma\sqrt{T}} = d_1 - \sigma\sqrt{T}$

② 콜옵션

- $C_0 = N(d_1) \times S_0 - \dfrac{X}{e^{R_f \times T}} \times N(d_2)$

- 콜옵션 1개 매입 = 기초자산 $N(d_1)$주 매입 + 무위험차입

- $N(d_1)$: 콜옵션의 델타$(\Delta_{Call}) = \dfrac{\Delta C}{\Delta S}$

- $N(d_2)$: 만기일의 기초자산가격이 행사가격보다 높을 위험중립확률

③ 풋옵션

- $P_0 = -[1 - N(d_1)] \times S_0 + \dfrac{X}{e^{R_f \times T}} \times [1 - N(d_2)]$

- 풋옵션 1개 매입 = 기초자산 $[1 - N(d_1)]$주 공매 + 무위험대출

- $-[1 - N(d_1)] = N(d_1) - 1$: 풋옵션의 델타$(\Delta_{Put}) = \dfrac{\Delta P}{\Delta S}$

- $1 - N(d_2)$: 만기일의 기초자산가격이 행사가격보다 낮을 위험중립확률

(2) 배당을 고려한 블랙숄즈옵션가격결정모형

① 연간 배당수익률(δ)을 고려해서 조정된 주가(S') 이용

- $S' = \dfrac{S_0}{e^{\delta \times T}}$

② $d_1 = \dfrac{\ln(\dfrac{S'}{X}) + (R_f + \dfrac{1}{2} \times \sigma^2) \times T}{\sigma\sqrt{T}} = \dfrac{\ln(\dfrac{\frac{S_0}{e^{\delta \times T}}}{X}) + (R_f + \dfrac{1}{2} \times \sigma^2) \times T}{\sigma\sqrt{T}}$

- $d_2 = d_1 - \sigma\sqrt{T}$

③ $C_0 = N(d_1) \times S' - \dfrac{X}{e^{R_f \times T}} \times N(d_2) = N(d_1) \times \dfrac{S_0}{e^{\delta \times T}} - \dfrac{X}{e^{R_f \times T}} \times N(d_2)$

- $P_0 = -[1 - N(d_1)] \times S' + \dfrac{X}{e^{R_f \times T}} \times [1 - N(d_2)]$

05 옵션을 이용한 위험관리

(1) 포트폴리오 보험전략

① 기초자산과 풋옵션을 이용한 포트폴리오 보험전략

- 보유하고 있는 기초자산에 대한 풋옵션 매입
- $+1 \times S_0 + 1 \times P_0$

② 콜옵션과 채권을 이용한 포트폴리오 보험전략

- 콜옵션과 채권 매입
- $+1 \times C_0 + PV(X)$

③ 동적자산배분전략

- $+1 \times S_0 + 1 \times P_0 = +1 \times C_0 + PV(X)$

  $= N(d_1) \times S_0 + PV(X) \times [1 - N(d_2)]$

- 기초자산과 채권 매입 후 지속적인 포트폴리오 재조정
- 기초자산 가격 상승 시: 채권 일부 처분 + 기초자산 추가 매입
- 기초자산 가격 하락 시: 기초자산 일부 처분 + 채권 추가 매입

(2) 옵션가격의 민감도

① 델타(Δ)

- 기초자산가격의 변동에 대한 옵션가격 변동의 민감도
- $\Delta_{Call} = \dfrac{\Delta C}{\Delta S} = N(d_1)$
- $\Delta_{Put} = \dfrac{\Delta P}{\Delta S} = -[1 - N(d_1)] = N(d_1) - 1$

② 탄력성(E)

- 기초자산가격의 변동률에 대한 옵션가격 변동률의 비율
- $E_{Call} = \dfrac{\Delta C/C_0}{\Delta S/S_0} = \dfrac{\Delta C}{\Delta S} \times \dfrac{S_0}{C_0} = \Delta_{Call} \times \dfrac{S_0}{C_0} = N(d_1) \times \dfrac{S_0}{C_0}$
- $E_{Put} = \dfrac{\Delta P/P_0}{\Delta S/S_0} = \dfrac{\Delta P}{\Delta S} \times \dfrac{S_0}{P_0} = \Delta_{Put} \times \dfrac{S_0}{P_0} = [N(d_1) - 1] \times \dfrac{S_0}{P_0}$

③ 기타의 민감도

- 감마(γ): 기초자산가격의 변동에 대한 옵션델타 변동의 민감도
- 베가(ν): 기초자산가격 변동성의 변동에 대한 옵션가격 변동의 민감도
- 쎄타(θ): 시간의 경과에 따른 옵션가격 변동의 민감도
- 로우(ρ): 무위험이자율의 변동에 대한 옵션가격 변동의 민감도

(3) 옵션을 이용한 헤지

① 직접 델타헤지

- 개별주식옵션을 이용한 보유주식의 위험헤지
- 이용할 콜옵션의 개수: $-\dfrac{\Delta S}{\Delta C} = -\dfrac{1}{\Delta_{Call}} = -\dfrac{1}{N(d_1)}$
- 이용할 풋옵션의 개수: $-\dfrac{\Delta S}{\Delta P} = -\dfrac{1}{\Delta_{Put}} = -\dfrac{1}{N(d_1) - 1} = \dfrac{1}{1 - N(d_1)}$

② 교차 델타헤지

- 주가지수옵션을 이용한 보유주식포트폴리오의 위험헤지
- 이용할 콜옵션의 개수: $-\dfrac{\Delta S}{\Delta C} = -\beta_{SI} \times \dfrac{\text{현물보유금액}}{\text{주가지수} \times \text{거래승수}} \times \dfrac{1}{\Delta_{Call}}$
- 이용할 풋옵션의 개수: $-\dfrac{\Delta S}{\Delta P} = -\beta_{SI} \times \dfrac{\text{현물보유금액}}{\text{주가지수} \times \text{거래승수}} \times \dfrac{1}{\Delta_{Put}}$

③ 개별주식과 옵션들로 구성된 포트폴리오의 델타 - 감마헤지

- 포트폴리오의 델타: 개별주식이나 옵션들 델타의 수량기준 가중평균
- 포트폴리오의 감마: 개별주식이나 옵션들 감마의 수량기준 가중평균

06 옵션가격결정모형의 응용

(1) 옵션으로서의 자기자본과 부채

① 자기자본

- 기업(자산)을 기초자산으로 하는 콜옵션
- 행사가격: 부채의 만기 상환액, 만기일: 부채의 만기 상환일
- 주주의 입장: 콜옵션 보유 = 기업 보유 + 풋옵션 보유 + 무위험차입
- 자기자본의 가치: 콜옵션의 가치 = 기업가치 + 풋옵션 가치 − 무위험부채의 가치

② 부채

- 채권자의 입장: 기업 보유 + 콜옵션 매도 = 무위험대출 + 풋옵션 매도
- 부채의 가치: 기업가치 − 콜옵션의 가치 = 무위험부채의 가치 − 풋옵션의 가치

(2) 담보부대출

① 담보부대출

- 무위험대출+풋옵션 매도 = 담보물 매입+콜옵션 매도
- $PV(X) - P_0 = S_0 - C_0$

② 담보부차입

- 무위험차입+풋옵션 매입 = 담보물 처분+콜옵션 매입
- $-PV(X) + P_0 = -S_0 + C_0$

(3) 수의상환사채와 상환청구권부사채

① 수의상환권

- 채권 발행자가 보유하는 채권에 대한 콜옵션
- 이자율 하락(채권가격 상승) 시 행사

② 상환청구권

- 채권 투자자가 보유하는 채권에 대한 풋옵션
- 이자율 상승(채권가격 하락) 시 행사

(4) 신주인수권부사채

① 희석효과

- 신주인수권 행사 시 발행주식수 증가 고려
- 신주인수권의 가치 = $\frac{\text{신주인수권 행사 전 주식수}}{\text{신주인수권 행사 후 주식수}} \times$ 콜옵션가치

② 콜옵션 가격 계산 시 신주인수권 발행 후의 주가 적용

- $S_0 = \text{신주인수권 발행 전 주가} + \frac{\text{신주인수권 대가}}{\text{기존 발행주식수}}$

(5) 전환사채

① 전환비율

- 전환권 행사 시 전환사채 1단위당 교부되는 주식의 수

② 전환가치

- 주식으로 전환 시 교부되는 주식의 가치
- 전환 시 교부되는 주식수 × 전환 후 주가
- 전환 후 자기자본가치 × 전환사채권자의 전환 후 지분율

③ 전환사채인 경우 채권자의 의사결정

- Max[전환가치, 전환권 불행사 시 가치]

④ 수의상환권부 전환사채인 경우 채권자의 의사결정

- Max[전환가치, Min(전환권 불행사 시 가치, 수의상환가격)]

문제 01 옵션가격의 범위와 풋 - 콜등가식

CPA 07

현재 가격이 31,000원인 무배당 주식(S_0)에 대해 콜옵션과 풋옵션이 거래되고 있다. 유럽형 콜옵션(C_0)의 가격은 3,000원이며 유럽형 풋옵션(P_0)의 가격은 2,200원이다. 이들 옵션의 행사가격(X)은 30,000원, 만기(T)는 1년, 무위험이자율(R_f)은 3%이다. 모든 수치는 소수점 셋째 자리에서 반올림하시오.

물음 1

콜옵션의 가격하한선 조건의 식을 쓰고 이 조건이 성립하는지 확인하시오.

물음 2

풋-콜 패리티(put-call parity)가 성립하는지 확인하시오.

물음 3

공매가 가능하며 무위험이자율로 차입과 대출이 가능하다고 가정하고 차익거래를 위한 전략을 기술하시오.

물음 4

차익거래전략을 통해 만기일에 얻게 되는 순이익을 계산하시오.

해답

물음 1

콜옵션의 가격하한선:

$$Max[0,\ S_0 - \frac{X}{(1+R_f)^T}] = Max[0,\ 31,000원 - \frac{30,000원}{1.03}] = 1,873.79원$$

∴ 콜옵션의 현재가격(3,000원)은 콜옵션 가격하한선의 조건을 만족하고 있다.

물음 2

$$S_0 + P_0 - C_0 = 31,000원 + 2,200원 - 3,000원 = 30,200원$$

$$> \frac{X}{(1+R_f)^T} = \frac{30,000원}{1.03} = 29,126.21원$$

∴ 풋-콜 패리티가 성립하지 않고 있다.

물음 3

차익거래전략: 주식 1주 공매 + 풋옵션 1개 매도 + 콜옵션 1개 매입 + 무위험이자율 대출

물음 4

만기일 차익거래이익 = (30,200원 - 29,126.21원) × 1.03 = 1,106원

거래내용	현재	1년 후	
		S_T ≤ 30,000	S_T > 30,000
주식 1주 공매	31,000	$-S_T$	$-S_T$
풋옵션 1개 매도	2,200	$S_T-30,000$	0
콜옵션 1개 매입	-3,000	0	$S_T-30,000$
무위험이자율 대출	-30,200	31,106	31,106
합계(차익거래이익)	0	1,106	1,106

문제 02 미국형 옵션의 풋 - 콜부등식

현재 A주식의 주가는 100원이며, 시장에서는 A주식 1주를 기초자산으로 하는 미국형 옵션들이 거래되고 있다. 옵션들의 만기는 1년이며, 행사가격이 121원인 콜옵션의 현재가격은 10원이고, 연간 무위험이자율은 10%이다. 관련된 다음 물음에 답하시오.

물음 1

상기 콜옵션과 모든 조건이 동일한 풋옵션 가격의 상한과 하한을 제시하시오.

물음 2

물음 1의 풋옵션의 현재가격이 15원인 경우에 실행 가능한 차익거래과정을 구체적으로 나타내시오.

물음 3

물음 1의 풋옵션의 현재가격이 35원인 경우에 실행 가능한 차익거래과정을 구체적으로 나타내시오.

해답

물음 1

$$[PV(X) = \frac{121원}{1.1} = 110원] \le [S_0 + P_0 - C_0 = 100원 + P_0 - 10원] \le [X = 121원]$$

∴ 풋옵션 가격의 범위: 20원 $\le P_0 \le$ 31원

물음 2

풋옵션 가격: 상대적으로 과소평가

차익거래전략: 풋옵션 1개 매입 + 콜옵션 1개 매도 + A주식 1주 매입 + 110원 차입

현재시점 기준 차익거래이익: 만기청산하는 경우에도 최소한 5원의 차익거래이익

거래내용	현재	조기(t) 행사 시	1년 후(T)	
			$S_T \le 121$	$S_T > 121$
풋옵션 1개 매입	-15	$121 - S_t$	$121 - S_T$	
콜옵션 1개 매도	10			$-(S_T - 121)$
A주식 1주 매입	-100	S_t	S_T	S_T
차입	110	-110×1.1^t	-121	-121
합계(차익거래이익)	5	$121 - 110 \times 1.1^t > 0$	0	0

물음 3

풋옵션 가격: 상대적으로 과대평가

차익거래전략: 풋옵션 1개 매도 + 콜옵션 1개 매입 + A주식 1주 공매 + 121원 대출

현재시점 기준 차익거래이익: 만기 전 청산하는 경우에도 최소한 4원의 차익거래이익

거래내용	현재	조기(t) 행사 시	1년 후(T)	
			$S_T \le 121$	$S_T > 121$
풋옵션 1개 매도	35	$S_t - 121$	$-(121 - S_T)$	
콜옵션 1개 매입	-10			$S_T - 121$
A주식 1주 공매	100	$-S_t$	$-S_T$	$-S_T$
대출	-121	121×1.1^t	121×1.1^T	121×1.1^T
합계(차익거래이익)	4	$121 \times (1.1^t - 1) \ge 0$	$121 \times (1.1^T - 1) > 0$	

문제 03 통화선물과 통화옵션

CPA 10

한국과 미국의 무위험이자율은 각각 연간 6%와 4%이다. 한국의 금융시장에서 달러화의 현물환율은 1달러당 1,250원이다. 잔존만기가 1년이고 행사가격이 1,000원인 유럽형 콜옵션이 300원에 거래되고 있다. 국내 및 미국의 금융시장에는 어떠한 차익거래의 기회도 존재하지 않는다고 가정하시오. 소수점 첫째 자리에서 반올림하여 답하시오.

물음 1

미화 1달러에 대한 1년 만기 선물의 적정가격을 구하시오.

물음 2

한국의 대미 수출기업인 (주)한텍은 환리스크를 헤지하고자 한국의 금융시장에서 달러화를 기초자산으로 하고 행사가격이 1,000원이며, 만기가 1년인 유럽형 풋옵션을 매입하고자 한다. 이 풋옵션의 적정 프리미엄은 얼마인가?

물음 3

미국에 본사를 둔 Detroit Hardware Inc.는 한국에 공구를 수출하는 기업이다. 이 기업은 수출대금으로 수취할 원화 100만원을 시카고옵션시장에서 1,000달러에 처분할 수 있는 풋옵션을 매입하고자 한다. 100만원에 대한 1년 만기 유럽형 풋옵션의 적정 프리미엄은 달러화로 얼마인가? 단, 미국의 금융시장에서 원화에 대한 현물환율은 1/1,250(USD/원) = 0.0008(USD/원)이다.

해답

물음 1

$$F_0 = S_0 \times \frac{1+R_K}{1+R_A} = 1,250\text{원}/\$ \times \frac{1.06}{1.04} = 1,274\text{원}/\$$$

물음 2

$$P_0 = C_0 + \frac{X}{1+R_K} - \frac{S_0}{1+R_A} = 300\text{원} + \frac{1,000\text{원}}{1.06} - \frac{1,250\text{원}}{1.04} = 41.47\text{원}$$

∴ 달러화에 대한 풋옵션의 적정 프리미엄 = 41원

물음 3

원화 100만원을 $1,000에 처분 가능한 풋옵션 1개

= $1,000를 100만원에 매입 가능한 콜옵션 1개

= $1를 1,000원에 매입 가능한 콜옵션 1,000개

∴ 원화 100만원에 대한 풋옵션의 적정 프리미엄= $\frac{300\text{원} \times 1,000\text{개}}{1,250\text{원}/\$}$ = $240

문제 04 통화옵션을 이용한 계약의 가치평가 CPA 18

(주)백두는 1만 달러에 대해 만기 1년, 행사가격 1,000원의 유럽형 콜옵션을 보유하고 있고, 한라은행은 동일 기초자산, 동일 만기, 동일 행사가격의 유럽형 풋옵션을 보유하고 있다. 본 옵션계약에서 (주)백두와 한라은행은 서로 거래상대방이다. 또한 달러에 대한 만기 1년의 선물가격(futures price)은 970원/$이고 국내의 무위험이자율은 연 3%이다. 시장에 차익거래의 기회가 없다고 가정하여 다음 물음에 답하시오.

물음 1

(주)백두 입장에서 본 계약의 현재가치를 계산하시오. 금액은 반올림하여 정수로 표시하시오.

물음 2

만약 만기가 1년이고 행사가격이 1,000원인 콜옵션의 가격이 50원일 경우, 풋옵션의 가격은 얼마인지 계산하시오. 금액은 소수점 아래 셋째 자리에서 반올림하여 둘째 자리까지 표시하시오.

물음 3

1년 후 만기시점에 달러의 원화환율이 900원/$이 되었다. 현금결제방식(cash settlement)을 가정하여 (주)백두 입장에서 만기일의 현금흐름이 얼마인지 계산하시오.

물음 4

앞의 물음 3에서 (주)백두와 한라은행은 만기결제를 하는 대신, 이 결제금액이 반영되고 (주)백두가 매수 포지션인 1년 만기의 달러 선도계약(forward contract)을 새롭게 체결하려 한다. 1년 후 시점의 국내와 미국의 무위험이자율이 각각 3%와 2%일 때 적정 달러선도가격을 계산하시오. 금액은 소수점 아래 셋째 자리에서 반올림하여 둘째 자리까지 표시하시오.

해답

물음 1

$$C_0 - P_0 = \frac{S_0}{1+R_A} - \frac{X}{1+R_K} = \frac{F_0 - X}{1+R_K} = \frac{970원 - 1,000원}{1.03} = -29.1262원$$

∴ 계약의 현재가치 $= -29.1262원 \times \$10,000 = -291,262원$

물음 2

$$P_0 = C_0 + 29.1262원 = 50원 + 29.1262원 = 79.13원$$

물음 3

매입한 콜옵션은 행사되지 않으며, 매도한 풋옵션은 행사된다.

만기일의 현금흐름 $= -(X - S_T) = -(1,000원 - 900원) \times \$10,000 = -1,000,000원$

물음 4

$$F_0 = 900원 \times \frac{1.03}{1.02} + \frac{1,000,000원 \times 1.03}{\$10,000} = 1,011.82원/\$$$

문제 05 주가지수선물과 주가지수옵션 CPA 99

현재 주가지수는 100p이고, 동 주가지수를 기초자산으로 하며, 만기가 45일 후인 주가지수선물과 주가지수옵션이 시장에서 거래되고 있다. 동 주가지수선물의 시장가격은 101.5p이고, 주가지수옵션의 행사가격별 시장가격은 다음과 같다.

구분	행사가격	가격
콜옵션	97.5	3.0
콜옵션	100.0	2.5
풋옵션	100.0	2.5
풋옵션	102.5	3.0

주가지수선물의 거래승수는 1p당 500,000원, 주가지수옵션의 거래승수는 1p당 100,000원이며, 무위험이자율은 연 8%, 주가지수산출에 포함되는 주식들의 평균배당수익률은 연 4%이다. 1년은 360일로 가정하여 다음 물음에 답하시오.

물음 1

현물-선물 등가식을 이용해서 상기 주가지수선물의 균형가격을 계산하시오.

물음 2

상기 주가지수선물의 매입과 동일한 만기손익 효과를 가져오는 옵션전략을 문제의 자료에 제시된 옵션들을 이용해서 나타내시오.

물음 3

현재와 같은 상황에서 주가지수선물과 주가지수옵션들을 이용해서 실행 가능한 차익거래전략을 주가지수선물 1계약을 기준으로 나타내고, 이러한 차익거래에서 획득 가능한 차익거래이익의 금액을 계산하시오.

해답

물음 1

균형선물가격=$100p \times [1+(0.08-0.04)\times \frac{45}{360}]$=100.5p

물음 2

합성선물 1계약 매입 = 행사가격 100 콜옵션 5계약 매입 + 행사가격 100 풋옵션 5계약 매도

물음 3

$$\frac{F_0}{(1+R_f)^T}=\frac{101.5}{1+0.08\times\frac{45}{360}}=100.495$$

$$> C_0-P_0+\frac{X}{(1+R_f)^T}=2.5-2.5+\frac{100}{1+0.08\times\frac{45}{360}}=99.01$$

주가지수선물의 시장가격 과대평가

차익거래전략: 선물 1계약 매도 + 콜옵션 5계약 매입 + 풋옵션 5계약 매도

거래내용	현재	만기일	
		S_T ≤ 100p	S_T > 100p
선물 1계약 매도	0	$(101.5p-S_T)\times 500,000$	$(101.5p-S_T)\times 500,000$
콜옵션 5계약 매입	-2.5p × 5 × 100,000	0	$(S_T-100p)\times 5\times 100,000$
풋옵션 5계약 매도	2.5p × 5 × 100,000	$(S_T-100p)\times 5\times 100,000$	0
합계(차익거래이익)	0	$(101.5p-100p)\times 500,000$	$(101.5p-100p)\times 500,000$

∴ 획득 가능한 차익거래이익은 만기일 기준 750,000원이다.

문제 06 강세스프레드와 박스스프레드를 이용한 차익거래 CPA 04, 10

※ 물음 1과 물음 2는 독립적이다.

물음 1

동일한 주식을 기초자산으로 하고 만기도 동일하지만, 행사가격이 다른 두 유럽형 풋옵션의 현재가격이 다음과 같다.

> 행사가격 40의 풋옵션 프리미엄: 1.46
> 행사가격 50의 풋옵션 프리미엄: 11.15

한편 만기가 위의 옵션들과 동일하며 액면금액이 100인 무위험할인채권의 현재가격은 95이다. 해당 투자자는 무위험이자율로 차입(borrowing)과 대출(lending)을 할 수 있다고 가정한다.

이러한 경우 어떠한 포지션을 취하면 차익거래(arbitrage)를 만들어 낼 수 있는지 기술하라. 포지션을 구성함에 있어서, 차익(arbitrage profit)이 만기시점에서만 발생하도록 할 것이며, 행사가격 40의 풋옵션 1단위를 기준으로 표현하라. 답안에는 다음의 사항들이 포함되어야 한다.

① 어떠한 포지션을 구성해야 하는가.

② 이러한 포지션 구성 시 오늘의 현금흐름이 0이 된다는 것을 계산하여 보일 것.

③ 이러한 포지션을 구성했을 때, 만기에서의 현금흐름이 만기시점에서의 주가 S_T에 따라 어떻게 달라지는가에 대한 구체적 표현.

물음 2

시장에서 다음과 같이 옵션가격이 형성되어 있다. 옵션은 모두 1년 만기 유럽형이고 기초자산은 동일하다. 무위험이자율은 연간 7%이다. 단, 두 행사가격의 차이는 4,000원이다.

행사가격	콜옵션	풋옵션
K1	4,640원	2,950원
K2	2,470원	4,490원

주어진 조건에서 차익거래 기회가 있는지의 여부를 확인하고, 만약 있다면 차익거래 포지션을 구체적으로 기술하시오. 또한 차익(arbitrage profit)을 현재가치 기준으로 소수점 셋째 자리에서 반올림하여 답하시오.

해답

물음 1

행사가격만 상이하고 모든 조건이 동일한 옵션들의 가격차이는 행사가격 차이를 무위험이자율로 할인한 현재가치보다 클 수 없지만 현재 옵션가격들 간의 관계가 이를 만족시키지 못하고 있다.

옵션가격의 차이=$P_{X=50} - P_{X=40} = 9.69 > PV$(행사가격의 차이)$= \dfrac{50-40}{100/95} = 9.5$

∴ ① 상대적으로 과대평가된 행사가격 50의 풋옵션($P_{X=50}$)을 1단위 매도하고, 상대적으로 과소평가된 행사가격 40의 풋옵션($P_{X=40}$)을 1단위 매입하며, 옵션의 현재가격의 차액을 무위험이자율로 대출하는 차익거래가 가능하다.

〈차익거래 과정〉

거래내용	② 현재	③ 옵션만기일		
		$S_T \le 40$	$40 < S_T \le 50$	$S_T > 50$
$P_{X=50}$ 1단위 매도	11.15	-(50 - S_T)	-(50 - S_T)	0
$P_{X=40}$ 1단위 매입	-1.46	40 - S_T	0	0
대출	-9.69	10.2	10.2	10.2
합계(차익거래이익)	0	0.2	S_T - 39.8	10.2

이러한 차익거래를 통해 만기시점을 기준으로 최소 0.2, 최대 10.2의 차익거래이익을 획득할 수 있다.

물음 2

행사가격만 상이한 옵션들은 $(C_{K1}-P_{K1})-(C_{K2}-P_{K2})=\dfrac{K2-K1}{(1+R_f)^T}$이 성립되어야 하지만,

$(C_{K1}-P_{K1})-(C_{K2}-P_{K2})=3{,}710$원 $<\dfrac{K2-K1}{1.07}=3{,}738.32$원 인 상황

차익거래전략: C_{K1} 1개 매입 + P_{K1} 1개 매도 + C_{K2} 1개 매도 + P_{K2} 1개 매입 + 3,738.32원 차입

차익거래이익: 현재가치를 기준으로 28.32원의 차익거래이익 획득 가능

거래내용 (차익거래 포지션)	현재	1년 후		
		$S_T \le K1$	$K1 < S_T \le K2$	$S_T > K2$
K1 콜옵션 1개 매입	-4,640	0	S_T-K1	S_T-K1
K1 풋옵션 1개 매도	2,950	S_T-K1	0	0
K2 콜옵션 1개 매도	2,470	0	0	$K2-S_T$
K2 풋옵션 1개 매입	-4,490	$K2-S_T$	$K2-S_T$	0
차입	3,738.32	-4,000	-4,000	-4,000
합계(차익거래이익)	28.32	0	0	0

문제 07 스프레드전략과 차익거래 CPA 15

AAA기업의 주식을 기초자산으로 하고 잔존만기가 1년으로 동일한 다음의 6가지 유럽형 옵션이 현재 시장에서 거래되고 있다. 단, 무위험이자율은 연 10%이다.

옵션종류	행사가격	옵션프리미엄
콜옵션	1,000원	100원
	1,150원	40원
	1,300원	5원
풋옵션	1,000원	20원
	1,150원	60원
	1,300원	105원

물음 1

1년 후 옵션의 만기 시에 AAA기업의 주가의 변화에 따라 아래와 같은 만기손익을 동일하게 복제하는 옵션 포트폴리오를 만들고자 한다. 위에서 제시된 옵션들을 조합하여 만들 수 있는 거래전략을 두 가지 방법으로 나누어 제시하라. 단, 손익계산 시 옵션프리미엄은 고려하지 않으며, S_T는 만기 시 AAA기업의 주가이다.

주가	만기손익
$S_T \le 1{,}000$	0
$1{,}000 < S_T \le 1{,}150$	$S_T - 1{,}000$
$1{,}150 < S_T \le 1{,}300$	$1{,}300 - S_T$
$1{,}300 < S_T$	0

물음 2

물음 1의 두 가지 거래 전략에 소요되는 현재시점에서의 총비용을 각각 원 단위로 계산하라.

물음 3

앞의 6가지 유럽형 옵션들 사이에는 차익거래 기회가 존재한다. 6가지 옵션 모두를 이용하여 현재시점에서는 비용이 소요되지 않는 차익거래전략을 제시하고 만기일에서의 차익거래이익을 원 단위로 계산하라.

물음 4

옵션의 만기 시 AAA기업의 주가에 관계없이 150원이라는 확실한 현금흐름을 제공하는 옵션 포트폴리오를 만들고자 한다. 위에서 제시된 옵션들을 조합한 두 가지 거래 전략을 제시하고 각 거래 전략의 수익률을 계산하라. 계산결과는 %단위로 표시하되 반올림하여 소수점 첫째 자리까지 표시하라.

해답

물음 1

전략 A: 행사가격 1,000원 콜옵션 1개 매입 + 행사가격 1,150원 콜옵션 2개 매도
+ 행사가격 1,300원 콜옵션 1개 매입

전략 B: 행사가격 1,000원 풋옵션 1개 매입 + 행사가격 1,150원 풋옵션 2개 매도
+ 행사가격 1,300원 풋옵션 1개 매입

물음 2

전략 A: 100원 × 1개 - 40원 × 2개 + 5원 × 1개 = 25원

전략 B: 20원 × 1개 - 60원 × 2개 + 105원 × 1개 = 5원

물음 3

차익거래전략: 전략 A 매도 + 전략 B 매입

즉, 행사가격 1,000원 콜옵션 1개 매도 + 행사가격 1,150원 콜옵션 2개 매입
+ 행사가격 1,300원 콜옵션 1개 매도 + 행사가격 1,000원 풋옵션 1개 매입
+ 행사가격 1,150원 풋옵션 2개 매도 + 행사가격 1,300원 풋옵션 1개 매입
+ 20원 무위험대출

만기일의 차익거래이익: (25원 - 5원) × 1.1 = 22원

물음 4

전략 1: 행사가격 1,000원 콜옵션 1개 매입 + 행사가격 1,150원 콜옵션 1개 매도
+ 행사가격 1,000원 풋옵션 1개 매도 + 행사가격 1,150원 풋옵션 1개 매입

전략 1의 수익률: $\frac{150\text{원}}{100\text{원} - 40\text{원} - 20\text{원} + 60\text{원}} - 1 = 50\%$

전략 2: 행사가격 1,150원 콜옵션 1개 매입 + 행사가격 1,300원 콜옵션 1개 매도
+ 행사가격 1,150원 풋옵션 1개 매도 + 행사가격 1,300원 풋옵션 1개 매입

전략 2의 수익률: $\frac{150\text{원}}{40\text{원} - 5\text{원} - 60\text{원} + 105\text{원}} - 1 = 87.5\%$

문제 08 박스스프레드와 차익거래 CPA 16

(주)가나의 주식을 기초자산으로 하고 잔존만기가 1년인 다음의 4가지 유럽형 옵션이 현재 시장에서 거래되고 있으며 무위험이자율은 연 10%이다.

구분	행사가격(원)	옵션프리미엄(원)
콜옵션	2,000	200
	2,300	20
풋옵션	2,000	40
	2,300	120

물음 1

옵션 만기일에 (주)가나의 주가와 무관하게 항상 300원의 현금흐름을 가져오는 옵션 포트폴리오를 구성하려 한다. 위에서 제시한 4가지 유럽형 옵션을 모두 이용한 거래전략을 제시하시오.

물음 2

물음 1의 거래전략에 소요되는 총비용을 현재시점을 기준으로 반올림하여 원 단위로 계산하시오.

물음 3

현재 거래되는 4가지 유럽형 옵션들 사이에는 차익거래 기회가 존재한다. 현재시점에서 비용이 들지 않는 차익거래전략을 제시하고 차익거래이익을 만기시점을 기준으로 반올림하여 원 단위로 계산하시오.

물음 4

현재 시장에는 (주)가나의 주식을 기초자산으로 하고 행사가격이 2,600원, 옵션프리미엄이 10원, 잔존만기가 1년인 콜옵션도 거래되고 있다. 콜옵션을 이용한 나비스프레드(butterfly spread) 전략을 제시하고, 옵션 만기일에 (주)가나의 주가가 2,400원인 경우의 수익률을 계산하시오. 계산결과는 %단위로 표시하되 반올림하여 소수점 첫째 자리까지 표시하시오.

해답

물음 1

거래전략: 행사가격 2,000원 콜옵션 1개 매입 + 행사가격 2,300원 콜옵션 1개 매도
+ 행사가격 2,000원 풋옵션 1개 매도 + 행사가격 2,300원 풋옵션 1개 매입

물음 2

현재시점의 총비용 = 200원 - 20원 - 40원 + 120원 = 260원

물음 3

차익거래전략: 행사가격 2,000원 콜옵션 1개 매입 + 행사가격 2,300원 콜옵션 1개 매도
+ 행사가격 2,000원 풋옵션 1개 매도 + 행사가격 2,300원 풋옵션 1개 매입
+ 260원 무위험차입

∴ 만기시점 기준 차익거래이익 = 300원 - 260원 × 1.1 = 14원

물음 4

나비스프레드전략: 행사가격 2,000원 콜옵션 1개 매입
+ 행사가격 2,300원 콜옵션 2개 매도
+ 행사가격 2,600원 콜옵션 1개 매입

현재시점의 총비용 = 200원 - 20원 × 2 + 10원 = 170원

옵션만기일 주가가 2,400원인 경우의 만기시점 현금유입액
= (2,400원 - 2,000원) - (2,400원 - 2,300원) × 2 + 0 = 200원

∴ 수익률 = $\frac{200원}{170원} - 1 = 17.6\%$

문제 09 옵션투자전략의 만기가치와 만기손익

CPA 18

다음 표는 북해산 브렌트 원유를 기초자산으로 하는 만기 1년의 유럽형 콜옵션과 풋옵션의 프리미엄을 정리한 것이다. 행사가격은 1리터당 가격이고, 가격의 단위는 원이다. 다음 물음에 답하시오.

행사가격	콜프리미엄	풋프리미엄
1,500	104	70
1,600	60	125

물음 1

위의 옵션을 이용하여 매수스트랭글(long strangle)을 취하는 두 가지 방법을 제시하고, 만기일의 현금흐름을 나타내는 그림을 각각 그리시오. 또한 현금흐름의 최솟값을 각각 구하고, 그림에서 최솟값을 표시하시오.

물음 2

앞의 물음 1의 두 방법 중에서 어느 것이 더 유리한가? 또한 그 이유가 무엇인지 근거를 제시하시오. 단, 무위험이자율은 연 3%라고 가정한다.

물음 3

위의 옵션을 이용하여 강세스프레드(bull spread)의 매수 포지션을 취하는 두 가지 방법을 제시하고, 만기일의 현금흐름을 나타내는 그림을 각각 그리시오. 또한 현금흐름의 최댓값을 각각 구하고, 그림에서 최댓값을 표시하시오.

물음 4

시장에 차익거래의 기회가 없기 위한 무위험이자율을 구하시오. %단위로, 소수점 아래 셋째 자리에서 반올림하여 둘째 자리까지 표시하시오.

해답

물음 1

〈전략 A〉

행사가격 1,500원 풋옵션 1개 매입 + 행사가격 1,600원 콜옵션 1개 매입

만기일 현금흐름의 최솟값 = 0원

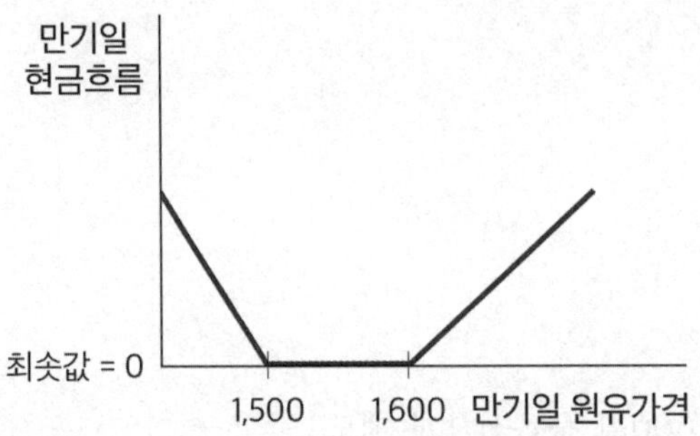

〈전략 B〉

행사가격 1,500원 콜옵션 1개 매입 + 행사가격 1,600원 풋옵션 1개 매입

만기일 현금흐름의 최솟값 = 100원

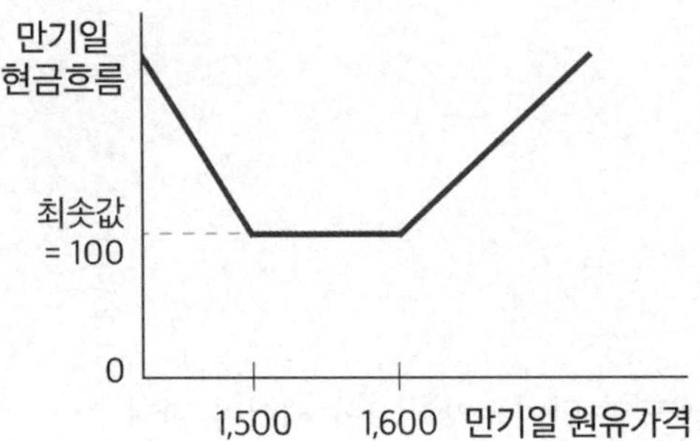

물음 2

전략 A 만기손익의 최솟값 $= 0원 - (60원 + 70원) \times 1.03 = -133.9원$

전략 B 만기손익의 최솟값 $= 100원 - (104원 + 125원) \times 1.03 = -135.87원$

∴ 만기손익의 최솟값이 보다 큰 전략 A(행사가격 1,500원 풋옵션 1개 매입 + 행사가격 1,600원 콜옵션 1개 매입)가 보다 유리하다.

물음 3

〈전략 C〉

행사가격 1,500원 콜옵션 1개 매입 + 행사가격 1,600원 콜옵션 1개 매도

만기일 현금흐름의 최댓값 = 100원

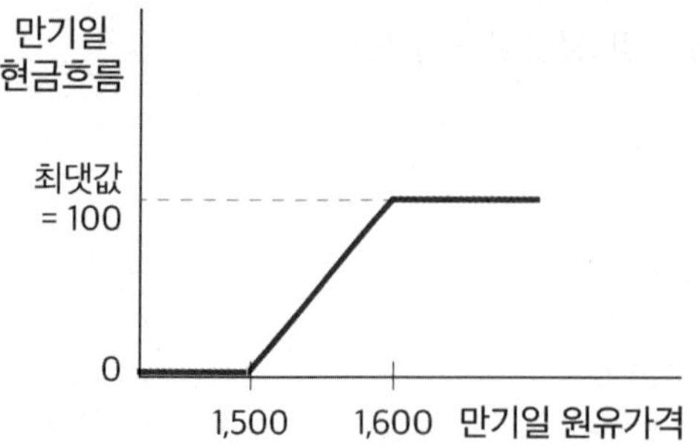

〈전략 D〉

행사가격 1,500원 풋옵션 1개 매입 + 행사가격 1,600원 풋옵션 1개 매도

만기일 현금흐름의 최댓값 = 0원

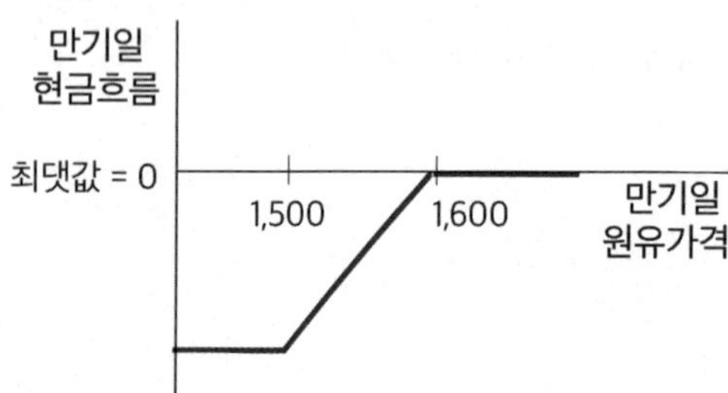

물음 4

시장에 차익거래의 기회가 없기 위해서는 박스스프레드의 만기손익이 0이 되어야 한다.

(행사가격 1,500원 콜옵션 1개 매입 + 행사가격 1,600원 콜옵션 1개 매도

+ 행사가격 1,500원 풋옵션 1개 매도 + 행사가격 1,600원 풋옵션 1개 매입)의 만기손익

$= 100\text{원} - (104\text{원} - 60\text{원} - 70\text{원} + 125\text{원}) \times (1 + R_f) = 0\text{원}$

∴ 적정 무위험이자율: $R_f = \dfrac{100\text{원}}{99\text{원}} - 1 = 1.01\%$

문제 10 옵션의 복제와 스트랭글매입

CPA 20

(주)대한과 (주)민국의 현재 주가는 각각 1,100원이며 주식의 공매가 가능하다. 이 기업들은 향후 5년간 배당을 지급하지 않을 계획이다. 무위험이자율은 연 10%로 향후 변동이 없으며 차입과 투자가 가능하다. 거래비용은 없으며, 시장에는 어떠한 차익거래의 기회도 없다고 가정한다.

※ 물음 1과 물음 2는 독립적이다.

물음 1

(주)대한의 주식은 매년 가격이 20% 상승하거나 20% 하락하는 이항과정을 따른다. 이 주식을 기초자산으로 하고 행사가격이 1,100원으로 동일한 다음의 3가지 유형의 옵션들이 현재 시장에서 거래되고 있다.

옵션	구분	만기(년)	옵션프리미엄(원)
A	유럽형 풋	5	21
B	미국형 풋	5	63
C	미국형 콜	5	

옵션 C의 프리미엄을 구하시오. 계산결과는 반올림하여 원 단위로 표시하시오.

물음 2

(주)민국의 주식을 기초자산으로 하고 잔존만기가 1년인 아래의 2가지 옵션이 시장에서 거래되고 있다.

옵션	구분	행사가격(원)	옵션프리미엄(원)
D	유럽형 콜	1,100	155
E	유럽형 콜	1,200	80

① (주)민국의 주가 변화에 따라 아래와 같은 현금흐름을 제공하는 포트폴리오를 현재 구성하고자 한다. 앞서 제시된 무위험자산, 주식, 옵션들을 조합한 포트폴리오 구성 방법을 나타내시오.

1년 후 주가(S_1) 범위	1년 후 현금흐름
$S_1 \leq 1,100$	$1,100 - S_1$
$1,100 < S_1 \leq 1,200$	0
$1,200 < S_1$	$S_1 - 1,200$

② 위의 포트폴리오를 구성하는 데 소요되는 현재시점에서의 총비용을 구하시오.

해커스 윤민호 재무관리연습 제4장 옵션가격의 결정과 투자전략

해답

물음 1

무배당주식에 대한 미국형 콜옵션 C의 프리미엄

= 동일조건 유럽형 콜옵션의 프리미엄

$$= S_0 + P_0 - \frac{X}{(1+R_f)^T} = 1,100\text{원} + 21\text{원} - \frac{1,100\text{원}}{1.1^5} = 438\text{원}$$

물음 2

① 스트랭글매입: 행사가격 1,100원 풋옵션 1개 매입[1)] + 행사가격 1,200원 콜옵션 E 1개 매입

[1)] 행사가격 1,100원 풋옵션 1개 매입
= 행사가격 1,100원 콜옵션 D 1개 매입 + 주식 1주 공매 + 1,000원 대출

∴ 포트폴리오 구성 방법: D 1개 매입 + 주식 1주 공매 + 1,000원 대출 + E 1개 매입

거래내용	현재시점	만기일		
		S_1 ≤ 1,100	1,100 < S_1 ≤ 1,200	S_1 > 1,200
D 1개 매입	-155	0	S_1-1,100	S_1-1,100
주식 1주 공매	1,100	-S_1	-S_1	-S_1
1,000원 대출	-1,000	1,100	1,100	1,100
E 1개 매입	-80	0	0	S_1-1,200
합계	-135	1,100-S_1	0	S_1-1,200

② 현재시점에서의 총비용 = 155원 + 80원 − 1,100원 + 1,000원 = 135원

문제 11 펜스전략의 효과

CPA 23

※ 물음 1 ~ 물음 4는 독립적이다.

물음 1

(주)가나보험은 현재 두 가지 연금상품(연금 A와 연금 B)을 판매하고 있다. 연금 A는 향후 30년간 매년 말 2,000만원의 연금을 지급하고, 연금 B는 향후 15년간 매년 말 3,200만원의 연금을 지급하는 상품이다. 연금 B의 경우 2,400만원을 초과하는 부분에 대해서는 25%의 세금을 차감한 후 연금이 지급된다. 세후 기준으로 두 연금의 현재가치를 동일하게 만드는 할인율을 계산하시오. 아래 표에 제시된 자연로그 함수($\ln(x)$)와 지수 함수($\exp(x)$)의 값을 이용하시오. 단, 할인율은 0보다 큰 값을 가진다. 계산과정에서는 소수점 아래 다섯째 자리에서 반올림하여 넷째 자리까지 표시하고, 할인율은 %기준으로 소수점 아래 셋째 자리에서 반올림하여 둘째 자리까지 표시하시오.

x	$\ln(x)$
0.5	(-)0.6931
1.0	0.0000
1.5	0.4055
2.0	0.6931
2.5	0.9163
3.0	1.0986
3.5	1.2528
4.0	1.3863

x	$\exp(x)$
0.0392	1.0400
0.0412	1.0421
0.0462	1.0473
0.0512	1.0525
0.0562	1.0578
0.0612	1.0631
0.0662	1.0684
0.0712	1.0738

물음 2

(주)다라는 새로운 투자기회가 존재하지 않는 경우, 주당순이익이 현재 수준으로 유지될 것으로 기대한다. (주)다라는 새로운 투자기회를 포착하여 매년 순이익의 25%를 지속적으로 재투자할 예정이고, 재투자는 1년 후부터 이루어진다. 이러한 투자기회는 영구히 계속되고, 재투자수익률(ROE)은 매년 동일한 수준으로 일정하게 유지될 것으로 기대한다. 재투자가 이루어지는 경우, 일정성장배당평가모형에 근거한 (주)다라의 내재가치와 시장가치가 동일하다는 가정하에 PER(=$\frac{P_0}{EPS_1}$)과 PBR(=$\frac{P_0}{BPS_0}$)은 각각 10과 2로 계산되었다.

① 새로운 재투자가 이루어지는 경우 (주)다라의 ROE와 배당성장률을 계산하시오.

② (주)다라의 할인율(주주의 요구수익률)을 계산하시오.

③ 새로운 투자기회가 존재하지 않는 경우 배당평가모형을 이용하여 (주)다라의 PER을 계산하시오.

물음 3

현재 시장에는 채무불이행위험과 옵션적 성격이 없는 만기가 1년, 2년, 3년인 무이표채권이 있다. 이들 채권의 만기수익률과 선도이자율에 대한 부분적인 정보가 아래에 나타나 있다. 단, ${}_if_{i+1}$은 $t=i$년 시점에서 1년 만기 선도이자율(forward interest rate)을 나타내며, 2년 만기 무이표채권의 액면가격은 1,000원이다. 계산결과는 가격은 소수점 아래 셋째 자리에서 반올림하여 둘째 자리까지 표시하고, 수익률은 %기준으로 소수점 아래 셋째 자리에서 반올림하여 둘째 자리까지 표시하시오.

만기	만기수익률	선도이자율
1년	(　　)	-
2년	(　　)	${}_1f_2$ = (　　)
3년	14%	${}_2f_3$ = 22.44%

① 3년 만기 무이표채권을 지금 매수하여 1년 후 시점에서 매도할 경우 보유기간수익률이 5%일 것으로 예상된다. 기대가설이 성립한다고 가정할 때, 2년 만기 무이표채권의 1년 후 기대가격을 계산하시오.

② 1년과 2년 만기 무이표채권의 만기수익률이 각각 6%와 9%라고 하자. 유동성프리미엄가설(유동성선호이론)이 성립한다고 가정할 때, 2년 만기 무이표채권의 1년 후 기대가격을 계산하시오. 또한, 이를 이용하여 1년 동안의 기대 보유기간수익률을 계산하시오. 단, 유동성프리미엄은 3%라고 가정한다.

물음 4

현재 주가가 12,000원인 (주)마바의 주식을 기초자산으로 하고 잔존만기가 1년으로 동일한 다음 네 가지 유럽형 옵션이 시장에서 거래되고 있다. 단, 무위험이자율은 연 5%이고, 무위험이자율로 차입과 대출이 가능하며, (주)마바는 무배당기업이다.

구분	행사가격	옵션프리미엄
콜옵션	10,500원	3,000원
	12,600원	1,000원
풋옵션	10,500원	1,000원
	12,600원	500원

① 행사가격이 12,600원인 콜옵션과 풋옵션 사이에 풋·콜패러티가 성립하는지를 확인하시오. 차익거래가 가능한 경우 차익거래전략을 제시하고 차익거래이익을 계산하시오. 단, 차익거래이익은 현재 시점에서 발생한다.

② 향후 (주)마바의 주식을 매입할 계획을 가지고 있는 투자자가 행사가격이 10,500원인 풋옵션을 매도하고, 행사가격이 12,600원인 콜옵션을 매입하여 포트폴리오를 구성하였다. 이 포트폴리오 구성을 통해 투자자가 얻게 되는 효과를 세 줄 이내로 설명하시오.

해답

물음 1

$$연금\ A의\ PV=\frac{2{,}000만원}{1+R}\times\frac{1-\left(\frac{1}{1+R}\right)^{30}}{1-\frac{1}{1+R}}$$

연금 B의 세후지급액 = 2,400만원 + (3,200만원 − 2,400만원) × (1 − 0.25) = 3,000만원

$$연금\ B의\ PV=\frac{3{,}000만원}{1+R}\times\frac{1-\left(\frac{1}{1+R}\right)^{15}}{1-\frac{1}{1+R}}$$

$$\frac{2{,}000만원}{1+R}\times\frac{1-\left(\frac{1}{1+R}\right)^{30}}{1-\frac{1}{1+R}}=\frac{3{,}000만원}{1+R}\times\frac{1-\left(\frac{1}{1+R}\right)^{15}}{1-\frac{1}{1+R}}$$

$$2{,}000만원\times\left[1-\left(\frac{1}{1+R}\right)^{30}\right]=2{,}000만원\times\left[1+\left(\frac{1}{1+R}\right)^{15}\right]\times\left[1-\left(\frac{1}{1+R}\right)^{15}\right]$$

$$=3{,}000만원\times\left[1-\left(\frac{1}{1+R}\right)^{15}\right]$$

$$\left(\frac{1}{1+R}\right)^{15}=\frac{1}{2}$$

$$\ln(1+R)=\frac{\ln 2}{15}=\frac{0.6931}{15}=0.0462$$

$$1+R=e^{0.0462}=\exp(0.0462)=1.0473$$

$$\therefore R=4.73\%$$

물음 2

① $ROE=\dfrac{EPS_1}{BPS_0}=\dfrac{EPS_1}{P_0}\times\dfrac{P_0}{BPS_0}=\dfrac{1}{PER}\times PBR=\dfrac{1}{10}\times 2=0.2$

배당성장률: $g=b\times ROE=0.25\times 0.2=0.05$

② $PER=10=\dfrac{P_0}{EPS_1}=\dfrac{\frac{EPS_1\times(1-b)}{k_e-g}}{EPS_1}=\dfrac{1-b}{k_e-g}=\dfrac{1-0.25}{k_e-0.05}$

주주의 요구수익률: $k_e=0.125$

③ $PER=\dfrac{P_0}{EPS_1}=\dfrac{\frac{d=EPS_1}{k_e}}{EPS_1}=\dfrac{1}{k_e}=\dfrac{1}{0.125}=8$

물음 3

① $_0R_1 = 5\%$

$$_0R_2 = \sqrt{\frac{(1+{_0R_3})^3}{1+{_2f_3}}} - 1 = \sqrt{\frac{1.14^3}{1.2244}} - 1 = 10\%$$

$$E({_1R_2}) = {_1f_2} = \frac{(1+{_0R_2})^2}{1+{_0R_1}} - 1 = \frac{1.1^2}{1.05} - 1 = 15.24\%$$

$$1\text{년 후 기대가격} = \frac{1{,}000\text{원}}{1+E({_1R_2})} = \frac{1{,}000\text{원}}{1.1524} = 867.75\text{원}$$

② $${_1f_2} = \frac{(1+{_0R_2})^2}{1+{_0R_1}} - 1 = \frac{1.09^2}{1.06} - 1 = 12.08\%$$

$$E({_1R_2}) = {_1f_2} - {_1L_2} = 12.08\% - 3\% = 9.08\%$$

$$1\text{년 후 기대가격} = \frac{1{,}000\text{원}}{1+E({_1R_2})} = \frac{1{,}000\text{원}}{1.0908} = 916.76\text{원}$$

$$\text{현재가격} = \frac{1{,}000\text{원}}{(1+{_0R_2})^2} = \frac{1{,}000\text{원}}{1.09^2} = 841.68\text{원}$$

$$1\text{년 동안의 기대 보유기간수익률} = \frac{916.76\text{원}}{841.68\text{원}} - 1 = 8.92\%$$

물음 4

① $S_0 + P_0 - C_0 = 12{,}000\text{원} + 500\text{원} - 1{,}000\text{원} = 11{,}500\text{원}$

$$< \frac{X}{(1+R_f)^T} = \frac{12{,}600\text{원}}{1.05} = 12{,}000\text{원}$$

∴ 풋-콜패리티가 성립하지 않는다.

차익거래전략: 주식 1주 매입 + 풋옵션 1개 매입 + 콜옵션 1개 매도 + 12,000원 차입

현재시점의 차익거래이익 = 12,000원 − 11,500원 = 500원

② 주가 상승 시에는 매입한 콜옵션을 이용해서 주식의 최고 매입가격을 설정할 수 있고, 콜옵션 매입대금은 풋옵션 프리미엄 수취를 통해 상쇄시킬 수 있다. 다만, 풋옵션 매도로 인해 전체 포트폴리오의 잠재적인 가치상승 가능성은 제한되어, 이익 및 손실의 범위가 한정된다.

문제 12 단일기간 이항옵션가격결정모형

CPA 13

(주)마바의 현재 주당 가격은 10,000원이다. 주가변동은 이항분포를 따르는데 1년 후 주가가 상승하여 12,000원이 될 확률은 60%, 주가가 하락하여 7,000원이 될 확률은 40%이다. 투자자는 위험 중립적이고 무위험이자율은 10%이며 (주)마바 주식을 기초자산으로 하는 1년 만기 유럽형 콜옵션과 풋옵션의 행사가격은 10,000원으로 동일하다.

물음 1

헤지포트폴리오를 구성하여 현재의 콜옵션가치를 계산하라. 계산결과는 반올림하여 소수점 둘째 자리까지 표기하라.

물음 2

무위험 헤지포트폴리오(riskless hedge portfolio)의 속성을 간략하게 설명하라.

물음 3

기초주식과 무위험채권을 이용하여 콜옵션을 보유한 것과 동일한 포트폴리오를 구성하고 현재 콜옵션가격이 1,600원일 때 차익거래전략을 현재와 만기 두 시점별 현금흐름의 관점에서 제시하라. 계산결과는 반올림하여 소수점 둘째 자리까지 표기하라.

물음 4

이항모형으로 복제포트폴리오를 구성하여 풋옵션의 가치를 구하고 현재 풋옵션가격이 600원일 때 차익거래전략을 현재와 만기 두 시점별 현금흐름의 관점에서 제시하라. 계산결과는 반올림하여 소수점 둘째 자리까지 표기하라.

해답

물음 1

헤지포트폴리오 구성: 주식 1주 매입 + 콜옵션 m개 매도

$$m = \frac{uS - dS}{C_u - C_d} = \frac{12{,}000\text{원} - 7{,}000\text{원}}{2{,}000\text{원} - 0\text{원}} = 2.5\text{개}$$

$$(10{,}000\text{원} - 2.5 \times C_0) \times 1.1 = 7{,}000\text{원}$$

$$\therefore C_0 = 1{,}454.55\text{원}$$

물음 2

무위험 헤지포트폴리오는 만기일의 기초자산가격과 무관하게 일정한 가치를 갖게 되는 포트폴리오이며, 기초자산과 옵션을 적절히 결합하여 구성 가능하다.

물음 3

$$12{,}000\text{원} \times x + 1.1 \times B = 2{,}000\text{원}\,(= C_u)$$

$$7{,}000\text{원} \times x + 1.1 \times B = 0\text{원}\,(= C_d)$$

$$\therefore\ x = 0.4\text{주},\ B = -2{,}545.45\text{원}$$

콜옵션 1개 보유(매입) = 주식 0.4주 매입 + 2,545.45원 무위험이자율 차입

콜옵션 가격 과대평가: 균형가격(1,454.55원) < 시장가격(1,600원)

거래내용 (차익거래전략)	현재	1년 후	
		S_T = 7,000	S_T = 12,000
콜옵션 1개 매도	1,600	0	-2,000
주식 0.4주 매입	-4,000	2,800	4,800
차입	2,545.45	-2,800	-2,800
합계(차익거래이익)	145.45	0	0

물음 4

12,000원 $\times x + 1.1 \times B =$ 0원 $(= P_u)$

7,000원 $\times x + 1.1 \times B =$ 3,000원 $(= P_d)$

$\therefore$ $x = -0.6$주, $B =$ 6,545.45원

풋옵션 1개 보유(매입) = 주식 0.6주 공매 + 6,545.45원 무위험이자율 대출

$\therefore$ 풋옵션의 가치 = $-0.6 \times$ 10,000원 + 6,545.45원 = 545.45원

풋옵션 가격 과대평가: 균형가격(545.45원) < 시장가격(600원)

거래내용 (차익거래전략)	현재	1년 후	
		S_T = 7,000	S_T = 12,000
풋옵션 1개 매도	600	-3,000	0
주식 0.6주 공매	6,000	-4,200	-7,200
대출	-6,545.45	7,200	7,200
합계(차익거래이익)	54.55	0	0

문제 13 옵션의 복제와 스트래들의 가치평가

CPA 11

JKM(주)의 주식은 현재 16,000원에 거래되고 있고 1년 후(t = 1) 주가가 50,000원으로 상승하거나 2,000원으로 하락할 것으로 예상된다. 투자자 A는 이 회사의 주식을 기초자산으로 하고 동일한 만기 및 행사가격을 갖는 한 개의 콜옵션(call option)과 한 개의 풋옵션(put option)을 동시에 매입하여 구성한 포트폴리오를 보유하고 있다. 두 옵션의 행사가격은 15,000원이며 만기는 1년이고, 무위험이자율은 8%이다. 계산결과는 소수점 넷째 자리까지 표시하고, 금액은 원 단위로 표기하시오.

물음 1

이 포트폴리오에 포함된 콜옵션의 가치를 이항모형(binomial model)으로 복제포트폴리오(replicating portfolio)를 구성하여 구하시오.

물음 2

이 포트폴리오에 포함된 풋옵션의 가치를 물음 1과 동일한 방식을 이용하여 구하고, 이 포트폴리오의 총가치를 구하시오.

물음 3

이 포트폴리오와 같은 포지션을 롱 스트래들(long straddle)이라 한다. 롱 스트래들의 손익구조(payoff diagram)를 그리고(콜옵션, 풋옵션, 스트래들 모두 도시), 그 의미를 3줄 이내로 논하시오.

해답

물음 1

50,000원 $\times x + 1.08 \times B = 35,000$원 $(= C_u)$

2,000원 $\times x + 1.08 \times B = 0$원 $(= C_d)$

$\therefore$ $x = 0.7292$주, $B = -1,350.3086$원

콜옵션 1개 매입 = 주식 0.7292주 매입 + 1,350.3086원 무위험이자율 차입

콜옵션의 가치: $C_0 = 16,000$원 $\times 0.7292 - 1,350.3086$원 $= 10,316.8914$원

물음 2

50,000원 $\times x + 1.08 \times B = 0$원 $(= P_u)$

2,000원 $\times x + 1.08 \times B = 13,000$원 $(= P_d)$

$\therefore$ $x = -0.2708$주, $B = 12,537.037$원

풋옵션 1개 매입 = 주식 0.2708주 공매 + 12,537.037원 무위험이자율 대출

풋옵션의 가치: $P_0 = 16,000$원 $\times (-0.2708) + 12,537.037$원 $= 8,204.237$원

∴ 포트폴리오의 총가치 = 10,316.8914원 + 8,204.237원 = 18,521.1284원

물음 3

〈롱 스트래들의 손익구조〉

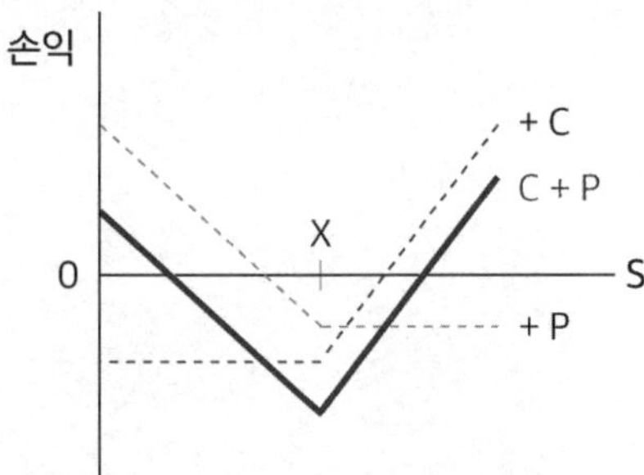

주가 상승 시 매입한 콜옵션에서 이득을 추구할 수 있고, 주가 하락 시 매입한 풋옵션에서 이득을 추구할 수 있으므로, 롱 스트래들은 향후 주가의 변동성이 클 것으로 예상되는 경우에 주가가 옵션의 행사가격을 중심으로 일정범위를 벗어나 크게 하락하거나 크게 상승하면 이득이 발생하는 전략이다.

문제 14 연속복리 연간 무위험이자율과 위험중립확률 CPA 98

1기간을 50일로 하는 2기간 이항모형의 성립을 가정한다. 무배당주식인 (주)파랑 주식의 현재 시장가격(S_0)은 10,000원이며, 1기간 동안 주가는 20% 상승 또는 20% 하락할 것으로 예상된다. 연속복리 연간 무위험이자율(R_f)이 10%인 상황에서 (주)파랑 주식 1주를 기초자산으로 하고 행사가격(X)이 11,000원, 만기(T)가 100일(2기간)인 풋옵션이 시장에서 거래되고 있다. 다음 자료를 이용하여 관련 물음에 답하시오.

$$\frac{1}{e^{R_f \times T}} = e^{-R_f \times T} = e^{-0.1 \times \frac{50}{365}} = 0.9864$$

물음 1

위험중립확률(헤지확률: p)을 계산하시오.

물음 2

유럽형 옵션인 경우를 가정하여 상기 풋옵션의 현재가격을 계산하시오.

물음 3

미국형 옵션인 경우를 가정하여 상기 풋옵션의 현재가격을 계산하시오.

해답

물음 1

$$위험중립확률:\ p=\frac{e^{R_f \times T}-d}{u-d}=\frac{\frac{1}{0.9864}-0.8}{1.2-0.8}=\frac{\frac{10,000원}{0.9864}-8,000원}{12,000원-8,000원}=0.5345$$

물음 2

$P_u=(0원\times 0.5345+1,400원\times 0.4655)\times 0.9864=642.84원$

$P_d=(1,400원\times 0.5345+4,600원\times 0.4655)\times 0.9864=2,850.3원$

$P_0=(642.84원\times 0.5345+2,850.3원\times 0.4655)\times 0.9864=1,647.7원$

물음 3

$P_u=Max[11,000원-12,000원,\ 642.84원]=642.84원$

$P_d=Max[11,000원-8,000원,\ 2,850.3원]=3,000원$

$P_0=Max[11,000원-10,000원,\ (642.84원\times 0.5345+3,000원\times 0.4655)\times 0.9864]$

$=1,716.43원$

문제 15 삼항모형과 위험중립확률

CPA 02

A주식의 1년 후 주가가 각각 30%, 40%, 30%의 확률로 110원, 100원, 90원이 될 것으로 예상된다. 현재 옵션시장에서는 A주식을 기초자산으로 하고 만기가 1년인 유럽형 옵션들이 거래되고 있으며, 현재 시장에서의 각 옵션프리미엄은 다음과 같다.

- 행사가격 90원의 콜옵션: 7.2원
- 행사가격 100원의 콜옵션: 1.6원
- 행사가격 100원의 풋옵션: 2.4원

차익거래기회(arbitrage opportunity)가 존재하지 않는 균형상태의 시장을 가정하여 다음 물음에 답하시오. 단, 이하에서 수익률은 "(기말가격 - 기초가격)/기초가격"을 의미한다.

물음 1

1년 동안의 무위험수익률을 계산하시오.

물음 2

A주식의 1년 동안의 기대수익률을 계산하시오.

해답

물음 1

$$\text{행사가격 90원 콜옵션 프리미엄: } 7.2\text{원} = \frac{20\text{원} \times p_1 + 10\text{원} \times p_2 + 0\text{원} \times p_3}{1 + R_f}$$

$$\text{행사가격 100원 콜옵션 프리미엄: } 1.6\text{원} = \frac{10\text{원} \times p_1 + 0\text{원} \times p_2 + 0\text{원} \times p_3}{1 + R_f}$$

$$\text{행사가격 100원 풋옵션 프리미엄: } 2.4\text{원} = \frac{0\text{원} \times p_1 + 0\text{원} \times p_2 + 10\text{원} \times p_3}{1 + R_f}$$

$p_1 + p_2 + p_3 = 1$

$\therefore\ R_f = 25\%,\ p_1 = 0.2,\ p_2 = 0.5,\ p_3 = 0.3$

1년 동안의 무위험수익률은 25%이다.

물음 2

$$\text{A주식의 현재가격: } S_0 = \frac{110\text{원} \times 0.2 + 100\text{원} \times 0.5 + 90\text{원} \times 0.3}{1 + 0.25} = 79.2\text{원}$$

A주식의 1년 후 기대가격: $E(S_1) = 110\text{원} \times 0.3 + 100\text{원} \times 0.4 + 90\text{원} \times 0.3 = 100\text{원}$

$$\therefore\ \text{A주식의 1년간 기대수익률} = \frac{100\text{원} - 79.2\text{원}}{79.2\text{원}} = 26.26\%$$

문제 16 선물가격과 위험중립확률

CPA 05

외환시장에서 1년 후 달러화의 현물환율이 각각 1,100원/$ 또는 950원/$으로 상승 또는 하락하는 두 가지 경우만 존재한다고 가정하자. 달러옵션과 달러선물의 잔존만기는 1년으로 동일하며, 달러선물은 현재 1,050원/$의 가격에 거래되고 있다. 이 기간 동안 국내 자본시장의 무위험이자율은 6%이다. 자본시장은 완전하고 차익거래의 기회는 존재하지 않는다고 가정하자. 달러선물과 달러옵션계약의 1계약 규모는 50만 달러이다. 다음 질문에 답하라.

물음 1

행사가격이 980원/$인 달러에 대한 풋옵션 1계약 매수포지션에 대하여 헤지해야 할 달러화의 규모를 밝히고 아울러 매수 또는 매도 여부를 제시하라.

물음 2

위험중립자의 입장에서 환율이 1년 후 1,100원/$으로 상승할 확률은 얼마인가?

물음 3

옵션의 만기 시 현물환율을 S_T라고 정의하고 만기 시 옵션의 수익이 min[S_T - 920, 50]으로 나타나는 옵션의 적정 프리미엄을 제시하라.

해답

물음 1

$1{,}100$원 $+ h \times 0$원 $= 950$원 $+ h \times 30$원

$\therefore\ h = 5$

헤지전략: 달러화 현물 매수와 달러화에 대한 풋옵션 매수를 1 : 5의 비율로 결합

∴ 달러화에 대한 풋옵션 1계약의 기초자산이 50만 달러이므로 헤지를 위해서는 달러화 현물 10만 달러를 매수해야 한다.

물음 2

$F_0 = 1{,}050$원$/\$ = F_u \times p + F_d \times (1-p) = 1{,}100$원$/\$ \times p + 950$원$/\$ \times (1-p)$

$\therefore\ p = \dfrac{2}{3}$

물음 3

옵션의 적정 프리미엄

$$= \frac{Min[1{,}100-920,\ 50] \times \frac{2}{3} + Min[950-920, 50] \times \frac{1}{3}}{1.06} \times 500{,}000$$

$= 20{,}440{,}252$원

문제 17 주가 변동시점과 배당 지급시점이 일치하는 경우

A주식의 현재가격은 10,000원이고, 주가는 연간 40% 상승하거나 10% 하락할 것으로 예상된다. 주가의 상승확률은 80%, 주가의 하락확률은 20%이며, A주식을 보유하는 경우에는 1년 후 시점에 주가의 변동 상황과 무관하게 2,500원의 주당배당금을 수취할 수 있을 것으로 예상된다. 연간 무위험이자율이 25%인 경우에 A주식 1주를 기초자산으로 하고 만기가 2년이며 행사가격이 10,000원인 옵션이 거래되고 있다.

물음 1

유럽형 콜옵션인 경우의 균형가격을 계산하시오.

물음 2

미국형 콜옵션인 경우의 균형가격을 계산하시오.

물음 3

풋 - 콜등가식과 물음 1의 결과를 이용해서 유럽형 풋옵션인 경우의 균형가격을 계산하시오.

해답

물음 1

〈주가의 변동과정〉

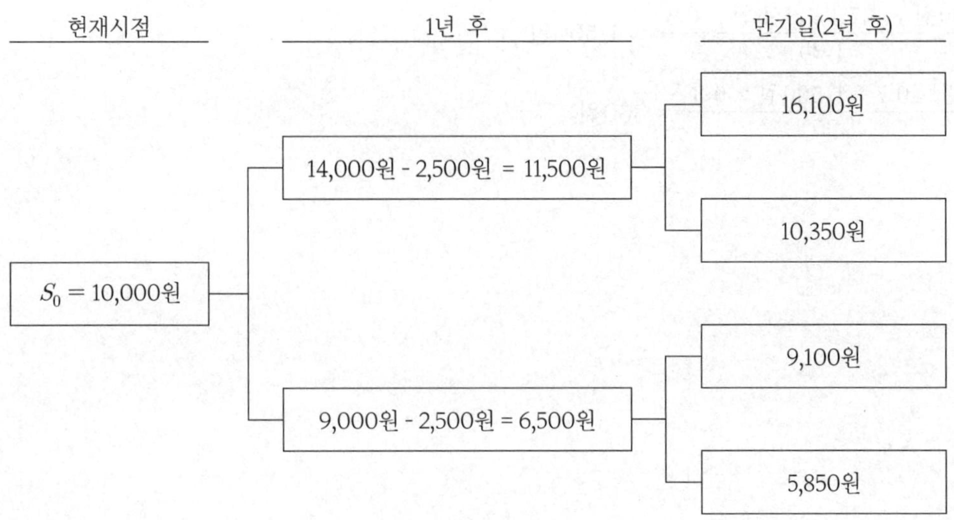

위험중립확률: $p = \frac{1+R_f-d}{u-d} = \frac{1.25-0.9}{1.4-0.9} = 0.7$

$$C_u = \frac{6{,}100\text{원} \times 0.7 + 350\text{원} \times 0.3}{1.25} = 3{,}500\text{원}$$

$$C_d = \frac{0\text{원} \times 0.7 + 0\text{원} \times 0.3}{1.25} = 0\text{원}$$

$$C_0 = \frac{3{,}500\text{원} \times 0.7 + 0\text{원} \times 0.3}{1.25} = 1{,}960\text{원}$$

물음 2

$$C_u = Max\left[14{,}000\text{원} - 10{,}000\text{원},\ \frac{6{,}100\text{원} \times 0.7 + 350\text{원} \times 0.3}{1.25} = 3{,}500\text{원}\right] = 4{,}000\text{원}$$

$$C_d = Max\left[9{,}000\text{원} - 10{,}000\text{원},\ \frac{0\text{원} \times 0.7 + 0\text{원} \times 0.3}{1.25} = 0\text{원}\right] = 0\text{원}$$

$$C_0 = Max\left[10{,}000\text{원} - 10{,}000\text{원},\ \frac{4{,}000\text{원} \times 0.7 + 0\text{원} \times 0.3}{1.25} = 2{,}240\text{원}\right] = 2{,}240\text{원}$$

물음 3

$$P_0 = C_0 - [S_0 - PV(D)] + PV(X) = 1{,}960\text{원} - \left[10{,}000\text{원} - \frac{2{,}500\text{원}}{1.25}\right] + \frac{10{,}000\text{원}}{1.25^2} = 360\text{원}$$

$$P_u = \frac{0\text{원} \times 0.7 + 0\text{원} \times 0.3}{1.25} = 0\text{원}$$

$$P_d = \frac{900\text{원} \times 0.7 + 4{,}150\text{원} \times 0.3}{1.25} = 1{,}500\text{원}$$

$$P_0 = \frac{0\text{원} \times 0.7 + 1{,}500\text{원} \times 0.3}{1.25} = 360\text{원}$$

문제 18 주가 변동시점과 배당 지급시점이 상이한 경우

A주식의 현재주가는 4,480원이고, 주가는 연간 30% 상승하거나 20% 하락하며, 현재 A주식을 매입하는 경우에는 1.5년 후 시점에 주가의 변동 상황과 무관하게 535원의 배당을 수취할 수 있을 것으로 예상된다. A주식 1주를 기초자산으로 하며, 행사가격이 4,000원이고, 만기가 2년인 옵션이 시장에서 거래되고 있다. 무위험이자율은 연 7.5%로 안정적이다.

물음 1

유럽형 콜옵션인 경우의 균형가격을 계산하시오.

물음 2

미국형 콜옵션인 경우의 균형가격을 계산하시오.

물음 3

풋-콜등가식과 물음 1의 결과를 이용해서 유럽형 풋옵션인 경우의 균형가격을 계산하시오.

해답

물음 1

위험중립확률: $p = \dfrac{1.075 - 0.8}{1.3 - 0.8} = 0.55$

주당배당금의 현재시점 가치: $PV_0(D) = \dfrac{535\text{원}}{1.075 \times \sqrt{1.075}} = 480\text{원}$

주당배당금의 1년 후 시점의 가치: $PV_1(D) = \dfrac{535\text{원}}{\sqrt{1.075}} = 516\text{원}$

조정된 현재주가: $S_0' = 4,480\text{원} - 480\text{원} = 4,000\text{원}$

〈주가의 변동과정〉

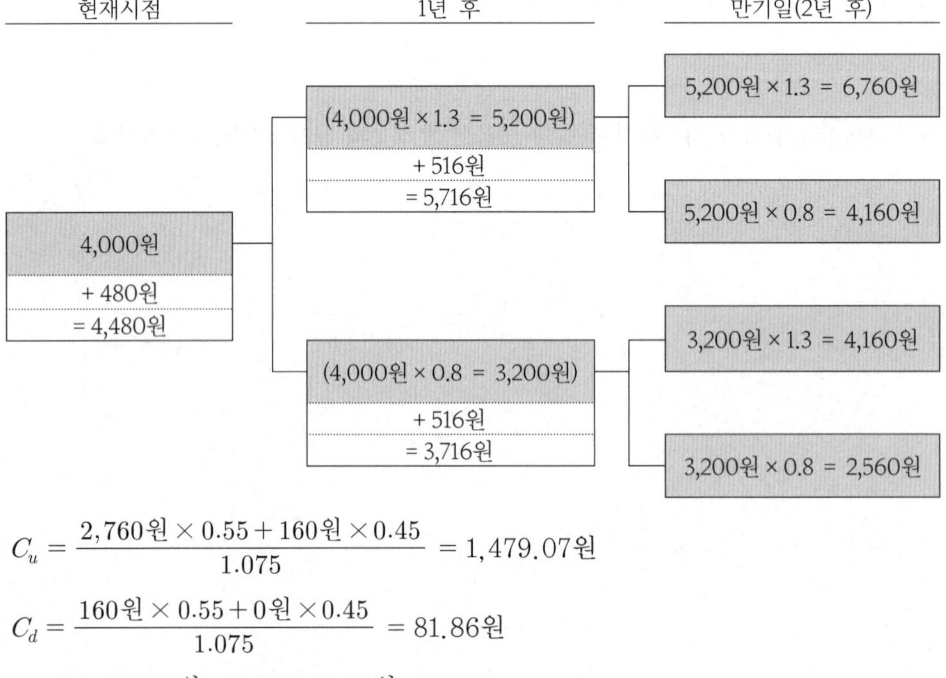

$$C_u = \frac{2,760\text{원} \times 0.55 + 160\text{원} \times 0.45}{1.075} = 1,479.07\text{원}$$

$$C_d = \frac{160\text{원} \times 0.55 + 0\text{원} \times 0.45}{1.075} = 81.86\text{원}$$

$$C_0 = \frac{1,479.07\text{원} \times 0.55 + 81.86\text{원} \times 0.45}{1.075} = 791.00\text{원}$$

물음 2

$$C_u = Max\left[5{,}716원 - 4{,}000원,\ \frac{2{,}760원 \times 0.55 + 160원 \times 0.45}{1.075}\right] = 1{,}716원$$

$$C_d = Max\left[3{,}716원 - 4{,}000원,\ \frac{160원 \times 0.55 + 0원 \times 0.45}{1.075}\right] = 81.86원$$

$$C_0 = Max\left[4{,}480원 - 4{,}000원,\ \frac{1{,}716원 \times 0.55 + 81.86원 \times 0.45}{1.075}\right] = 912.22원$$

물음 3

$$P_0 = C_0 - [S_0 - PV(D)] + PV(X)$$

$$= 791.00원 - \left[4{,}480원 - \frac{535원}{1.075 \times \sqrt{1.075}}\right] + \frac{4{,}000원}{1.075^2} = 252.33원$$

$$P_u = \frac{0원 \times 0.55 + 0원 \times 0.45}{1.075} = 0원$$

$$P_d = \frac{0원 \times 0.55 + 1{,}440원 \times 0.45}{1.075} = 602.79원$$

$$P_0 = \frac{0원 \times 0.55 + 602.79원 \times 0.45}{1.075} = 252.33원$$

문제 19 배당이 연속적으로 지급되는 경우

A주식의 현재주가는 20,000원이고, 주가는 연간 20% 상승하거나 10% 하락하는 이항과정을 따른다. 연간 무위험이자율은 17%이고, 배당이 연속적으로 지급되는 A주식의 이산복리 연간 배당수익률은 4%이며, A주식을 보유하는 경우에 지급되는 배당은 A주식에 계속해서 재투자됨을 가정한다.

물음 1

A주식 1주를 기초자산으로 하고 만기가 2년이며 행사가격이 20,000원인 유럽형 콜옵션의 균형가격을 계산하시오.

물음 2

풋-콜등가식과 물음 1의 결과를 이용하여 A주식 1주를 기초자산으로 하고 만기가 2년이며 행사가격이 20,000원인 유럽형 풋옵션의 균형가격을 계산하시오.

해답

물음 1

$$\text{위험중립확률: } p=\frac{\frac{1+R_f}{1+\delta}-d}{u-d}=\frac{\frac{1+0.17}{1+0.04}-0.9}{1.2-0.9}=0.75$$

$$C_u=\frac{8,800\text{원}\times 0.75+1,600\text{원}\times 0.25}{1.17}=5,982.91\text{원}$$

$$C_d=\frac{1,600\text{원}\times 0.75+0\text{원}\times 0.25}{1.17}=1,025.64\text{원}$$

$$C_0=\frac{5,982.91\text{원}\times 0.75+1,025.64\text{원}\times 0.25}{1.17}=4,054.35\text{원}$$

물음 2

$$P_0=C_0+\frac{X}{(1+R_f)^T}-\frac{S_0}{(1+\delta)^T}=4,054.35\text{원}+\frac{20,000\text{원}}{1.17^2}-\frac{20,000\text{원}}{1.04^2}=173.50\text{원}$$

$$P_u=\frac{0\text{원}\times 0.75+0\text{원}\times 0.25}{1.17}=0\text{원}$$

$$P_d=\frac{0\text{원}\times 0.75+3,800\text{원}\times 0.25}{1.17}=811.97\text{원}$$

$$P_0=\frac{0\text{원}\times 0.75+811.97\text{원}\times 0.25}{1.17}=173.50\text{원}$$

문제 20 통화옵션에 대한 이항모형의 적용

현재 현물환시장에서의 원달러 현물환율은 1,000원/달러이고, 이는 연간 20% 상승하거나 10% 하락하는 이항과정을 따를 것으로 예상되며, 원화와 달러화에 대한 한국과 미국의 연간 무위험이자율은 각각 17%와 4%이다.

물음 1

1달러를 기초자산으로 하고 만기가 2년이며 행사가격이 1,000원/달러인 유럽형 콜옵션의 균형가격을 계산하시오.

물음 2

풋 - 콜등가식과 물음 1의 결과를 이용하여 1달러를 기초자산으로 하고 만기가 2년이며 행사가격이 1,000원/달러인 유럽형 풋옵션의 균형가격을 계산하시오.

해답

물음 1

$$\text{위험중립확률: } p = \frac{\dfrac{1+R_K}{1+R_A} - d}{u-d} = \frac{\dfrac{1+0.17}{1+0.04} - 0.9}{1.2-0.9} = 0.75$$

$$C_u = \frac{440\text{원} \times 0.75 + 80\text{원} \times 0.25}{1.17} = 299.15\text{원}$$

$$C_d = \frac{80\text{원} \times 0.75 + 0\text{원} \times 0.25}{1.17} = 51.28\text{원}$$

$$C_0 = \frac{299.15\text{원} \times 0.75 + 51.28\text{원} \times 0.25}{1.17} = 202.72\text{원}$$

물음 2

$$P_0 = C_0 + \frac{X}{(1+R_K)^T} - \frac{S_0}{(1+R_A)^T} = 202.72\text{원} + \frac{1,000\text{원}}{1.17^2} - \frac{1,000\text{원}}{1.04^2} = 8.68\text{원}$$

$$P_u = \frac{0\text{원} \times 0.75 + 0\text{원} \times 0.25}{1.17} = 0\text{원}$$

$$P_d = \frac{0\text{원} \times 0.75 + 190\text{원} \times 0.25}{1.17} = 40.60\text{원}$$

$$P_0 = \frac{0\text{원} \times 0.75 + 40.60\text{원} \times 0.25}{1.17} = 8.68\text{원}$$

문제 21 배당을 고려한 이항모형 CPA 21

※ 물음 1 ~ 물음 3은 독립적이다.

물음 1

무배당기업인 (주)가나의 현재 주가는 18,000원이다. (주)가나의 주가가 1년 후 상승하여 24,000원이 될 확률은 70%이고, 하락하여 16,000원이 될 확률은 30%라고 하자. 이 주식에 대한 유럽형 콜옵션의 행사가격은 20,000원이고, 무위험이자율은 연 10%이다. 1기간은 1년이며, 1기간 이항모형이 성립한다고 가정한다. 옵션의 균형가격은 소수점 아래 셋째 자리에서 반올림하여 둘째 자리까지 표시하고, 위험프리미엄은 %단위로 소수점 아래 첫째 자리에서 반올림하시오.

① (주)가나 주식의 위험프리미엄을 계산하시오.

② 위험중립가치평가법을 활용하여 콜옵션의 균형가격을 계산하시오.

③ 이 콜옵션과 모든 조건이 동일한 풋옵션의 균형가격을 주식과 무위험채권을 이용한 복제포트폴리오접근법으로 계산하시오.

④ ③에서 계산한 풋옵션의 균형가격과 풋-콜패러티를 활용하여 콜옵션의 균형가격을 계산하시오.

물음 2

다음 그림은 (주)다라의 주가(S) 변화를 나타낸 것이다. 무배당기업인 (주)다라의 주가는 현재 10,000원이고, 매년 10%씩 상승하거나 하락한다. 2기간 이항모형을 이용하여 (주)다라 주식에 대한 유럽형 콜옵션의 가치를 평가하고자 한다. 단, 1기간은 1년이고, 무위험이자율은 연 5%이다.

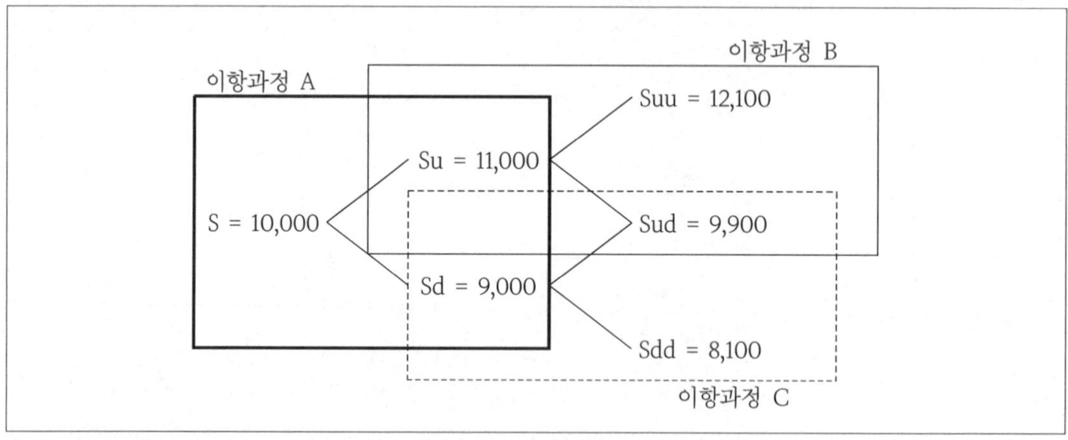

① 그림에서 제시된 주가 변화를 이용하여 위험중립확률을 계산하시오. 계산결과는 소수점 아래 셋째 자리에서 반올림하여 둘째 자리까지 표시하시오.

② 이항과정 B와 이항과정 C에서 콜옵션의 델타가 각각 0.5와 0일 때, 이 콜옵션의 행사가격과 균형가격을 각각 계산하시오. 행사가격은 원 단위로 표시하고, 옵션의 균형가격은 소수점 아래 셋째 자리에서 반올림하여 둘째 자리까지 표시하시오.

물음 3

2기간 이항모형이 성립한다고 가정하자. (주)마바의 현재 주가는 1,000원이고 이 기업의 주가는 매 기간 10% 상승하거나 10% 하락할 것으로 예상된다. 이 기업은 8개월 이후에 100원의 배당을 지급할 것이다. 만기는 1년 남아 있고, 행사가격이 1,000원인 유럽형 콜옵션의 균형가격을 위험중립가치평가법으로 계산하시오. 단, 1기간은 6개월이고, 무위험이자율은 연 12%이며, $\frac{1}{(1+0.06)^{4/3}} = 0.9252$ 그리고 $\frac{1}{(1+0.06)^{1/3}} = 0.9808$이다. 계산결과는 소수점 아래 셋째 자리에서 반올림하여 둘째 자리까지 표시하시오.

해답

물음 1

① $18{,}000원 = \dfrac{24{,}000원 \times 0.7 + 16{,}000원 \times 0.3 = 21{,}600원}{1+k}$

$k = 0.2 = R_f + RP = 0.1 + RP$

(주)가나 주식의 위험프리미엄: $RP = 10\%$

② 위험중립확률: $p = \dfrac{18{,}000원 \times 1.1 - 16{,}000원}{24{,}000원 - 16{,}000원} = 0.475$

콜옵션의 균형가격: $C_0 = \dfrac{4{,}000원 \times 0.475 + 0원 \times (1-0.475)}{1.1} = 1{,}727.27원$

③ $24{,}000원 \times x + 1.1 \times B = 0원$

$16{,}000원 \times x + 1.1 \times B = 4{,}000원$

$\therefore x = -0.5,\ B = 10{,}909.09원$

풋옵션의 균형가격: $P_0 = -0.5 \times 18{,}000원 + 10{,}909.09원 = 1{,}909.09원$

④ $C_0 = S_0 + P_0 - \dfrac{X}{(1+R_f)^T} = 18{,}000원 + 1{,}909.09원 - \dfrac{20{,}000원}{1.1} = 1{,}727.27원$

물음 2

① 위험중립확률: $p = \dfrac{1.05 - 0.9}{1.1 - 0.9} = 0.75$

② 이항과정 C: 콜옵션의 델타 $= 0 = \dfrac{C_{ud} - C_{dd}}{9{,}900원 - 8{,}100원}$

$\therefore C_{ud} = C_{dd} = 0원$

이항과정 B: 콜옵션의 델타 $= 0.5 = \dfrac{C_{uu} - C_{ud}}{12{,}100원 - 9{,}900원}$

$\therefore C_{uu} = 1{,}100원$

콜옵션의 행사가격: 11,000원

콜옵션의 균형가격: $C_0 = \dfrac{1{,}100원 \times 0.75^2}{1.05^2} = 561.22원$

물음 3

위험중립확률: $p = \dfrac{1.06 - 0.9}{1.1 - 0.9} = 0.8$

주당 배당금의 현재가치: $PV_0(D) = \dfrac{100원}{1.06^{4/3}} = 100원 \times 0.9252 = 92.52원$

배당의 현재가치를 차감해서 조정된 주가의 변동과정

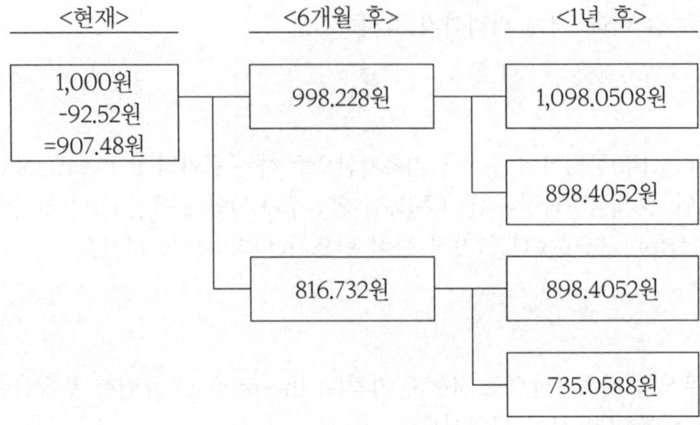

콜옵션의 균형가격: $C_0 = \dfrac{98.0508원 \times 0.8^2}{1.06^2} = 55.85원$

해설

물음 3 미국형 콜옵션의 균형가격

주당 배당금의 $t=0.5$시점 가치: $PV_{0.5}(D) = \dfrac{100원}{1.06^{1/3}} = 100원 \times 0.9808 = 98.08원$

$C_u = Max[\dfrac{98.0508원 \times 0.8}{1.06} = 74.0006원, (998.228원 + 98.08원) - 1,000원] = 96.308원$

콜옵션의 균형가격: $C_0 = \dfrac{96.308원 \times 0.8}{1.06} = 72.685원$

문제 22 배당수익률을 고려한 위험중립확률 CPA 06

통일증권거래소의 상장회사인 (주)동남아의 현재주가는 20,000원(액면가: 5,000원)이며, (주)동남아의 주가는 6개월마다 20% 상승하거나 10% 하락하는 이항과정을 따른다고 한다. 그리고 무위험이자율은 연 12%, 이산(discrete)배당수익률은 연 8%라고 한다. 단, 이하 모든 계산과정 및 결과에서 금액은 소수점 아래 셋째 자리에서 반올림하여 소수점 아래 둘째 자리까지 표시하고, 백분율은 소수점 아래 다섯째 자리에서 반올림하여 소수점 아래 넷째 자리까지 표시하시오.

물음 1

잔존기간(time to maturity)이 1년이고, (주)동남아의 주식을 기초자산으로 하는 등가격(at-the-money) 유럽형 콜옵션의 가격은 얼마인가? 단, 문제풀이과정에 ① (주)동남아의 주가(S)와 콜옵션(C)의 가치변화, ② 배당수익률을 반영한 헤지확률(p), ③ 콜옵션의 가격 등이 반드시 나타나도록 하시오.

물음 2

잔존기간이 1년이고, (주)동남아의 주식을 기초자산으로 하는 등가격(at-the-money) 유럽형 풋옵션의 가격을 풋 - 콜 패리티(put-call parity)를 사용하여 구하시오.

해답

물음 1

① 〈주가의 변동과정〉

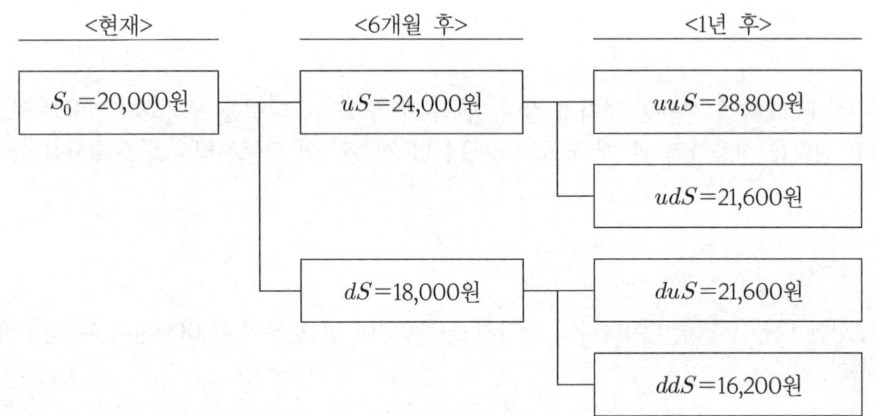

② 헤지확률(위험중립확률): $p = \dfrac{\left(\dfrac{1+R_f}{1+\delta}\right)^{\Delta T} - d}{u-d} = \dfrac{\dfrac{1+0.06}{1+0.04} - 0.9}{1.2-0.9} = 0.3974$

① 〈콜옵션의 가치변동〉

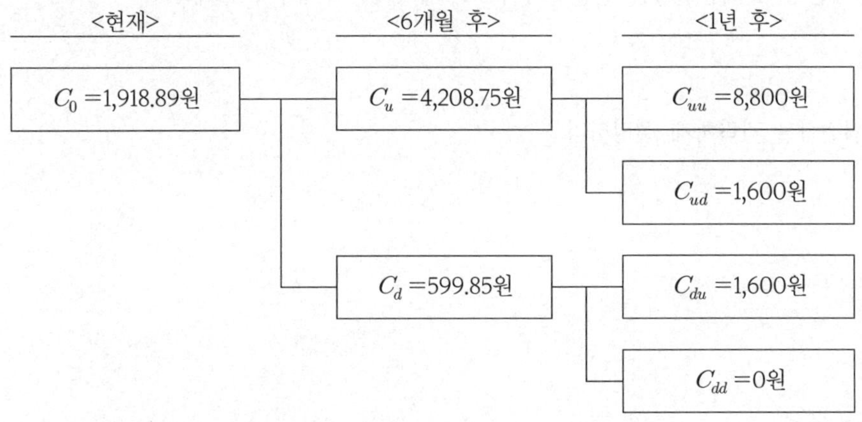

$$C_u = \frac{8,800\text{원} \times 0.3974 + 1,600\text{원} \times 0.6026}{1.06} = 4,208.75\text{원}$$

$$C_d = \frac{1,600\text{원} \times 0.3974 + 0\text{원} \times 0.6026}{1.06} = 599.85\text{원}$$

③ $C_0 = \dfrac{4,208.75\text{원} \times 0.3974 + 599.85\text{원} \times 0.6026}{1.06} = 1,918.89\text{원}$

물음 2

$$P_0 = C_0 + \frac{X}{(1+R_f)^T} - \frac{S_0}{(1+\delta)^T} = 1,918.89\text{원} + \frac{20,000\text{원}}{1.06^2} - \frac{20,000\text{원}}{1.04^2} = 1,227.69\text{원}$$

문제 23 포트폴리오 보험전략

CPA 14

(주)다라의 현재 주당 가격은 10,000원이다. (주)다라의 주식을 기초자산으로 하는 행사가격 10,000원, 1년 만기 유럽형 풋옵션의 가격은 500원이고 무위험이자율은 연 10%이다.

물음 1

현재 (주)다라 주식 1,000주를 보유한 투자자 갑이 1년 후의 가격하락 위험을 제거하기 위하여 보호풋(protective put) 전략을 사용하려 할 때 필요한 풋옵션의 개수와 이 포트폴리오의 현재시점 가치를 각각 구하라.

물음 2

물음 1과 같이 구성한 다음 1년 후 (주)다라의 주가가 5,000원이 된 경우와 15,000원이 된 경우의 투자성과를 비교하라.

물음 3

투자자 병은 현재 1,000만원을 보유하고 있다. 투자자 병이 (주)다라 주식과 풋옵션 및 무위험대출을 이용하여 1년 후 최소한 1,000만원을 확보하기 위해 필요한 (주)다라 주식의 개수, 풋옵션의 개수 및 대출액을 각각 계산하라. 계산결과는 반올림하여 소수점 둘째 자리까지 표기하라.

물음 4

포트폴리오 보험전략을 간략하게 설명하라.

해답

물음 1

주식 1,000주를 보유하고 있으므로 풋옵션 1,000개를 매입해야 한다.

포트폴리오의 현재시점 가치$=1{,}000$주$\times 10{,}000$원$+1{,}000$개$\times 500$원$=1{,}050$만원

물음 2

1년 후 주가가 5,000원이 된 경우:

$1{,}000$주$\times 5{,}000$원$+1{,}000$개$\times(10{,}000$원$-5{,}000$원$)=1{,}000$만원

1년 후 주가가 15,000원이 된 경우:

$1{,}000$주$\times 15{,}000$원$+1{,}000$개$\times 0$원$=1{,}500$만원

물음 3

구성전략: $N\times$(주식 1주 매입 + 풋옵션 1개 매입) + 무위험이자율 대출

1년 후 주가 하락 시: $N\times 10{,}000$원$+(1{,}000$만원$-N\times 10{,}500$원$)\times 1.1=1{,}000$만원

$\therefore\ N=645.16$

대출액$=1{,}000$만원$-645.16\times 10{,}500$원$=3{,}225{,}820$원

∴ 주식 645.16주와 풋옵션 645.16개를 매입하고 3,225,820원을 무위험대출한다.

물음 4

포트폴리오 보험전략은 주식과 옵션 및 무위험대출을 적절히 결합하여 기초자산의 가격이 하락하는 상황에서는 포트폴리오의 가치가 미리 정한 최저수준 이상으로 유지되도록 하고, 기초자산의 가격이 상승하는 상황에서는 이에 따른 이득을 추구하는 전략이며, 이용 가능한 풋옵션이 없는 경우에는 기초자산매입과 무위험대출에 대한 투자비율을 계속 재조정하는 동적자산배분전략을 이용해서도 실행할 수 있다.

문제 24 동적자산배분전략

A주식의 현재주가는 100,000원이고 주가는 연간 20% 상승하거나 10% 하락하며, 무위험이자율은 연 8%로 안정적이다. 금액 계산 시 반올림하여 소수점 아래 둘째 자리까지 표시하며, 2기간 이항모형을 이용하여 답하시오.

물음 1

A주식 1주를 기초자산으로 하고 행사가격이 108,000원이며 만기가 2년인 유럽형 풋옵션의 현재가격을 계산하시오.

물음 2

현재 A주식 1주를 매입하고자 하는 투자자 甲은 물음 1의 풋옵션을 이용해서 보유자산의 2년 후 가치가 최소한 108,000원이 유지되도록 하는 투자전략을 고려하고 있다. 적절한 투자전략을 제시하고 동 투자전략의 실행을 위한 현재시점의 투자액을 계산하시오.

물음 3

투자자 乙은 A주식과 무위험채권을 이용해서 물음 2의 투자자 甲과 동일한 성과를 달성하고자 한다. 적절한 현재시점의 투자전략을 제시하고 동 투자전략의 실행을 위한 현재시점의 투자액을 계산하시오.

물음 4

투자자 丙은 A주식에 대한 선물계약과 무위험채권을 이용해서 물음 3의 투자자 乙과 동일한 성과를 달성하고자 한다. 적절한 현재시점의 투자전략과 1년 후 시점의 포트폴리오 재조정전략을 제시하시오. 단, 현재시점에 A주식을 기초자산으로 하고 만기가 각각 1년과 2년인 선물이 거래되고 있으며, 시점별 투자전략 수립 시 잔존만기가 1년인 선물계약을 이용한다고 가정한다.

해답

물음 1

위험중립확률: $p=\dfrac{1.08-0.9}{1.2-0.9}=0.6$

$P_u=\dfrac{0\text{원}\times 0.6+0\text{원}\times 0.4}{1.08}=0\text{원}$

$P_d=\dfrac{0\text{원}\times 0.6+27{,}000\text{원}\times 0.4}{1.08}=10{,}000\text{원}$

$P_0=\dfrac{0\text{원}\times 0.6+10{,}000\text{원}\times 0.4}{1.08}=3{,}703.7\text{원}$

물음 2

투자전략: A주식 1주 매입 + 풋옵션 1개 매입
현재시점의 투자액 = 100,000원 + 3,703.7원 = 103,703.7원

물음 3

1년 후 주가 상승 시 투자전략: A주식에만 120,000원 투자

1년 후 주가 하락 시 투자전략: 채권에만 $\dfrac{108{,}000\text{원}}{1.08}=100{,}000\text{원}$ 투자

〈현재시점의 투자전략〉

1년 후 주가 상승 시 포트폴리오의 가치 = $1.2\times A+1.08\times B=120{,}000\text{원}$
1년 후 주가 하락 시 포트폴리오의 가치 = $0.9\times A+1.08\times B=100{,}000\text{원}$
$\therefore\ A=66{,}666.67\text{원},\quad B=37{,}037.04\text{원}$

현재시점의 투자전략: A주식 66,666.67원($\dfrac{2}{3}$주) 매입 + 채권 37,037.04원 매입

현재시점의 투자액 = 66,666.67원 + 37,037.04원 = 103,703.7원

물음 4

현재시점의 1년 만기 선물가격 = $100,000$원 $\times 1.08 = 108,000$원

현재시점의 투자전략: A주식 $\frac{2}{3}$주에 대한 1년 만기 선물 매입 + 채권 103,703.7원 매입

1년 후 주가 상승 시 가치 = $(120,000$원 $- 108,000$원$) \times \frac{2}{3} + 103,703.7$원 $\times 1.08 = 120,000$원

1년 후 주가 하락 시 가치 = $(90,000$원 $- 108,000$원$) \times \frac{2}{3} + 103,703.7$원 $\times 1.08 = 100,000$원

〈포트폴리오 재조정〉

1년 후 주가 상승 시: A주식 1주에 대한 1년 만기 선물 매입 + 채권 120,000원 매입
1년 후 주가 하락 시: 채권 100,000원 매입

문제 25 옵션의 델타와 포트폴리오 보험전략 CPA 10

현재 주가는 20,000원이고 매년 20%씩 상승하거나 또는 하락하는 이항분포를 따른다고 가정하자. 무위험이자율은 연간 5%이고 주식은 배당을 지급하지 않는다. 2기간 이항모형을 이용하여 답하시오.

물음 1

만기가 2년이고 행사가격이 20,000원인 유럽형 풋옵션의 가격을 구하시오. 가격은 소수점 셋째 자리에서 반올림하여 답하시오.

물음 2

주가가 20,000원일 때 풋옵션의 델타를 구하시오. 그리고 델타중립 포트폴리오를 구성하고 그 포트폴리오의 1년 후 가치를 계산하시오. 델타와 증권개수는 소수점 다섯째 자리에서 반올림하여 답하시오. 델타중립 포트폴리오는 주식 1주를 기준으로 구성하고, 개수와 매입/매도 여부를 기술하시오.

물음 3

주식 1주를 소유하고 있는 투자자가 포트폴리오 보험(portfolio insurance)전략을 취하고자 한다. 이 투자자가 현재시점에서 포지션 조정 후 보유하게 될 주식과 무위험채권의 규모는 각각 얼마인가?

해답

물음 1

위험중립확률: $p = \frac{1.05 - 0.8}{1.2 - 0.8} = 0.625$

$$P_u = \frac{0\text{원} \times 0.625 + 800\text{원} \times 0.375}{1.05} = 285.71\text{원}$$

$$P_d = \frac{800\text{원} \times 0.625 + 7,200\text{원} \times 0.375}{1.05} = 3,047.62\text{원}$$

$$P_0 = \frac{285.71\text{원} \times 0.625 + 3,047.62\text{원} \times 0.375}{1.05} = 1,258.5\text{원}$$

물음 2

풋옵션의 델타: $\Delta_{Put} = -\frac{3,047.62\text{원} - 285.71\text{원}}{24,000\text{원} - 16,000\text{원}} = -0.3452$

델타중립 포트폴리오의 구성: 주식 1주 매입 + 풋옵션 2.8969개 매입

1년 후 주가 상승 시 포트폴리오의 가치

$= 1\text{주} \times 24,000\text{원} + 2.8969\text{개} \times 285.71\text{원} = 24,827.67\text{원}$

1년 후 주가 하락 시 포트폴리오의 가치

$= 1\text{주} \times 16,000\text{원} + 2.8969\text{개} \times 3,047.62\text{원} = 24,828.65\text{원}$

∴ 델타중립 포트폴리오의 1년 후 가치 = 24,828원(단수차이)

물음 3

주식 1주를 보유하고 있는 투자자의 경우에는 0.3452주($= -\Delta_{Put}$)만큼의 주식을 매도하여 유입되는 자금을 무위험채권에 투자함으로써 포트폴리오 보험전략을 취할 수 있다.

∴ 포지션 조정 후 보유하게 될 주식의 규모는 13,096원(0.6548주)이며, 무위험채권의 규모는 6,904원(= 0.3452 × 20,000원)이다.

문제 26 포트폴리오 보험전략과 델타중립 포트폴리오

CPA 17

어떤 주식의 현재 주가는 10,000원이고 매년 20% 상승하거나 20% 하락하는 이항분포를 따른다고 가정한다. 이 주식은 배당을 지급하지 않으며, 무위험이자율은 연 5%이다. 2기간 이항모형을 이용하여 답하시오. 금액은 반올림하여 소수점 둘째 자리까지 표시하고, 확률, 델타, 주식 및 옵션의 개수는 반올림하여 소수점 넷째 자리까지 표시하시오.

물음 1

만기가 2년이고 행사가격이 10,000원인 유럽형 풋옵션을 포함하는 방어풋(protective put) 포트폴리오를 구성하는 데 들어가는 비용(t = 0)과 1년 후 시점(t = 1)에서 주가가 하락하였을 때 포트폴리오의 가치를 구하시오.

물음 2

방어풋 전략 대신 포트폴리오 보험전략을 시행하려고 한다. 다음 물음에 답하시오.

① 현재시점(t = 0)에서의 주식의 개수와 무위험채권의 금액을 구하시오.

② 1년 후 시점(t = 1)에서 주가가 하락하였을 때 새로 구성해야 할 주식의 개수와 무위험채권의 금액을 구하시오.

③ 만기(t = 2)에서 주가가 6,400원이 되었을 때 포트폴리오의 가치를 구하시오.

물음 3

다음 물음에 답하시오.

① 현재시점(t = 0)에서 주식 1주를 기준으로 델타중립 포트폴리오를 구성하시오.

② 1년 후 시점(t = 1)에서 델타중립 포트폴리오의 가치를 구하시오.

③ 만기(t = 2)에 주가가 하락하여 9,600원이 된 상황(A)과 주가가 상승하여 9,600원이 된 상황(B)하에서 델타중립 포트폴리오의 가치를 각각 구하시오.

해답

물음 1

위험중립확률: $p = \dfrac{1.05 - 0.8}{1.2 - 0.8} = 0.625$

$$P_u = \frac{0원 \times 0.625 + 400원 \times 0.375}{1.05} = 142.86원$$

$$P_d = \frac{400원 \times 0.625 + 3,600원 \times 0.375}{1.05} = 1,523.81원$$

$$P_0 = \frac{142.86원 \times 0.625 + 1,523.81원 \times 0.375}{1.05} = 629.25원$$

방어풋 포트폴리오: 주식 1주 매입 + 풋옵션 1개 매입

구성 비용 = 10,000원 + 629.25원 = 10,629.25원

1년 후 주가 하락 시 포트폴리오의 가치 = 8,000원 + 1,523.81원 = 9,523.81원

물음 2

① 현재 풋옵션의 델타 $= \dfrac{142.86원 - 1,523.81원}{12,000원 - 8,000원} = -0.3452$

매입주식수 = 1 − 0.3452 = 0.6548주(6,548원)

무위험채권 매입액 = 10,629.25원 − 6,548원 = 4,081.25원

② 1년 후 주가 하락 시 풋옵션의 델타 $= \dfrac{400원 - 3,600원}{9,600원 - 6,400원} = -1$

보유주식수 = 1 − 1 = 0주

∴ 보유주식 0.6548주를 모두 처분하여 무위험채권을 추가로 매입해야 한다.

무위험채권 보유액 = 0.6548주 × 8,000원 + 4,081.25원 × 1.05 = 9,523.71원

③ 만기 주가가 6,400원인 경우: 포트폴리오의 가치 = 9,523.71원 × 1.05 = 9,999.90원

물음 3

① 현재 풋옵션 매입 개수 $= \dfrac{12{,}000\text{원} - 8{,}000\text{원}}{1{,}523.81\text{원} - 142.86\text{원}} = 2.8966$개

델타중립 포트폴리오: 주식 1주 매입 + 풋옵션 2.8966개 매입

② 1년 후 델타중립 포트폴리오의 가치

주가 상승 시: $12{,}000\text{원} + 142.86\text{원} \times 2.8966 = 12{,}413.81\text{원}$

주가 하락 시: $8{,}000\text{원} + 1{,}523.81\text{원} \times 2.8966 = 12{,}413.87\text{원}$

③ 1년 후 주가 상승 시 풋옵션 매입 개수$= \dfrac{14{,}400\text{원} - 9{,}600\text{원}}{400\text{원} - 0\text{원}} = 12$개

1년 후 주가 상승 시 델타중립 포트폴리오: 주식 1주 보유 + 풋옵션 12개 보유

∴ 풋옵션 9.1034개를 추가로 매입해야 한다.

상황(A) 델타중립 포트폴리오의 가치$= 9{,}600\text{원} + 400\text{원} \times 12 = 14{,}400\text{원}$

∴ 풋옵션 추가 매입대금 고려 시: $14{,}400\text{원} - 142.86\text{원} \times 9.1034 \times 1.05 = 13{,}034.46\text{원}$

1년 후 주가 하락 시 풋옵션 매입 개수$= \dfrac{9{,}600\text{원} - 6{,}400\text{원}}{3{,}600\text{원} - 400\text{원}} = 1$개

1년 후 주가 하락 시 델타중립 포트폴리오: 주식 1주 보유 + 풋옵션 1개 보유

∴ 매입했던 풋옵션 중에서 1.8966개를 전매도해야 한다.

상황(B) 델타중립 포트폴리오의 가치$= 9{,}600\text{원} + 400\text{원} \times 1 = 10{,}000\text{원}$

∴ 풋옵션 전매도 대금 고려 시: $10{,}000\text{원} + 1{,}523.81\text{원} \times 1.8966 \times 1.05 = 13{,}034.56\text{원}$

해설

물음 2

<현재시점>

풋옵션의 델타$= \dfrac{142.86\text{원} - 1{,}523.81\text{원}}{12{,}000\text{원} - 8{,}000\text{원}} = -0.3452$ → 매입주식수$= 1 - 0.3452 = 0.6548$주

주식 매입액$= 0.6548\text{주} \times 10{,}000\text{원} = 6{,}548\text{원}$

무위험채권 매입액$= 10{,}629.25\text{원} - 6{,}548\text{원} = 4{,}081.25\text{원}$

총투자액$= 6{,}548\text{원} + 4{,}081.25\text{원} = 10{,}629.25\text{원}$

<1년 후 U인 경우>

보유가치$= 0.6548\text{주} \times 12{,}000\text{원} + 4{,}081.25\text{원} \times 1.05 = 7{,}857.6\text{원} + 4{,}285.31\text{원} = 12{,}142.91\text{원}$

풋옵션의 델타$= \dfrac{0\text{원} - 400\text{원}}{14{,}400\text{원} - 9{,}600\text{원}} = -0.0833$ → 보유주식수$= 1 - 0.0833 = 0.9167$주

∴ 재조정: 보유채권 중에서 3,142.4원을 처분하여 주식 0.2619주를 추가로 매입

주식 보유액$= 0.9167\text{주} \times 12{,}000\text{원} = 11{,}000\text{원}$

무위험채권 보유액$= 12{,}142.91\text{원} - 11{,}000\text{원} = 1{,}142.91\text{원}$

→ <2년 후 UU인 경우>

보유가치$= 0.9167\text{주} \times 14{,}400\text{원} + 1{,}142.91\text{원} \times 1.05 = 13{,}200.48\text{원} + 1{,}200.06\text{원} = 14{,}400.54\text{원}$

→ <2년 후 UD인 경우>

보유가치$= 0.9167\text{주} \times 9{,}600\text{원} + 1{,}142.91\text{원} \times 1.05 = 8{,}800.32\text{원} + 1{,}200.06\text{원} = 10{,}000.38\text{원}$

<1년 후 D인 경우>

보유가치$=0.6548$주$\times 8,000$원$+4,081.25$원$\times 1.05=5,238.4$원$+4,285.31$원$=9,523.71$원

풋옵션의 델타$=\dfrac{400원-3,600원}{9,600원-6,400원}=-1$ → 보유주식수$=1-1=0$주

∴ 재조정: 보유주식 0.6548주를 모두 처분하여 무위험채권 5,238.4원을 추가로 매입

주식 보유액$=0$원

무위험채권 보유액$=9,523.71$원-0원$=9,523.71$원

→ <2년 후 DU인 경우>

보유가치$=0$주$\times 9,600$원$+9,523.71$원$\times 1.05=0$원$+9,999.90$원$=9,999.90$원

→ <2년 후 DD인 경우>

보유가치$=0$주$\times 9,600$원$+9,523.71$원$\times 1.05=0$원$+9,999.90$원$=9,999.90$원

물음 3

<현재시점>

풋옵션 매입 개수$=\dfrac{12,000원-8,000원}{1,523.81원-142.86원}=2.8966$개

델타중립포트폴리오: 주식 1주 매입 + 풋옵션 2.8966개 매입

총투자액$=1$주$\times 10,000$원$+2.8966$개$\times 629.25$원$=11,822.6856$원

<1년 후 U인 경우>

보유가치$=1$주$\times 12,000$원$+2.8966$개$\times 142.86$원$=12,413.81$원

풋옵션 매입 개수$=\dfrac{14,400원-9,600원}{400원-0원}=12$개

∴ 재조정: 채권 1,300.51원 공매하여 유입되는 자금으로 풋옵션 9.1034개 추가로 매입

→ <2년 후 UU인 경우>

보유가치$=1$주$\times 14,400$원$+12$개$\times 0$원$-1,300.51\times 1.05=13,034.46$원

→ <2년 후 UD인 경우>

보유가치$=1$주$\times 9,600$원$+12$개$\times 400$원$-1,300.51\times 1.05=13,034.46$원

<1년 후 D인 경우>

보유가치$=1$주$\times 8,000$원$+2.8966$개$\times 1,523.81$원$=12,413.87$원

풋옵션 매입 개수$=\dfrac{9,600원-6,400원}{3,600원-400원}=1$개

∴ 재조정: 풋옵션 1.8966개를 전매도하여 유입되는 자금으로 채권 2,890.06원 매입

→ <2년 후 UU인 경우>

보유가치$=1$주$\times 9,600$원$+1$개$\times 400$원$+2,890.06$원$\times 1.05=13,034.56$원

→ <2년 후 UD인 경우>

보유가치$=1$주$\times 6,400$원$+1$개$\times 3,600$원$+2,890.06$원$\times 1.05=13,034.56$원

문제 27 델타헤지의 결과

CPA 97

현재 다음과 같은 주식들로 구성된 주식포트폴리오를 보유하고 있는 투자자 甲은 미래의 주가하락을 우려하여 주가지수옵션을 이용한 헤지를 고려하고 있다.

구분	주식 A	주식 B	주식 C
베타(β)	0.8	0.5	1.2
시장가치	20,000,000원	50,000,000원	30,000,000원

현재 주가지수는 110포인트이고 이용 가능한 주가지수콜옵션의 가격은 20포인트이며, 동 주가지수콜옵션의 델타(Δ_{Call})는 0.7이다. 주가지수옵션의 1포인트당 거래승수가 100,000원인 경우를 가정하여 다음 물음에 답하시오.

물음 1

헤지를 위해 상기 주가지수콜옵션을 어떻게 이용해야 하는지 주가지수콜옵션의 계약수를 명시하여 나타내시오.

물음 2

콜옵션의 만기에 주가지수가 10% 하락한 상황을 가정하여 물음 1과 같은 헤지의 결과와 이러한 헤지를 위해 소요되는 현재시점의 비용을 나타내시오.

해답

물음 1

주식포트폴리오의 베타: $\beta_{SI} = 0.2 \times 0.8 + 0.5 \times 0.5 + 0.3 \times 1.2 = 0.77$

$$N_C = -\beta_{SI} \times \frac{\text{현물보유금액}}{\text{주가지수} \times \text{거래승수}} \times \frac{1}{\Delta_{Call}}$$

$$= -0.77 \times \frac{\text{1억원}}{\text{110포인트} \times \text{100,000원}} \times \frac{1}{0.7} = -\text{10계약}$$

∴ 주가지수콜옵션 10계약을 매도해야 한다.

물음 2

$\frac{\Delta I}{I_0} = -10\%$, $\Delta I = -11$포인트

주식포트폴리오의 가치 변동액:

$$\Delta S = \beta_{SI} \times \frac{\text{현물보유금액}}{\text{주가지수}} \times \Delta I$$

$$= 0.77 \times \frac{\text{1억원}}{\text{110포인트}} \times (-\text{11포인트}) = \text{1억원} \times (-7.7\%) = -\text{7,700,000원}$$

주가지수콜옵션 1계약의 가치 변동액:

$$\Delta C = \Delta_{Call} \times \Delta I \times \text{100,000원}$$

$$= 0.7 \times (-\text{11포인트}) \times \text{100,000원} = -\text{770,000원}$$

헤지포트폴리오(HP)의 가치 변동액:

$$\Delta HP = \Delta S + N_C \times \Delta C$$

$$= -\text{7,700,000원} + (-\text{10계약}) \times (-\text{770,000원}) = \text{0원}$$

헤지를 위해 소요되는 비용 = −주가지수콜옵션의 매도대금

= −20포인트 × 100,000원 × 10계약 = −20,000,000원

문제 28 델타헤지와 감마헤지

현재 A주식 120주를 보유하고 있는 투자자 甲은 A주식을 기초자산으로 하고 만기가 1년인 유럽형 옵션들을 이용하는 헤지전략을 고려하고 있다. 관련된 다음 물음에 답하시오.

구분	행사가격	델타	감마
콜옵션	10,500원	0.6	0.16
풋옵션	9,500원	-0.3	0.08

물음 1

투자자 甲이 상기 콜옵션만을 이용해서 델타중립 포트폴리오를 구성하고자 한다. 적절한 콜옵션의 이용전략과 델타중립 포트폴리오의 구성을 구체적으로 나타내시오.

물음 2

투자자 甲이 물음 1과 같은 델타중립 포트폴리오를 구성한 직후에 상기 풋옵션까지 이용해서 델타중립과 감마중립을 모두 달성하고자 한다. 적절한 델타감마중립 포트폴리오의 구성전략을 구체적으로 나타내시오.

해답

물음 1

$$N_C = -\frac{1}{\Delta_{Call}} \times 120\text{주} = -\frac{1}{0.6} \times 120\text{주} = -200\text{계약}$$

∴ 콜옵션을 200계약 매도해야 한다.

델타중립 포트폴리오: 주식 120주 보유 + 콜옵션 200계약 매도

물음 2

포트폴리오의 목표 감마 = 0 = $120 \times 0 + (-200) \times 0.16 + N_P \times 0.08$

∴ $N_P = 400$: 풋옵션 400계약 매입

풋옵션 매입 후 포트폴리오의 델타 = $120 \times 1 + (-200) \times 0.6 + 400 \times (-0.3) = -120$

포트폴리오의 목표 델타 = 0 = $(120 + N_S) \times 1 + (-200) \times 0.6 + 400 \times (-0.3)$

∴ $N_S = 120$: A주식 120주 추가 매입

즉, 풋옵션 400계약을 매입하고 A주식 120주를 추가로 매입해야 한다.

델타감마중립 포트폴리오: 주식 240주 보유 + 콜옵션 200계약 매도 + 풋옵션 400계약 매입

문제 29 블랙숄즈모형을 이용한 신주인수권의 가치평가 CPA 99

W기업은 만기가 4년인 신주인수권부사채를 발행하였다. 신주인수권부사채의 발행가액은 20억원이며, 일반사채로서의 가치는 15억원이다. 신주인수권부사채를 발행하기 전 W기업의 총발행주식수는 100만주, 주가는 주당 12,000원, 주가수익률의 연간 표준편차(σ)는 40%이다. 신주인수권의 행사가격은 10,000원이고, 신주인수권은 4년 후 시점(T)에만 행사할 수 있으며, 신주인수권이 모두 행사되는 경우에 발행될 주식의 수는 10만주이다. 신주인수권의 행사시점까지 배당의 지급은 이루어지지 않으며, 연속복리 연간 무위험이자율(R_f)은 10%이고, $e^{-R_f \times T} = e^{-0.1 \times 4}$=0.6703(단, e = 자연로그의 밑수)이다. 블랙-숄즈옵션가격결정모형을 이용하여 신주인수권의 가치를 평가하는 경우에 다음의 자료를 이용해서 물음에 답하시오. 단, 자료 이용 시 가장 근사치를 적용한다.

$$C_0 = N(d_1) \times S_0 - X \times e^{-R_f \cdot T} \times N(d_2)$$

$$d_1 = \frac{\ln(\frac{S_0}{X}) + (R_f + \frac{1}{2}\sigma^2) \times T}{\sigma \sqrt{T}}$$

$$d_2 = \frac{\ln(\frac{S_0}{X}) + (R_f - \frac{1}{2}\sigma^2) \times T}{\sigma \sqrt{T}} = d_1 - \sigma \sqrt{T}$$

$N(d)$: 표준정규분포에서 d까지의 누적확률

S/X	1.1	1.15	1.2	1.25	1.3	1.35
$\ln(S/X)$	0.0953	0.1398	0.1823	0.2231	0.2624	0.3001

d_1	0.38	0.39	0.40	1.17	1.18	1.19
$N(d_1)$	0.6480	0.6517	0.6554	0.8790	0.8810	0.8830

물음 1

희석효과를 고려하여 신주인수권의 총가치를 계산하시오.

물음 2

물음 1의 결과를 이용하여 신주인수권부사채 발행가액의 과대 또는 과소평가 여부를 평가하시오.

해답

물음 1

신주인수권부사채 발행 후 주가: S_0=12,000원 + $\frac{20억원 - 15억원}{100만주}$=12,500원

〈희석효과를 고려하지 않은 신주인수권의 가치: C_0〉

$$d_1 = \frac{\ln(\frac{12,500원}{10,000원}) + (0.1 + \frac{1}{2} \times 0.4^2) \times 4}{0.4\sqrt{4}} = 1.18$$

$d_2 = 1.18 - 0.4\sqrt{4} = 0.38$

$N(d_1) = N(1.18) = 0.8810$

$N(d_2) = N(0.38) = 0.6480$

$C_0 = 0.8810 \times 12,500원 - 10,000원 \times 0.6703 \times 0.6480$=6,669원

〈희석효과를 고려한 신주인수권의 가치: W_0〉

$$W_0 = \frac{100만주}{100만주 + 10만주} \times C_0 = \frac{100만주}{100만주 + 10만주} \times 6,669원 = 6,063원$$

∴ 신주인수권의 총가치 = 6,063원 × 10만주 = 6.063억원

물음 2

신주인수권부사채의 가치 = 15억원 + 6.063억원 = 21.063억원

∴ 신주인수권부사채의 발행가액 20억원은 과소평가되어 있다.

문제 30 블랙숄즈모형의 응용 CPA 09

(주)한반도의 무배당 주식을 기초자산으로 하는 잔존만기 3개월의 유럽형 콜옵션과 풋옵션의 시장가격을 정리하면 다음과 같다.

- 행사가격이 25,000원인 콜옵션과 풋옵션의 가격이 각각 1,000원과 522원이다.
- 행사가격이 27,000원인 콜옵션과 풋옵션의 가격이 각각 244원과 1,717원이다.

또한 동일한 만기의 주식선물의 가격은 25,490원이다. 아래의 독립된 질문에 각각 답하시오. 단, 계산은 반올림하여 원 단위로 표시하시오.

물음 1

행사가격이 25,000원인 콜옵션을 매수하고 동일 행사가격의 풋옵션을 매도하는 합성 포지션에 대해 만기손익(profit/loss)을 그림으로 나타내고, 손익이 0이 되는 만기주가를 함께 표시하시오. 시장에는 어떠한 차익거래의 기회도 존재하지 않는다고 가정하며, 옵션프리미엄의 시간적 가치를 고려하시오.

물음 2

(주)한반도의 주식 100주를 보유하고 있는 어느 투자자가 위에서 주어진 옵션을 이용하여 향후 주가의 변동에 상관없이 3개월 후 보유자산의 가치를 270만원에 고정시키고자 한다. 요구되는 옵션거래전략과 소요되는 초기비용(또는 수익)을 계산하시오. 시장에는 어떠한 차익거래의 기회도 존재하지 않으며 초기비용(또는 수익)은 3개월 후 투자자가 보유한 자산의 가치에 영향을 주지 않는다고 가정한다.

물음 3

(주)한반도의 현재 주가가 24,866원이라고 하자. 만약 3개월 후 시점에서 주가가 25,000원 이상이면 100만원을 받고 25,000원 미만이면 한 푼도 받지 못하는 금융상품을 고려하자.

① 이 상품의 적정 프리미엄을 구하시오. 단, 위에서 주어진 행사가격 25,000원인 콜옵션의 델타는 0.6165이며, 시장에는 차익거래의 기회가 존재하지 않는다고 가정한다.

② 일반적으로 블랙-숄즈(Black-Scholes)의 옵션가격모형에서 $N(d_1)$과 $N(d_2)$가 무엇을 의미하는지를 각각 3줄 이내로 설명하시오.

[힌트] 블랙-숄즈의 옵션가격공식은 다음과 같다.

$$C = SN(d_1) - Ke^{-rT}N(d_2)$$

$$d_1 = \frac{\ln(S/K) + (r + \frac{1}{2}\sigma^2)T}{\sigma\sqrt{T}}$$

$$d_2 = d_1 - \sigma\sqrt{T}$$

해답

물음 1

$$S_0 = \frac{K}{(1+R_f)^T} + C_0 - P_0 = \frac{25,000\text{원}}{(1+R_f)^T} + 1,000\text{원} - 522\text{원} = \frac{F_0}{(1+R_f)^T} = \frac{25,490\text{원}}{(1+R_f)^T}$$

$$\therefore 478\text{원} = \frac{490\text{원}}{(1+R_f)^T}$$

거래내용	현재시점	3개월 후	
		S_T ≤ 25,000	S_T > 25,000
콜옵션 1개 매입	-1,000	0	S_T - 25,000
풋옵션 1개 매도	522	S_T - 25,000	0
차입	478	-490	-490
합계	0	S_T - 25,490	S_T - 25,490

∴ 만기손익이 0이 되는 만기주가는 25,490원이다.

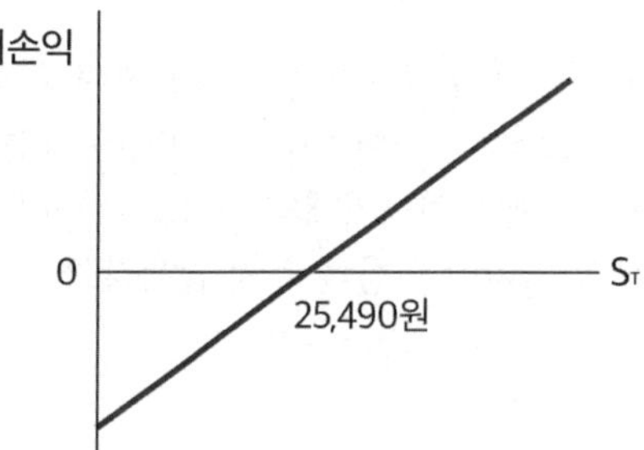

물음 2

옵션거래전략: 행사가격 27,000원인 콜옵션 100개 매도 + 풋옵션 100개 매입

소요비용: 1,717원 × 100개 − 244원 × 100개 = 147,300원

물음 3

행사가격 25,000원인 콜옵션의 현재가격 = 1,000원

$= N(d_1) \times S_0 - K \times e^{-R_f \times T} \times N(d_2) = 0.6165 \times 24,866\text{원} - 25,000\text{원} \times e^{-R_f \times 0.25} \times N(d_2)$

$\therefore e^{-R_f \times 0.25} \times N(d_2) = 0.5732$

① 해당 상품의 적정 프리미엄

$= 1,000,000\text{원} \times e^{-R_f \times 0.25} \times N(d_2) = 1,000,000\text{원} \times 0.5732 = 573,200\text{원}$

② $N(d_1)$: 콜옵션의 델타(기초자산가격 변동에 대한 콜옵션가격 변동의 민감도)

$N(d_2)$: 옵션 만기일의 기초자산가격이 옵션의 행사가격보다 높을 위험중립확률

문제 31 블랙숄즈모형을 이용한 자기자본의 가치평가 CPA 09

자기자본은 기업의 가치를 기초자산으로 한 유럽형 콜옵션으로 볼 수 있다. 현재 BZO회사의 가치는 1,000억원이고, BZO회사의 부채는 액면가 350억원의 1년 만기 순수할인채권(zero-coupon bond)이며 보통주는 무배당 주식이다. BZO회사의 기업가치 변동성은 80%, 무위험이자율은 연속복리로 5%일 때 블랙-숄즈 옵션가격결정모형을 사용해서 다음의 물음에 답하시오. 단, 금액은 억원 단위로 표기하시오.

[힌트] 블랙-숄즈의 옵션가격공식은 다음과 같다.

$$C = SN(d_1) - Ke^{-rT}N(d_2)$$

$$d_1 = \frac{\ln(S/K) + (r + \frac{1}{2}\sigma^2)T}{\sigma\sqrt{T}}$$

$$d_2 = d_1 - \sigma\sqrt{T}$$

$e^{-0.04}$ = 0.9608	$e^{-0.05}$ = 0.9512	$e^{-0.06}$ = 0.9418
ln(2.8571) = 1.0498	ln(2.0832) = 0.7339	ln(1.5385) = 0.4308
N(0.9445) = 0.8275	N(0.9748) = 0.8352	N(0.9889) = 0.8386
N(1.5686) = 0.9416	N(1.6583) = 0.9514	N(1.7748) = 0.9620

물음 1

BZO회사 자기자본의 현재가치를 구하시오.

물음 2

BZO회사 부채의 현재가치를 구하시오.

해답

물음 1

$$d_1 = \frac{\ln(\frac{1,000억원}{350억원}) + (0.05 + \frac{1}{2} \times 0.8^2) \times 1}{0.8 \times \sqrt{1}}$$

$$= \frac{\ln(2.8571) + (0.05 + \frac{1}{2} \times 0.8^2) \times 1}{0.8 \times \sqrt{1}} = 1.7748$$

$d_2 = d_1 - 0.8 \times \sqrt{1} = 0.9748$

$N(d_1) = N(1.7748) = 0.9620$

$N(d_2) = N(0.9748) = 0.8352$

자기자본의 현재가치 = 1,000억원 × 0.9620 − 350억원 × 0.9512 × 0.8352 = 683.95억원

물음 2

부채의 현재가치 = 1,000억원 − 683.95억원 = 316.05억원

문제 32 옵션으로서의 자기자본과 부채 CPA 08

단일기간에 걸쳐 단일사업을 하는 (주)한반도는 중도에 이자지급 없이 사업종료시점에 50억원을 상환하기로 사업초기에 약정한 부채가 있다. 사업기간 중 무위험이자율은 10%이다. (금액은 억원 단위로 소수점 둘째 자리까지 표시한다.)

물음 1

사업종료시점에 회사 자산의 시장가치가 80%의 확률로 60억원이 되고, 20%의 확률로 40억원이 되는 사업 A에 투자하기로 했다. 자산의 현재 시장가치는 50억원이다. 이항모형(binomial model)을 이용하여 다음에 답하시오. (힌트: 주식의 시장가치는 부채상환액을 행사가격으로 하는 회사 자산에 대한 콜옵션의 가치와 같다.)

① 현재 주식의 시장가치는 얼마인가?

② 현재 부채의 시장가치는 얼마인가?

물음 2

물음 1의 사업 A에 투자하는 대신에 사업종료시점에 회사 자산의 시장가치가 72억원이 되거나 혹은 8억원이 되는 사업 B에 투자하기로 결정했다. 이에 따라 자산의 현재 시장가치가 40억원으로 하락했다. 이항모형(binomial model)을 이용하여 다음에 답하시오.

① 현재 주식의 시장가치는 얼마인가?

② 현재 부채의 시장가치는 얼마인가?

물음 3

풋-콜 패리티(put-call parity)에 의하면 (주)한반도의 주주는 회사 자산을 보유하고 채권자에게 무위험 부채를 발행함과 동시에 회사 자산을 대상으로 하는 풋옵션을 보유한 것과 같다. 이를 채권자 입장에서 보면 무위험 부채에 투자함과 동시에 회사 자산에 대한 풋옵션을 주주에게 발행한 것이 된다.

① 사업 A를 선택한 경우와 비교해 사업 B를 선택한 경우 주주가 보유한 풋옵션의 가치는 얼마나 상승(혹은 하락)하는가? (단, 물음 1을 답하지 못한 경우 부채의 시장가치를 43억원, 물음 2를 답하지 못한 경우 부채의 시장가치를 29억원으로 가정하여 답하시오.)

② 경영자는 주주의 이익을 위해 채권자에게는 불리한 수익의 변동성이 더 큰 사업을 선택하려는 유인이 있다. 채권자가 채권 계약 당시 이러한 경영자의 유인을 인지하고 있다는 사실이 기업으로 하여금 부채사용을 장려하게 하는지 아니면 억제하게 하는지 자본구조이론의 관점에서 100자 이내로 간략히 답하시오.

해답

물음 1

위험중립확률: $p=\dfrac{1.1-0.8}{1.2-0.8}=0.75$

① 주식의 시장가치$=\dfrac{10\text{억원}\times 0.75+0\text{원}\times 0.25}{1.1}=6.82\text{억원}$

② 부채의 시장가치$=50\text{억원}-6.82\text{억원}=43.18\text{억원}$

물음 2

위험중립확률: $p=\dfrac{1.1-0.2}{1.8-0.2}=0.5625$

① 주식의 시장가치$=\dfrac{22\text{억원}\times 0.5625+0\text{원}\times 0.4375}{1.1}=11.25\text{억원}$

② 부채의 시장가치$=40\text{억원}-11.25\text{억원}=28.75\text{억원}$

물음 3

① 채권자는 무위험 부채에 투자함과 동시에 주주가 보유한 풋옵션을 매도한 입장이므로 주주가 보유한 풋옵션의 가치 상승액은 곧 부채의 가치 감소액과 일치한다. 따라서 사업 A 실행 시 부채의 가치인 43.18억원과 사업 B 실행 시 부채의 가치인 28.75억원의 차액인 14.43억원만큼 주주가 보유한 풋옵션의 가치가 상승한다.

② 채권자가 이러한 유인을 채권 계약 당시 인지하는 경우에는 기업에 더 높은 이자율을 요구하게 되어 기업가치가 하락하게 되고 이는 결국 주주의 부담으로 귀결되므로, 기업은 부채사용을 억제하게 된다.

문제 33 담보부대출

CPA 04

덕진은행의 자금조달과 자산운용의 결과 현재의 재무상태표가 다음과 같다. 담보부대출의 1년 후 원리금 상환규모는 1,260원이고, 연간 무위험이자율은 5%라고 가정하여 물음에 답하시오.

자산(단위: 원)		부채와 자기자본(단위: 원)	
담보부대출(만기 1년)		부채	3,450
채권 B(만기 3년, 1좌당 액면가 10원)		자기자본	50
투자부동산 (토지)			
합계	3,500	합계	3,500

은행의 담보부대출은 옵션이 내포되어 있는 거래로 볼 수 있다. 차입자인 기업이 차입을 하면서 은행에 제공한 담보물의 현재 시가는 1,300원, 거래과정에 내포되어 있는 풋옵션의 가격은 50원이며, 대출자인 은행의 담보부대출이 차입자와의 거래에서 공정한 시장가치로 이루어졌다고 가정한다.

물음 1

담보부대출 채권의 공정한 시장가치를 계산하시오. 단, 담보부대출 채권의 시장가치를 계산하는 수식을 반드시 나타내시오.

물음 2

담보부대출 거래에 포함되어 있는 옵션적 성격의 권리 내용이 차입자의 입장에서는 무엇인지를 구체적으로 기술(2줄 이내)하고 그 권리의 가치를 계산하시오.

해답

물음 1

담보부대출자의 입장 = 무위험대출 + 담보물에 대한 풋옵션 매도

담보부대출의 시장가치 = 무위험대출의 가치 − 풋옵션의 가치 = $\frac{1,260\text{원}}{1.05}$ − 50원 = 1,150원

물음 2

담보부차입자의 입장 = 무위험차입 + 담보물에 대한 풋옵션 매입
= 담보물 처분 + 담보물에 대한 콜옵션 매입

담보부차입자는 담보물을 처분하고 동 담보물을 담보부대출의 만기에 1,260원에 매입할 수 있는 콜옵션을 매입한 것과 동일하다.

∴ 콜옵션의 가치 = 1,300원 + 50원 − $\frac{1,260\text{원}}{1.05}$ = 150원

문제 34 전환사채의 가치평가

CPA 22

다음은 (주)부여(발행자)가 2021년 12월 31일(발행시점)에 발행한 전환사채에 관한 내용이다.

(1) '전환사채의 만기'는 발행시점으로부터 2년임
(2) 전환사채에 포함된 '전환권'은 만기가 발행시점으로부터 1년인 유럽식 옵션임
(3) 전환권은 전환권 만기에 전환사채당 주식 100주와 교환할 수 있는 권리임
(4) 전환사채의 액면가는 100만원이며 무이표채임

기타 정보는 다음과 같다.

(1) 무위험이자율은 항상 0%임
(2) 발행시점에서 발행자의 1년 만기 채권에 대한 신용스프레드(credit spread)는 0%임

다음 표는 발행시점으로부터 1년 후 1년 만기 신용스프레드와 주가에 관한 시나리오이다.

발행시점으로부터 1년 후 시나리오	1년 만기 신용스프레드(%)	주가(원)
호황	0	25,000
불황	25	5,000

다음 물음에 답하시오.

물음 1

'전환권이 없는 채권' (일반채권)의 발행시점의 현재가치는 95만원이다. 이를 이용하여 발행시점의 주가를 구하시오.

물음 2

발행시점에서 전환사채의 가치를 구하시오.

물음 3

다음 표는 발행시점으로부터 1년 후 위기 상황이 고려된 1년 만기 신용스프레드와 주가에 관한 시나리오이다.

발행시점으로부터 1년 후 시나리오	1년 만기 신용스프레드(%)	주가(원)
호황	0	25,000
불황	25	5,000
위기	100	0

위기가 발생할 위험중립확률은 10%이고 일반채권의 발행시점의 현재가치는 89만원이다. 행사가격이 1만원이고 발행자의 주식을 기초자산으로 하는 콜옵션의 발행시점의 가치를 구하시오.

물음 4

물음 3의 상황하에서 발행자의 주식을 기초자산으로 하는 풋옵션의 발행시점의 가치가 1,530원일 때 행사가격을 구하시오.

해답

물음 1

일반채권인 경우의 가치변동

<현재>	<1년 후>
95만원	$\frac{100만원}{1+0} = 100만원$
	$\frac{100만원}{1+0.25} = 80만원$

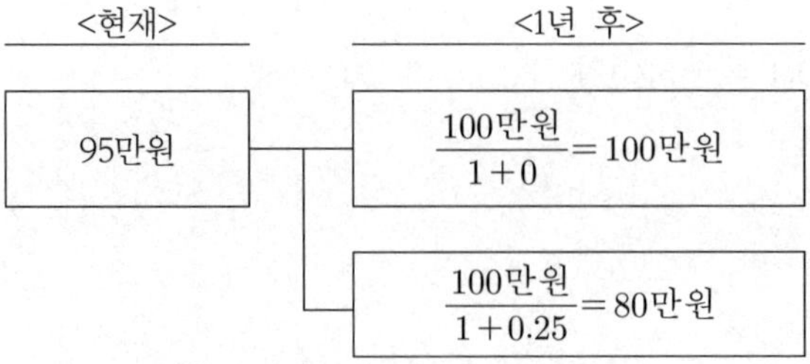

위험중립확률: $p = \frac{95만원 - 80만원}{100만원 - 80만원} = 0.75$

발행시점의 주가$= \frac{25{,}000원 \times 0.75 + 5{,}000원 \times 0.25}{1.0} = 20{,}000원$

물음 2

$CB_u = Max[100만원,\ 25{,}000원 \times 100주] = 250만원$

$CB_d = Max[80만원,\ 5{,}000원 \times 100주] = 80만원$

$CB_0 = \frac{250만원 \times 0.75 + 80만원 \times 0.25}{1.0} = 207.5만원$

물음 3

일반채권인 경우의 가치변동

<현재>	<1년 후>
89만원	$\frac{100만원}{1+0} = 100만원$
	$\frac{100만원}{1+0.25} = 80만원$
	$\frac{100만원}{1+1} = 50만원$

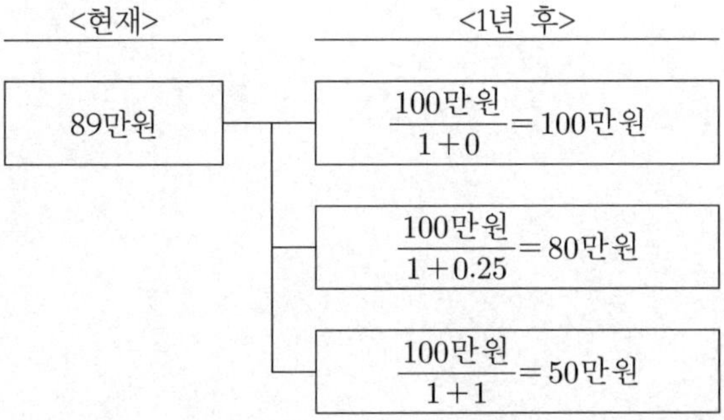

위험중립확률: $p = \frac{89만원 - 80만원 \times 0.9 - 50만원 \times 0.1}{100만원 - 80만원} = 0.6$

$C_0 = \frac{15{,}000원 \times 0.6}{1.0} = 9{,}000원$

물음 4

① $25,000\text{원} < X$인 경우

$P_0 = (X - 25,000\text{원}) \times 0.6 + (X - 5,000\text{원}) \times 0.3 + (X - 0\text{원}) \times 0.1 = 1,530\text{원}$

$\therefore X = 18,030\text{원}$ (부적합)

② $5,000\text{원} < X \leq 25,000\text{원}$인 경우

$P_0 = (X - 5,000\text{원}) \times 0.3 + (X - 0\text{원}) \times 0.1 = 1,530\text{원}$

$\therefore X = 7,575\text{원}$ (적합)

③ $X \leq 5,000\text{원}$인 경우

$P_0 = (X - 0\text{원}) \times 0.1 = 1,530\text{원}$

$\therefore X = 15,300\text{원}$ (부적합)

풋옵션의 행사가격: $X = 7,575\text{원}$

문제 35 무이표 수의상환부 전환사채 CPA 15

BBB기업이 만기 2년, 무이표 전환사채(convertible bond)를 발행할 예정이다. 채권의 액면가는 100만원이고 채권은 만기일을 포함하여 언제나 주식 2주로 전환이 가능하다. 채권 발행 당시의 BBB기업 무배당 주식의 현재 가격은 50만원이며, 매년 주가가 15% 상승하거나 15% 하락하는 이항과정을 따른다고 가정한다. 위험중립하의 주가의 상승확률은 55%이고 하락확률은 45%이다. 무위험이자율은 연 1%로 향후 변동이 없으며, 시장에는 어떠한 차익거래의 기회도 없다고 가정한다.

물음 1

BBB기업이 발행하는 전환사채의 현재가치를 2기간 이항모형을 이용하여 원 단위로 계산하라.

물음 2

BBB기업은 물음 1과 동일한 전환사채에 수의상환권(call option)을 추가한 수의상환부(callable) 전환사채를 발행할 계획이다. 채권의 만기일 이전에만 수의상환권을 행사할 수 있으며 수의상환가격은 108만원이다. 단, BBB기업이 수의상환을 결정하기에 앞서 항상 채권투자자가 전환권을 행사할 수 있다.

① 만기 2년의 수의상환부 전환사채의 현재가치를 2기간 이항모형을 이용하여 원 단위로 계산하라.

② 채권에 포함되어 있는 수의상환권의 현재가치를 원 단위로 계산하라.

물음 3

BBB기업이 발행한 물음 2의 수의상환부 전환사채의 가치평가 시 BBB기업의 파산위험을 추가로 고려하기로 한다. 매 기말시점에서 위험중립하의 파산확률(default probability)은 2%로 가정하고 주가의 상승확률은 55%, 하락확률은 43%로 재설정한다. 파산 시 주가는 0원이 되고 채권 액면금액의 30%가 회수된다고 가정한다. 만기 2년의 수의상환부 전환사채의 현재가치를 파산을 고려한 2기간 삼항모형을 이용하여 원 단위로 계산하라.

해답

물음 1

위험중립확률: $p = 0.55$

$$CB_u = \frac{1,322,500\text{원} \times 0.55 + 1,000,000\text{원} \times 0.45}{1.01} = 1,165,718\text{원}$$

$$CB_d = \frac{1,000,000\text{원} \times 0.55 + 1,000,000\text{원} \times 0.45}{1.01} = 990,099\text{원}$$

$$CB_0 = \frac{1,165,718\text{원} \times 0.55 + 990,099\text{원} \times 0.45}{1.01} = 1,075,930\text{원}$$

물음 2

① $CB_u = Max[1,150,000\text{원},\ Min(1,080,000\text{원},\ 1,165,718\text{원})] = 1,150,000\text{원}$

$CB_d = Max[850,000\text{원},\ Min(1,080,000\text{원},\ 990,099\text{원})] = 990,099\text{원}$

$$CB_0 = Max\left[1,000,000\text{원},\ Min\left(1,080,000\text{원},\ \frac{1,150,000\text{원} \times 0.55 + 990,099\text{원} \times 0.45}{1.01} = 1,067,371\text{원}\right)\right] = 1,067,371\text{원}$$

② 수의상환권의 현재가치: 1,075,930원 - 1,067,371원 = 8,559원

물음 3

$$CB_u = Max\left[1,150,000원,\ Min\left(1,080,000원,\ \frac{\begin{array}{l}1,322,500원 \times 0.55\\+1,000,000원 \times 0.43\\+\quad 300,000원 \times 0.02\end{array}}{1.01} = 1,151,856원\right)\right] = 1,150,000원$$

$$CB_d = Max\left[850,000원,\ Min\left(1,080,000원,\ \frac{\begin{array}{l}1,000,000원 \times 0.55\\+1,000,000원 \times 0.43\\+\quad 300,000원 \times 0.02\end{array}}{1.01} = 976,238원\right)\right] = 976,238원$$

$$CB_0 = Max\left[1,000,000원,\ Min\left(1,080,000원,\ \frac{\begin{array}{l}1,150,000원 \times 0.55\\+976,238원 \times 0.43\\+300,000원 \times 0.02\end{array}}{1.01} = 1,047,804원\right)\right] = 1,047,804원$$

문제 36 신주인수권과 전환권의 가치평가 CPA 12

(주)한국은 자금조달을 위해 액면가 100,000원, 만기 2년, 표면이자율 2%의 회사채 10만좌를 발행하려고 한다. (주)한국은 이 사채에 대해 신주인수권부 또는 전환사채 형태의 발행을 고려하고 있다. 신주인수권(warrants)은 사채 1좌당 신주 1주를 10,500원에 인수할 수 있는 권리를, 전환사채는 1좌당 5주의 보통주로 전환할 수 있는 권리를 부여할 예정이며 둘 다 만기 시에만 행사가 가능하다. 이 사채와 모든 조건이 동일한 일반사채의 만기수익률은 6%이며 무위험이자율은 5%이다.

(주)한국의 발행주식수는 100만주이며 주가는 현재 10,000원이다. 주가는 사채발행 직후에도 변화가 없을 것이며 매년 20% 상승하거나 10% 하락할 것으로 예상된다. (주)한국은 향후 2년간 주식에 대한 배당을 실시하지 않을 계획이다.

물음 1

신주인수권 행사에 따른 희석효과가 존재하는 경우 신주인수권 1단위당 가치를 계산하시오. 계산결과는 반올림하여 소수점 둘째 자리까지 나타내시오.

물음 2

전환권 행사에 따른 희석효과가 존재하는 경우 전환권 1단위당 가치를 계산하시오. 계산결과는 반올림하여 소수점 둘째 자리까지 나타내시오.

물음 3

(주)한국은 신주인수권부사채나 전환사채를 각각 95억원에 발행하려고 한다. 이 경우 두 사채 발행가격의 과대평가 또는 과소평가 여부를 판단하시오.

물음 4

위 물음과는 독립적으로 (주)한국이 현재 8,000원에 25만주를 유상증자하는 경우 신주인수권(pre-emptive rights)의 1단위당 가치를 계산하시오.

해답

물음 1

위험중립확률: $p = \dfrac{1.05 - 0.9}{1.2 - 0.9} = 0.5$

〈희석효과를 고려하지 않은 신주인수권의 가치: C_0〉

$$C_u = \frac{3{,}900\text{원} \times 0.5 + 300\text{원} \times 0.5}{1.05} = 2{,}000\text{원}$$

$$C_d = \frac{300\text{원} \times 0.5 + 0\text{원} \times 0.5}{1.05} = 142.86\text{원}$$

$$C_0 = \frac{2{,}000\text{원} \times 0.5 + 142.86\text{원} \times 0.5}{1.05} = 1{,}020.41\text{원}$$

∴ 신주인수권 1단위당 가치 $= 1{,}020.41\text{원} \times \dfrac{100\text{만주}}{110\text{만주}} = 927.65\text{원}$

물음 2

〈2년 후 각 상황별 전환사채 1단위당 전환권의 가치〉

주가=14,400원:

$$Max\left[\frac{100\text{만주} \times 14{,}400\text{원} + 10\text{만좌} \times 100{,}000\text{원}}{100\text{만주} + 10\text{만} \times 5\text{주}} \times 5\text{주} - 100{,}000\text{원},\ 0\text{원}\right] = 0\text{원}$$

주가=10,800원:

$$Max\left[\frac{100\text{만주} \times 10{,}800\text{원} + 10\text{만좌} \times 100{,}000\text{원}}{100\text{만주} + 10\text{만} \times 5\text{주}} \times 5\text{주} - 100{,}000\text{원},\ 0\text{원}\right] = 0\text{원}$$

주가=8,100원:

$$Max\left[\frac{100\text{만주} \times 8{,}100\text{원} + 10\text{만좌} \times 100{,}000\text{원}}{100\text{만주} + 10\text{만} \times 5\text{주}} \times 5\text{주} - 100{,}000\text{원},\ 0\text{원}\right] = 0\text{원}$$

∴ 전환권 1단위당 가치=0원

물음 3

옵션적 특성이 없는 경우 사채 1좌의 가치 $= \frac{2,000\text{원}}{1.06} + \frac{102,000\text{원}}{1.06^2} = 92,666.43\text{원}$

① 신주인수권부사채

신주인수권부사채의 가치= (92,666.43원 + 927.65원)×10만좌 = 93.594억원

∴ 신주인수권부사채의 발행가격 95억원은 1.406억원만큼 과대평가된다.

② 전환사채

전환사채의 가치= (92,666.43원 + 0)×10만좌 = 92.666억원

∴ 전환사채의 발행가격 95억원은 2.334억원만큼 과대평가된다.

물음 4

권리락주가 $= \frac{100\text{만주} \times 10,000\text{원} + 25\text{만주} \times 8,000\text{원}}{100\text{만주} + 25\text{만주}} = 9,600\text{원}$

신주인수권의 가치=권리부주가−권리락주가=10,000원−9,600원=400원

문제 37 계약의 가치평가

CPA 08

헤지펀드 웰빙투자의 신중해 팀장은 현재 9,000원대 중반에서 움직이는 (주)사하라정유의 주식을 10만주 보유하고 있는데, 최근 원유가의 움직임이 심상치 않자 동 주식의 변동성이 커질 것으로 예상하여 이를 헤징하기 위한 방안을 모색하고 있다. 이때 (주)스마트머니증권으로부터 다음과 같은 두 가지 종류의 장외파생상품의 거래를 제안받았는데 이들 두 상품의 적정 프리미엄을 평가해보고자 한다. 한편 거래소에 상장되어 있는 1년 만기 (주)사하라정유의 유럽형 주식옵션의 가격과 선물가격 및 연간 무위험이자율은 다음과 같다. 단, 시장은 완전하며 차익거래의 기회가 존재하지 않는다고 가정하시오.

> 콜가격(행사가격 10,000원) = 652원
> 풋가격(행사가격 9,200원) = 781원
> 1년 만기 주식선물가격 = 9,400원
> 무위험이자율 = 연 6%

- 계약 I: 향후 1년 후의 시점에서 헤지펀드가 10만주 전량의 주식을 주당 9,500원에 증권회사에 매도한다.
- 계약 II: 향후 1년 후의 시점에서 주가가 9,200원 이하로 하락하면 헤지펀드는 주당 9,200원에 10만주를 증권회사에 매도할 수 있고, 반면에 주가가 10,000원 이상으로 상승하면 헤지펀드는 주당 10,000원에 보유주식의 두 배인 20만주를 증권회사에 매도해야 한다.

물음 1

계약 I의 경우 헤지펀드는 증권회사에 계약시점에서 얼마의 프리미엄을 주는 것(혹은 받는 것)이 적정한가?

물음 2

계약 II의 경우 헤지펀드는 증권회사에 계약시점에서 얼마의 프리미엄을 주는 것(혹은 받는 것)이 적정한가?

해답

물음 1

1년 후 시점에 주식선물가격(9,400원)보다 100원 비싼 주당 9,500원에 매도한다.

계약Ⅰ의 가치 = $(9,500원 - 9,400원) \times \dfrac{10만주}{1.06} = 9,433,962.26원$

∴ 헤지펀드가 증권회사에 9,433,962.26원의 프리미엄을 지급하는 것이 적정하다.

물음 2

헤지펀드가 주당 9,200원에 10만주를 증권회사에 매도 가능하다.

=헤지펀드가 행사가격 9,200원의 풋옵션 10만개를 매입

헤지펀드가 주당 10,000원에 20만주를 증권회사에 매도해야 한다.

=헤지펀드가 행사가격 10,000원의 콜옵션 20만개를 증권회사에 매도

계약 Ⅱ의 가치 = 10만개 × 781원 - 20만개 × 652원 = -52,300,000원

∴ 헤지펀드가 증권회사로부터 52,300,000원의 프리미엄을 받는 것이 적정하다.

문제 38 금융상품의 가치평가

CPA 12

(주)태백의 무배당 주식의 현재가격은 2만원인데, 매년 주식가격이 10% 상승하거나 10% 하락하는 이항과정을 따른다고 가정한다. 또한 시장의 무위험이자율은 연 6%로 향후 변동이 없으며, 시장에는 어떠한 차익거래의 기회도 없다고 가정한다.

물음 1

(주)태백의 주식을 100주 보유한 투자자가 이 주식을 기초자산으로 하고 행사가격이 19,000원이며, 잔존만기가 1년인 유럽식 표준형 풋옵션을 이용하여 무위험포트폴리오를 만들고자 한다. 풋옵션을 얼마나 매수 또는 매도해야 하는가?

물음 2

위의 **물음 1**에 제시된 풋옵션 1개의 적정가치를 구하시오. 계산결과는 반올림하여 소수점 둘째 자리까지 나타내시오.

물음 3

(주)태백의 주식을 기초자산으로 하고 잔존만기가 3년이며 만기수익이 다음과 같이 나타나는 옵션의 적정가치를 3기간 이항모형을 이용하여 구하시오. 계산결과는 반올림하여 소수점 둘째 자리까지 나타내시오.

> 옵션의 만기수익(원) = $\max\left[0, \frac{S_T}{20{,}000} - 1\right] \times 8{,}000$
>
> 단, S_T는 3년 후 주식의 가격을 나타낸다.

물음 4

주가가 만기일 행사시점까지 17,000원 이하로 한 번이라도 하락하면 계약이 자동 소멸되는, 즉 KO (knock-out) 조항이 부여된 유럽형 풋옵션의 적정가격을 3기간 이항모형을 이용하여 구하시오. 이때 옵션의 잔존만기는 3년이고 행사가격은 22,000원이다. 계산결과는 반올림하여 소수점 둘째 자리까지 나타내시오.

해답

물음 1

〈주식 1주를 보유한 투자자가 매수해야 하는 풋옵션의 개수: h〉

22,000원 + h×0원=18,000원 + h×1,000원

∴ h=4

따라서 100주를 보유한 투자자는 풋옵션 400개를 매수해야 한다.

물음 2

$(20{,}000\text{원} + 4 \times P_0) \times 1.06 = 22{,}000\text{원}$

$\therefore\ P_0 = 188.68\text{원}$

물음 3

위험중립확률: $p = \dfrac{1.06 - 0.9}{1.1 - 0.9} = 0.8$

〈주가의 변동과정〉

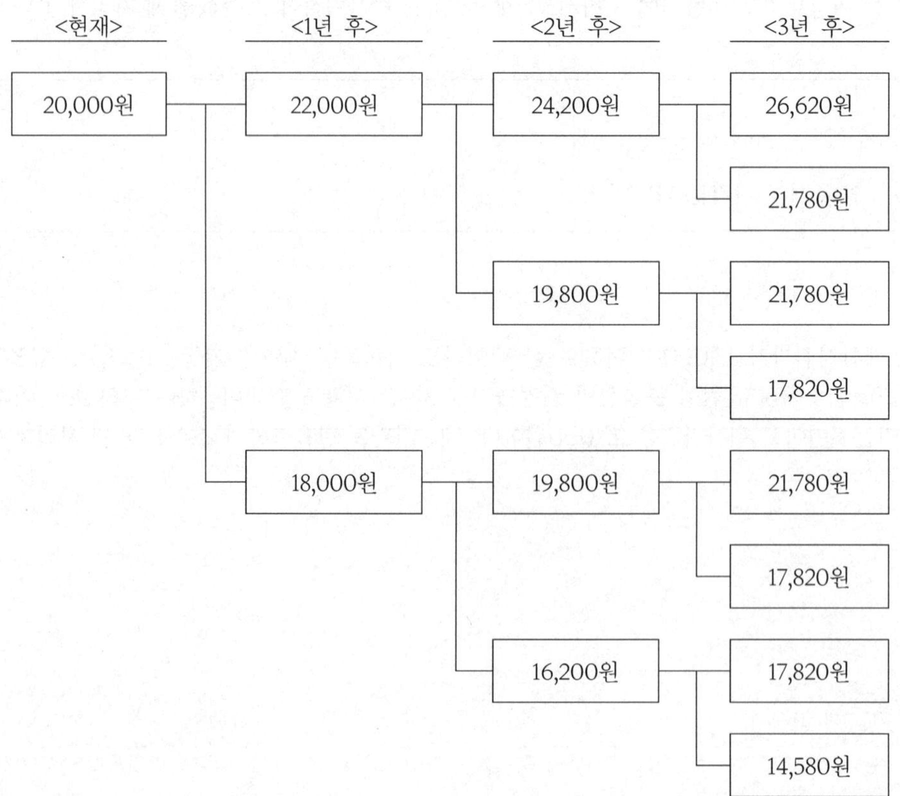

〈옵션가치의 변동과정〉

1) $\dfrac{2,648\text{원} \times 0.8 + 712\text{원} \times 0.2}{1.06} = 2,132.83\text{원}$

2) $\dfrac{712\text{원} \times 0.8 + 0\text{원} \times 0.2}{1.06} = 537.36\text{원}$

3) $\dfrac{2,132.83\text{원} \times 0.8 + 537.36\text{원} \times 0.2}{1.06} = 1,711.07\text{원}$

4) $\dfrac{537.36\text{원} \times 0.8 + 0\text{원} \times 0.2}{1.06} = 405.55\text{원}$

5) 현재시점 옵션의 적정가치

$= \dfrac{1,711.07\text{원} \times 0.8 + 405.55\text{원} \times 0.2}{1.06} = 1,367.89\text{원}$

물음 4

〈옵션가치의 변동과정〉

1) $\dfrac{0\text{원} \times 0.8 + 220\text{원} \times 0.2}{1.06} = 41.51\text{원}$

2) $\dfrac{220\text{원} \times 0.8 + 4{,}180\text{원} \times 0.2}{1.06} = 954.72\text{원}$

3) $\dfrac{41.51\text{원} \times 0.8 + 954.72\text{원} \times 0.2}{1.06} = 211.46\text{원}$

4) $\dfrac{954.72\text{원} \times 0.8 + 0\text{원} \times 0.2}{1.06} = 720.54\text{원}$

5) 현재시점 KO조건 풋옵션의 적정가격

$= \dfrac{211.46\text{원} \times 0.8 + 720.54\text{원} \times 0.2}{1.06} = 295.54\text{원}$

해커스 윤민호 재무관리연습

회계사 · 세무사 · 경영지도사 단번에 합격!
해커스 경영아카데미 cpa.Hackers.com

제5장

금융투자론의 기타주제

핵심 이론 요약

01 국제재무관리

(1) 환율결정이론

① 구매력평가설

- $E(S_T) = S_0 \times \left(\dfrac{1+\text{예상인플레이션율}_K}{1+\text{예상인플레이션율}_A}\right)^T$
- $\dfrac{E(S_1)-S_0}{S_0} \approx \text{예상인플레이션율}_K - \text{예상인플레이션율}_A$

② 피셔효과

- 국가 간 자본이동에 제한이 없다면 각 국가의 실질이자율은 동일
- $\text{명목}R_K - \text{명목}R_A \approx \text{예상인플레이션율}_K - \text{예상인플레이션율}_A$
- 각 국가 간 명목이자율의 차이는 양 국가 간 예상인플레이션율의 차이에 의해 결정

③ 국제피셔효과

- 구매력평가설과 피셔효과가 모두 성립하는 경우
- $E(S_T) = S_0 \times \left(\dfrac{1+\text{명목}R_K}{1+\text{명목}R_A}\right)^T$
- $\dfrac{E(S_1)-S_0}{S_0} \approx \text{명목}R_K - \text{명목}R_A$

④ 이자율평가설

- $F_0 = S_0 \times \left(\dfrac{1+\text{명목}R_K}{1+\text{명목}R_A}\right)^T$
- $\dfrac{F_0 - S_0}{S_0} \approx \text{명목}R_K - \text{명목}R_A$

⑤ 불편선물환가설

- 이자율평가설과 국제피셔효과가 모두 성립하는 경우
- 선물환율이 기대현물환율의 불편추정치: $F_0 = E(S_T)$

(2) 해외 투자안의 가치평가

① 외화로 현금흐름 추정

② 기대현물환율을 이용해서 외화현금흐름을 원화금액으로 환산

- 환율결정이론에 대한 가정에 따라 기대현물환율 계산

③ 원화자본비용을 이용해서 순현재가치 계산

- ①의 외화현금흐름을 외화자본비용으로 할인하여 순현재가치 계산 가능

(3) 한국기업의 대외적 관리기법을 이용한 환위험관리

① 외화($) 수취예정인 경우

- 원달러 환율의 하락에 따른 원화수취액 감소위험 부담
- (원/달러)선물환 또는 통화선물 매도
- 외화를 차입하여 자국통화로 교환한 후에 자국의 금융자산에 투자
- 외화에 대한 풋옵션 매입(and/or 콜옵션 매도)
- 외화 지급, 자국통화 수취 조건의 통화스왑계약

② 외화($) 지급예정인 경우

- 원달러 환율의 상승에 따른 원화지급액 증가위험 부담
- (원/달러)선물환 또는 통화선물 매입
- 자국통화를 차입하여 외화로 교환한 후에 상대국의 금융자산에 투자
- 외화에 대한 콜옵션 매입(and/or 풋옵션 매도)
- 자국통화 지급, 외화 수취 조건의 통화스왑계약

02 스왑

(1) 스왑의 구분

① 이자율스왑

- 동일한 통화의 교환, 원금의 교환은 없음
- 일정원금에 대한 고정금리이자와 변동금리이자를 교환
- 변동금리이자 계산 시 전기간 말(당기간 초)의 이자율 적용

② 통화스왑

- 상이한 통화의 교환, 이자뿐만이 아니라 원금도 교환

(2) 비교우위조건의 차입과 이자율스왑을 이용한 차입비용 절감

① 차입비용 절감: 스왑의 총이득
- 스왑 당사자들의 고정금리차이와 변동금리차이의 차이
- 중개은행이 개입하는 경우: 은행의 이익 차감

② 고정금리차입에 비교우위가 있는 기업의 스왑이득
- 시장변동금리 − (시장고정금리 − 스왑지급고정금리 + 스왑수취변동금리)

③ 변동금리차입에 비교우위가 있는 기업의 스왑이득
- 시장고정금리 − (시장변동금리 − 스왑지급변동금리 + 스왑수취고정금리)

(3) 스왑의 가치평가

① 이자율스왑의 가치평가
- 미래 순이자수취액을 기간별 현물이자율로 현재가치
- 변동금리이자 추정: 미래 기간별 기대현물이자율의 추정
- 불편기대이론, 유동성프리미엄이론 등의 성립을 가정하여 추정
- 고정금리채권의 현재가격과 변동금리채권의 현재가격의 차이로도 계산 가능

② 통화스왑의 가치평가
- 미래 순원화수취액을 기간별 원화현물이자율로 현재가치
- 외화현금흐름의 원화환산액 추정: 미래 시점별 기대현물환율의 추정
- 구매력평가설, 국제피셔효과 등의 성립을 가정하여 추정
- 원화현금흐름의 현재가치와 외화현금흐름의 현재가치의 차이로도 계산 가능

03 VaR(Value at Risk)

(1) VaR의 기초개념

① 보유자산에서 발생 가능한 최대손실금액을 통계적 방법을 이용하여 측정
- 정상적인 시장상황가정
- 특정 신뢰수준하에 특정 보유기간 동안 발생 가능한 최대손실금액
- 보유포트폴리오의 시장위험을 통합관리하기 위한 위험의 측정치

② 신뢰수준을 높게, 보유기간을 길게 설정할수록 VaR는 보다 크게 계산됨

(2) 정규분포를 가정한 VaR의 측정

① 발생 가능한 최소수익률

- $R^{최소} = E(R) + Z \times \sigma$
- $Prob[E(R) \pm 1.65 \times \sigma] = 90\%$: 95% 신뢰수준($Z = -1.65$)
- $Prob[E(R) \pm 1.96 \times \sigma] = 95\%$: 97.5% 신뢰수준($Z = -1.96$)

② VaR의 구분

- 절대기준 VaR = 보유자산의 현재가치 − 발생 가능한 최소가치
  $= W_0 \times (0 - R^{최소}) = -W_0 \times [E(R) + Z \times \sigma]$
- 평균기준 VaR = 보유자산의 기대가치 − 발생 가능한 최소가치
  $= W_0 \times [E(R) - R^{최소}] = -W_0 \times Z \times \sigma$

③ 보유자산의 기대수익률 = 0 가정 시

- 절대기준 VaR = 평균기준 VaR
- $VaR = -W_0 \times Z \times \sigma$

④ 기간에 대한 조정을 반영한 VaR의 측정

- 독립동등분포 가정 시
- $E(R^{연}) = E(R^{분기}) \times 4 = E(R^{월}) \times 12$
- $Var(R^{연}) = Var(R^{분기}) \times 4 = Var(R^{월}) \times 12$
- $\sigma^{연} = \sigma^{분기} \times \sqrt{4} = \sigma^{월} \times \sqrt{12}$

(3) 포트폴리오의 VaR와 개별자산의 공헌VaR

① 포트폴리오의 VaR 측정

- $VaR_P = -W_P \times Z \times \sigma_P$
- $VaR_P = \sqrt{VaR_A^2 + VaR_B^2 + 2 \times VaR_A \times VaR_B \times \rho_{AB}}$
- 포트폴리오의 분산투자이득 $= (VaR_A + VaR_B) - VaR_P$

② 포트폴리오의 VaR에 대한 개별자산의 공헌비율과 공헌VaR

- 자산 A의 공헌비율 $= \dfrac{VaR_A^2 + VaR_A \times VaR_B \times \rho_{AB}}{VaR_P^2} = w_A \times \dfrac{\sigma_{AP}}{\sigma_P^2}$
- 자산 A의 공헌VaR $= VaR_P \times$ 자산 A의 공헌비율

문제 01 이자율의 기간구조와 환율결정이론 CPA 03

금리평가이론, 피셔이론, 구매력평가이론, 금리 기간구조에 관한 순수기대이론, 불편선물환이론이 모두 성립하는 국제금융시장을 가정한다. 현재 한국의 원화채권수익률이 1년, 2년, 3년 만기별로 각각 연 10%, 12%, 16%이고, 미국의 달러화채권수익률은 1년, 2년, 3년 만기별로 각각 연 6%, 5%, 4%라고 알려져 있다. 현재 외환시장에서 거래되는 원/달러 현물환율(S_0)은 U$1=1,000원이다.

물음 1

한국과 미국 채권의 수익률곡선(yield curve)을 같은 좌표 평면 위에 도시하고, 곡선의 모양이 금리 및 환율에 대해 갖는 의미를 세 줄 이내로 간략히 설명하라.

물음 2

각국 채권의 수익률 기간구조에 반영되어 있는 내년과 내후년에 예상되는 1년 만기 내재선도금리(implied forward interest rate)를 계산하고, 순수기대이론에 입각하여 한국과 미국의 미래 단기금리의 방향을 예측하라. (백분율기준으로 소수점 이하 절사)

물음 3

금리평가이론과 불편선물환이론을 적용하여 내년(시점 1)의 예상현물환율(S_1^e)과 내후년(시점 2)의 예상현물환율(S_2^e)을 구하라. (소수점 이하 절사)

물음 4

한국에 본사를 둔 (주)KIM은 이러한 예상환율을 기초로 미국에 지점을 설치하여 2년간 운영하는 투자안의 경제적 타당성을 검토하고자 한다. 이 투자안 시행을 위해서는 미화 4,000만 달러의 초기 투자가 소요되고 향후 2년간에 걸쳐 매년 2,200만 달러의 현금유입이 예상된다. 이 투자안을 평가하기 위한 할인율은 15%이다. 또한, 현금흐름은 발생된 시점의 환율을 사용하여 원화로 환산하되 이에 따른 추가비용은 없다고 가정한다. 투자안의 순현재가치를 산출하고, 그 결과에 근거하여 투자안의 채택 여부를 결정하라. (백만원 단위 미만 절사)

해답

물음 1

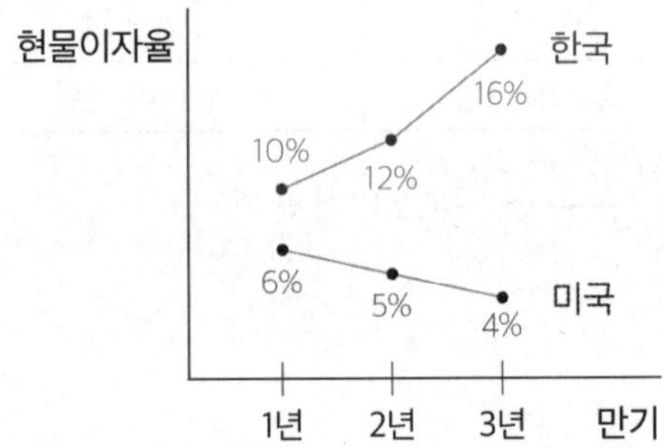

한국의 수익률곡선은 우상향의 형태이고, 미국의 수익률곡선은 우하향의 형태이므로 한국의 이자율이 상승하고 미국의 이자율이 하락할 것이라는 투자자들의 예상이 반영되어 있다. 또한, 한국과 미국의 이자율의 차이가 점차 확대될 것으로 예상되므로 원달러 환율은 지속적으로 상승할 것으로 예상된다.

물음 2

한국: $E({}_1R_2) = {}_1f_2 = \dfrac{1.12^2}{1.1} - 1 = 14\%$

$E({}_2R_3) = {}_2f_3 = \dfrac{1.16^3}{1.12^2} - 1 = 24\%$

∴ 한국 단기금리는 현재의 10%에서 내년 14%, 후년 24%로 지속적으로 상승할 것으로 예상된다.

미국: $E({}_1R_2) = {}_1f_2 = \dfrac{1.05^2}{1.06} - 1 = 4\%$

$E({}_2R_3) = {}_2f_3 = \dfrac{1.04^3}{1.05^2} - 1 = 2\%$

∴ 미국 단기금리는 현재의 6%에서 내년 4%, 후년 2%로 지속적으로 하락할 것으로 예상된다.

물음 3

$S_1^e = F_0^{1년만기} = 1,000원/\$ \times \dfrac{1.1}{1.06} = 1,037원/\$$

$S_2^e = F_0^{2년만기} = 1,000원/\$ \times \left(\dfrac{1.12}{1.05}\right)^2 = 1,137원/\$$

물음 4

구분	현재	1년 후	2년 후
외화현금흐름	-$4,000만	$2,200만	$2,200만
× (예상)환율	× 1,000원/$	× 1,037원/$	× 1,137원/$
= 원화현금흐름	= -40,000백만원	= 22,814백만원	= 25,014백만원

$$NPV = -40,000\text{백만원} + \frac{22,814\text{백만원}}{1.15} + \frac{25,014\text{백만원}}{1.15^2} = -1,247\text{백만원}$$

∴ NPV가 0보다 작기 때문에 투자안을 기각한다.

문제 02 해외투자안의 가치평가

CPA 13

외환시장에서 현재 거래되는 원/달러 현물환율은 ₩1,100/$이고, 원/엔 현물환율은 ₩1,100/100¥이다. 또한 한국, 미국 및 일본의 만기별 채권수익률은 다음과 같다.

만기		1년	2년	3년
만기별 채권수익률	한국	4.0%	3.5%	3.0%
	미국	3.0%	4.0%	4.5%
	일본	0.5%	0.5%	0.5%

물음 1

향후 원/달러(₩/$)와 원/엔(₩/100¥) 환율은 어떻게 변할 것으로 기대되는가? 구매력평가이론과 피셔이론이 성립한다고 가정한다. 환율은 반올림하여 소수점 둘째 자리까지 표기하라.

물음 2

채권수익률의 기간구조이론 중 유동성선호가설이 성립하며, 한국의 경우 2차 연도와 3차 연도의 유동성프리미엄이 각각 0.5%와 0.7%이고 미국의 경우 2차 연도와 3차 연도의 유동성프리미엄이 각각 0.2%와 0.5%이다. 한국과 미국의 1년 만기 채권수익률은 1년 후와 2년 후 각각 얼마가 될 것으로 예상되는가? 반올림하여 소수점 셋째 자리까지 %로 표기하라.

물음 3

한국의 K자동차는 미국의 소비자들에게 보다 원활한 서비스를 제공하기 위해 부품공장을 건설할 계획이다. 이 투자에는 초기 6,000만 달러가 소요되며 이후 3년간 매년 3,000만 달러의 현금유입이 예상된다. 3년 후 발생하는 현금흐름은 무시한다. 이 투자안에 적용되는 할인율은 여러 가지 요소를 고려하여 자국통화 기준으로 20%로 결정하였다. 금액은 반올림하여 소수점 둘째 자리까지 표기하라.

① 자국통화 기준 해외투자안의 NPV를 산출하라.

② 미국통화 기준 해외투자안의 NPV를 산출하라. 단, 환율을 고려하여 매년 할인율을 제시하라.

해답

물음 1

〈원/달러 환율〉

$$E(S_1) = 1{,}100원/\$ \times \frac{1.04}{1.03} = 1{,}110.68원/\$$$

$$E(S_2) = 1{,}100원/\$ \times \left(\frac{1.035}{1.04}\right)^2 = 1{,}089.45원/\$$$

$$E(S_3) = 1{,}100원/\$ \times \left(\frac{1.03}{1.045}\right)^3 = 1{,}053.31원/\$$$

∴ 원/달러 환율은 1년 후 상승했다가 이후 계속해서 하락할 것으로 기대된다.

〈원/엔 환율〉

$$E(S_1) = 1{,}100원/100¥ \times \frac{1.04}{1.005} = 1{,}138.31원/100¥$$

$$E(S_2) = 1{,}100원/100¥ \times \left(\frac{1.035}{1.005}\right)^2 = 1{,}166.65원/100¥$$

$$E(S_3) = 1{,}100원/100¥ \times \left(\frac{1.03}{1.005}\right)^3 = 1{,}184.15원/100¥$$

∴ 원/엔 환율은 향후 계속해서 상승할 것으로 기대된다.

물음 2

〈한국〉

$${}_1f_2 = \frac{1.035^2}{1.04} - 1 = 3.002\%,\ {}_2f_3 = \frac{1.03^3}{1.035^2} - 1 = 2.007\%$$

1년 후 1년 만기 채권수익률 예상치: $E({}_1R_2) = {}_1f_2 - {}_1L_2 = 3.002\% - 0.5\% = 2.502\%$

2년 후 1년 만기 채권수익률 예상치: $E({}_2R_3) = {}_2f_3 - {}_2L_3 = 2.007\% - 0.7\% = 1.307\%$

〈미국〉

$${}_1f_2 = \frac{1.04^2}{1.03} - 1 = 5.010\%,\ {}_2f_3 = \frac{1.045^3}{1.04^2} - 1 = 5.507\%$$

1년 후 1년 만기 채권수익률 예상치: $E({}_1R_2) = {}_1f_2 - {}_1L_2 = 5.010\% - 0.2\% = 4.810\%$

2년 후 1년 만기 채권수익률 예상치: $E({}_2R_3) = {}_2f_3 - {}_2L_3 = 5.507\% - 0.5\% = 5.007\%$

물음 3

① 자국통화(원화) 기준 NPV

$$NPV = -(\$6{,}000\text{만} \times 1{,}100\text{원}/\$) + \frac{\$3{,}000\text{만} \times 1{,}110.68\text{원}/\$}{1.2} + \frac{\$3{,}000\text{만} \times 1{,}089.45\text{원}/\$}{1.2^2} + \frac{\$3{,}000\text{만} \times 1{,}053.31\text{원}/\$}{1.2^3} = 275{,}050.69\text{만원}$$

② 미국통화 기준 NPV

$$1\text{년 후 현금흐름에 적용될 할인율} = 1.2 \times \frac{1.03}{1.04} - 1 = 18.85\%$$

$$2\text{년 후 현금흐름에 적용될 할인율} = 1.2 \times \frac{1.04}{1.035} - 1 = 20.58\%$$

$$3\text{년 후 현금흐름에 적용될 할인율} = 1.2 \times \frac{1.045}{1.03} - 1 = 21.75\%$$

$$NPV = -\$6{,}000\text{만} + \frac{\$3{,}000\text{만}}{1.1885} + \frac{\$3{,}000\text{만}}{1.2058^2} + \frac{\$3{,}000\text{만}}{1.2175^3} = \$249.85\text{만}$$

문제 03 스왑계약의 설계 CPA 09

건설업종의 중견기업 (주)다비드는 100억원 규모의 3년 만기 부채조달을 고려하고 있다. 채권시장에서 다비드기업의 부채조달조건은 고정금리 10% 혹은 LIBOR+2.3%이다. 유통업종의 대기업 (주)골리앗도 3년 만기로 100억원의 부채조달을 고려하고 있는데, 조달조건은 고정금리 8% 혹은 LIBOR+1.5%로 알려져 있다. 금액은 억원 단위로 표기하고, 반올림하여 소수점 넷째 자리까지 계산하시오.

물음 1

우연한 기회에 두 회사의 자금담당임원들이 만나 부채조달에 대한 의견을 나누던 중 서로의 조달조건을 확인하고 금리스왑계약을 체결하기로 하였다. 다만, 골리앗기업은 자신의 유리한 조달조건 등을 내세워 스왑계약으로 인한 이익의 6할을 차지하고 나머지는 다비드기업 몫으로 하되, 동 스왑의 변동금리는 LIBOR금리로 하자고 제안하였다. 다비드기업이 제안을 받아들여 스왑계약이 체결될 경우, 해당 계약으로 인한 현금흐름을 그림으로 나타내시오.

물음 2

스왑계약으로 인한 이익조정문제로 두 기업의 계약체결이 지연되자, 두 기업과 동시에 거래하고 있던 방코은행이 거래중재에 나섰다. 은행은 20bp의 이익을 얻고 나머지 이익은 두 기업에게 균등하게 배분되도록 하되, 변동금리는 모두 LIBOR금리로 하자고 제안하였다. 은행중개를 통한 스왑계약이 체결될 경우, 해당 계약을 통해 은행이 두 기업에게 지급하고 지급받는 고정금리를 각각 구하시오.

물음 3

다비드기업의 입장에서 물음 2에서 제시된 스왑계약의 가치를 평가하시오. 스왑계약은 매년 말에 한 번씩 이자지급액의 차액만을 주고받으며, 현재 LIBOR금리의 기간구조는 다음과 같고 순수기대이론을 가정한다.

만기(년)	1	2	3
이자율(%)	5.5	6.0	6.5

해답

물음 1

다비드 스왑이득 = (2% − 0.8%) × 0.4 = 0.48%

골리앗 스왑이득 = (2% − 0.8%) × 0.6 = 0.72%

상대적 비교우위 차입조건(다비드 변동금리 LIBOR+2.3%, 골리앗 고정금리 8%)으로 차입 후에 다비드가 골리앗에게 고정금리(7.22%)를 지급하고 변동금리(LIBOR)를 수취하는 스왑계약 체결

구분	차입금리(①)	스왑계약		실제부담금리 (① - ② + ③)	시장 차입조건	스왑이득
		수취(②)	지급(③)			
다비드	L+2.3%	L	7.22%	9.52%	10%	0.48%
골리앗	8%	7.22%	L	L+0.78%	L+1.5%	0.72%
합계						1.2%

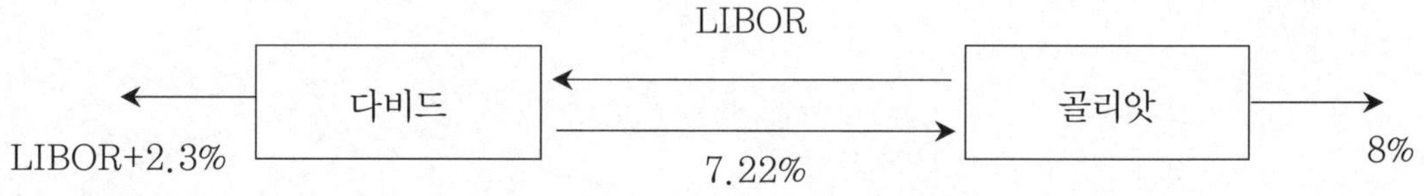

물음 2

다비드의 스왑이득 = 골리앗의 스왑이득 = (2% − 0.8% − 0.2%) × 50% = 0.5%

방코은행이 다비드로부터 수취하는 고정금리 = 7.2%

방코은행이 골리앗에게 지급하는 고정금리 = 7%

구분	차입금리(①)	스왑계약		실제부담금리 (① - ② + ③)	시장 차입조건	스왑이득
		수취(②)	지급(③)			
다비드	L+2.3%	L	7.2%	9.5%	10%	0.5%
골리앗	8%	7%	L	L+1%	L+1.5%	0.5%
방코은행		7.2%	7%			0.2%
합계						1.2%

물음 3

$$E({}_1R_2) = {}_1f_2 = \frac{1.06^2}{1.055} - 1 = 6.5024\%$$

$$E({}_2R_3) = {}_2f_3 = \frac{1.065^3}{1.06^2} - 1 = 7.5071\%$$

구분	1년 후	2년 후	3년 후
변동금리이자(LIBOR) 수취	5.5억원	6.5024억원	7.5071억원
고정금리이자(7.2%) 지급	-7.2억원	-7.2억원	-7.2억원
순이자수취액	-1.7억원	-0.6976억원	0.3071억원

$$\text{스왑계약의 가치} = \frac{-1.7\text{억원}}{1.055} + \frac{-0.6976\text{억원}}{1.06^2} + \frac{0.3071\text{억원}}{1.065^3} = -1.978\text{억원}$$

문제 04 이자율스왑과 선도금리계약

CPA 17

A기업은 B기업에게 고정금리를 지급하고 변동금리를 수령하는 금리스왑계약을 가지고 있다. 금액은 반올림하여 억원 단위로 소수점 둘째 자리까지 표시하고, 금리 및 할인율은 반올림하여 소수점 넷째 자리까지 표시하시오.

- 액면금액 100억원, 잔존만기 3년, 연 1회 이자교환
- 지급고정금리: 6%
- 수취변동금리: 1년 현물이자율
- 만기별 현물이자율: 6개월 4%, 1년 5%, 2년 6%, 3년 7%

물음 1

채권가격을 이용하여 금리스왑의 가치를 평가하시오.

물음 2

선도금리계약(FRA)을 이용하여 금리스왑의 가치를 평가하시오.

물음 3

스왑의 가치를 0으로 만드는 고정금리를 구하시오.

물음 4

C기업은 6개월 후에 6개월 동안 차입할 예정이며 향후 금리 상승을 우려하여 선도금리계약(액면금액 100억원, 6개월 시점에 결제)에 대한 매입포지션을 취하였다. 오늘부터 6개월 후까지는 일수가 182일이고 이후부터 만기일인 1년 후까지는 일수가 183일이다. 6개월 후 실제 금리가 7%라면 C기업이 수령하는 금액은 얼마인가?

해답

물음 1

변동금리채권의 가격 $= 100$억원

고정금리채권의 가격 $= \frac{6억원}{1.05} + \frac{6억원}{1.06^2} + \frac{106억원}{1.07^3} = 97.58억원$

스왑계약의 가치$= 100억원 - 97.58억원 = 2.42억원$

물음 2

${}_1f_2 = 0.0701$, ${}_2f_3 = 0.0903$

구분	t = 1	t = 2	t = 3
이자지급	-6억원	-6억원	-6억원
이자수취	5억원	7.01억원	9.03억원
순이자수취액	-1억원	1.01억원	3.03억원

스왑계약의 가치$= \frac{-1억원}{1.05} + \frac{1.01억원}{1.06^2} + \frac{3.03억원}{1.07^3} = 2.42억원$

물음 3

$$I \times \left(\frac{1}{1.05} + \frac{1}{1.06^2} + \frac{1}{1.07^3}\right) + \frac{100억원}{1.07^3} = 100억원$$

고정금리이자금액: $I = 6.91억원$

$\therefore$ 고정금리 = 0.0691

물음 4

$${}_{0.5}f_1 = \left(\frac{1+0.05}{1+0.04\times\frac{182}{365}} - 1\right)\times\frac{365}{183} = 0.0588$$

$$6개월\ 후\ 수령액 = \frac{100억원\times(0.07-0.0588)\times\frac{183}{365}}{1+0.07\times\frac{183}{365}} = 0.54억원$$

문제 05 기간조정을 반영한 VaR의 계산

CPA 09

리스크관리를 위해서는 노출된 리스크의 크기를 측정하는 것이 필수적인데 이에 대한 측정치 중의 하나가 Value-at-Risk(VaR)이다. VaR은 시장상황이 정상적일 때 주어진 신뢰수준에서 특정 기간 내에 발생할 수 있는 최대 손실금액으로 정의된다. VaR을 추정하는 방법 중 하나인 정규분포에 기초한 분석적 방법(analytical method)을 이용하여 다음의 물음에 답하시오. 백분율은 반올림하여 소수점 첫째 자리까지 계산하고, 금액은 억원 단위로 표기하시오.

[힌트] 정규분포를 따르는 확률변수가 평균(μ)에서 각 표준편차(σ) 범위 내에 포함될 확률은 다음과 같다.

Prob(μ ± 1×σ) = 68.3%	Prob(μ ± 1.65×σ) = 90.0%
Prob(μ ± 1.96×σ) = 95.0%	Prob(μ ± 2×σ) = 95.4%
Prob(μ ± 2.33×σ) = 98.0%	Prob(μ ± 3×σ) = 99.7%

물음 1

포트폴리오 연간 수익률의 평균이 16%이고 표준편차가 33%라고 하자. 1년 후 이 포트폴리오의 가치가 절반 이하로 감소할 확률을 구하시오.

물음 2

주식 A 수익률의 연간 표준편차는 25%이고 주식 B 수익률의 연간 표준편차는 35%이며, 두 주식 수익률 간의 상관계수는 0.4이다. 주식 A에는 40억원, 주식 B에는 60억원을 투자해서 구성된 포트폴리오의 VaR을 95% 신뢰수준에서 구하시오. 두 주식의 연간 기대수익률은 0%로 가정한다.

물음 3

수익률이 독립적이고 동일하게 분포(iid, independently and identically distributed)되어 있다고 하자. 투자기간을 6개월로 설정하는 경우 물음 2에 주어진 정보를 이용하여 포트폴리오의 VaR을 구하시오.

해답

물음 1

$$Z = \frac{R - E(R)}{\sigma} = \frac{-50\% - 16\%}{33\%} = -2$$

포트폴리오의 가치가 절반 이하로 감소할 확률 $= \frac{1 - [Prob(\mu \pm 2 \times \sigma) = 95.4\%]}{2} = 2.3\%$

물음 2

$R_A^{최소} = E(R_A) + Z \times \sigma_A = 0\% - 1.65 \times 25\% = -41.25\%$

$VaR_A = 40억원 \times 41.25\% = 16.5억원$

$R_B^{최소} = E(R_B) + Z \times \sigma_B = 0\% - 1.65 \times 35\% = -57.75\%$

$VaR_B = 60억원 \times 57.75\% = 34.65억원$

$VaR_P = \sqrt{VaR_A^2 + VaR_B^2 + 2 \times VaR_A \times VaR_B \times \rho_{AB}}$

$= \sqrt{16.5억원^2 + 34.65억원^2 + 2 \times 16.5억원 \times 34.65억원 \times 0.4} = 43.9346억원$

물음 3

$\sigma_A^{6개월} = \sigma_A^{연간} \times \sqrt{6/12} = 0.25 \times \sqrt{0.5} = 0.177$

$\sigma_B^{6개월} = \sigma_B^{연간} \times \sqrt{6/12} = 0.35 \times \sqrt{0.5} = 0.247$

$R_A^{최소} = E(R_A^{6개월}) + Z \times \sigma_A^{6개월} = 0\% - 1.65 \times 17.7\% = -29.205\%$

$R_B^{최소} = E(R_B^{6개월}) + Z \times \sigma_B^{6개월} = 0\% - 1.65 \times 24.7\% = -40.755\%$

$VaR_A = 40억원 \times 29.205\% = 11.682억원$

$VaR_B = 60억원 \times 40.755\% = 24.453억원$

$VaR_P = \sqrt{VaR_A^2 + VaR_B^2 + 2 \times VaR_A \times VaR_B \times \rho_{AB}}$

$= \sqrt{11.682억원^2 + 24.453억원^2 + 2 \times 11.682억원 \times 24.453억원 \times 0.4} = 31.0314억원$

해설

물음 2

$VaR_A = -W_A \times Z \times \sigma_A = -40억원 \times (-1.65) \times 25\% = 16.5억원$

$VaR_B = -W_B \times Z \times \sigma_B = -60억원 \times (-1.65) \times 35\% = 34.65억원$

$\sigma_P = \sqrt{0.4^2 \times 0.25^2 + 0.6^2 \times 0.35^2 + 2 \times 0.4 \times 0.6 \times 0.25 \times 0.35 \times 0.4} = 0.26627$

$VaR_P = -W_P \times Z \times \sigma_P = -100억 \times (-1.65) \times 0.26627 = 43.9346억원$

문제 06 총수익스왑의 가치평가

CPA 20

(주)대한은 SPC인 (주)케이일차와의 총수익스왑(TRS)계약을 통해 (주)민국을 인수하고자 한다. TRS 계약 내용은 아래와 같다.

(1) 보장매도자: (주)대한, 보장매수자: (주)케이일차
(2) 정산일: 계약일로부터 2년
(3) 보장매도자는 보장매수자에게 정산일에 투자금액 기준 연 3%의 고정이자를 지급
(4) 보장매수자는 (주)민국 배당금 수령 시 보장매도자에게 이를 즉시 지급하고, 정산일에 보장매도자로부터 투자금액 수취 후 (주)민국의 주식을 양도

TRS 계약일인 1월 1일(t = 0)에 (주)케이일차는 액면가 5,000원인 (주)민국 주식을 주당 10,000원씩 100만주 취득했다. (주)민국의 주가는 매년 말 60% 확률로 10% 상승, 또는 40% 확률로 5% 하락할 것으로 예상된다. (주)민국은 액면가 기준 2%의 현금배당을 주가변동 직후인 매년 말 지급한다. 무위험이자율은 1%이다. 2년 동안 증자나 감자는 없다고 가정한다.

물음 1

(주)대한 입장에서 매년 말 현금흐름을 추정하시오. 단, 현금흐름은 주식가치 변동분을 포함한다. 계산결과는 십만원 단위에서 반올림하여 백만원 단위로 표시하시오.

물음 2

(주)대한은 TRS 정산일에 (주)케이일차로부터 (주)민국의 주식을 인수하지 않을 수 있는 풋옵션을 보유하고 있다고 가정한다. 1주당 풋옵션의 가치를 구하시오. 계산결과는 반올림하여 원 단위로 표시하시오.

물음 3

(주)케이일차는 TRS 정산일에 (주)민국의 주가가 주식 취득 시보다 상승할 경우 (주)대한에 주식을 양도하지 않을 수 있는 권리를 보유하고 있다고 가정한다. 이 권리의 1주당 가치를 구하시오. 계산결과는 반올림하여 원 단위로 표시하시오.

물음 4

신용부도스왑(CDS)의 보장매도자와 보장매수자 간 현금흐름에 대해 설명하고, 이전되는 위험종류에 대해 총수익스왑(TRS)과의 차이점을 4줄 이내로 기술하시오.

해답

〈주가의 변동과정〉

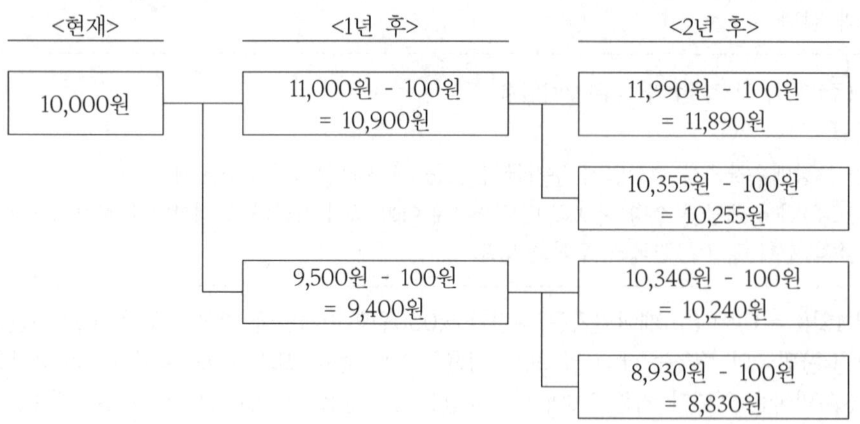

물음 1

현금배당 수취액: 100원 × 100만주 = 1억원

정산일 이자지급액: 100억원 × $(1.03^2 - 1)$ = 6.09억원

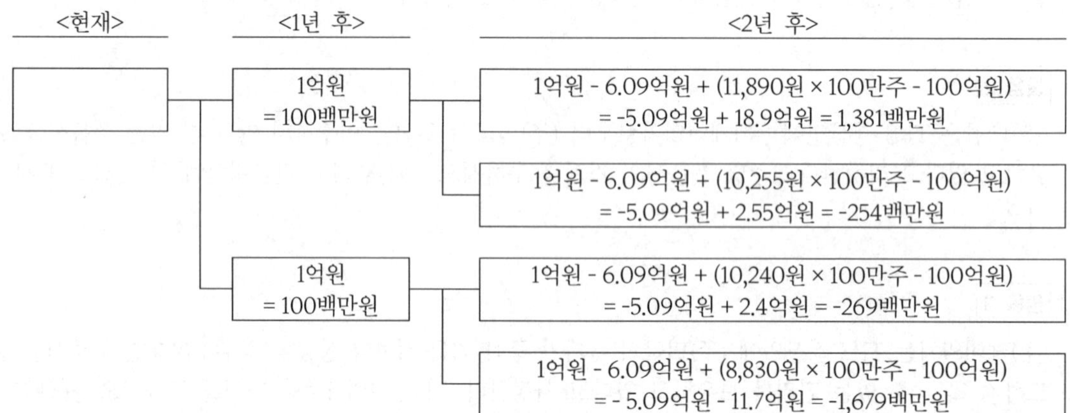

물음 2

위험중립확률: $p=\dfrac{1+R_f-d}{u-d}=\dfrac{1.01-0.95}{1.1-0.95}=0.4$

1주당 풋옵션의 가치$=\dfrac{11.7억원\times 0.6^2}{1.01^2}\div 100만주=413원$

물음 3

권리의 1주당 가치

$$=\dfrac{\dfrac{18.9억원\times 0.4+2.55억원\times 0.6}{1.01}\times 0.4+\dfrac{2.4억원\times 0.4}{1.01}\times 0.6}{1.01\times 100만주}=413원$$

물음 4

CDS의 보장매수자는 보장매도자에게 일정한 수수료를 지급하고 기초자산에서 신용사건이 발생하는 경우에만 신용매도자로부터 약정된 보상금을 수취한다. CDS의 경우에는 채권 발행자의 파산 등에 따른 신용위험이 이전되지만, TRS의 경우에는 금리 등 가격변수의 변동에 따른 시장위험까지 이전된다는 점에서 차이가 있다.

해커스 윤민호 재무관리연습

회계사 · 세무사 · 경영지도사 단번에 합격!

해커스 경영아카데미 cpa.Hackers.com

제6장

균형기대수익률

핵심 이론 요약

01 위험자산들만으로 구성된 포트폴리오

(1) 2개의 자산으로 구성된 포트폴리오

① 포트폴리오의 기대수익률과 수익률의 분산

- $E(R_P) = w_1 E(R_1) + w_2 E(R_2)$
- $Var(R_P) = w_1^2\sigma_1^2 + w_2^2\sigma_2^2 + 2w_1w_2\sigma_{12} = w_1^2\sigma_1^2 + w_2^2\sigma_2^2 + 2w_1w_2\rho_{12}\sigma_1\sigma_2$

  $= w_1 \times (w_1\sigma_1^2 + w_2\sigma_{12}) + w_2 \times (w_2\sigma_2^2 + w_1\sigma_{12}) = w_1 \times \sigma_{1P} + w_2 \times \sigma_{2P}$

② $\rho_{12} = +1$의 경우

- 분산투자효과 발생하지 않음
- $\sigma_P = w_1\sigma_1 + w_2\sigma_2$
- $E(R_P) = \dfrac{\sigma_1 E(R_2) - \sigma_2 E(R_1)}{\sigma_1 - \sigma_2} + \dfrac{E(R_1) - E(R_2)}{\sigma_1 - \sigma_2} \times \sigma_P$

③ $\rho_{12} = -1$의 경우

- 분산투자효과 극대화
- $\sigma_P = w_1\sigma_1 - w_2\sigma_2$ 또는 $\sigma_P = -w_1\sigma_1 + w_2\sigma_2$
- $E(R_P) = \dfrac{\sigma_1 E(R_2) + \sigma_2 E(R_1)}{\sigma_1 + \sigma_2} + \dfrac{E(R_1) - E(R_2)}{\sigma_1 + \sigma_2} \times \sigma_P$

  또는 $E(R_P) = \dfrac{\sigma_1 E(R_2) + \sigma_2 E(R_1)}{\sigma_1 + \sigma_2} - \dfrac{E(R_1) - E(R_2)}{\sigma_1 + \sigma_2} \times \sigma_P$

④ 개별자산 i의 포트폴리오 위험에 대한 공헌

- 개별자산 i의 $Var(R_P)$에 대한 공헌도(기여도): $w_i \times \sigma_{iP}$
- 개별자산 i의 $Var(R_P)$에 대한 공헌비율(기여비율): $\dfrac{w_i \times \sigma_{iP}}{\sigma_P^2}$

⑤ 최소분산포트폴리오의 구성비율

- $w_1 = \dfrac{\sigma_2^2 - \sigma_{12}}{\sigma_1^2 + \sigma_2^2 - 2\sigma_{12}} = \dfrac{\sigma_2^2 - \rho_{12}\sigma_1\sigma_2}{\sigma_1^2 + \sigma_2^2 - 2\rho_{12}\sigma_1\sigma_2}$

(2) n개의 자산으로 구성된 포트폴리오

① 포트폴리오의 기대수익률과 수익률의 분산

- $E(R_P) = \sum_{i=1}^{n} w_i E(R_i)$
- $Var(R_P) = \sum_{i=1}^{n} w_i^2 \sigma_i^2 + \sum_{i=1}^{n}\sum_{j=1}^{n} w_i w_j \sigma_{ij}$ (단, $i \neq j$)

② n개의 자산에 동일비율 투자 포트폴리오

- $Var(R_P) = \frac{1}{n} \times (\overline{\sigma_i^2} - \overline{\sigma_{ij}}) + \overline{\sigma_{ij}}$
- $\lim_{n \to \infty} [\,Var(R_P)] = \lim_{n \to \infty} \left[\frac{1}{n} \times \left(\overline{\sigma_i^2} - \overline{\sigma_{ij}} \right) + \overline{\sigma_{ij}} \right] = \overline{\sigma_{ij}}$

02 시장모형(단일지수모형)

(1) 증권특성선의 추정

① 시장모형의 가정

- $R_i = \alpha_i + \beta_i R_m + e_i$
- $E(e_i) = 0,\ Cov(R_m,\ e_i) = 0,\ Cov(e_i,\ e_j) = 0$

② 증권특성선의 추정

- 증권특성선: $R_i = \hat{\alpha_i} + \hat{\beta_i} R_m$
- 회귀계수: $\hat{\beta_i} = \frac{\sum_{t=1}^{n} (R_{it} - \overline{R_i}) \times (R_{mt} - \overline{R_m})}{\sum_{t=1}^{n} (R_{mt} - \overline{R_m})^2} = \frac{\sigma_{im}}{\sigma_m^2}$, $\hat{\alpha_i} = \overline{R_i} - \hat{\beta_i}\overline{R_m}$

③ 미래 수익률의 예상확률분포를 이용한 사전적 베타의 계산

- $E(R_i) = \sum_{s=1}^{n} p_s \times R_{is}$
- $E(R_m) = \sum_{s=1}^{n} p_s \times R_{ms}$
- $Var(R_m) = \sum_{s=1}^{n} p_s \times [R_{ms} - E(R_m)]^2$
- $Cov(R_i,\ R_m) = \sum_{s=1}^{n} p_s \times [R_{is} - E(R_i)] \times [R_{ms} - E(R_m)]$

④ 과거 수익률 자료를 이용한 사후적 베타의 계산

- 자산 i의 평균수익률: $\overline{R_i} = \dfrac{\sum_{t=1}^{n} R_{it}}{n}$

- 시장포트폴리오의 평균수익률: $\overline{R_m} = \dfrac{\sum_{t=1}^{n} R_{mt}}{n}$

- 시장포트폴리오 수익률의 분산: $Var(R_m) = \dfrac{\sum_{t=1}^{n} (R_{mt} - \overline{R_m})^2}{n-1}$

- $Cov(R_i, R_m) = \dfrac{\sum_{t=1}^{n} (R_{it} - \overline{R_i}) \times (R_{mt} - \overline{R_m})}{n-1}$

(2) 시장모형하의 통계적 측정치

① 개별자산의 통계적 측정치

- $E(R_i) = \alpha_i + \beta_i E(R_m)$
- $Var(R_i) = \beta_i^2 Var(R_m) + Var(e_i)$
- $Cov(R_i,\ R_j) = \beta_i \beta_j Var(R_m)$
- $\rho_{ij} = \rho_{im} \times \rho_{jm}$

② 포트폴리오의 통계적 측정치

- $\alpha_P = \Sigma w_i \alpha_i, \quad \beta_P = \Sigma w_i \beta_i, \quad e_P = \Sigma w_i e_i$
- $E(R_P) = \Sigma w_i E(R_i) = \alpha_P + \beta_P E(R_m)$
- $Var(R_P) = \beta_P^2 Var(R_m) + Var(e_P) = \beta_P^2 Var(R_m) + \Sigma w_i^2 Var(e_i)$

③ n개의 자산에 동일비율 투자 포트폴리오

- $Var(R_P) = \beta_P^2 Var(R_m) + \Sigma (\dfrac{1}{n})^2 Var(e_i) = \beta_P^2 Var(R_m) + \dfrac{\overline{\Sigma\ Var(e_i)}}{n}$

- $\lim_{n \to \infty} [\ Var(R_P)] = \lim_{n \to \infty} \left[\beta_P^2 Var(R_m) + \dfrac{\overline{\Sigma\ Var(e_i)}}{n} \right] = \beta_P^2 Var(R_m)$

④ 결정계수(설명력): $R^2 = \dfrac{\text{체계적위험}}{\text{총위험}} = \dfrac{\beta_i^2 Var(R_m)}{Var(R_i)} = \rho_{im}{}^2$

03 자본자산가격결정모형(CAPM)

(1) 무위험자산과 위험자산 i로 구성된 포트폴리오

① 포트폴리오의 기대수익률과 수익률의 분산

- $E(R_P) = (1 - w_i)R_f + w_i E(R_i) = R_f + w_i \times [E(R_i) - R_f]$
- $Var(R_P) = (1 - w_i)^2 \sigma_f^2 + w_i^2 \sigma_i^2 + 2w_i(1 - w_i)\sigma_{if} = w_i^2 \sigma_i^2$
- $\sigma_P = w_i \times \sigma_i$

② 자본배분선

- $E(R_P) = R_f + \dfrac{E(R_i) - R_f}{\sigma_i} \times \sigma_P$

③ 접점포트폴리오의 구성

- $w_i \times [E(R_i) - R_f]$: 개별자산 i의 포트폴리오 위험프리미엄에 대한 공헌도
- $w_i \times \sigma_{iP}$: 개별자산 i의 포트폴리오 위험(σ_P^2)에 대한 공헌도
- 접점포트폴리오의 조건: $\dfrac{E(R_1) - R_f}{\sigma_{1P}} = \dfrac{E(R_2) - R_f}{\sigma_{2P}} = \cdots = \dfrac{E(R_P) - R_f}{\sigma_P^2}$
- 2자산 접점포트폴리오: $\dfrac{E(R_1) - R_f}{w_1 \times \sigma_1^2 + (1 - w_1) \times \sigma_{12}} = \dfrac{E(R_2) - R_f}{(1 - w_1) \times \sigma_2^2 + w_1 \times \sigma_{12}}$

(2) 자본시장선상의 포트폴리오

① 자본시장선

- $E(R_P) = R_f + \dfrac{E(R_m) - R_f}{\sigma_m} \times \sigma_P$
- 무위험자산 존재 시 효율적 투자선

② 자본시장선상의 최적투자포트폴리오

- 평균 - 분산 무차별곡선의 기울기$\left[\dfrac{\partial\ E(R_P)}{\partial\ \sigma_P}\right]$

  = 자본시장선의 기울기$\left[\dfrac{E(R_m) - R_f}{\sigma_m}\right]$

③ 자본시장선상의 포트폴리오

- $E(R_P) = (1 - w_m)R_f + w_m E(R_m) = R_f + w_m \times [E(R_m) - R_f]$
- $Var(R_P) = (1 - w_m)^2 \sigma_f^2 + w_m^2 \sigma_m^2 + 2w_m(1 - w_m)\sigma_{mf} = w_m^2 \sigma_m^2$
- $\sigma_P = w_m \times \sigma_m$
- $\beta_P = w_f R_f + w_m R_m = w_m$
- $Cov(R_P, R_m) = Cov(w_f R_f + w_m R_m, R_m) = w_m \sigma_m^2$
- $\rho_{Pm} = \dfrac{Cov(R_P, R_m)}{\sigma_P \times \sigma_m} = \dfrac{w_m \sigma_m^2}{w_m \sigma_m \times \sigma_m} = +1$

④ 시장포트폴리오의 구성

- 모든 위험자산을 시장가치 비율대로 포함
- 시장포트폴리오의 조건: $\frac{E(R_i)-R_f}{\sigma_{im}}=\frac{E(R_j)-R_f}{\sigma_{jm}}=\cdots=\frac{E(R_m)-R_f}{\sigma_m^2}$

(3) 증권시장선

① 증권시장선

- $E(R_i)=R_f+[E(R_m)-R_f]\times\beta_i$
- $\beta_i=\frac{\sigma_{im}}{\sigma_m^2}=\frac{\sigma_i}{\sigma_m}\times\rho_{im}$

② 무위험자산이 존재하지 않는 경우의 제로베타 CAPM

- 제로베타포트폴리오(Z)의 기대수익률을 무위험이자율의 대용치로 이용
- 제로베타포트폴리오: $\beta_Z=0$, $Cov(R_Z,\ R_m)=0$, $\rho_{Zm}=0$
- $E(R_i)=E(R_Z)+[E(R_m)-E(R_Z)]\times\beta_i$

(4) 투자성과의 평가

① 샤프지수

- 포트폴리오의 총위험(표준편차) 1단위당 초과수익률 $=\frac{\overline{R_P}-\overline{R_f}}{\sigma_P}$
- $\overline{R_P}$: 포트폴리오로부터 실현된 수익률의 평균치

  $\overline{R_f}$: 무위험이자율의 평균치

  σ_P: 포트폴리오로부터 실현된 수익률의 표준편차

② 트레이너지수

- 포트폴리오의 체계적위험(베타) 1단위당 초과수익률 $=\frac{\overline{R_P}-\overline{R_f}}{\beta_P}$
- β_P: 포트폴리오로부터 실현된 수익률에 의한 베타

③ 젠센지수

- 실현된 평균수익률과 체계적위험을 기초로 예측된 수익률 간의 차이
- $\alpha_P=\ \overline{R_P}-[\overline{R_f}+(\overline{R_m}-\overline{R_f})\times\beta_P]\ =\ (\overline{R_P}-\overline{R_f})-(\overline{R_m}-\overline{R_f})\times\beta_P$
- $\overline{R_m}$: 실현된 시장포트폴리오 수익률의 평균치

04 차익거래가격결정모형(APT)

(1) 요인모형(사후적 수익률생성모형)

① $R_i^{실현} - E(R_i) = \beta_{i1}[f_1^{실현} - E(f_1)] + \beta_{i2}[f_2^{실현} - E(f_2)] + \cdots + \beta_{ik}[f_k^{실현} - E(f_k)] + e_i$

- $E(R_i) = \alpha_i + \beta_{i1}E(f_1) + \beta_{i2}E(f_2) + \cdots + \beta_{ik}E(f_k)$
- $R_i^{실현} = \alpha_i + \beta_{i1}f_1^{실현} + \beta_{i2}f_2^{실현} + \cdots \beta_{ik}f_k^{실현} + e_i$

② $R_i^{실현} = E(R_i) + \beta_{i1}F_1 + \beta_{i2}F_2 + \cdots + \beta_{ik}F_k + e_i$

- $F_k = f_k^{실현} - E(f_k)$: 공통요인$k(f_k)$의 예상치 못한 변동

(2) 단일요인APT

① APT균형식

- $E(R_i) = R_f + \lambda \times \beta_i$

② 시장균형조건

- $\dfrac{E(R_i) - R_f}{\beta_i} = \dfrac{E(R_j) - R_f}{\beta_j} = \cdots \lambda$
- λ: 균형상태에서 모든 자산의 동일한 체계적위험 1단위당 위험프리미엄

(3) 다요인APT

① APT균형식

- $E(R_i) = \lambda_0 + \lambda_1 \times \beta_{i1} + \lambda_2 \times \beta_{i2} + \cdots + \lambda_k \times \beta_{ik}$
  $= R_f + \lambda_1 \times \beta_{i1} + \lambda_2 \times \beta_{i2} + \cdots + \lambda_k \times \beta_{ik}$
- λ_0: 모든 공통요인에 대한 민감도가 0인 포트폴리오의 기대수익률
- λ_k: 공통요인k에 대한 위험 1단위당 위험프리미엄 $= E(R_{Fk}) - R_f$
- $E(R_{Fk})$: k요인포트폴리오의 기대수익률
- k요인포트폴리오: k 공통요인 민감도 $= 1$, 나머지 공통요인 민감도 $= 0$

② 시장균형조건

- 순투자금액 부담 없음: $\Sigma w_i = 0$
- 추가적인 위험 부담 없음: $\Sigma w_i\beta_{ik} = 0$
- 차익거래이익 획득 불가: $\Sigma w_i E(R_i) = 0$

③ 시장불균형의 경우 차익거래를 위한 복제포트폴리오 구성

- Target과 동일한 투자: $\Sigma w_i = 1$
- Target과 동일한 체계적위험: $\Sigma w_i\beta_{ik} = \beta_{Target\ k}$

문제 01 최소분산포트폴리오의 구성

CPA 08

자산 X와 자산 Y의 수익률의 기댓값과 표준편차는 다음의 표와 같다. 이를 참조하여 다음 질문에 답하시오.

	자산 X	자산 Y
기대수익률	20%	10%
표준편차	15%	5%

물음 1

자산 X와 자산 Y의 상관계수가 -1일 경우에 최소분산포트폴리오를 구성하기 위한 두 자산의 배합비율은 각각 얼마인가?

물음 2

자산 X와 자산 Y의 상관계수가 -1이고 이들 두 자산만으로 구성된 포트폴리오의 표준편차가 13%일 경우에 허용 가능한 포트폴리오의 기대수익률을 모두 구하시오. 단, 공매도(short sale)가 가능하다고 가정하시오.

해답

물음 1

$$w_X = \frac{\sigma_Y^2 - \sigma_{XY}}{\sigma_X^2 + \sigma_Y^2 - 2\sigma_{XY}} = \frac{\sigma_Y^2 + \sigma_X\sigma_Y}{\sigma_X^2 + \sigma_Y^2 + 2\sigma_X\sigma_Y} = \frac{\sigma_Y}{\sigma_X + \sigma_Y} = \frac{0.05}{0.15 + 0.05} = 0.25$$

$\therefore w_X = 0.25, \quad w_Y = 0.75$

물음 2

$\sigma_P = w_X\sigma_X - w_Y\sigma_Y = w_X \times 0.15 - (1 - w_X) \times 0.05 = 0.13$ 인 경우

$\therefore w_X = 0.9, \quad w_Y = 0.1$

$E(R_P) = 0.9 \times 0.2 + 0.1 \times 0.1 = 0.19$

$\sigma_P = -w_X\sigma_X + w_Y\sigma_Y = -w_X \times 0.15 + (1 - w_X) \times 0.05 = 0.13$ 인 경우

$\therefore w_X = -0.4, \quad w_Y = 1.4$

$E(R_P) = -0.4 \times 0.2 + 1.4 \times 0.1 = 0.06$

$\therefore$ 허용 가능한 포트폴리오의 기대수익률: 6% 또는 19%

문제 02 3자산 최소분산포트폴리오와 접점포트폴리오

주식 A와 주식 B 및 주식 C의 기대수익률과 수익률의 표준편차 및 각 주식수익률 간의 공분산이 다음과 같다. 무위험이자율이 6%이고 공매가 가능하다는 가정하에 관련된 물음에 답하시오.

구분	기대수익률	표준편차	공분산
주식 A	0.1	0.1	$\sigma_{AB}=0.01$
주식 B	0.2	0.2	$\sigma_{BC}=0.08$
주식 C	0.4	0.5	$\sigma_{AC}=0.02$

물음 1

주식 A와 주식 B 및 주식 C로 구성 가능한 포트폴리오들 중에서 최소분산포트폴리오를 구성하기 위한 각 주식에 대한 투자비율을 계산하시오.

물음 2

주식 A와 주식 B 및 주식 C로 구성 가능한 포트폴리오들 중에서 위험보상비율 $\left[\dfrac{E(R_P)-R_f}{\sigma_P^2}\right]$이 극대화되는 접점포트폴리오를 구성하기 위한 각 주식에 대한 투자비율을 계산하시오.

해답

물음 1

$$\sigma_{AP} = w_A \times \sigma_A^2 + w_B \times \sigma_{AB} + w_C \times \sigma_{AC} = w_A \times 0.1^2 + w_B \times 0.01 + w_C \times 0.02 = 1$$

$$\sigma_{BP} = w_A \times \sigma_{AB} + w_B \times \sigma_B^2 + w_C \times \sigma_{BC} = w_A \times 0.01 + w_B \times 0.2^2 + w_C \times 0.08 = 1$$

$$\sigma_{CP} = w_A \times \sigma_{AC} + w_B \times \sigma_{BC} + w_C \times \sigma_C^2 = w_A \times 0.02 + w_B \times 0.08 + w_C \times 0.5^2 = 1$$

$$\therefore w_A = 100,\ w_B = 22.22,\ w_C = -11.11$$

〈최소분산포트폴리오를 구성하기 위한 각 주식에 대한 투자비율〉

$$w_A = \frac{100}{111.11} = 0.9,\ w_B = \frac{22.22}{111.11} = 0.2,\ w_C = \frac{-11.11}{111.11} = -0.1$$

물음 2

$$\sigma_{AP} = w_A \times 0.1^2 + w_B \times 0.01 + w_C \times 0.02 = E(R_A) - R_f = 0.1 - 0.06 = 0.04$$

$$\sigma_{BP} = w_A \times 0.01 + w_B \times 0.2^2 + w_C \times 0.08 = E(R_B) - R_f = 0.2 - 0.06 = 0.14$$

$$\sigma_{CP} = w_A \times 0.02 + w_B \times 0.08 + w_C \times 0.5^2 = E(R_C) - R_f = 0.4 - 0.06 = 0.34$$

$$\therefore w_A = 0.6667,\ w_B = 2,\ w_C = 0.6667$$

〈접점포트폴리오를 구성하기 위한 각 주식에 대한 투자비율〉

$$w_A = \frac{0.6667}{3.3333} = 0.2,\ w_B = \frac{2}{3.3333} = 0.6,\ w_C = \frac{0.6667}{3.3333} = 0.2$$

문제 03 위험자산포트폴리오 CPA 12

두 위험자산의 기대수익률과 수익률의 표준편차가 다음과 같이 표로 주어져 있다.

	기대수익률$[E(R)]$	표준편차(σ)
자산 A	20%	30%
자산 B	10%	10%

아래의 독립적인 물음에 대해 각각 답하시오.

물음 1

두 개의 자산 A와 B로 포트폴리오를 구성하려 한다. 이때 나타날 수 있는 투자기회집합의 경계선 세 개를 표준편차와 기대수익률의 함수식(예: $E(R) = 2\sigma + 3\%$)으로 나타내시오.

물음 2

위에서 주어진 두 개의 자산 A와 B로 구성된 포트폴리오의 표준편차를 10%보다 작게 만들기 위해서는 두 자산 사이의 상관계수가 얼마보다 작아야 하는가? 계산결과는 반올림하여 소수점 둘째 자리까지 나타내시오.

물음 3

세 개의 위험자산 X, Y, Z만이 유통되는 자본시장에서 아래와 같은 두 개의 포트폴리오가 효율적 포트폴리오(efficient portfolio)임을 알게 되었다. 즉, Markowitz 경계선(frontier)상에 놓여 있다.

	자산의 구성비율(X : Y : Z)	기대수익률
효율적 포트폴리오(1)	(50% : 30% : 20%)	30%
효율적 포트폴리오(2)	(10% : 50% : 40%)	18%

기대수익률이 22%가 되는 효율적 포트폴리오의 자산 구성비를 백분율 기준으로 반올림하여 소수점 둘째 자리까지 나타내시오.

해답

물음 1

$E(R_P) = w_A \times 0.2 + (1 - w_A) \times 0.1 = w_A \times 0.1 + 0.1$

⟨$\rho_{AB} = +1$: $\sigma_P = w_A \times 0.3 + (1 - w_A) \times 0.1$인 경우⟩

$w_A = 5 \times \sigma_P - 0.5$

$\therefore\ E(R_P) = (5 \times \sigma_P - 0.5) \times 0.1 + 0.1 = 0.5 \times \sigma_P + 5\%$

⟨$\rho_{AB} = -1$: $\sigma_P = w_A \times 0.3 - (1 - w_A) \times 0.1$인 경우⟩

$w_A = 2.5 \times \sigma_P + 0.25$

$\therefore\ E(R_P) = (2.5 \times \sigma_P + 0.25) \times 0.1 + 0.1 = 0.25 \times \sigma_P + 12.5\%$

⟨$\rho_{AB} = -1$: $\sigma_P = -w_A \times 0.3 + (1 - w_A) \times 0.1$인 경우⟩

$w_A = -2.5 \times \sigma_P + 0.25$

$\therefore\ E(R_P) = (-2.5 \times \sigma_P + 0.25) \times 0.1 + 0.1 = -0.25 \times \sigma_P + 12.5\%$

물음 2

최소분산포트폴리오를 구성하는 자산 B에 대한 투자비율 < 1

$$w_B = \frac{\sigma_A^2 - \sigma_{AB}}{\sigma_A^2 + \sigma_B^2 - 2\sigma_{AB}} = \frac{0.3^2 - \rho_{AB} \times 0.3 \times 0.1}{0.3^2 + 0.1^2 - 2 \times \rho_{AB} \times 0.3 \times 0.1} < 1$$

$$\therefore \rho_{AB} < \frac{\sigma_B}{\sigma_A} = \frac{0.1}{0.3} = 0.3333$$

두 자산 사이의 상관계수가 +0.33보다 작아야 한다.

물음 3

$E(R_P) = w_1 E(R_1) + w_2 E(R_2) = w_1 \times 0.3 + (1 - w_1) \times 0.18 = 0.22$

$$\therefore w_1 = \frac{1}{3},\quad w_2 = \frac{2}{3}$$

⟨기대수익률이 22%인 효율적 포트폴리오의 자산 구성비⟩

$$\begin{aligned}\therefore\ X : Y : Z &= 23.33\% : 43.33\% : 33.33\% \\ &= \left(50\% \times \frac{1}{3} + 10\% \times \frac{2}{3}\right) : \left(30\% \times \frac{1}{3} + 50\% \times \frac{2}{3}\right) : \left(20\% \times \frac{1}{3} + 40\% \times \frac{2}{3}\right)\end{aligned}$$

문제 04 시장포트폴리오와 최적투자포트폴리오 CPA 13

물음 1

다음과 같이 시장에 두 개의 위험자산과 무위험자산이 존재하는 자본시장을 가정한다. 무위험이자율은 10%다.

위험자산	개별 자산의 시장가치
주식 A	200억원
주식 B	300억원

투자자 갑은 총 투자금액 1,000원을 시장포트폴리오와 무위험자산에 70%와 30%씩 나누어 투자하고 있다. 투자자 갑은 현재 주식 A와 주식 B에 투자한 금액이 향후 경기 상황에 따른 주가 변화로 인해 다음과 같이 바뀔 것으로 예상하고 있다. 이때 시장포트폴리오의 위험프리미엄은 몇 %인가? 각 상황별 수익률을 계산하여 시장포트폴리오의 위험프리미엄을 계산하고, 계산결과는 %로 표기하되 반올림하여 소수점 둘째 자리까지 표기하라.

경기상황	확률	주식 A	주식 B
호황	50%	350원	462원
불황	50%	315원	441원

물음 2

투자자 갑은 다음과 같은 효용함수를 가지고 있다.

$$U = E(R_p) - \frac{1}{2} \times \gamma \times \sigma_p^2$$

단, $E(R_p)$와 σ_p는 각각 포트폴리오의 수익률과 표준편차이고, γ는 위험회피계수이다. 투자자 갑은 위의 효용함수를 최대화하는 최적포트폴리오를 구성하고자 한다. $\gamma = 20$일 때, 투자자 갑의 총 투자금액 1,000원 가운데 주식 A와 주식 B에 투자해야 하는 금액은 각각 얼마인가? 이때 물음 1에서 계산한 결과를 이용하라. 계산결과는 반올림하여 원 단위로 표기하시오.

물음 3

시장포트폴리오에만 투자했을 때의 효용과 무위험자산에만 투자했을 때의 효용을 무차별하게 만드는 투자자 갑의 위험회피계수는 얼마인가? 단, 물음 1 ~ 물음 2에서 도출한 시장포트폴리오의 기대수익률과 분산을 이용하고, 물음 2에서 주어진 효용함수를 이용하라. 위험회피계수는 반올림하여 소수점 첫째 자리까지 표기하라.

물음 4

물음 2의 결과와 관계없이, 투자자 갑이 구성한 최적포트폴리오의 기대수익률은 12%, 표준편차는 5%, 무위험이자율은 10%로 가정한다. 위험회피계수가 20일 때, 투자자 갑이 선택한 최적포트폴리오의 확실성등가수익률은 얼마인가? 단, 물음 2에서 주어진 효용함수를 이용하라. 수익률은 %로 표기하되, 반올림하여 소수점 둘째 자리까지 표기하라.

해답

물음 1

$R_m = 0.4R_A + 0.6R_B$

주식 A 투자금액: 1,000원 $\times 0.7 \times 0.4 = 280$원

주식 B 투자금액: 1,000원 $\times 0.7 \times 0.6 = 420$원

경기상황	R_A	R_B	R_m
호황	25%	10%	16%
불황	12.5%	5%	8%
기대수익률	18.75%	7.5%	12%

∴ 시장포트폴리오의 위험프리미엄: $E(R_m) - R_f = 0.12 - 0.1 = 2\%$

물음 2

$\sigma_m = \sqrt{0.5 \times (0.16 - 0.12)^2 + 0.5 \times (0.08 - 0.12)^2} = 0.04$

평균 - 분산 무차별곡선의 기울기 $= \dfrac{\partial E(R_P)}{\partial \sigma_P} = \dfrac{\partial (U + 10 \times \sigma_P^2)}{\partial \sigma_P} = 20 \times \sigma_P$

자본시장선의 기울기 $= \dfrac{E(R_m) - R_f}{\sigma_m} = \dfrac{0.02}{0.04} = 0.5$

최적투자포트폴리오의 조건: $20 \times \sigma_P = 0.5$

$\sigma_P = 0.025 = w_m \times \sigma_m = w_m \times 0.04$

$\therefore w_m = 0.625$

주식 A 투자금액: 1,000원 $\times 0.625 \times 0.4 = 250$원

주식 B 투자금액: 1,000원 $\times 0.625 \times 0.6 = 375$원

물음 3

시장포트폴리오에만 투자했을 때의 효용: $U = 0.12 - \dfrac{1}{2} \times \gamma \times 0.04^2$

무위험자산에만 투자했을 때의 효용: $U = 0.1$

∴ 무차별하게 만드는 투자자 갑의 위험회피계수: $\gamma = 25$

물음 4

$U = 0.12 - \dfrac{1}{2} \times 20 \times 0.05^2 = 0.095 = R_{CER} - \dfrac{1}{2} \times 20 \times 0^2$

∴ 확실성등가수익률: $R_{CER} = 9.5\%$

문제 05 최적투자포트폴리오와 위험보상비율 CPA 14

주가지수를 복제한 포트폴리오의 기대수익률은 12%, 표준편차는 25%이며, 무위험이자율은 2%이다. 펀드매니저 김이 관리하고 있는 펀드 K는 위험자산만으로 구성되었으며, 기대수익률은 16%이고, 표준편차는 15%이다. 현재 펀드매니저 김은 펀드 K에 수수료를 부과하지 않고 있다.

물음 1

투자자 갑은 소극적 투자자로 주가지수를 복제한 포트폴리오와 무위험자산을 보유하고, 투자자 을은 펀드 K와 무위험자산을 보유하고 있다. 단, 무위험이자율로 무한정 차입과 대출이 가능하다고 가정한다.

① 투자자 갑은 주가지수를 복제한 포트폴리오와 무위험이자율에 각각 70%와 30%를 투자하고 있다. 투자자 갑이 보유한 포트폴리오의 기대수익률과 표준편차를 계산하라. 계산결과는 %단위로 표시하되 반올림하여 소수점 첫째 자리까지 표기하라.

② 투자자 을이 투자자 갑과 동일한 기대수익률을 얻기 위해서 펀드 K에 투자해야 하는 비율은 얼마이며, 이때 투자자 을이 부담하는 위험(표준편차)은 얼마인가? 투자비율의 계산결과는 반올림하여 소수점 첫째 자리까지 표기하고, 표준편차는 %단위로 표시하되 반올림하여 소수점 첫째 자리까지 표기하라.

③ ① ~ ②의 계산결과를 이용하여, 투자자 갑이 보유한 포트폴리오에 비해 투자자 을이 보유한 포트폴리오가 지니는 장점은 무엇인지 2줄 이내로 서술하라.

물음 2

펀드매니저 김은 펀드 K에 수수료를 부과하려고 한다. 투자자 갑과 을이 동일한 위험을 부담할 때 동일한 위험보상을 받을 수 있게 만드는 수수료는 몇 %인가? 계산결과는 %단위로 표시하되 반올림하여 소수점 첫째 자리까지 표기하라. 단, 수수료가 부과될 경우, 펀드의 기대수익률은 수수료가 부과되기 이전의 기대수익률에서 수수료를 차감하여 구한다.

물음 3

물음 1 ~ 물음 2의 결과와는 관계없이, 투자자 A는 주가지수를 복제한 포트폴리오와 무위험자산을 이용하여 최적포트폴리오를 구성하였다. 다음 물음에 답하라.

① 이 최적포트폴리오의 표준편차가 20%라면, 투자자 A가 주가지수를 복제한 포트폴리오에 투자하는 비율은 얼마인가?

② 투자자 A의 효용함수가 $U = E(R_P) - \frac{1}{2} \times A \times \sigma_P^2$라고 가정하면, 투자자 A의 위험회피계수는 얼마인가? 여기서, $E(R_P)$와 σ_P는 각각 주가지수를 복제한 포트폴리오와 무위험자산을 결합한 포트폴리오의 기대수익률과 표준편차이며, A는 위험회피계수이다.

해답

물음 1

① $R_{갑} = 0.7 \times R_m + 0.3 \times R_f$

$E(R_{갑}) = 0.7 \times 0.12 + 0.3 \times 0.02 = 9\%$

$\sigma_{갑} = 0.7 \times 0.25 = 17.5\%$

② $E(R_{을}) = 0.09 = w_K \times 0.16 + (1 - w_K) \times 0.02$

$\therefore w_K = 50\%$

$\sigma_{을} = 0.5 \times 0.15 = 7.5\%$

③ 투자자 을의 포트폴리오는 투자자 갑의 포트폴리오와 기대수익률은 동일하지만 수익률의 표준편차가 더 작은 포트폴리오이므로 위험보상비율이 보다 높다는 장점이 있다.

물음 2

$\sigma_{을} = w_K \times 0.15 = 17.5\%$

$\therefore w_K = 1.1667$

$E(R_{을}) = 0.09 = w_K \times [E(R_K) - 수수료] + w_f \times R_f$

$= 1.1667 \times [0.16 - 수수료] - 0.1667 \times 0.02$

$\therefore$ 수수료 $= 8\%$

물음 3

① $\sigma_A = 0.2 = w_m \times 0.25$

$\therefore w_m = 80\%$

② $E(R_P) = U + \frac{1}{2} \times A \times \sigma_P^2$

평균 - 분산 무차별곡선의 기울기: $\frac{\partial E(R_P)}{\partial \sigma_P} = \frac{1}{2} \times A \times 2 \times \sigma_P = 0.2 \times A$

자본시장선의 기울기: $\frac{E(R_m) - R_f}{\sigma_m} = \frac{0.12 - 0.02}{0.25} = 0.4$

최적투자포트폴리오의 조건: $0.2 \times A = 0.4$

$\therefore$ 투자자 A의 위험회피계수: $A = 2$

문제 06 최적투자포트폴리오와 운용수수료 CPA 22

다음의 정보를 이용하여 물음에 답하시오.

<투자자 갑>
(1) 펀드 A(주가지수 인덱스 펀드)와 무위험자산 보유
(2) A의 기대수익률은 10%, 표준편차는 53%
(3) 효용함수는 $U = E(R_p) - 0.84 \times \sigma_p^2$
* U는 효용, $E(R_p)$는 포트폴리오 기대수익률, σ_p^2은 포트폴리오 분산
* A는 위험자산 X, Y, Z로 구성

<투자자 을>
(1) 펀드 B(위험자산만으로 구성)와 무위험자산 보유
(2) B의 기대수익률은 26%, 표준편차는 88%

<공통사항>
(1) 무위험이자율은 1%
(2) 무위험이자율로 무한 차입과 대출 가능

※ 물음 1 ~ 물음 4는 독립적이다.

물음 1

A는 X 30%, Y 30%, Z 40%로 구성되어 있다. 갑의 총 투자액은 5천만원이고 포트폴리오의 표준편차는 15%이다. 갑이 X에 투자하는 금액을 구하시오. 계산결과는 천원 단위까지 표시하시오.

물음 2

갑은 A와 무위험자산에 6 : 4로 투자한다. 을의 포트폴리오 기대수익률은 갑보다 4%p 높다. 을의 포트폴리오 수익률의 분산을 계산하시오. 계산결과는 %단위로 소수점 아래 둘째 자리에서 반올림하여 첫째 자리까지 표시하시오.

물음 3

을은 B와 무위험자산의 운용을 자산관리자(PB: Private Banker)에 위임하고 있다. 을의 PB 수수료는 운용자산의 4%이다(운용자산의 수수료 차감 후 수익률 = 운용자산의 수수료 차감 전 수익률 - 4%). 수수료 차감 후 을의 샤프지수는 갑과 동일하다. 갑은 A와 무위험자산에 6 : 4로 직접 투자한다. 을의 B에 대한 투자비율을 계산하시오. 계산결과는 %단위로 소수점 아래 둘째 자리에서 반올림하여 첫째 자리까지 표시하시오.

물음 4

갑의 효용을 극대화시키는 A에 대한 투자비율을 구하시오. 계산결과는 %단위로 소수점 아래 둘째 자리에서 반올림하여 첫째 자리까지 표시하시오.

해답

물음 1

$\sigma_{갑} = 0.15 = w_A \sigma_A = w_A \times 0.53$

$\therefore w_A = 0.283$

X에 투자하는 금액 $= 5{,}000$만원 $\times 0.283 \times 0.3 = 4{,}245$천원

물음 2

$E(R_{갑}) = 0.6 \times E(R_A) + 0.4 \times R_f = 0.6 \times 0.1 + 0.4 \times 0.01 = 0.064$

$E(R_{을}) = E(R_{갑}) + 0.04 = 0.064 + 0.04 = 0.104 = w_B \times 0.26 + (1 - w_B) \times 0.01$

$\therefore w_B = 0.376$

$\sigma^2_{을} = (w_B \sigma_B)^2 = (0.376 \times 0.88)^2 = 0.10948 = 10.9\%$

물음 3

갑의 샤프지수 $= \dfrac{E(R_{갑}) - R_f}{\sigma_{갑} = w_A \sigma_A} = \dfrac{0.064 - 0.01}{0.6 \times 0.53 = 0.318}$

$=$ 을의 세후 샤프지수 $= \dfrac{E(R_{을}) - 0.04 - 0.01}{\sigma_{을}} = \dfrac{[w_B \times 0.26 + (1 - w_B) \times 0.01] - 0.04 - 0.01}{w_B \times 0.88}$

$\therefore w_B = 0.3977 = 39.8\%$

물음 4

$E(R_P) = U + 0.84 \times \sigma_P^2$

평균-분산 무차별곡선의 기울기 $= \dfrac{\partial E(R_P)}{\partial \sigma_P} = 2 \times 0.84 \times \sigma_P = 1.68 \times \sigma_P$

자본시장선의 기울기 $= \dfrac{E(R_A) - R_f}{\sigma_A} = \dfrac{0.1 - 0.01}{0.53} = 0.1698$

최적투자포트폴리오의 조건: $1.68 \times \sigma_P = 0.1698$

$\sigma_P = \dfrac{0.1698}{1.68} = 0.1011 = w_m \times \sigma_m = w_m \times 0.53$

$\therefore w_m = 0.1907 = 19.1\%$

문제 07 위험회피정도와 최적투자포트폴리오

CPA 15

주식 A의 수익률에 대한 확률분포는 아래와 같다.

상황	확률	수익률
I	0.5	20%
II	0.5	- 10%

물음 1

다음 물음에 대하여 답하라.

① 주식 A의 기대수익률과 표준편차를 계산하라.

② 주식 A와 주식 B의 수익률은 $R_B = 3\% + 0.2R_A$의 관계를 가지고 있다. 투자자 갑은 주식 A와 주식 B, 두 위험자산만으로 포트폴리오 K를 구성하고자 한다. 투자자 갑은 포트폴리오 K의 표준편차가 0이 되기를 원한다. 이때 주식 A에 대한 투자비율은 얼마인가? 단, 공매가 가능하다고 가정한다.

물음 2

주식 C의 기대수익률과 표준편차는 각각 10%와 20%이다. 또한 주식 A와 주식 C의 상관계수는 0.3이다. 투자자 갑은 주식 A와 주식 C로 구성된 포트폴리오를 구성하고자 한다. 이 포트폴리오 가운데 샤프비율$\left[\dfrac{E(R_P)-R_f}{\sigma_P}\right]$이 극대화되는 위험포트폴리오 M의 기대수익률과 표준편차는 얼마인가? 무위험수익률은 3%라고 가정한다. 계산과정 중 분산, 공분산과 관련된 수치는 반올림하여 소수점 넷째 자리까지 계산하고, 계산결과는 %단위로 표시하되 반올림하여 소수점 둘째 자리까지 표시하라.

물음 3

투자자 갑의 차입이자율과 대출이자율은 각각 5%와 3%라고 하자. 이 투자자가 차입도 하지 않고, 대출도 하지 않는 투자비율, 즉 위험포트폴리오 M에 대한 투자비율이 1이 되도록 하는 위험회피계수의 범위는 얼마인가? 단, 투자자 갑의 효용함수는 $U = E(R_P) - \frac{1}{2} \times \gamma \times \sigma_P^2$이다. 여기서, $E(R_P)$와 σ_P는 각각 위험포트폴리오 M과 무위험자산이 결합한 포트폴리오의 기대수익률과 표준편차이고, γ는 위험회피계수이다. 물음 2에서 도출한 위험포트폴리오 M의 기대수익률과 표준편차를 이용하라. 계산결과는 반올림하여 소수점 넷째 자리까지 표시하라.

물음 4

물음 1 ~ 물음 3의 결과와는 관계없이, 위험회피형 투자자 갑과 을이 있다고 가정하자. 다음 문장에 대하여 "옳다" 혹은 "옳지 않다" 중 하나로 답하고, 그 이유를 간략하게 서술하라. 단, 무차별곡선은 기대수익률(Y축)과 표준편차(X축)의 공간에 존재하며, 동일한 표준편차를 기준으로 기울기를 평가한다.

투자자 갑의 위험회피도가 투자자 을의 위험회피도보다 더 높다면, 투자자 갑의 무차별곡선의 기울기가 투자자 을의 무차별곡선의 기울기보다 더 크다.

해답

물음 1

① $E(R_A) = 0.5 \times 0.2 + 0.5 \times (-0.1) = 0.05$

$\sigma_A = \sqrt{0.5 \times (0.2 - 0.05)^2 + 0.5 \times (-0.1 - 0.05)^2} = 0.15$

② $E(R_B) = 0.03 + 0.2 \times E(R_A) = 0.03 + 0.2 \times 0.05 = 0.04$

$\sigma_B = \sqrt{0.2^2 \times 0.15^2} = 0.03$

$\sigma_{AB} = \rho_{AB} \times \sigma_A \times \sigma_B = 1 \times 0.15 \times 0.03 = 0.0045$

$$w_A = \frac{0.03^2 - 0.0045}{0.15^2 + 0.03^2 - 2 \times 0.0045} = -0.25$$

물음 2

$\sigma_{AC} = \rho_{AC} \times \sigma_A \times \sigma_C = 0.3 \times 0.15 \times 0.2 = 0.009$

$$\frac{E(R_A) - R_f}{\sigma_{AP}} = \frac{0.05 - 0.03}{w_A \times 0.15^2 + (1 - w_A) \times 0.009}$$

$$= \frac{E(R_C) - R_f}{\sigma_{CP}} = \frac{0.1 - 0.03}{(1 - w_A) \times 0.2^2 + w_A \times 0.009}$$

$\therefore w_A = 0.1086,\ w_C = 0.8914$

$E(R_m) = 0.1086 \times 0.05 + 0.8914 \times 0.1 = 9.46\%$

$\sigma_m = \sqrt{0.1086^2 \times 0.15^2 + 0.8914^2 \times 0.2^2 + 2 \times 0.1086 \times 0.8914 \times 0.009} = 18.38\%$

물음 3

$$E(R_P) = U + \frac{1}{2} \times \gamma \times \sigma_P^2$$

평균 − 분산 무차별곡선의 기울기: $\dfrac{d\,E(R_P)}{d\,\sigma_P} = \gamma \times \sigma_P$

위험회피계수의 범위: $\dfrac{0.0946 - 0.05}{0.1838} \leq \gamma \times 0.1838 \leq \dfrac{0.0946 - 0.03}{0.1838}$

$\therefore 1.3202 \leq \gamma \leq 1.9122$

물음 4

옳다.

위험회피도가 더 높은 투자자일수록 동일한 위험증가에 대해 더 큰 기대수익률의 증가를 요구할 것이므로 위험회피도가 더 높은 갑의 무차별곡선의 기울기($\gamma \times \sigma_P$)가 더 크다. 물음 3에서 제시된 효용함수의 경우에도 위험회피도(γ)가 높으면 무차별곡선의 기울기($\gamma \times \sigma_P$)가 더 크다.

문제 08 지수펀드와 추적오차

CPA 21

시장에는 주식 A, B, C와 무위험자산만이 존재한다고 가정한다. 시장포트폴리오는 주식 A, B, C로 구성된다. 세 개의 주식 수익률은 상호 독립적이다. 개별 주식과 시장포트폴리오 수익률의 공분산 대비 개별 주식의 위험프리미엄 비율은 모두 동일한 균형상태이다. 무위험자산의 수익률은 2%이다. 주식 A, B, C의 기대수익률과 표준편차는 아래 표와 같다.

구분	기대수익률	표준편차
주식 A	12%	10%
주식 B	7%	5%
주식 C	2.8%	2%

물음 1

시장포트폴리오의 기대수익률을 계산하시오. 계산결과는 %단위로 소수점 아래 셋째 자리에서 반올림하여 둘째 자리까지 표시하시오.

물음 2

주식 B의 베타값을 계산하시오. 계산결과는 소수점 아래 셋째 자리에서 반올림하여 둘째 자리까지 표시하시오.

위에서 결정된 시장포트폴리오의 개별주식 투자비율을 A 40%, B 40%, C 20%라고 가정하자. 이 투자비율을 유지하는 포트폴리오 D가 있다. (주)대한자산운용은 포트폴리오 D를 기초자산(벤치마크)으로 하는 KR ETF(Exchange-Traded Fund)를 출시하였다. KR ETF는 7월 1일 1주당 1만원에 상장되었다. KR ETF의 상장 전일 주식 A, B, C의 종가는 모두 1만원이었다. 주식 A, B, C의 주가와 KR ETF의 주당 가격 및 순자산가치(NAV)는 다음과 같다.

(단위: 원)

일자	주식 A	주식 B	주식 C	KR ETF	KR ETF NAV
7/31	10,700	11,000	11,100	11,300	11,000
8/31	10,600	10,700	10,400	10,500	10,450

물음 3

KR ETF의 추적오차(tracking error)를 계산하시오.

단, 추적오차는 $\sqrt{\dfrac{\sum_{t=1}^{n}[(r_{ETFNt}-r_{BMt})-(\overline{r_{ETFNt}-r_{BMt}})]^2}{n-1}}$ 으로 계산된다(r_{ETFNt}는 t시점의 ETF NAV 수익률, r_{BMt} 는 t시점의 벤치마크 수익률, $(\overline{r_{ETFNt}-r_{BMt}})$는 ETF NAV 수익률과 벤치마크 수익률 차이의 평균). 계산결과는 %단위로 소수점 아래 셋째 자리에서 반올림하여 둘째 자리까지 표시하시오.

물음 4

ETF에 대한 투자는 주식 투자전략 중 하나에 포함된다. ETF에 대한 투자전략을 효율적시장가설(EMH)과 관련지어 세 줄 이내로 설명하시오.

해답

물음 1

$\sigma_{Am} = w_A\sigma_A^2 = w_A \times 0.1^2$

$\sigma_{Bm} = w_B\sigma_B^2 = w_B \times 0.05^2$

$\sigma_{Cm} = w_C\sigma_C^2 = w_C \times 0.02^2$

$$\frac{E(R_A)-R_f}{\sigma_{Am}} = \frac{E(R_B)-R_f}{\sigma_{Bm}} = \frac{E(R_C)-R_f}{\sigma_{Cm}}$$

$$\frac{0.12-0.02}{0.01w_A} = \frac{0.07-0.02}{0.0025w_B} = \frac{0.028-0.02}{0.0004w_C}$$

$\therefore w_A = 0.2,\ w_B = 0.4,\ w_C = 0.4$

시장포트폴리오의 기대수익률: $E(R_m) = 0.2 \times 0.12 + 0.4 \times 0.07 + 0.4 \times 0.028 = 6.32\%$

물음 2

$E(R_B) = 0.07 = 0.02 + (0.0632 - 0.02) \times \beta_B$

$\therefore \beta_B = 1.16$

물음 3

7월 $r_{ETFN} = \frac{11{,}000\text{원}}{10{,}000\text{원}} - 1 = 0.1$

7월 $r_{BM} = \frac{0.4 \times 10{,}700\text{원} + 0.4 \times 11{,}000\text{원} + 0.2 \times 11{,}100\text{원} = 10{,}900\text{원}}{0.4 \times 10{,}000\text{원} + 0.4 \times 10{,}000\text{원} + 0.2 \times 10{,}000\text{원} = 10{,}000\text{원}} - 1 = 0.09$

7월 $(r_{ETFN} - r_{BM}) = 0.1 - 0.09 = 0.01$

8월 $r_{ETFN} = \frac{10{,}450\text{원}}{11{,}000\text{원}} - 1 = -0.05$

8월 $r_{BM} = \frac{0.4 \times 10{,}600\text{원} + 0.4 \times 10{,}700\text{원} + 0.2 \times 10{,}400\text{원} = 10{,}600\text{원}}{0.4 \times 10{,}700\text{원} + 0.4 \times 11{,}000\text{원} + 0.2 \times 11{,}100\text{원} = 10{,}900\text{원}} - 1 = -0.0275$

8월 $(r_{ETFN} - r_{BM}) = -0.05 - (-0.0275) = -0.0225$

$$(\overline{r_{ETFN\,t} - r_{BM\,t}}) = \frac{0.01 + (-0.0225)}{2} = -0.00625$$

추적오차$= \sqrt{\frac{[0.01-(-0.00625)]^2 + [-0.0225-(-0.00625)]^2}{2-1}} = 2.30\%$

물음 4

ETF에 대한 투자는 시장포트폴리오를 복제한 지수펀드에 대한 투자를 의미한다. 시장이 효율적인 경우에는 초과수익을 달성하는 것이 불가능하므로 소극적 투자전략으로서 시장의 수익과 위험을 그대로 추종하는 ETF(지수펀드)에 대한 투자가 유효하다고 할 수 있다.

문제 09 시장포트폴리오 수익률과의 상관계수

CPA 19

물음 1 ~ 물음 5는 각각 독립적인 물음이다.

표준편차와 기대수익률의 공간에 위험자산 $A \sim D$를 표시하면 다음 그림과 같다.

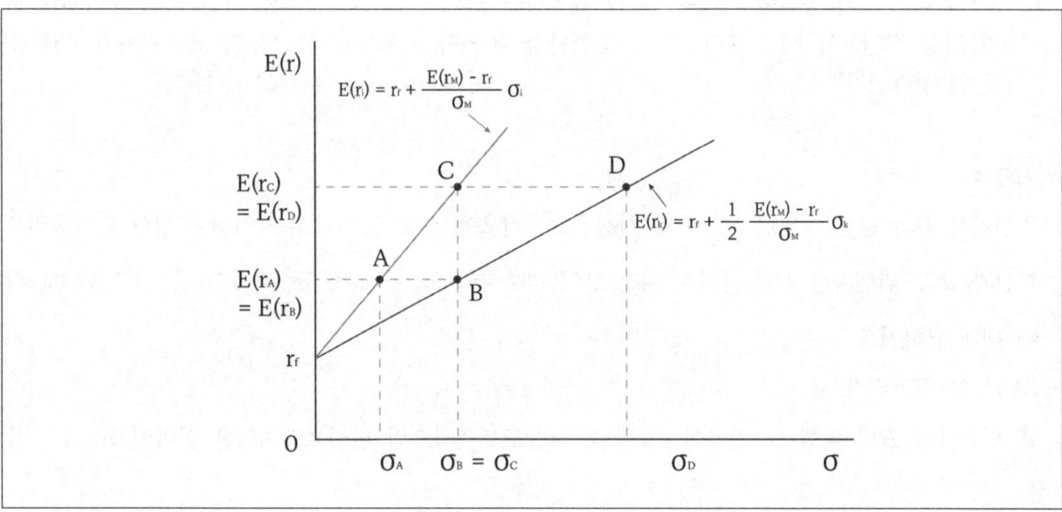

그림에서 r_f와 $E(r_M)$은 각각 무위험이자율과 시장포트폴리오의 기대수익률을 나타내고, σ_M은 시장포트폴리오 수익률의 표준편차를 나타낸다. 또한, $E(r_j)$와 σ_j는 각각 위험자산 j(j = A, B, C, D)의 기대수익률과 수익률의 표준편차를 나타낸다. 다음 가정하에 물음에 답하시오.

(1) 위험자산 $A \sim D$의 위험프리미엄은 모두 0보다 크다.
(2) 위험자산 B와 C 수익률 사이의 상관계수는 -1보다 크고 1보다 작다.
(3) 위험자산 C의 위험프리미엄은 위험자산 A의 위험프리미엄의 2배이다.
(4) CAPM이 성립한다.

물음 1

위험자산 A의 위험프리미엄과 수익률의 표준편차(σ_A)는 각각 3%와 6%라고 하자. 효율적 포트폴리오 E의 표준편차가 7%라면, 포트폴리오 E의 기대수익률은 얼마인가? 단, 무위험이자율은 5%이다.

물음 2

위험자산 B와 D에 각각 40%와 60%를 투자하여 구성한 포트폴리오의 기대수익률이 시장포트폴리오의 기대수익률과 동일하다고 가정할 때, 다음에 대해 답하시오.

① β_A와 β_C는 각각 얼마인가?

② 위험자산 A와 C를 결합하여 구성한 포트폴리오의 표준편차가 0이기 위한 위험자산 A의 구성비율은 얼마인가?

물음 3

위험자산 B와 C를 이용하여 포트폴리오를 구성하고자 한다. 다음에 대해 답하시오.

① 포트폴리오 F는 위험자산 B와 C로 구성한 최소분산포트폴리오(minimum variance portfolio)이다. 포트폴리오 F를 만들기 위한 위험자산 B의 구성비율은 얼마인가?

② 포트폴리오 F와 동일한 기대수익률을 제공하는 포트폴리오들 가운데 포트폴리오 X의 표준편차가 가장 작다. 시장포트폴리오의 표준편차가 20%이고 포트폴리오 X의 표준편차가 45%라면, β_B는 얼마인가?

물음 4

위험자산 P의 분산은 위험자산 B와 시장포트폴리오에 각각 50%씩 투자하여 구성한 포트폴리오의 분산과 같다. 위험자산 P의 분산이 시장포트폴리오 분산의 $\frac{3}{4}$배(즉, $\sigma_P^2 = 0.75\sigma_M^2$)라고 할 때, 다음에 대해 답하시오.

① β_A는 얼마인가?

② 위험자산 B의 위험프리미엄이 6%라면, 시장포트폴리오의 위험프리미엄은 얼마인가?

물음 5

자본시장의 불균형이 발생한 경우, CAPM모형과 APT모형에서 시장균형을 회복하는 과정이 서로 차이를 보이는데, 그 차이점이 무엇인지 5줄 이내로 설명하시오.

해답

물음 1

$$E(R_A)-R_f=0.03=\frac{E(R_m)-R_f}{\sigma_m}\times\sigma_A=\frac{E(R_m)-R_f}{\sigma_m}\times 0.06$$

$$\therefore\ \frac{E(R_m)-R_f}{\sigma_m}=0.5$$

$$E(R_E)=R_f+\frac{E(R_m)-R_f}{\sigma_m}\times\sigma_E=0.05+0.5\times 0.07=0.085$$

물음 2

① $E(R_m)=0.4\times E(R_B)+0.6\times E(R_D)$

$=0.4\times E(R_A)+0.6\times E(R_C)$ $\quad\because E(R_A)=E(R_B),\ E(R_C)=E(R_D)$

$\beta_m=1=0.4\times\beta_A+0.6\times\beta_C$

$=0.4\times\beta_A+0.6\times\beta_A\times 2$ $\quad\because E(R_C)-R_f=[E(R_A)-R_f]\times 2$

$\therefore\ \beta_A=0.625,\ \beta_C=1.25$

② $\sigma_P=0=w_A\times\sigma_A+w_C\times\sigma_C$ $\quad\because \rho_{AC}=+1$

$=w_A\times\sigma_A+(1-w_A)\times\sigma_A\times 2$ $\quad\because \sigma_C=\sigma_A\times 2$

$\therefore\ w_A=2$

물음 3

① $w_B=\dfrac{\sigma_C^2-\sigma_{BC}}{\sigma_B^2+\sigma_C^2-2\times\sigma_{BC}}=\dfrac{\sigma_C^2-\sigma_B\sigma_C\rho_{BC}}{\sigma_B^2+\sigma_C^2-2\times\sigma_B\sigma_C\rho_{BC}}=\dfrac{\sigma^2-\sigma\sigma\rho_{BC}}{\sigma^2+\sigma^2-2\times\sigma\sigma\rho_{BC}}$ $\quad\because \sigma_B=\sigma_C$

$=\dfrac{\sigma^2-\sigma^2\rho_{BC}}{2\times\sigma^2-2\times\sigma^2\rho_{BC}}=\dfrac{\sigma^2\times(1-\rho_{BC})}{2\times\sigma^2\times(1-\rho_{BC})}=0.5$

② $\beta_F=0.5\times\beta_B+0.5\times\beta_C$

$=0.5\times\beta_B+0.5\times\beta_B\times 2=1.5\times\beta_B$ $\quad\because \beta_C=\beta_A\times 2=\beta_B\times 2$

$=\beta_X=\dfrac{\sigma_X}{\sigma_m}\times\rho_{Xm}=\dfrac{0.45}{0.2}\times 1=2.25$ $\quad\because$ 포트폴리오 X는 CML상 포트폴리오

$\therefore\ \beta_B=\dfrac{2.25}{1.5}=1.5$

물음 4

① $\sigma_P^2 = 0.5^2 \times \sigma_B^2 + 0.5^2 \times \sigma_m^2 + 2 \times 0.5 \times 0.5 \times \sigma_B \times \sigma_m \times \rho_{Bm}$

$= 0.25 \times \sigma_B^2 + 0.25 \times \sigma_m^2 + 2 \times 0.25 \times \sigma_B \times \sigma_m \times 0.5 = 0.75 \times \sigma_m^2$

$\sigma_B^2 + \sigma_B \times \sigma_m - 2 \times \sigma_m^2 = 0$

$(\sigma_B + 2 \times \sigma_m) \times (\sigma_B - \sigma_m) = 0$

$\therefore \sigma_B = \sigma_m$ $\quad\because \sigma \geq 0$

$\beta_A = \beta_B = \frac{\sigma_B}{\sigma_m} \times \rho_{Bm} = 1 \times 0.5 = 0.5$ $\quad\because E(R_A) = E(R_B)$

② $E(R_B) - R_f = [E(R_m) - R_f] \times \beta_B = [E(R_m) - R_f] \times 0.5 = 0.06$

$\therefore E(R_m) - R_f = 0.12$

물음 5

CAPM의 경우에는 투자자들이 제한된 범위 내에서 각자의 포트폴리오 구성을 조금씩 변경시키지만 모든 투자자들이 이러한 거래를 하게 됨에 따라 거대한 매수/매도 세력이 형성되어 균형이 회복되기 때문에 충분히 많은 투자자들의 참여가 반드시 필요하다. 반면에 APT의 경우에는 소수의 투자자들만 불균형을 인지해도 무한대 규모의 차익거래가 구성 가능하기 때문에 균형회복 과정에 많은 수의 투자자들의 참여가 불필요하다.

문제 10 제로베타포트폴리오

CPA 08

자본자산가격결정모형(CAPM)이 성립하는 자본시장에 자산 X와 자산 Y만 존재한다고 가정하자. 시장포트폴리오의 기대수익률과 표준편차는 각각 12.5%와 5.81%이고, 두 자산의 상관계수는 0.2이며, 자산 X와 자산 Y의 수익률의 기댓값과 표준편차는 다음의 표와 같다. 이를 참조하여 다음 질문에 답하시오.

	자산 X	자산 Y
기대수익률	20%	10%
표준편차	15%	5%

물음 1

시장포트폴리오를 구성하는 자산 X와 자산 Y의 시장가치비율을 계산하시오.

물음 2

적정 무위험수익률을 계산하시오.

해답

물음 1

$E(R_m) = 0.125 = w_X \times E(R_X) + w_Y \times E(R_Y) = w_X \times 0.2 + (1 - w_X) \times 0.1$

$\therefore w_X = 0.25, \quad w_Y = 0.75$

물음 2

$R_m = 0.25R_X + 0.75R_Y$

$R_Z = w_X R_X + w_Y R_Y$

$Cov(R_Z, R_m) = Cov(w_X R_X + w_Y R_Y,\ 0.25R_X + 0.75R_Y) = w_X \times 0.0045 + 0.00225 = 0$

$\therefore w_X = -0.5, \quad w_Y = 1.5$

적정 $R_f = E(R_Z) = -0.5 \times 0.2 + 1.5 \times 0.1 = 0.05$

문제 11 CAPM과 제로베타포트폴리오 CPA 15

다음은 주식 A, B, C, 시장포트폴리오의 기대수익률, 표준편차, 시장포트폴리오와의 상관계수를 나타낸다.

구분	기대수익률	표준편차	시장포트폴리오와의 상관계수
주식 A	14.00%	( )	1.0
주식 B	14.00%	15.00%	0.8
주식 C	( )	( )	0.8
시장포트폴리오	( )	10.00%	1.0

물음 1

CAPM이 성립한다고 가정하자. 시장에서 투자자들의 평균적 위험회피계수가 4일 때, 시장포트폴리오의 위험프리미엄을 계산하라. 단, 투자자들의 효용함수는 $U = E(R_P) - \frac{1}{4} \times \gamma \times \sigma_P^2$이며, 여기서, $E(R_P)$와 σ_P는 각각 시장포트폴리오와 무위험자산이 결합한 포트폴리오의 기대수익률과 표준편차이고, γ는 위험회피계수이다.

물음 2

물음 1과는 관계없이, CAPM이 성립한다고 가정하고, 다음 물음에 대해 답하라. 무위험수익률은 5%이다.

① 주식 A의 표준편차와 시장포트폴리오의 기대수익률은 얼마인가?

② 주식 C의 기대수익률이 시장포트폴리오의 기대수익률과 동일하다면, 주식 C의 표준편차는 얼마인가?

③ 주식 A와 무위험자산을 결합한 포트폴리오 K의 기대수익률은 11.3%이다. 이 포트폴리오의 베타를 계산하라. 또한, 포트폴리오 K와 시장포트폴리오의 상관계수가 1임을 보여라.

물음 3

물음 1 ~ 물음 2와는 관계없이, 무위험자산이 존재하지 않는 완전자본시장을 가정하자. 시장에는 주식 B와 주식 D만 존재하며, 주식 B와 주식 D의 시장가치는 각각 6억원과 4억원이고, 주식 B와 주식 D의 상관계수는 0이다. 주식 D의 기대수익률과 표준편차는 각각 16%와 20%이다. 주식 B와 D로 구성된 제로베타포트폴리오의 기대수익률은 얼마인가?

물음 4

물음 1 ~ 물음 3과는 관계없이, CAPM이 성립한다고 가정할 때 다음 문장에 대하여 "옳다" 혹은 "옳지 않다"라고 답하고, 그 이유를 간략하게 서술하라.

> 자본시장에는 위험프리미엄이 0보다 작은 위험자산이 존재할 수 있으나, 투자자들은 이 위험자산을 보유하려 하지 않을 것이다.

해답

물음 1

$$\frac{\partial E(R_P)}{\partial \sigma_P} = 2 \times \frac{1}{4} \times \gamma \times \sigma_P = 2 \times \sigma_m = \frac{E(R_m) - R_f}{\sigma_m}$$

시장포트폴리오의 위험프리미엄: $E(R_m) - R_f = 2 \times \sigma_m^2 = 2 \times 0.1^2 = 0.02$

물음 2

① $\beta_B = \dfrac{\sigma_B}{\sigma_m} \times \rho_{Bm} = \dfrac{0.15}{0.1} \times 0.8 = 1.2$

$\beta_A = \dfrac{\sigma_A}{\sigma_m} \times \rho_{Am} = \dfrac{\sigma_A}{0.1} \times 1.0 = \beta_B = 1.2$ $\qquad \because E(R_A) = E(R_B)$

$\therefore \sigma_A = 0.12$

$E(R_B) = 0.05 + [E(R_m) - 0.05] \times 1.2 = 0.14$

$\therefore$ 시장포트폴리오의 기대수익률: $E(R_m) = 0.125$

② $\beta_C = \beta_m = 1 = \dfrac{\sigma_C}{0.1} \times 0.8$ $\qquad \because E(R_C) = E(R_m)$

$\therefore \sigma_C = 0.125$

③ $E(R_K) = 0.113 = w_A \times E(R_A) + w_f \times R_f = w_A \times 0.14 + (1 - w_A) \times 0.05$

$\therefore w_A = 0.7,\ w_f = 0.3$

포트폴리오 K의 베타: $\beta_K = 0.7 \times 1.2 + 0.3 \times 0 = 0.84$

$\sigma_K = w_A \times \sigma_A = 0.7 \times 0.12 = 0.084$

$\beta_K = 0.84 = \dfrac{\sigma_K}{\sigma_m} \times \rho_{Km} = \dfrac{0.084}{0.1} \times \rho_{Km}$

$\therefore$ 포트폴리오 K와 시장포트폴리오의 상관계수: $\rho_{Km} = 1$

물음 3

$R_m = 0.6 \times R_B + 0.4 \times R_D$

$R_Z = w_B \times R_B + (1 - w_B) \times R_D$

$$\begin{aligned} Cov(R_m,\ R_Z) &= Cov[0.6 \times R_B + 0.4 \times R_D,\ w_B \times R_B + (1 - w_B) \times R_D] \\ &= -0.0025 \times w_B + 0.016 = 0 \end{aligned}$$

$\therefore w_B = 6.4,\ w_D = -5.4$

$E(R_Z) = 6.4 \times 0.14 + (-5.4) \times 0.16 = 0.032$

물음 4

옳지 않다.

시장포트폴리오와의 상관계수가 음(−)수인 위험자산의 베타는 음(−)수가 되며, 위험프리미엄은 0보다 작다. 해당 자산을 포함하여 포트폴리오를 구성하는 경우에 체계적위험을 더 감소시킬 수 있으므로 투자자들은 해당 자산을 보유하려고 할 것이다.

문제 12 최적포트폴리오와 제로베타포트폴리오 CPA 18

주식 A의 기대수익률은 15%, 수익률의 표준편차는 22%이고, 무위험이자율은 7%이다. 투자자의 효용함수는 $U = E(r_p) - 0.005\gamma\sigma_p^2$이다. 다음 물음에 답하시오. $E(r_p)$와 σ_p는 각각 포트폴리오의 기대수익률과 표준편차이고, γ는 위험회피계수이다. 효용함수를 이용하여 계산할 때는 수익률과 표준편차를 %단위로 적용하시오.

물음 1

위험회피계수가 4인 투자자가 무위험자산과 주식 A를 이용해 최적포트폴리오를 구성하려고 한다. 이 최적포트폴리오의 기대수익률과 표준편차를 계산하시오. %단위로, 소수점 아래 셋째 자리에서 반올림하여 둘째 자리까지 표시하시오.

물음 2

투자자 갑의 차입이자율은 8%라고 하자. 투자자 갑의 최적포트폴리오의 구성비중이 차입이자율의 변화에 영향을 받지 않기 위해서는 투자자의 위험회피계수 γ가 어떠한 범위에 있어야 하는가? 소수점 아래 셋째 자리에서 반올림하여 둘째 자리까지 표시하시오.

물음 3

위험회피계수가 1.2인 투자자 을이 있다. 차입이자율이 8%에서 9%로 상승하는 경우, 투자자 을이 구성한 최적포트폴리오의 기대수익률은 어떻게 변화하는가? %단위로, 소수점 아래 셋째 자리에서 반올림하여 둘째 자리까지 표시하시오.

물음 4

주식 B의 기대수익률은 10%, 수익률의 표준편차는 10%이다. 자본시장에 주식 A와 주식 B만 존재한다고 가정하자. 두 주식의 상관계수는 0.2이고, 시장포트폴리오의 기대수익률은 12.5%이다. CAPM이 성립한다고 가정하고 적정 무위험이자율을 계산하시오. %단위로, 소수점 아래 셋째 자리에서 반올림하여 둘째 자리까지 표시하시오.

해답

물음 1

$$E(R_P) = U + 0.005 \times 4 \times \sigma_P^2$$

$$\frac{\partial E(R_P)}{\partial \sigma_P} = 2 \times 0.005 \times 4 \times \sigma_P = \frac{E(R_A) - R_f}{\sigma_A} = \frac{15\% - 7\%}{22\%} = 0.3636$$

$$\sigma_P = 9.09\%$$

$$E(R_P) = R_f + \frac{E(R_A) - R_f}{\sigma_A} \times \sigma_P = 7\% + \frac{15\% - 7\%}{22\%} \times 9.09\% = 10.31\%$$

물음 2

투자자 갑의 최적포트폴리오가 대출포트폴리오인 경우에는 최적포트폴리오의 구성비중이 차입이자율의 변화에 영향을 받지 않게 되며, 대출포트폴리오 수익률의 표준편차는 주식 A의 표준편차보다 작다.

$$\frac{\partial E(R_P)}{\partial \sigma_P} = 0.01 \times \gamma \times \sigma_P = \frac{E(R_A) - R_f^{대출}}{\sigma_A} = \frac{15\% - 7\%}{22\%} = 0.3636$$

$$\sigma_P = \frac{0.3636}{0.01 \times \gamma} < 22\%$$

$$\therefore \ \gamma > 1.65$$

물음 3

〈차입이자율이 8%인 경우 투자자 을의 최적포트폴리오〉

$0.01 \times 1.2 \times \sigma_P = \frac{15\% - 8\%}{22\%}$

$\sigma_P = 26.52\% = w_A \times \sigma_A = w_A \times 22\%$

$\therefore w_A = 1.2055, \; w_f = -0.2055$

$$E(R_P) = R_f^{차입} + \frac{E(R_A) - R_f^{차입}}{\sigma_A} \times \sigma_P = 8\% + \frac{15\% - 8\%}{22\%} \times 26.52\%$$
$$= w_f \times R_f^{차입} + w_A \times E(R_A) = -0.2055 \times 8\% + 1.2055 \times 15\% = 16.44\%$$

〈차입이자율이 9%로 상승한 경우 투자자 을의 최적포트폴리오〉

$0.01 \times 1.2 \times \sigma_P = \frac{15\% - 9\%}{22\%}$

$\sigma_P = 22.73\% = w_A \times \sigma_A = w_A \times 22\%$

$\therefore w_A = 1.0332, \; w_f = -0.0332$

$$E(R_P) = R_f^{차입} + \frac{E(R_A) - R_f^{차입}}{\sigma_A} \times \sigma_P = 9\% + \frac{15\% - 9\%}{22\%} \times 22.73\%$$
$$= w_f \times R_f^{차입} + w_A \times E(R_A) = -0.0332 \times 9\% + 1.0332 \times 15\% = 15.20\%$$

∴ 투자자 을이 구성한 최적포트폴리오의 기대수익률은 1.24%p만큼 감소한다.

물음 4

시장포트폴리오: $E(R_m) = 12.5\% = w_A \times 15\% + (1 - w_A) \times 10\%$

$\therefore w_A = 0.5, \; w_B = 0.5$

제로베타포트폴리오: $R_Z = w_A \times R_A + (1 - w_A) \times R_B$

$Cov(R_Z, R_m) = Cov[w_A \times R_A + (1 - w_A) \times R_B, \; 0.5 \times R_A + 0.5 \times R_B] = 0$

$\therefore w_A = -0.375, \; w_B = 1.375$

$E(R_Z) = -0.375 \times 15\% + 1.375 \times 10\% = 8.125\%$

∴ 적정 무위험이자율은 8.13%이다.

문제 13 최적투자포트폴리오와 위험회피계수

CPA 23

시장에는 자산 A와 자산 B의 위험자산과 수익률 5%의 무위험자산만이 존재한다. 자산 A와 자산 B의 기대수익률과 표준편차는 다음과 같으며 시장포트폴리오의 기대수익률이 12.5%이다.

구분	기대수익률	표준편차
자산 A	10%	5%
자산 B	20%	15%

투자자 갑과 투자자 을의 최적포트폴리오를 각각 최적포트폴리오 X와 Y라고 하며, 투자자들의 효용함수는 $U = E(R_P) - \gamma \times \sigma_P^2$이다. 식에서 U는 효용, γ는 위험회피계수, $E(R_P)$와 σ_P^2는 각각 최적포트폴리오의 기대수익률과 분산을 의미한다. CAPM이 성립한다고 가정한다.

※ 물음 1 ~ 물음 4는 독립적이다.

물음 1

두 개의 자산 A와 B로 포트폴리오를 구성한다. 기대수익률이 10%보다 크고 표준편차가 5%보다 작아지는 포트폴리오를 구성할 수 있는 두 자산 사이의 상관계수 범위를 제시하시오.

물음 2

투자자 갑은 1,000만원을 보유하고 있으며 자신의 효용을 극대화하기 위해 최적포트폴리오 X를 선택한다. 자산 A와 자산 B의 상관계수가 0.2이고, 투자자 갑이 자산 A에 375만원을 투자하는 경우 투자자 갑의 위험회피계수(γ)를 구하시오. 계산과정에서는 소수점 아래 다섯째 자리에서 반올림하여 넷째 자리까지 표시하고, 계산결과는 소수점 아래 첫째 자리에서 반올림하여 정수로 표시하시오.

물음 3

투자자 을의 위험회피계수가 10인 경우 최적포트폴리오 Y와 시장포트폴리오의 공분산을 구하시오.

물음 4

시장에 투자자는 투자자 갑과 투자자 을만 존재한다고 가정하자. 투자자 갑은 투자금 200만원, 투자자 을은 투자금 400만원을 보유하고 있다. 자산 A와 자산 B의 공분산이 0.0015이고 투자자 갑의 위험회피계수가 20일 때 투자자 을의 위험회피계수(γ)를 구하시오. 계산과정에서는 소수점 아래 다섯째 자리에서 반올림하여 넷째 자리까지 표시하고, 계산결과는 소수점 아래 첫째 자리에서 반올림하여 정수로 표시하시오.

해답

물음 1

$$-1 \le \rho_{AB} < \frac{\sigma_A}{\sigma_B} = \frac{0.05}{0.15} = 0.3333$$

물음 2

$$E(R_m) = 0.125 = w_A \times E(R_A) + w_B \times E(R_B) = w_A \times 0.1 + (1 - w_A) \times 0.2$$

$$\therefore w_A = 0.75,\ w_B = 0.25$$

$$\sigma_m = \sqrt{0.75^2 \times 0.05^2 + 0.25^2 \times 0.15^2 + 2 \times 0.75 \times 0.25 \times 0.2 \times 0.05 \times 0.15} = 0.0581$$

보유자금 1,000만원으로 구성된 최적포트폴리오 X에서 자산 A에 대한 투자금액이 375만원이므로, 자산 B와 무위험자산에 대한 투자금액은 각각 125만원과 500만원이다.

$$\sigma_X = w_m \times \sigma_m = 0.5 \times 0.0581 = 0.029$$

최적포트폴리오 X의 조건: $\frac{E(R_m) - R_f}{\sigma_m} = \frac{0.125 - 0.05}{0.0581} = 2 \times \gamma \times \sigma_X = 2 \times \gamma \times 0.029$

∴ 투자자 갑의 위험회피계수: $\gamma = 22$

물음 3

최적포트폴리오 Y의 조건: $\frac{E(R_m) - R_f}{\sigma_m} = \frac{0.125 - 0.05}{0.0581}$

$$= 2 \times \gamma \times \sigma_Y = 2 \times 10 \times w_m^Y \times \sigma_m = 2 \times 10 \times w_m^Y \times 0.0581$$

$$\therefore w_m^Y = 1.1109,\ w_f^Y = -0.1109$$

$$Cov(R_Y, R_m) = Cov(1.1109 R_m - 0.1109 R_f, R_m)$$

$$= 1.1109 \times \sigma_m^2 = 1.1109 \times 0.0581^2 = 0.00375$$

물음 4

$$\frac{E(R_m) - R_f}{\sigma_m} = \frac{0.125 - 0.05}{0.0581} = 2 \times 20 \times \sigma_{갑} = 2 \times 20 \times w_m^{갑} \times \sigma_m = 2 \times 20 \times w_m^{갑} \times 0.0581$$

$$\therefore w_m^{갑} = 0.5555,\ w_f^{갑} = 0.4445$$

투자자 을의 차입액 = 투자자 갑의 대출액= 200만원 × 0.4445 = 88.9만원

$$\therefore w_m^{을} = 1.2223,\ w_f^{을} = -0.2223 = -\frac{88.9만원}{400만원}$$

$$\frac{E(R_m) - R_f}{\sigma_m} = \frac{0.125 - 0.05}{0.0581} = 2 \times \gamma \times \sigma_{을} = 2 \times \gamma \times w_m^{을} \times \sigma_m = 2 \times \gamma \times 1.2223 \times 0.0581$$

∴ 투자자 을의 위험회피계수: $\gamma = 9$

문제 14 사후적 베타의 계산 CPA 10

A펀드와 주가지수의 과거 3년 동안의 연간 수익률 r_A와 r_M은 다음과 같다. 같은 기간 중 무위험수익률은 매년 1%였다. 소수점 다섯째 자리에서 반올림하여 넷째 자리까지 사용하시오.

연도	r_A	r_M
2007년	8%	2%
2008년	- 2%	0%
2009년	3%	4%

물음 1

주가지수수익률의 표준편차를 추정하시오.

물음 2

시장모형($r_{At} = \alpha_A + \beta_A r_{Mt} + \epsilon_{At}$)의 회귀계수 $\widehat{\alpha_A}$와 $\widehat{\beta_A}$를 구하시오.

물음 3

A펀드의 샤프지수(Sharpe's measure)와 젠센지수(Jensen's measure)를 구하시오.

해답

물음 1

$$\overline{r_M} = \frac{0.02+0+0.04}{3} = 0.02$$

$$Var(r_M) = \frac{\sum_{t=1}^{n}(r_{M\,t} - \overline{r_M})^2}{n-1} = \frac{(0.02-0.02)^2+(0-0.02)^2+(0.04-0.02)^2}{3-1} = 0.0004$$

$$\sigma_M = \sqrt{Var(r_M)} = \sqrt{0.0004} = 0.02$$

물음 2

$$\overline{r_A} = \frac{0.08-0.02+0.03}{3} = 0.03$$

$$Cov(r_A, r_M) = \frac{\sum_{t=1}^{n}(r_{A\,t} - \overline{r_A})\times(r_{M\,t} - \overline{r_M})}{n-1} = \frac{\begin{array}{l}(0.08-0.03)\times(0.02-0.02)\\+(-0.02-0.03)\times(0-0.02)\\+(0.03-0.03)\times(0.04-0.02)\end{array}}{3-1}$$

$$= 0.0005$$

$$\widehat{\beta_A} = \frac{Cov(r_A, r_M)}{Var(r_M)} = \frac{0.0005}{0.0004} = 1.25$$

$$\widehat{\alpha_A} = \overline{r_A} - \widehat{\beta_A}\times\overline{r_M} = 0.03 - 1.25\times0.02 = 0.005$$

물음 3

$$Var(r_A) = \frac{\sum_{t=1}^{n}(r_{A\,t} - \overline{r_A})^2}{n-1} = \frac{(0.08-0.03)^2+(-0.02-0.03)^2+(0.03-0.03)^2}{2} = 0.0025$$

$$\sigma_A = \sqrt{Var(r_A)} = \sqrt{0.0025} = 0.05$$

$$\text{샤프지수} = \frac{\overline{r_A} - \overline{r_f}}{\sigma_A} = \frac{0.03-0.01}{0.05} = 0.4$$

$$\text{젠센지수} = \overline{r_A} - [\overline{r_f} + (\overline{r_M} - \overline{r_f})\times\beta_A] = 0.03 - [0.01+(0.02-0.01)\times1.25] = 0.0075$$

문제 15 단일지수모형

CPA 06

두 개의 주식만 존재하는 자본시장에서 주식 A 시가총액은 주식 B 시가총액의 세 배이다. 주식 A 수익률의 표준편차는 0.2이고 주식 B 수익률의 표준편차는 0.4이다. 주식 A와 주식 B 수익률 간의 상관계수는 0.6이다. 계산과정과 결과의 모든 수치는 소수점 아래 다섯째 자리에서 반올림하시오.

물음 1

시가총액가중 주가지수(market value-weighted index) 수익률의 표준편차를 구하시오.

물음 2

주식 A의 베타를 구하시오.

물음 3

주식 B의 총위험(분산)을 체계적위험 부분과 비체계적위험 부분으로 분리하시오.

물음 4

주식 A와 주식 B가 각각 50%로 구성된 포트폴리오가 있다. 이 포트폴리오의 총위험을 단일지수모형을 이용하여 구하시오.

해답

물음 1

$R_m = 0.75R_A + 0.25R_B$

$\sigma_{AB} = \sigma_A \times \sigma_B \times \rho_{AB} = 0.2 \times 0.4 \times 0.6 = 0.048$

$\sigma_m^2 = w_A^2\sigma_A^2 + w_B^2\sigma_B^2 + 2w_Aw_B\sigma_{AB}$

$= 0.75^2 \times 0.2^2 + 0.25^2 \times 0.4^2 + 2 \times 0.75 \times 0.25 \times 0.048 = 0.0505$

$\therefore \sigma_m = 0.2247$

물음 2

$\sigma_{Am} = Cov(R_A,\ 0.75R_A + 0.25R_B) = 0.75\sigma_A^2 + 0.25\sigma_{AB} = 0.75 \times 0.2^2 + 0.25 \times 0.048 = 0.042$

$\beta_A = \dfrac{\sigma_{Am}}{\sigma_m^2} = \dfrac{0.042}{0.0505} = 0.8317$

물음 3

$\sigma_{Bm} = Cov(R_B,\ 0.75R_A + 0.25R_B) = 0.75\sigma_{AB} + 0.25\sigma_B^2 = 0.75 \times 0.048 + 0.25 \times 0.4^2 = 0.076$

$\beta_B = \dfrac{\sigma_{Bm}}{\sigma_m^2} = \dfrac{0.076}{0.0505} = 1.505$

주식 B의 체계적위험: $\beta_B^2 \times \sigma_m^2 = 1.505^2 \times 0.0505 = 0.1144$

주식 B의 비체계적위험: $Var(e_B) = \sigma_B^2 - \beta_B^2 \times \sigma_m^2 = 0.4^2 - 0.1144 = 0.0456$

물음 4

주식 A의 체계적위험: $\beta_A^2 \times \sigma_m^2 = 0.8317^2 \times 0.0505 = 0.0349$

주식 A의 비체계적위험: $Var(e_A) = \sigma_A^2 - \beta_A^2 \times \sigma_m^2 = 0.2^2 - 0.0349 = 0.0051$

$\beta_P = 0.5 \times 0.8317 + 0.5 \times 1.505 = 1.1684$

포트폴리오의 체계적위험: $\beta_P^2 \times \sigma_m^2 = 1.1684^2 \times 0.0505 = 0.0689$

포트폴리오의 비체계적위험:

$Var(e_P) = w_A^2 \times Var(e_A) + w_B^2 \times Var(e_B) = 0.5^2 \times 0.0051 + 0.5^2 \times 0.0456 = 0.0127$

포트폴리오의 총위험: $Var(R_P) = \beta_P^2 \times \sigma_m^2 + Var(e_P) = 0.0689 + 0.0127 = 0.0816$

문제 16 베타와 비체계적위험의 계산

CPA 16

물음 1 ~ 물음 4는 각각 독립적인 물음이며, 모든 물음에서 CAPM이 성립한다고 가정한다. 계산결과는 반올림하여 소수점 둘째 자리까지 표시하라.

물음 1

주식 A와 주식 B의 표준편차와 시장포트폴리오와의 상관계수는 다음과 같다.

주식	표준편차	시장포트폴리오와의 상관계수
A	20%	0.9
B	15%	0.4

시장포트폴리오의 보상변동성비율($\frac{E(R_M)-R_f}{\sigma_M}$)은 0.5이고, 무위험수익률($R_f$)은 5%이다. 단, $E(R_M)$과 σ_M은 각각 시장포트폴리오의 기대수익률과 표준편차를 나타낸다.

① 주식 A와 주식 B의 기대수익률을 구하라.

② 주식 A와 주식 B에 각각 50%씩 투자하여 구성한 포트폴리오의 위험프리미엄은 시장포트폴리오 위험프리미엄의 1.5배이다. 주식 A와 주식 B의 베타를 각각 계산하라.

물음 2

시장포트폴리오의 기대수익률과 표준편차는 각각 8%와 10%이고, 무위험수익률은 4%이다. 주식 C와 주식 D의 기대수익률과 표준편차는 다음과 같다.

주식	기대수익률	표준편차
C	10%	20%
D	6%	10%

주식 C와 주식 D로 구성한 포트폴리오의 비체계적위험을 최소화하는 주식 C와 주식 D에 대한 투자비율은 각각 얼마인가? 단, 시장모형이 성립한다고 가정한다.

물음 3

주식 E의 현재 가격은 50원이고, 기대수익률은 15%이다. 시장위험프리미엄과 무위험수익률은 각각 5%이다.

① 다른 조건은 변화하지 않고, 주식 E와 시장포트폴리오의 공분산만 현재의 2배가 된다면, 주식 E의 현재 적정가격은 얼마인가? 단, 주식 E는 배당을 지급하지 않는다고 가정한다.

② 위의 질문 ①의 결과가 의미하는 것이 무엇인지 간략하게 서술하라.

물음 4

투자자들 가운데 어떤 투자자가 더 위험회피적인지 판단할 수 있는 방법을 3가지 제시하라. 단, 위험회피도는 고려하지 않는다.

해답

물음 1

① $E(R_A) = R_f + [E(R_M) - R_f] \times \beta_A = R_f + \frac{E(R_M) - R_f}{\sigma_M} \times \sigma_A \times \rho_{AM}$

$= 0.05 + 0.5 \times 0.2 \times 0.9 = 0.14$

$E(R_B) = 0.05 + 0.5 \times 0.15 \times 0.4 = 0.08$

② $\beta_P = 1.5$ $\qquad \because E(R_P) - R_f = [E(R_M) - R_f] \times 1.5$

$= 0.5 \times \beta_A + 0.5 \times \beta_B = 0.5 \times \frac{0.2}{\sigma_M} \times 0.9 + 0.5 \times \frac{0.15}{\sigma_M} \times 0.4$

$\therefore \sigma_M = 0.08$

$\beta_A = \frac{0.2}{0.08} \times 0.9 = 2.25$

$\beta_B = \frac{0.15}{0.08} \times 0.4 = 0.75$

물음 2

$\beta_C = \frac{E(R_C) - R_f}{E(R_M) - R_f} = \frac{0.1 - 0.04}{0.08 - 0.04} = 1.5$

$\beta_D = \frac{0.06 - 0.04}{0.08 - 0.04} = 0.5$

$Var(e_C) = \sigma_C^2 - \beta_C^2 \times \sigma_M^2 = 0.2^2 - 1.5^2 \times 0.1^2 = 0.0175$

$Var(e_D) = 0.1^2 - 0.5^2 \times 0.1^2 = 0.0075$

$Var(e_P) = w_C^2 \times 0.0175 + (1 - w_C)^2 \times 0.0075 = 0.025 \times w_C^2 - 0.015 \times w_C + 0.0075$

$\frac{d\,Var(e_P)}{dw_C} = 0.05 \times w_C - 0.015 = 0$

$\therefore w_C = 0.3,\ w_D = 0.7$

물음 3

① 1년 후 예상주가: $E(P_1^E) = 50원 \times 1.15 = 57.5원$

변동 전: $E(R_E) = 0.15 = R_f + [E(R_M) - R_f] \times \beta_E = 0.05 + 0.05 \times \beta_E$

$\beta_E = 2$

변동 후: $E(R_E) = 0.05 + 0.05 \times 2 \times 2 = 0.25$

주식 E의 현재 적정가격$= \dfrac{57.5원}{1.25} = 46원$

② 시장위험프리미엄과 무위험수익률이 변하지 않는 상황에서 주식 E와 시장포트폴리오의 공분산이 현재의 2배가 되는 경우에는 주식 E의 체계적위험(베타)과 위험프리미엄이 현재의 2배가 되므로 주식 E에 대한 요구수익률이 상승하여 주식 E의 현재 주가는 하락하게 된다.

물음 4

① 효용함수의 기울기: 효용함수가 아래로 보다 오목한 투자자일수록 보다 더 위험회피적인 투자자이다.

② 평균-분산 무차별곡선의 기울기: 평균-분산 무차별곡선의 기울기가 보다 가파른 투자자일수록 보다 더 위험회피적인 투자자이다.

③ 확실성등가계수: 기대현금흐름에 대한 확실성등가의 비율을 나타내는 확실성등가계수가 작은 투자자일수록 보다 더 위험회피적인 투자자이다.

문제 17 CAPM의 한계점

CPA 22

위험자산 A와 B의 기대수익률, 표준편차, 공분산은 다음과 같다.

[공통자료]

구분	기대수익률	표준편차	A와 B의 공분산
A	0.30	0.30	0.01
B	0.20	0.10	

※ 물음 1 ~ 물음 4는 독립적이다.

물음 1

A와 B의 상관계수가 (-)1.0으로 변화되었다고 가정한다. 최소분산포트폴리오(MVP)의 기대수익률은 얼마나 변화하는지 계산하시오. 계산결과는 %p단위로 소수점 아래 둘째 자리에서 반올림하여 첫째 자리까지 표시하시오.

물음 2

투자자는 접점포트폴리오를 구성한다. 무위험이자율은 5%이다. 시장에 위험자산은 A, B만 존재한다. A의 투자비율을 계산하시오. 계산결과는 %단위로 소수점 아래 둘째 자리에서 반올림하여 첫째 자리까지 표시하시오.

물음 3

시장포트폴리오의 기대수익률은 50%, 표준편차는 10%, 무위험이자율은 1%이다. A와 B로만 구성된 포트폴리오의 비체계적 위험을 최소화하는 B에 대한 투자비율을 구하시오. 단, CAPM과 시장모형이 성립한다. 계산결과는 %단위로 소수점 아래 둘째 자리에서 반올림하여 첫째 자리까지 표시하시오.

물음 4

시장에 위험자산 C가 추가되었다. C의 기대수익률은 0.25, 표준편차는 0.2이다. A, B, C로 접점포트폴리오가 구성된다. 시장포트폴리오는 접점포트폴리오로 가정한다. A와 B의 기대수익률과 표준편차는 [공통자료]와 동일하다. 다만, 시장변동으로 위험자산 간 공분산은 모두 0($\sigma_{AB}=\sigma_{BC}=\sigma_{CA}=0$)이 되었다. 무위험이자율은 1%이다. 자산별로 트레이너지수를 계산하고, 그 결과를 CAPM의 한계와 관련하여 설명하시오. 계산결과는 소수점 아래 넷째 자리에서 반올림하여 셋째 자리까지 표시하시오.

해답

물음 1

변화 전 MVP 구성비율: $w_A = \dfrac{\sigma_B^2 - \sigma_{AB}}{\sigma_A^2 + \sigma_B^2 - 2\sigma_{AB}} = \dfrac{0.1^2 - 0.01}{0.3^2 + 0.1^2 - 2 \times 0.01} = 0$

변화 전 $E(R_{MVP}) = E(R_B) = 20\%$

변화 후 MVP 구성비율: $w_A = \dfrac{\sigma_B}{\sigma_A + \sigma_B} = \dfrac{0.1}{0.3 + 0.1} = 0.25$

변화 후 $E(R_{MVP}) = 0.25 \times E(R_A) + 0.75 \times E(R_B) = 0.25 \times 0.3 + 0.75 \times 0.2 = 22.5\%$

∴ MVP의 기대수익률은 2.5%p 상승한다.

물음 2

접점포트폴리오의 조건: $\dfrac{E(R_A) - R_f}{\sigma_{AP}} = \dfrac{E(R_B) - R_f}{\sigma_{BP}}$

$E(R_A) - R_f = 0.3 - 0.05 = 0.25 = \sigma_{AP} = w_A \times 0.3^2 + w_B \times 0.01$

$E(R_B) - R_f = 0.2 - 0.05 = 0.15 = \sigma_{BP} = w_B \times 0.1^2 + w_A \times 0.01$

조정 전 투자비율: $w_A = 1.25$, $w_B = 13.75$

접점포트폴리오 구성을 위한 A 투자비율: $w_A = \dfrac{1.25}{1.25 + 13.75} = 8.3\%$

물음 3

$$Var(e_A) = Var(R_A) - \beta_A^2 \times Var(R_m) = Var(R_A) - \left[\frac{E(R_A) - R_f}{E(R_m) - R_f}\right]^2 \times Var(R_m)$$

$$= 0.3^2 - \left[\frac{0.3 - 0.01}{0.5 - 0.01}\right]^2 \times 0.1^2 = 0.0865$$

$$Var(e_B) = 0.1^2 - \left[\frac{0.2 - 0.01}{0.5 - 0.01}\right]^2 \times 0.1^2 = 0.0085$$

$$Var(e_P) = w_A^2 \times Var(e_A) + w_B^2 \times Var(e_B) = (1 - w_B)^2 \times 0.0865 + w_B^2 \times 0.0085$$

$$\frac{d\,Var(e_P)}{dw_B} = 0.19 \times w_B - 0.173 = 0$$

$\therefore w_B = 0.9105 = 91.1\%$

물음 4

접점포트폴리오의 조건: $\frac{E(R_A)-R_f}{\sigma_{AP}}=\frac{E(R_B)-R_f}{\sigma_{BP}}=\frac{E(R_C)-R_f}{\sigma_{CP}}$

$E(R_A)-R_f=0.3-0.01=0.29=\sigma_{AP}=w_A\times 0.3^2$

$E(R_B)-R_f=0.2-0.01=0.19=\sigma_{BP}=w_B\times 0.1^2$

$E(R_C)-R_f=0.25-0.01=0.24=\sigma_{CP}=w_C\times 0.2^2$

조정 전: $w_A=3.2222,\ w_B=19,\ w_C=6$

조정 후: $w_A=0.1142,\ w_B=0.6732,\ w_C=0.2126$

$E(R_m)=0.1142\times 0.3+0.6732\times 0.2+0.2126\times 0.25=0.222$

$$\beta_A=\frac{E(R_A)-R_f}{E(R_m)-R_f}=\frac{0.3-0.01}{0.222-0.01}=1.368$$

$$\beta_B=\frac{0.2-0.01}{0.222-0.01}=0.896$$

$$\beta_C=\frac{0.25-0.01}{0.222-0.01}=1.132$$

$$\frac{E(R_A)-R_f}{\beta_A}=\frac{0.3-0.01}{1.368}=\frac{E(R_B)-R_f}{\beta_B}=\frac{0.2-0.01}{0.896}=\frac{E(R_C)-R_f}{\beta_C}=\frac{0.25-0.01}{1.132}$$
$$=\frac{E(R_m)-R_f}{\beta_m}=\frac{0.222-0.01}{1}=0.212$$

롤의 비판과 같이 효율적 투자선상의 임의의 점을 시장포트폴리오의 대용치로 이용하면 모든 자산들의 기대수익률과 베타 간의 선형관계가 성립하게 되므로, CAPM의 실증검증을 위해서는 진정한 시장포트폴리오를 구성하여 시장포트폴리오의 효율성 여부를 확인해야 하는데, 진정한 시장포트폴리오의 구성이 현실적으로 불가능하므로 CAPM은 실증검증이 사실상 불가능하다는 한계점이 있다.

문제 18 시장모형의 유용성

CPA 19

물음 1과 물음 2는 각각 독립적인 물음이다.

아래 표에 제시된 주식 A와 B의 기대수익률, 표준편차 그리고 베타를 이용하여 다음 물음에 답하시오.

주식	기대수익률	표준편차	베타
A	14%	11%	0.6
B	16%	20%	1.6

물음 1

무위험자산이 존재하지 않고 주식 A와 B만 존재하는 완전자본시장을 가정하자. 시장포트폴리오는 주식 A와 B에 각각 60%와 40%를 투자한 포트폴리오이다. 다음에 대해 답하시오.

① 제로베타포트폴리오를 만들기 위한 주식 A의 구성비율과 제로베타포트폴리오의 기대수익률은 각각 얼마인가?

② 주식 A와 B 수익률 사이의 공분산과 제로베타포트폴리오의 표준편차는 각각 얼마인가? 공분산은 소수점 아래 다섯째 자리에서 반올림하여 넷째 자리까지, 표준편차는 %단위로 소수점 아래 셋째 자리에서 반올림하여 둘째 자리까지 표시하시오.

물음 2

주식 A와 B의 수익률은 모두 시장모형에 의해 생성된다는 가정하에 다음에 대해 답하시오.

① 주식 A 수익률과 시장포트폴리오 수익률 사이의 상관계수가 0.6이라면, 주식 A와 B 수익률 사이의 공분산은 얼마인가? 공분산은 소수점 다섯째 자리에서 반올림하여 넷째 자리까지 표시하시오.

② 시장모형과 마코위츠(Markowitz)의 완전분산공분산모형을 비교할 때, 시장모형의 유용성 가운데 하나는 업종별 애널리스트를 통한 증권분석과 투자의사결정이 가능하다는 점이다. 그 이유를 5줄 이내로 설명하시오.

해답

물음 1

① $\beta_Z = w_A\beta_A + w_B\beta_B = w_A \times 0.6 + (1-w_A) \times 1.6 = 0$

$\therefore w_A = 1.6$

$E(R_Z) = w_A E(R_A) + w_B E(R_B) = 1.6 \times 0.14 + (-0.6) \times 0.16 = 0.128$

② $Cov(R_Z,\ R_m) = Cov(1.6R_A - 0.6R_B,\ 0.6R_A + 0.4R_B)$

$= 1.6 \times 0.6 \times \sigma_A^2 - 0.6 \times 0.4 \times \sigma_B^2 + 1.6 \times 0.4 \times \sigma_{AB} - 0.6 \times 0.6 \times \sigma_{AB}$

$= 1.6 \times 0.6 \times 0.11^2 - 0.6 \times 0.4 \times 0.2^2 + (1.6 \times 0.4 - 0.6 \times 0.6) \times \sigma_{AB} = 0$

$\therefore \sigma_{AB} = -0.0072$

$Var(R_Z) = 1.6^2 \times 0.11^2 + (-0.6)^2 \times 0.2^2 + 2 \times 1.6 \times (-0.6) \times (-0.0072) = 0.0592$

$\therefore \sigma_Z = 24.33\%$

물음 2

① $\beta_A = 0.6 = \dfrac{\sigma_A}{\sigma_m} \times \rho_{Am} = \dfrac{0.11}{\sigma_m} \times 0.6$

$\therefore \sigma_m = 0.11$

$\sigma_{AB} = \beta_A \times \beta_B \times \sigma_m^2 = 0.6 \times 1.6 \times 0.11^2 = 0.0116$

② 시장모형의 경우에는 시장포트폴리오의 수익률을 단일의 공통요인으로 가정하며, 개별자산이나 개별업종의 고유한 요인에 따른 수익률 변동 간에는 관계가 없다고 가정한다. 따라서 특정업종에 속하는 종목에 투자하는 경우에 다른 업종에 속한 종목들의 개별적인 요인을 고려할 필요가 없기 때문에 특정업종을 담당하는 업종별 애널리스트를 통한 증권분석과 투자의사결정이 가능하게 된다.

문제 19 단일지수모형과 결정계수

CPA 11

과거의 역사적 자료가 미래의 발생 가능한 상황을 설명할 수 있다는 가정하에 2005년부터 최근까지 주식 A와 주식 B의 초과주식수익률을 이용하여 다음과 같이 증권특성선(security characteristic line)을 추정하였다. 동 기간 동안 주식 A의 표준편차는 16%, 주식 B의 표준편차는 60%, 시장포트폴리오의 표준편차는 10%로 계산되었다. 시장모형이 성립한다는 가정하에서 다음에 답하시오.

$$R_A = 1.2 + 0.8R_M + \epsilon_A$$
$$R_B = -0.3 + 1.5R_M + \epsilon_B$$

단, R_A는 주식 A의 수익률에서 무위험수익률을 차감한 주식 A의 초과수익률, R_B는 주식 B의 수익률에서 무위험수익률을 차감한 주식 B의 초과수익률, R_M은 시장포트폴리오 수익률에서 무위험수익률을 차감한 시장초과수익률, ϵ_A는 주식 A의 잔차, ϵ_B는 주식 B의 잔차를 각각 의미한다.

물음 1

주식 A와 시장포트폴리오 간의 상관계수, 주식 B와 시장포트폴리오 간의 상관계수를 각각 구하시오. 계산결과는 반올림하여 소수점 둘째 자리까지 표기하시오.

물음 2

주식 A에 60%, 주식 B에 40% 투자하였을 경우 두 주식으로 구성된 포트폴리오의 총위험인 표준편차를 구하시오. 계산결과는 %단위로 표시하되 반올림하여 소수점 둘째 자리까지 표기하시오.

물음 3

주식 A의 증권특성선이 주식 A의 수익률 변화를 얼마나 설명할 수 있는지 밝히시오. 또한 주식 B의 증권특성선이 주식 B의 수익률 변화를 얼마나 설명할 수 있는지 밝히시오. 계산결과는 %단위로 표시하되 반올림하여 소수점 둘째 자리까지 표기하시오.

물음 4

자본시장에서 전통적인 CAPM만으로는 개별 위험자산의 수익률을 설명하기에 미흡하다는 견해가 지배적이다. 이에 대한 대안 중의 하나가 Fama와 French의 3요인모형(three factor model)이다. Fama와 French의 3요인모형을 전통적 CAPM과 비교하여 5줄 이내로 설명하시오.

해답

물음 1

$$\beta_A = 0.8 = \frac{\sigma_A}{\sigma_M} \times \rho_{AM} = \frac{0.16}{0.1} \times \rho_{AM}$$

$$\therefore \rho_{AM} = 0.5$$

$$\beta_B = 1.5 = \frac{\sigma_B}{\sigma_M} \times \rho_{BM} = \frac{0.6}{0.1} \times \rho_{BM}$$

$$\therefore \rho_{BM} = 0.25$$

물음 2

$$\beta_P = 0.6 \times 0.8 + 0.4 \times 1.5 = 1.08$$

$$Var(\epsilon_A) = 0.16^2 - 0.8^2 \times 0.1^2 = 0.0192$$

$$Var(\epsilon_B) = 0.6^2 - 1.5^2 \times 0.1^2 = 0.3375$$

$$Var(\epsilon_P) = 0.6^2 \times 0.0192 + 0.4^2 \times 0.3375 = 0.060912$$

$$Var(R_P) = 1.08^2 \times 0.1^2 + 0.060912 = 0.072576$$

포트폴리오 수익률의 표준편차 = 26.94%

물음 3

주식 A: $R^2 = \rho_{AM}{}^2 = 0.5^2 = \frac{0.8^2 \times 0.1^2}{0.16^2} = 25\%$

주식 B: $R^2 = \rho_{BM}{}^2 = 0.25^2 = \frac{1.5^2 \times 0.1^2}{0.6^2} = 6.25\%$

물음 4

Fama와 French의 3요인모형에 의하면 시장요인(시장포트폴리오의 초과수익률) 이외에 기업규모요인(대형주 대비 소형주의 초과수익률)과 가치요인(성장주 대비 가치주의 초과수익률)도 개별주식의 수익률에 영향을 미친다. 이러한 3요인 모형은 전통적 CAPM이 포착하지 못하는 비정상 수익률의 일정부분을 기업규모요인과 가치요인을 이용해서 추가적으로 더 잘 설명할 수 있다는 장점이 있다.

문제 20 단일모형과 다요인모형

CPA 12

주식수익률이 다음 식과 같이 한 개의 공통요인(단일모형) 또는 세 개의 공통요인(다요인모형)에 의해 결정된다고 가정한다. 단, R_i는 주식 i의 수익률이며 F_1, F_2, F_3는 공통요인의 수익률을, β_i는 공통요인 수익률에 대한 민감도를 나타낸다. 단일모형과 다요인모형의 F_1은 동일한 공통요인이다.

- 단일모형: $R_i = \alpha_i + \beta_{i1}F_1 + \epsilon_i$
- 다요인모형: $R_i = \alpha_i + \beta_{i1}F_1 + \beta_{i2}F_2 + \beta_{i3}F_3 + \epsilon_i$

주식 X와 주식 Y의 과거 36개월 동안의 월 수익률에 대해 단일모형과 다요인모형을 이용해 추정한 회귀분석 결과는 다음 표와 같다.

	주식 X		주식 Y	
	단일	다요인	단일	다요인
조정 R^2	0.30	0.42	0.35	0.41
α_i	0.015	0.008	- 0.013	- 0.008
β_{i1}	0.9	1.3	0.9	1.1
β_{i2}		- 0.2		0.1
β_{i3}		- 1.1		- 0.8

이 기간 동안 주식 X와 Y의 월 수익률, 공통요인 F_1, F_2, F_3의 월 수익률의 평균과 표준편차는 다음 표와 같으며 무위험수익률은 월 0.1%이다.

	평균(%)	표준편차(%)
주식 X 월 수익률	2.4	8.5
주식 Y 월 수익률	0.2	7.8
F_1 월 수익률	1.1	5.4
F_2 월 수익률	0.5	2.6
F_3 월 수익률	- 0.3	3.3

물음 1

주식 X의 체계적위험이 총위험에서 차지하는 비율을 단일모형과 다요인모형에서 각각 구하시오. 계산 결과는 백분율 기준으로 반올림하여 소수점 둘째 자리까지 나타내시오.

물음 2

공통요인의 기대수익률 분포가 과거수익률 분포와 동일하다고 가정하는 경우 다요인모형을 이용하여 주식 X의 연간 기대수익률을 구하시오. 계산결과는 %단위로 표시하되 반올림하여 소수점 둘째 자리까지 나타내시오.

물음 3

주식 X와 주식 Y를 결합하여 최소분산포트폴리오를 구성하는 경우 연간 표준편차를 구하시오. 공분산은 다요인모형을 이용하여 산출하시오. 계산결과는 %단위로 표시하되 반올림하여 소수점 둘째 자리까지 나타내시오.

물음 4

회귀분석 결과와 위 물음의 답을 이용하여 다요인모형이 단일모형에 비해 우수한 점을 세 가지 이상 기술하시오.

해답

물음 1

단일모형: $\dfrac{\text{체계적위험}}{\text{총위험}} = \dfrac{\beta_{X1}^2 \times Var(F_1)}{Var(R_X)} = \dfrac{0.9^2 \times 0.054^2}{0.085^2} = 32.69\%$

다요인모형: $\dfrac{\text{체계적위험}}{\text{총위험}} = \dfrac{\beta_{X1}^2 \times Var(F_1) + \beta_{X2}^2 \times Var(F_2) + \beta_{X3}^2 \times Var(F_3)}{Var(R_X)}$

$$= \frac{1.3^2 \times 0.054^2 + (-0.2)^2 \times 0.026^2 + (-1.1)^2 \times 0.033^2}{0.085^2} = 86.82\%$$

물음 2

$$E(R_X) = [\alpha_X + \beta_{X1} \times E(F_1) + \beta_{X2} \times E(F_2) + \beta_{X3} \times E(F_3)] \times 12$$
$$= [0.008 + 1.3 \times 0.011 + (-0.2) \times 0.005 + (-1.1) \times (-0.003)] \times 12 = 29.52\%$$

물음 3

$$\sigma_{XY} = \beta_{X1} \times \beta_{Y1} \times Var(F_1) + \beta_{X2} \times \beta_{Y2} \times Var(F_2) + \beta_{X3} \times \beta_{Y3} \times Var(F_3)$$
$$= 1.3 \times 1.1 \times 0.054^2 + (-0.2) \times 0.1 \times 0.026^2 + (-1.1) \times (-0.8) \times 0.033^2$$
$$= 0.00511468$$

최소분산포트폴리오 구성을 위한 주식 X에 대한 투자비율:

$$w_X = \frac{\sigma_Y^2 - \sigma_{XY}}{\sigma_X^2 + \sigma_Y^2 - 2\sigma_{XY}} = \frac{0.078^2 - 0.00511468}{0.085^2 + 0.078^2 - 2 \times 0.00511468} = 31.48\%$$

$$\sigma_{MVP} = \sqrt{0.3148^2 \times 0.085^2 + 0.6852^2 \times 0.078^2 + 2 \times 0.3148 \times 0.6852 \times 0.00511468} \times \sqrt{12}$$
$$= 26.33\%$$

물음 4

① 수익률 변동에 대한 모형의 설명력에 있어서 보다 우수하다.

② 수익률 예측능력에 있어서 보다 우수하다.

③ 두 주식 수익률 간의 공분산 측정 시 다요인을 통한 관계를 모두 파악하므로 포트폴리오의 위험 측정에 있어서 보다 우수하다.

문제 21 다요인모형과 APT의 한계점 CPA 23

주식수익률이 한 개의 공통요인(단일모형)과 2개의 공통요인(2요인모형)에 의해 결정된다고 가정한다. 단, R_i는 주식 i의 수익률이며, F_1, F_2는 공통요인의 수익률을, β_{i1} 및 b_{i1}과 b_{i2}는 각각의 공통요인 수익률에 대한 민감도를 나타낸다. 단일모형과 2요인모형의 F_1은 동일한 공통요인이다.

- 단일모형: $R_i = \alpha_i + \beta_{i1}F_1 + \epsilon_i$
- 2요인모형: $R_i = a_i + b_{i1}F_1 + b_{i2}F_2 + e_i$

주식 X와 주식 Y의 과거 36개월 동안의 월 수익률에 대해 단일모형과 2요인모형을 이용해 추정한 회귀분석 결과는 다음과 같다.

구분		주식 X	주식 Y	F_1	F_2
평균수익률		20%	10%	15%	5%
표준편차		20%	15%	10%	20%
단일 모형	α_i	①	③	-	-
	β_{i1}	②	0.7	-	-
	R^2	0.64	④	-	-
2요인 모형	a_i	(-)0.5%	(-)1.0%	-	-
	b_{i1}	1.5	0.9	-	-
	b_{i2}	(-)0.4	(-)0.5	-	-

물음 1

단일모형에서의 주식 X의 α_X(①)와 β_{X1}(②), 주식 Y의 α_Y(③)와 R^2(④)를 계산하고, 주식 X의 체계적위험이 총위험에서 차지하는 비율을 단일모형과 2요인모형에서 각각 구하시오. 계산결과는 소수점 아래 넷째 자리에서 반올림하여 셋째 자리까지 표시하시오.

물음 2

주식 X와 주식 Y에 각각 60%와 40%를 투자하여 포트폴리오 P를 구성하였다. 2요인모형의 결과를 활용하여 포트폴리오 P의 총위험 대비 비체계적위험의 비율을 계산하시오. 계산결과는 소수점 아래 넷째 자리에서 반올림하여 셋째 자리까지 표시하시오.

물음 3

CAPM과 APT의 차이 및 APT의 현실 적용에서의 한계점에 대해 다섯 줄 이내로 설명하시오.

해답

물음 1

② 주식 X의 $R^2 = 0.64 = \dfrac{\beta_{X1}^2 \times \sigma_{F1}^2}{\sigma_X^2} = \dfrac{\beta_{X1}^2 \times 0.1^2}{0.2^2}$

$\therefore \beta_{X1} = 1.6$

① $\alpha_X = \overline{R_X} - \beta_{X1} \times \overline{F_1} = 0.2 - 1.6 \times 0.15 = -0.04$

③ $\alpha_Y = \overline{R_Y} - \beta_{Y1} \times \overline{F_1} = 0.1 - 0.7 \times 0.15 = -0.005$

④ 주식 Y의 $R^2 = \dfrac{\beta_{Y1}^2 \times \sigma_{F1}^2}{\sigma_Y^2} = \dfrac{0.7^2 \times 0.1^2}{0.15^2} = 0.218$

단일모형 주식 X의 체계적위험이 총위험에서 차지하는 비율

$= \dfrac{\beta_{X1}^2 \times \sigma_{F1}^2}{\sigma_X^2} = \dfrac{1.6^2 \times 0.1^2}{0.2^2} = 0.64$

2요인모형 주식 X의 체계적위험이 총위험에서 차지하는 비율

$= \dfrac{b_{X1}^2 \times \sigma_{F1}^2 + b_{X2}^2 \times \sigma_{F2}^2}{\sigma_X^2} = \dfrac{1.5^2 \times 0.1^2 + (-0.4)^2 \times 0.2^2}{0.2^2} = 0.723$

물음 2

$b_{P1} = w_X b_{X1} + w_Y b_{Y1} = 0.6 \times 1.5 + 0.4 \times 0.9 = 1.26$

$b_{P2} = w_X b_{X2} + w_Y b_{Y2} = 0.6 \times (-0.4) + 0.4 \times (-0.5) = -0.44$

$Var(e_X) = \sigma_X^2 - b_{X1}^2 \sigma_{F1}^2 - b_{X2}^2 \sigma_{F2}^2 = 0.2^2 - 1.5^2 \times 0.1^2 - (-0.4)^2 \times 0.2^2 = 0.0111$

$Var(e_Y) = \sigma_Y^2 - b_{Y1}^2 \sigma_{F1}^2 - b_{Y2}^2 \sigma_{F2}^2 = 0.15^2 - 0.9^2 \times 0.1^2 - (-0.5)^2 \times 0.2^2 = 0.0044$

$Var(e_P) = w_X^2 Var(e_X) + w_Y^2 Var(e_Y) = 0.6^2 \times 0.0111 + 0.4^2 \times 0.0044 = 0.0047$

$\sigma_P^2 = b_{P1}^2 \sigma_{F1}^2 + b_{P2}^2 \sigma_{F2}^2 + Var(e_P) = 1.26^2 \times 0.1^2 + (-0.44)^2 \times 0.2^2 + 0.0047 = 0.02832$

포트폴리오 P의 총위험 대비 비체계적위험의 비율 $= \dfrac{Var(e_P)}{\sigma_P^2} = \dfrac{0.0047}{0.02832} = 0.166$

물음 3

CAPM은 단일의 공통요인으로 시장포트폴리오의 수익률을 가정하고 있으며, 이에 따라 현실적 검증이 어려운 시장포트폴리오의 존재가 필요하다는 문제점이 있는 반면에, APT는 다수의 공통요인을 가정하므로 시장포트폴리오의 존재가 불필요하여 모형의 현실설명력을 검증하는 데 보다 용이하다. 다만, APT는 공통요인의 개수가 불명확하고 공통요인의 경제적 의미가 불명확한 경우가 나타날 수 있다는 한계점이 있다.

문제 22 다요인모형과 위험중립확률

CPA 22

포트폴리오 A의 수익률(r_A)과 B의 수익률(r_B)에 대한 수익생성과정을 나타내는 요인모형은 다음과 같다(i = A, B).

$$r_i = E(r_i) + b_{i1}f_1 + b_{i2}f_2$$

포트폴리오	$E(r_i)$	b_{i1}	b_{i2}
A	3%	2	1
B	4%	2	3

공통요인 f_1과 f_2에 관한 통계 정보는 다음과 같다.

f_1과 f_2 간 상관계수	0.8
f_1의 표준편차	0.05
f_2의 표준편차	0.08

체계적 위험이 없는 포트폴리오의 수익률은 0이고, 비체계적 위험은 항상 0이다. 차익거래가격결정모형(APT)이 성립한다. 다음 물음에 답하시오. 계산결과는 %단위로 소수점 아래 셋째 자리에서 반올림하여 둘째 자리까지 표시하시오.

물음 1

A와 B를 이용하여 최소분산포트폴리오(MVP)의 A, B 비중을 구하시오. 단, 공매도는 허용하지 않는다.

물음 2

두 요인(f_1, f_2)의 위험프리미엄(factor risk premium)을 각각 구하시오.

물음 3

1년 후 현금흐름이 100원이고 공통요인에 대한 민감도는 50% 확률로 $b_{i1} = b_{i2} = (-)10$이고 50% 확률로 $b_{i1} = b_{i2} = 0$인 프로젝트의 현재가치를 구하시오.

물음 4

포트폴리오 C의 수익률 r_C는 이항모형을 따르고 1년 후 25%의 위험중립확률로 x, 75%의 위험중립확률로 (-)y이다. $r_C = E(r_C) + f_1$이 성립할 때 기초자산이 r_C이고 행사가격이 0인 풋옵션과 콜옵션의 가치를 각각 구하시오.

해답

물음 1

$Cov(f_1,\ f_2) = \rho_{f_1,f_2} \times \sigma_{f_1} \times \sigma_{f_1} = 0.8 \times 0.05 \times 0.08 = 0.0032$

$Var(r_A) = b_{A1}^2 \times Var(f_1) + b_{A2}^2 \times Var(f_2) + 2 \times Cov(f_1,\ f_2)$

$\qquad = 2^2 \times 0.05^2 + 1^2 \times 0.08^2 + 2 \times 2 \times 1 \times 0.0032 = 0.0292$

$Var(r_B) = 2^2 \times 0.05^2 + 3^2 \times 0.08^2 + 2 \times 2 \times 3 \times 0.0032 = 0.106$

$Cov(r_A,\ r_B)$

$= b_{A1} \cdot b_{B1} \cdot Var(f_1) + b_{A1} \cdot b_{B2} \cdot Cov(f_1, f_2) + b_{A2} \cdot b_{B1} \cdot Cov(f_1, f_2) + b_{A2} \cdot b_{B2} \cdot Var(f_2)$

$= 2 \times 2 \times 0.05^2 + 2 \times 3 \times 0.0032 + 1 \times 2 \times 0.0032 + 1 \times 3 \times 0.08^2 = 0.0548$

MVP 구성비율: $w_A = \dfrac{\sigma_B^2 - \sigma_{AB}}{\sigma_A^2 + \sigma_B^2 - 2\sigma_{AB}} = \dfrac{0.106 - 0.0548}{0.0292 + 0.106 - 2 \times 0.0548} = 2$

$\therefore w_A = 100\%,\ w_B = 0\%$ ($\because$ 공매도 불가능)

물음 2

$E(r_A) = 0.03 = \lambda_0 + \lambda_1 \times b_{A1} + \lambda_2 \times b_{A2} = 0 + \lambda_1 \times 2 + \lambda_2 \times 1$

$E(r_B) = 0.04 = 0 + \lambda_1 \times 2 + \lambda_2 \times 3$

요인 f_1의 위험프리미엄: $\lambda_1 = 1.25\%$

요인 f_2의 위험프리미엄: $\lambda_2 = 0.5\%$

물음 3

$b_{i1} = b_{i2} = (-)10$인 경우: $r = 0.0125 \times (-10) + 0.005 \times (-10) = -17.5\%$

$b_{i1} = b_{i2} = 0$인 경우: $r = 0.0125 \times 0 + 0.005 \times 0 = 0$

$E(r) = 0.5 \times (-0.175) + 0.5 \times 0 = -8.75\%$

프로젝트의 현재가치$= \dfrac{100\text{원}}{1 - 0.0875} = 109.59\text{원}$

물음 4

$R_f = 0\% = x \times 0.25 + (-y) \times 0.75$

$E(r_C) = \lambda_1 = 1.25\% = x \times q + (-y) \times (1-q)$

$Var(r_C) = Var(f_1) = 0.05^2 = (x-0.0125)^2 \times q + (-y-0.0125)^2 \times (1-q)$

$\therefore x = 0.07764,\ y = 0.02588,\ q = 0.37075$

풋옵션의 가치$= 0.75 \times y = 0.75 \times 0.02588 = 1.94\%$

콜옵션의 가치$= 0.25 \times x = 0.25 \times 0.07764 = 1.94\%$

문제 23 포트폴리오의 베타

CPA 03

무부채기업인 (주)플래닛은 A, B 두 개의 사업부를 가지고 있다. 각 사업부의 기대 현금흐름(단위: 억원)은 다음 표와 같다. (-)는 현금유출을, (+)는 현금유입을 의미한다. 사업부 A의 베타는 0.5, 사업부 B의 베타는 1.5이다. 무위험수익률은 4%, 시장포트폴리오의 기대수익률은 10%이다. 관련된 다음의 물음에 답하시오.

사업부 \ 시점	0년	1년
사업부 A	-100	160.5
사업부 B	-100	282.5

물음 1

각 사업부의 순현재가치를 구하라.

물음 2

(주)플래닛의 베타를 이용하여 (주)플래닛의 시장가치를 구하라.

해답

물음 1

사업부 A에 대한 요구수익률 $= 0.04 + (0.1 - 0.04) \times 0.5 = 0.07$

사업부 A의 NPV $= \dfrac{160.5\text{억원}}{1.07} - 100\text{억원} = 150\text{억원} - 100\text{억원} = 50\text{억원}$

사업부 B에 대한 요구수익률 $= 0.04 + (0.1 - 0.04) \times 1.5 = 0.13$

사업부 B의 NPV $= \dfrac{282.5\text{억원}}{1.13} - 100\text{억원} = 250\text{억원} - 100\text{억원} = 150\text{억원}$

물음 2

(주)플래닛의 베타 $= \dfrac{150\text{억원}}{150\text{억원} + 250\text{억원}} \times 0.5 + \dfrac{250\text{억원}}{150\text{억원} + 250\text{억원}} \times 1.5 = 1.125$

(주)플래닛의 자본비용 $= 0.04 + (0.1 - 0.04) \times 1.125 = 0.1075$

(주)플래닛의 시장가치 $= \dfrac{160.5\text{억원} + 282.5\text{억원}}{1.1075} = 400\text{억원}$

문제 24 증권시장선의 이용

CPA 02

CAPM이 성립하는 세계를 가정한다. 주식 A와 주식 B의 기대수익률이 각각 10%와 12%이고 체계적 위험(베타)이 각각 0.8과 1.2이며, 법인세율이 40%인 경우를 가정하여 다음 물음에 답하시오.

물음 1

투자자 '종국'은 10억원의 투자자금으로 시장포트폴리오를 추종하는 지수펀드와 주식 B에 5 : 5로 투자하였다. 이러한 투자로부터 기대되는 수익률을 계산하시오.

물음 2

주식 A의 현재 주가가 10,000원이고, 직전 배당금이 주당 500원이었다. A기업은 순이익의 25%를 내부유보하여 재투자하고, 유보이익의 재투자수익률(ROE)이 20%이며, A기업의 배당성향과 ROE가 앞으로도 일정하게 유지된다고 가정한다. 투자대상으로 이 주식을 어떻게 평가할 수 있는가?

물음 3

A기업은 무부채기업(unlevered firm)으로 여러 개의 사업부를 가지고 있는데, 그 중 성과가 좋지 않은 하나의 사업부 X를 매각하려고 한다. 사업부 X의 장부금액은 기업자산 전체 장부금액의 50%, 사업부 X의 시장가치는 기업 전체 시장가치의 20%로 평가되고 있으며, 사업부 X의 베타는 기업 전체 베타의 두 배이다. 사업부 X를 매각한 다음의 A기업의 베타는 얼마인가?

물음 4

현재 B기업의 자본은 150억원의 자기자본과 50억원의 무위험부채로 구성되어 있는데, 50억원 규모의 신주를 발행하여 기존의 부채를 상환한 다음 신규투자안을 고려하고 있다. 이 신규투자안을 채택할 경우 영구적으로 매년 10억원의 영업이익(EBIT)을 벌어들일 수 있을 것으로 기대된다. 이 투자안의 현재 투자 소요액이 60억원인 경우에 이 투자안을 평가하시오.

해답

물음 1

주식 A: $0.1 = R_f + [E(R_m) - R_f] \times 0.8$

주식 B: $0.12 = R_f + [E(R_m) - R_f] \times 1.2$

$\therefore R_f = 0.06,\ E(R_m) = 0.11$

투자의 기대수익률 $= 0.5 \times 0.11 + 0.5 \times 0.12 = 0.115$

물음 2

이익과 배당의 성장률: $g = 0.25 \times 0.2 = 0.05$

주식 A의 적정주가 $= \dfrac{500원 \times 1.05}{0.1 - 0.05} = 10,500원$

∴ 주식 A의 현재주가 10,000원은 적정주가에 비해 과소평가되어 있다.

물음 3

$\beta_A = 0.8 = 0.8 \times \beta_{기타} + 0.2 \times \beta_X = 0.8 \times \beta_{기타} + 0.2 \times 1.6$

$\therefore \beta_{기타} = 0.6$

사업부 X를 매각한 후 A기업의 베타는 0.6이 된다.

물음 4

$\beta_L = 1.2 = \beta_U + (\beta_U - 0) \times (1 - 0.4) \times \dfrac{50억원}{150억원}$

$\therefore \beta_U = 1$

자본구조 변경 후의 자본비용: $\rho = 0.06 + (0.11 - 0.06) \times 1 = 0.11$

신규투자안의 NPV $= \dfrac{10억원 \times (1 - 0.4)}{0.11} - 60억원 = -5.45억원$

∴ 신규투자안을 실행하지 않는 것이 유리하다.

문제 25 CAPM과 체계적위험

CPA 04

주식시장의 모든 투자자들은 주식 A와 주식 B의 1년 후 주가(단위: 원)의 확률분포를 다음과 같이 예상하고 있으며, 이는 아래의 물음 1, 물음 2 및 물음 3에 모두 적용된다.

구분	상황 1	상황 2	상황 3
주식 A	11,881	9,801	7,921
주식 B	8,281	10,000	11,881
확률	1/3	1/3	1/3

물음 1

투자자 김정석의 효용함수는 U(W) = $\sqrt{W}$이고, 그의 투자원칙은 자신의 기대효용을 극대화하는 주식에 투자하는 것이다. 현재 주식 A, B의 가격이 8,000원으로 동일하고, 김정석은 두 주식 A, B 중 하나에만 투자하여야 하며, 주식투자를 위한 8,000원 이외의 자산을 가지고 있지 않다고 가정한다. 이때 김정석은 어느 주식에 투자할 것인가? 계산 과정을 보이며 이 물음에 답하라.

이외에 투자자 및 시장에 관한 사항은 다음과 같다. 이 사항들은 물음 2와 물음 3에 모두 적용된다.

① 현재 주식시장에는 주식 A, B를 포함하여 10,000개 이상의 주식회사의 보통주가 거래되고 있으며, 어떤 회사 주식의 시가총액도 전체 주식시장의 시가총액의 0.1%를 넘지 않아 개별주식이 전체 주식시장 혹은 시장포트폴리오(market portfolio)에서 차지하는 비중은 미미하다.
② 주식시장의 투자자들은 주식과 무위험자산에만 투자할 수 있고 그 외의 자산은 투자하지도 않고 보유하지도 않는다.
③ 1년 만기 무위험자산의 이자율은 5%이다.
④ 향후 1년간 시장포트폴리오의 기대수익률은 10%로 추정된다.

물음 2

이제 자본자산가격결정모형(CAPM)이 주식시장에서 유효하게 성립하여, 주식 A, B의 가격도 CAPM에 의하여 결정된다고 하자. 주식 A의 가격이 주식 B의 가격보다 높을 가능성이 있는가? "가능성이 있다" 혹은 "가능성이 없다" 중의 하나로 답하고, 그 이유를 반드시 CAPM에 근거하여 3줄 이내로 서술하라. 단, 구체적인 계산을 포함할 필요는 없다.

물음 3

자본자산가격결정모형(CAPM)이 주식시장에서 유효하게 성립하여 주식 A의 가격도 CAPM에 의하여 결정된다고 하자. 주식 A의 현재 가격이 9,398원보다 높을 가능성이 있는가? "가능성이 있다" 혹은 "가능성이 없다" 중의 하나로 답하고, 그 이유를 반드시 CAPM에 근거하여 3줄 이내로 서술하라.

해답

물음 1

주식 A 투자 시의 기대효용 $= \frac{1}{3}\times\sqrt{11,881}+\frac{1}{3}\times\sqrt{9,801}+\frac{1}{3}\times\sqrt{7,921}=99$

주식 B 투자 시의 기대효용 $= \frac{1}{3}\times\sqrt{8,281}+\frac{1}{3}\times\sqrt{10,000}+\frac{1}{3}\times\sqrt{11,881}=100$

∴ 투자자 김정석의 기대효용을 극대화하기 위해서는 주식 B에 투자해야 한다.

물음 2

가능성이 있다.

CAPM이 성립하는 세계에서 모든 자산의 기대수익률은 체계적위험에 상응하게 결정되므로 주식 A가 주식 B에 비해 기대주가가 낮고 총위험(표준편차)도 크지만, 체계적위험이 작다면 보다 높은 가격에 거래될 수 있다.

물음 3

가능성이 있다.

주식 A의 현재가격이 9,398원보다 높을 가능성은 주식 A의 기대수익률이 무위험이자율보다 낮을 가능성과 동일하다. 주식 A 수익률과 시장포트폴리오 수익률 간의 상관계수가 음(−)수인 경우에는 주식 A의 체계적위험(베타)이 음(−)수가 되어 주식 A의 기대수익률이 무위험이자율보다 낮을 수 있다.

주식 A의 기대주가 $= \frac{1}{3}\times 11,881$원 $+\frac{1}{3}\times 9,801$원 $+\frac{1}{3}\times 7,921$원 $=$ 9,867.6667원

주식 A의 현재가격이 9,398원인 경우의 기대수익률 $= \frac{9,867.6667\text{원}}{9,398\text{원}}-1=5\%$

문제 26 CAPM과 균형기대수익률 CPA 07

자본자산가격결정모형(CAPM)이 성립하는 세계에서 완전히 분산된 포트폴리오 A와 B가 증권시장에서 거래되고 있다. 각 포트폴리오의 현재 시가총액과 시장포트폴리오 대비 시가총액비중, 1기간 후 기대 시가총액과 시장포트폴리오 대비 기대 시가총액비중은 다음과 같다. (모든 수치는 소수점 넷째 자리에서 반올림하시오.)

포트폴리오	현재		1기간 후	
	시가총액	시가총액비중	기대 시가총액	기대 시가총액비중
A	20,000원	1%	25,300원	1.1%
B	80,000원	4%	96,600원	4.2%

시장포트폴리오(market portfolio) 수익률의 표준편차는 15%이며, 위험프리미엄은 10%이다.

물음 1

포트폴리오 A와 포트폴리오 B의 베타를 각각 구하시오.

물음 2

포트폴리오 B의 기대수익률과 동일한 기대수익률을 가진 개별주식 C의 총위험(분산)이 포트폴리오 B의 총위험보다 낮을 수 있는가? “그렇다” 혹은 “그렇지 않다” 중 하나로 답하고 그 이유를 설명하시오.

물음 3

투자자 갑이 현재 보유하고 있는 포트폴리오의 총금액은 6만원이며, 표준편차는 18%이다. 무위험이자율로 차입하거나 대출하는 데 아무런 제약이 없다. 투자자 갑의 고유자본의 1기간 후 가치를 계산하시오.

물음 4

베타가 0.9인 완전히 분산된 포트폴리오 D의 기대수익률이 19%이다. 이 포트폴리오의 기대수익률이 CAPM에 의해 적절하게 결정되었는지를 평가하시오. 만일 그렇지 않다면 포트폴리오 A, B, D를 이용해서 어떻게 이익을 얻을 수 있을지를 설명하고, 구체적인 이익(%)을 계산하시오.

해답

물음 1

시장포트폴리오의 현재 시가총액 $= \frac{20,000원}{0.01} = \frac{80,000원}{0.04} = 2,000,000원$

시장포트폴리오의 1기간 후 기대시가총액 $= \frac{25,300원}{0.011} = \frac{96,600원}{0.042} = 2,300,000원$

시장포트폴리오의 기대수익률 $= \frac{2,300,000원}{2,000,000원} - 1 = 0.15$

무위험이자율 = 시장포트폴리오의 기대수익률 − 위험프리미엄 = 0.15 − 0.1 = 0.05

포트폴리오 A의 기대수익률 $= \frac{25,300원}{20,000원} - 1 = 0.265 = 0.05 + 0.1 \times \beta_A$

$\therefore \beta_A = 2.15$

포트폴리오 B의 기대수익률 $= \frac{96,600원}{80,000원} - 1 = 0.2075 = 0.05 + 0.1 \times \beta_B$

$\therefore \beta_B = 1.575$

물음 2

그렇지 않다.

완전히 분산되어 비체계적위험이 모두 제거된 포트폴리오 B의 총위험은 체계적위험만으로 구성되지만, 기대수익률이 동일한 개별주식 C의 총위험은 체계적위험 외에 비체계적위험도 존재하므로 개별주식 C의 총위험은 포트폴리오 B의 총위험보다 낮을 수 없다.

물음 3

$$E(R_P) = R_f + \frac{E(R_m) - R_f}{\sigma_m} \times \sigma_P = 0.05 + \frac{0.15 - 0.05}{0.15} \times 0.18 = 0.17$$

투자자 갑의 고유자본의 1기간 후 가치 = 60,000원 × 1.17 = 70,200원

물음 4

$E(R_D) = R_f + [E(R_m) - R_f] \times \beta_D = 0.05 + (0.15 - 0.05) \times 0.9 = 0.14$

∴ D의 가격 과소평가: 균형 기대수익률(14%) < 시장 기대수익률(19%)

$w_A \times \beta_A + w_B \times \beta_B = w_A \times 2.15 + (1 - w_A) \times 1.575 = \beta_D = 0.9$

$\therefore w_A = -1.174,\ w_B = 2.174$

구분	투자비율	체계적위험	기대수익률
포트폴리오 D 매입	1	1 × 0.9	1 × 19%
포트폴리오 A 매입	1.174	1.174 × 2.15	1.174 × 26.5%
포트폴리오 B 공매	- 2.174	- 2.174 × 1.575	- 2.174 × 20.75%
합계(차익거래이익)	0	0	5%

문제 27 투자성과 평가의 측정치

CPA 13

다음은 특정한 기간 동안 주식 A와 주식 B의 초과수익률을 시장포트폴리오의 초과수익률에 대해 회귀분석한 결과이다. 이 기간 동안의 무위험이자율(R_f)은 6%로 일정하며, 시장포트폴리오 수익률(R_M)의 평균과 표준편차는 각각 14%와 15%이다. 아래 표의 결과를 이용하여 주식 A와 주식 B의 운용성과를 측정하고자 한다. 단, 각 주식의 초과수익률은 각 주식의 수익률에서 무위험이자율을 차감한 것이고, 시장포트폴리오의 초과수익률과 잔차(e_i)의 공분산[$Cov(R_M - R_f, e_i)$]은 0이다.

	주식 A		주식 B	
	계수	표준오차	계수	표준오차
상수	2%	0.0086	4%	0.0163
시장포트폴리오 초과수익률	1.3	0.5078	0.6	0.1869
R^2	0.782		0.181	
잔차 표준편차 $\sigma(e_i)$	10.30%		19.10%	

물음 1

주어진 자료를 이용하여 다음 물음에 답하라.

① 주식 A와 주식 B에 대하여 평균초과수익률과 표준편차를 각각 계산하라. 계산결과는 %로 표기하되 반올림하여 소수점 둘째 자리까지 표기하라.

② 주식 A, 주식 B 그리고 시장포트폴리오에 대하여 샤프지수와 트레이너지수를 각각 계산하라. 샤프지수와 트레이너지수는 반올림하여 소수점 넷째 자리까지 표기하라.

물음 2

물음 1에서 계산된 주식 A와 시장포트폴리오의 성과를 비교하기 위해, 주식 A와 무위험자산이 결합된 새로운 포트폴리오 X를 구성하고자 한다. 이 포트폴리오 X의 표준편차를 시장포트폴리오의 표준편차와 일치시키고자 할 때, 포트폴리오 X를 구성하는 데 필요한 주식 A의 투자비율은 얼마인가? 이렇게 구성한 포트폴리오 X의 수익률과 시장포트폴리오 수익률의 차이는 얼마인가? 계산결과는 %단위로 표시하되 반올림하여 소수점 둘째 자리까지 표기하라.

물음 3

주식 A와 주식 B 중 하나를 잘 분산된 포트폴리오에 포함시키고자 한다. 물음 1의 결과를 이용하여 어느 주식을 포함시키는 것이 더 유리한지 판단하라. 또한 그 이유에 대해 3줄 이내로 서술하라.

물음 4

물음 1 ~ 물음 3의 결과와는 관계없이, 아래의 식을 이용하여 개별 주식의 평균초과수익률을 개별 주식의 베타와 비체계적위험에 대해 회귀분석하고자 한다. 이때 개별 주식의 베타와 비체계적위험은 증권특성선을 이용하여 계산하였다. CAPM이 성립한다면, 아래 회귀분석에서 ψ_1과 ψ_2는 각각 어떤 값을 가져야 하는가? 그 이유를 3줄 이내로 설명하라.

$$\overline{R_i} - \overline{R_f} = \psi_1 \beta_i + \psi_2 \sigma^2(e_i) + \epsilon_i$$

여기서, $\overline{R_i} - \overline{R_f}$는 주식 i의 평균초과수익률,

β_i는 주식 i의 베타,

$\sigma^2(e_i)$는 주식 i의 비체계적위험인 잔차분산

해답

물음 1

① $\overline{R_A}-\overline{R_f}=\alpha_A+(\overline{R_M}-\overline{R_f})\times\beta_A=0.02+(0.14-0.06)\times1.3=12.4\%$

$\overline{R_B}-\overline{R_f}=0.04+(0.14-0.06)\times0.6=8.8\%$

$\sigma_A=\sqrt{\beta_A^2\times\sigma_M^2+\sigma^2(e_i)}=\sqrt{1.3^2\times0.15^2+0.1030^2}=22.05\%$

$\sigma_B=\sqrt{0.6^2\times0.15^2+0.1910^2}=21.11\%$

②

구분	샤프지수= $\dfrac{\overline{R_P}-\overline{R_f}}{\sigma_P}$	트레이너지수= $\dfrac{\overline{R_P}-\overline{R_f}}{\beta_P}$
주식 A	$\dfrac{0.124}{0.2205}=0.5624$	$\dfrac{0.124}{1.3}=0.0954$
주식 B	$\dfrac{0.088}{0.2111}=0.4169$	$\dfrac{0.088}{0.6}=0.1467$
시장포트폴리오	$\dfrac{0.14-0.06}{0.15}=0.5333$	$\dfrac{0.14-0.06}{1}=0.08$

물음 2

$\sigma_X=w_A\times\sigma_A=w_A\times0.2205=0.15=\sigma_M$

$\therefore w_A=0.6803$

$\overline{R_X}=w_A\overline{R_A}+(1-w_A)\overline{R_f}=\overline{R_f}+w_A\times(\overline{R_A}-\overline{R_f})=0.06+0.6803\times0.124=14.44\%$

수익률 차이: $\overline{R_X}-\overline{R_M}=14.44\%-14\%=0.44\%$

물음 3

주식 B를 포함시키는 것이 더 유리하다.

잘 분산된 포트폴리오에 포함되는 경우에 개별주식의 수익률은 총위험이 아닌 체계적위험에 의해 결정될 것이므로 체계적위험 대비 초과수익률(트레이너지수)이 보다 큰 주식을 포함시키는 것이 더 유리하다.

물음 4

ψ_1: 시장포트폴리오의 초과수익률($\overline{R_M}-\overline{R_f}=0.14-0.06=8\%$)

ψ_2: 0

CAPM이 성립하는 경우에 개별주식의 초과수익률은 시장포트폴리오의 초과수익률과 베타(β_i)의 민감도를 갖는 선형의 관계를 갖게 되며, 비체계적위험인 잔차분산과는 무관하게 결정되기 때문에 $\overline{R_i}-\overline{R_f}=\psi_1\beta_i+\psi_2\sigma^2(e_i)+\epsilon_i=(\overline{R_M}-\overline{R_f})\times\beta_i$ 이 성립하여야 한다.

문제 28 CAPM과 투자성과의 평가 CPA 16

물음 1 ~ 물음 4는 각각 독립적인 물음이다. 지난 5년 동안 시장포트폴리오의 평균초과수익률은 17%이고, 표준편차는 20%이다. 무위험수익률은 이 기간 동안 4%로 일정하다.

물음 1

지난 5년 동안 주식 A의 초과수익률($R_{A,t} - R_f$)과 시장포트폴리오의 초과수익률($R_{M,t} - R_f$)을 이용하여 다음과 같은 회귀식을 추정하였다.

$$(R_{A,t} - R_f) = \alpha_A + \beta_A (R_{M,t} - R_f) + \epsilon_{A,t}$$

회귀분석의 결과를 이용하여 추정한 주식 A에 대한 성과지표들은 다음과 같다. 단, 정보비율은 '젠센의 알파/잔차의 표준편차'로 계산된다.

샤프지수	트레이너지수	젠센의 알파	정보비율
( )	0.2	2.7%	0.2

① 주식 A의 베타는 얼마인가?

② 주식 A의 샤프지수는 얼마인가?

물음 2

다음 문장이 옳은지 그른지 판단하고, 그 이유를 간략하게 설명하라.

> 지난 5년 동안 주식 B와 시장포트폴리오의 상관계수가 1이라면, 주식 B의 샤프지수는 시장포트폴리오의 샤프지수와 동일하다.

물음 3

내년의 시장포트폴리오 위험프리미엄과 무위험수익률은 과거 5년 동안의 평균과 같을 것으로 기대된다. 주식 C와 주식 D의 현재 가격에 내재된 기대수익률과 베타는 다음과 같다.

주식	현재 가격에 내재된 기대수익률	베타
C	20%	1.2
D	18%	0.8

① CAPM모형을 활용하여 주식 C와 주식 D의 과대평가 혹은 과소평가 여부를 판단하라.

② 투자자 갑은 주식 C와 주식 D를 결합하여 포트폴리오 K를 구성하였다. CAPM을 활용하여 평가하였을 때 포트폴리오 K가 적정(공정)하게 평가되어 있다면, 투자자 갑의 주식 C와 주식 D에 대한 투자비율은 각각 얼마인가? 계산결과는 %기준으로 반올림하여 소수점 둘째 자리까지 표시하라.

물음 4

다음 문장이 옳은지 그른지 판단하고, 그 이유를 설명하라.

제로베타포트폴리오는 비효율적인 포트폴리오이다.

해답

물음 1

① 젠센의 알파 $= 0.027 = \overline{R_A} - \overline{R_f} - (\overline{R_M} - \overline{R_f}) \times \beta_A = \overline{R_A} - \overline{R_f} - 0.17 \times \beta_A$

$\therefore \overline{R_A} - \overline{R_f} = 0.027 + 0.17 \times \beta_A$

트레이너지수$= \dfrac{\overline{R_A} - \overline{R_f}}{\beta_A} = \dfrac{0.027 + 0.17 \times \beta_A}{\beta_A} = 0.2$

$\therefore \beta_A = 0.9$

② 정보비율 $= 0.2 = \dfrac{\text{젠센의 알파}}{\text{잔차의 표준편차}} = \dfrac{0.027}{\sigma_{\epsilon A}}$

$\therefore \sigma_{\epsilon A} = 0.135$

$\sigma_A = \sqrt{\beta_A^2 \times \sigma_M^2 + \sigma_{\epsilon A}{}^2} = \sqrt{0.9^2 \times 0.2^2 + 0.135^2} = 0.225$

$\therefore$ 샤프지수$= \dfrac{\overline{R_A} - \overline{R_f}}{\sigma_A} = \dfrac{0.027 + 0.17 \times 0.9}{0.225} = 0.8$

물음 2

옳지 않다.

$\rho_{BM} = 1$인 경우: $\overline{R_B} - \overline{R_f} = \alpha_B + (\overline{R_M} - \overline{R_f}) \times \beta_B = \alpha_B + (\overline{R_M} - \overline{R_f}) \times \dfrac{\sigma_B}{\sigma_M}$

주식 B의 샤프지수 $= \dfrac{\overline{R_B} - \overline{R_f}}{\sigma_B} = \dfrac{\alpha_B + (\overline{R_M} - \overline{R_f}) \times \dfrac{\sigma_B}{\sigma_M}}{\sigma_B} = \dfrac{\alpha_B}{\sigma_B} + \dfrac{(\overline{R_M} - \overline{R_f})}{\sigma_M}$

시장포트폴리오의 샤프지수 $= \dfrac{\overline{R_M} - \overline{R_f}}{\sigma_M}$

∴ 젠센의 알파(α_B)가 존재하는 경우에 주식 B의 샤프지수와 시장포트폴리오의 샤프지수는 동일하지 않다.

물음 3

① 균형$E(R_C) = 0.04 + 0.17 \times 1.2 = 0.244$ > 현재 기대수익률 = 0.2

주식 C의 현재가격은 과대평가되어 있다.

균형$E(R_D) = 0.04 + 0.17 \times 0.8 = 0.176$ < 현재 기대수익률 = 0.18

주식 D의 현재가격은 과소평가되어 있다.

② $E(R_K) = w_C \times 0.2 + (1 - w_C) \times 0.18$

$= 0.04 + 0.17 \times [w_C \times 1.2 + (1 - w_C) \times 0.8]$

$\therefore w_C = 8.33\%, \; w_D = 91.67\%$

물음 4

옳다.

제로베타포트폴리오는 비체계적위험과 동일한 총위험은 0보다 크지만 체계적위험이 0이므로 위험프리미엄이 0인 포트폴리오이고, 마코위츠의 효율적 투자선상의 최소분산포트폴리오보다 우측 하단에 존재하는 포트폴리오이므로 비효율적인 포트폴리오이다.

문제 29 알파값과 베타값의 계산 CPA 21

다음에 주어진 회귀식을 이용하여 개별 주식 A, B, C의 초과수익률을 시장지수의 초과수익률에 대해 회귀분석한 결과는 아래의 표에 나타나 있다. 개별 주식 A, B, C의 수익률은 시장지수 수익률과 양(+)의 관계를 가지고, 무위험수익률은 표본기간 동안 5%로 일정하며, 시장모형이 성립한다고 가정한다.

(회귀식) $r_j - r_f = \alpha_j + \beta_j(r_M - r_f) + e_j$

회귀식에서 r_j와 r_M은 각각 주식 j의 수익률과 시장지수 수익률을 나타내고, r_f는 무위험수익률을 나타낸다. e_j는 잔차이다.

구분	평균수익률	수익률의 표준편차	알파(α)	베타(β)	R^2
주식 A	10%	10%	( )	( )	0.81
주식 B	9%	9%	( )	( )	( )
주식 C	( )	( )	2%	( )	0.75
시장지수	14%	15%	-	-	-

물음 1

주어진 정보를 이용하여 다음에 답하시오. 알파값은 %단위로 소수점 아래 둘째 자리에서 반올림하여 첫째 자리까지 표시하고, 베타값은 소수점 아래 둘째 자리에서 반올림하여 첫째 자리까지 표시하시오.

① 주식 A의 알파값과 베타값을 계산하시오.

② 초과수익률을 이용한 회귀분석에서 주식 A의 알파값과 베타값이 각각 0.5%와 0.5로 추정되었다고 가정한다. 초과수익률이 아닌 수익률을 이용하여 주식 A에 대한 회귀분석을 실시하였을 경우, 알파값을 계산하시오.

③ 주식 A와 주식 B 수익률의 상관계수가 0.6이라고 할 때, 주식 B의 알파값을 계산하시오.

④ 주식 C의 잔차분산[$\sigma^2(e_C)$]이 0.01인 경우, 주식 C 수익률의 표준편차를 계산하시오. 계산결과는 %단위로 소수점 아래 셋째 자리에서 반올림하여 둘째 자리까지 표시하시오.

물음 2

주식 A와 주식 B의 베타값이 각각 0.4와 0.2라고 하자. 주식 A와 주식 B에 50%씩 투자하여 포트폴리오 P를 구성하고자 한다. 계산결과는 소수점 아래 다섯째 자리에서 반올림하여 넷째 자리까지 표시하시오.

① 포트폴리오 P의 비체계적 위험을 계산하시오.

② 포트폴리오 P의 수익률과 시장지수 수익률의 공분산을 계산하시오.

해답

물음 1

① $R^2 = 0.81 = \rho_{AM}^2$

$\therefore \rho_{AM} = 0.9$

$\beta_A = \frac{\sigma_A}{\sigma_M} \times \rho_{AM} = \frac{0.1}{0.15} \times 0.9 = 0.6$

$\alpha_A = (r_A - r_f) - \beta_A \times (r_M - r_f) = (10\% - 5\%) - 0.6 \times (14\% - 5\%) = -0.4\%$

② $(r_A - r_f) = \alpha_A + \beta_A \times (r_M - r_f) = 0.5\% + 0.5 \times (r_M - r_f)$

$r_A = r_f + 0.5\% + 0.5 \times (r_M - r_f) = 0.5 \times r_f + 0.5\% + 0.5 \times r_M$

$= 0.5 \times 5\% + 0.5\% + 0.5 \times r_M = 3\% + 0.5 \times r_M$

∴ 알파값 = 3%

③ $\rho_{AB} = 0.6 = \rho_{AM} \times \rho_{BM} = 0.9 \times \rho_{BM}$

$\therefore \rho_{BM} = 0.6667$

$\beta_B = \frac{\sigma_B}{\sigma_M} \times \rho_{BM} = \frac{0.09}{0.15} \times 0.6667 = 0.4$

$\alpha_B = (r_B - r_f) - \beta_B \times (r_M - r_f) = (9\% - 5\%) - 0.4 \times (14\% - 5\%) = 0.4\%$

④ $\frac{Var(e_C)}{Var(R_C)} = \frac{0.01}{Var(R_C)} = 1 - R^2 = 1 - 0.75 = 0.25$

$Var(R_C) = \frac{0.01}{0.25} = 0.04$

주식 C 수익률의 표준편차 = $\sqrt{0.04} = 20\%$

물음 2

① $Var(e_A) = Var(R_A) - \beta_A \times Var(R_M) = 0.1^2 - 0.4^2 \times 0.15^2 = 0.0064$

$Var(e_B) = Var(R_B) - \beta_B \times Var(R_M) = 0.09^2 - 0.2^2 \times 0.15^2 = 0.0072$

$Var(e_P) = 0.5^2 \times Var(e_A) + 0.5^2 \times Var(e_B) = 0.5^2 \times 0.0064 + 0.5^2 \times 0.0072 = 0.0034$

② $\beta_P = 0.5 \times \beta_A + 0.5 \times \beta_B = 0.5 \times 0.4 + 0.5 \times 0.2 = 0.3 = \frac{\sigma_{Pm}}{\sigma_m^2} = \frac{\sigma_{Pm}}{0.15^2}$

$\therefore \sigma_{Pm} = 0.0068$

문제 30 투자성과의 평가와 다기간수익률 CPA 20

무위험이자율 대비 (주)대한 주식 및 (주)민국 주식의 초과수익률(종속변수 Y)과 시장초과수익률(독립변수 X) 간의 선형회귀분석 결과는 아래와 같다. (주)대한 주식 및 (주)민국 주식 수익률의 표준편차는 시장수익률 표준편차의 각각 3배, 2배이다. 분석기간 중 무위험이자율은 일정하다고 가정한다.

주식	Y절편	결정계수
(주)대한	0.4%	0.49
(주)민국	0.3%	0.36

물음 1

(주)대한 주식과 (주)민국 주식의 베타계수를 구하시오.

물음 2

정보비율(information ratio) 고려 시 성과가 더 우수한 주식이 어느 것인지 풀이과정을 보여 설명하시오. 단, 정보비율은 '젠센의 알파/잔차의 표준편차'이다.

물음 3

(주)대한의 현재 총부채비율(부채/총자산)은 20%이다. (주)대한의 총부채비율이 30%로 상승하는 경우 (주)대한 주식의 베타계수를 구하시오. 단, (주)대한의 법인세율은 20%이다.

물음 4

(주)대한 주식과 (주)민국 주식을 편입한 펀드가 있다. 펀드매니저의 성과를 측정하기 위해 펀드의 다기간수익률을 산출하고자 한다. 다기간수익률 측정방법 중 시간가중수익률법(기하평균수익률)과 금액가중수익률법(내부수익률)에 대해 설명하고 두 수익률 간 차이가 발생하는 이유에 대해 4줄 이내로 기술하시오.

해답

물음 1

(주)대한의 결정계수: $R^2 = 0.49 = \dfrac{\beta^2_{대한} \times \sigma^2_m}{\sigma^2_{대한}} = \dfrac{\beta^2_{대한} \times \sigma^2_m}{3^2 \times \sigma^2_m}$

$\therefore \beta_{대한} = 2.1$

(주)민국의 결정계수: $R^2 = 0.36 = \dfrac{\beta^2_{민국} \times \sigma^2_m}{\sigma^2_{민국}} = \dfrac{\beta^2_{민국} \times \sigma^2_m}{2^2 \times \sigma^2_m}$

$\therefore \beta_{민국} = 1.2$

물음 2

(주)대한 잔차의 표준편차 $= \sqrt{\sigma^2_{대한} - \beta^2_{대한} \times \sigma^2_m = 3^2 \times \sigma^2_m - 2.1^2 \times \sigma^2_m} = \sqrt{4.59} \times \sigma_m$

(주)대한의 정보비율 $= \dfrac{0.004}{\sqrt{4.59} \times \sigma_m} = \dfrac{0.001867}{\sigma_m}$

(주)민국 잔차의 표준편차 $= \sqrt{\sigma^2_{민국} - \beta^2_{민국} \times \sigma^2_m = 2^2 \times \sigma^2_m - 1.2^2 \times \sigma^2_m} = \sqrt{2.56} \times \sigma_m$

(주)민국의 정보비율 $= \dfrac{0.003}{\sqrt{2.56} \times \sigma_m} = \dfrac{0.001875}{\sigma_m}$

∴ 정보비율 고려 시 (주)민국 주식의 성과가 더 우수하다.

물음 3

현재: $\beta_{대한} = 2.1 = \beta_U + (\beta_U - \beta_d)(1 - t)\dfrac{B}{S} = \beta_U + (\beta_U - 0) \times (1 - 0.2) \times \dfrac{2}{8}$

$\therefore \beta_U = 1.75$

총부채비율 = 30% 경우: $\beta_{대한} = 1.75 + (1.75 - 0) \times (1 - 0.2) \times \dfrac{3}{7} = 2.35$

물음 4

시간가중수익률법(기하평균수익률)은 투자의 성과가 각 기간별로 상이한 다음 기간의 수익률로 재투자되는 경우의 연평균수익률이며, 금액가중수익률법(내부수익률)은 투자의 성과가 사전적으로 예측된 기간별로 동일한 내부수익률로 재투자된다고 가정하는 경우의 연평균수익률이다. 두 수익률 간 차이는 이와 같은 재투자수익률 가정의 차이에 기인한다.

문제 31 자산배분과 종목선정 기여도

CPA 17

투자자 갑은 다음과 같은 포트폴리오의 성과를 얻었다.

자산	투자비중(%)	수익률(%)	표준편차	베타
주식	75	3.0	0.25	2.0
채권	15	2.0	0.20	0.2
현금성자산	10	1.0	0	0

물음 1

다음 물음에 답하시오.

① 샤프지수(Sharpe's measure)와 트레이너지수(Treynor's measure)의 의미를 각각 설명하시오.

② 주식의 샤프지수와 트레이너지수를 각각 구하시오.

다음은 **물음 2** ~ **물음 4**와 관련된 추가 정보이다.

투자자 갑은 다음의 벤치마크 포트폴리오의 성과를 기준으로 자신의 투자성과를 측정하고자 한다.

자산	투자비중(%)	수익률(%)
주식(주가지수)	60	2.0
채권(채권지수)	30	1.5
현금성자산	10	1.0

투자자 갑은 초과수익률의 원천을 자산배분능력과 종목선정능력으로 나누어 파악하고자 한다.

물음 2

투자자 갑의 포트폴리오 수익률과 벤치마크 포트폴리오 수익률을 각각 구하시오.

물음 3

벤치마크 포트폴리오 수익률을 초과하는 투자자 갑의 포트폴리오 수익률 중 자산배분능력으로부터 발생하는 기여도는 얼마인가?

물음 4

벤치마크 포트폴리오 수익률을 초과하는 투자자 갑의 포트폴리오 수익률 중 종목선정능력으로부터 발생하는 기여도는 얼마인가?

해답

물음 1

① 샤프지수: 총위험(수익률의 표준편차) 대비 초과수익률
트레이너지수: 체계적위험(베타) 대비 초과수익률

② 샤프지수$=\dfrac{\overline{R_{주식}}-\overline{R_{현금성자산}}}{\sigma_{주식}}=\dfrac{0.03-0.01}{0.25}=0.08$

트레이너지수$=\dfrac{\overline{R_{주식}}-\overline{R_{현금성자산}}}{\beta_{주식}}=\dfrac{0.03-0.01}{2}=0.01$

물음 2

투자자 갑 포트폴리오 수익률
$=0.75\times3.0\%+0.15\times2.0\%+0.1\times1.0\%=2.65\%$
벤치마크 포트폴리오 수익률
$=0.6\times2.0\%+0.3\times1.5\%+0.1\times1.0\%=1.75\%$

물음 3

자산배분능력 기여도
= Σ자산별 (실제 투자비중 − 벤치마크 투자비중) × 벤치마크 수익률
$=(0.75-0.6)\times2.0\%+(0.15-0.3)\times1.5\%+(0.1-0.1)\times1.0\%=0.075\%$

물음 4

종목선정능력 기여도
= Σ자산별 실제 투자비중 × (실제 투자수익률 − 벤치마크 수익률)
$=0.75\times(3.0\%-2.0\%)+0.15\times(2.0\%-1.5\%)+0.1\times(1.0\%-1.0\%)=0.825\%$

문제 32 Fama와 French의 3요인모형

CPA 16

평균 순자산가치가 80억원 이상이고 주식 편입비중이 85% 이상이며 최근 6년 이상 생존해온 주식형 펀드 '아이'의 운용스타일과 운용성과를 사후적으로 측정하기 위하여 Fama와 French의 3요인모형을 다음과 같이 추정하였다.

$$R_i = 0.12 + 1.32\,MKT + 0.48\,SMB - 0.24\,HML + \epsilon_i$$

(0.15) (0.05) (0.24) (0.11)

$\overline{R^2}$ = 0.32

표본으로 2011년 1월부터 2015년 12월까지 월별 자료를 이용하였다. R_i는 펀드 '아이'의 수익률에서 무위험이자율을 차감한 펀드 '아이'의 초과수익률, MKT는 시장포트폴리오 수익률에서 무위험이자율을 차감한 시장초과수익률(시장요인), SMB는 Fama와 French의 기업규모요인, HML은 Fama와 French의 가치요인, ϵ_i는 펀드 '아이'의 잔차, $\overline{R^2}$는 조정 R^2를 의미한다. 추정 회귀계수 아래 괄호 안의 숫자는 표준오차를 나타낸다.

물음 1

Fama와 French의 3요인모형 추정결과를 이용하여 펀드 '아이'의 운용스타일이 ① 소형주/대형주인지를 밝히고, ② 가치주/성장주인지를 판별한 다음 그 근거를 제시하시오.

물음 2

Fama와 French의 3요인모형 추정결과를 이용하여 펀드 '아이'의 운용실적을 판별하시오.

물음 3

이머징마켓에 공격적으로 투자하는 헷지펀드의 운용성과를 Fama와 French의 3요인모형을 이용하여 측정할 경우 나타날 수 있는 문제점을 3줄 이내로 설명하시오.

해답

물음 1

기업규모요인(SMB = small minus big = 소형주포트폴리오 수익률 − 대형주포트폴리오 수익률)의 추정계수(0.48)에 대한 t값($\frac{\text{추정 회귀계수}}{\text{표준오차}} = \frac{0.48}{0.24} = 2$)이 유의수준 5%에서의 일반적 임계치인 2 이상이므로 추정계수가 유의미하며, 추정계수가 양(+)의 값이므로 펀드 '아이'의 운용스타일은 ① 소형주이다.

가치요인(HML = high minus low = 가치주포트폴리오 수익률 − 성장주포트폴리오 수익률)의 추정계수(−0.24)에 대한 t값($\frac{-0.24}{0.11} = -2.18$)의 절댓값이 2 이상이므로 추정계수가 유의미하며, 추정계수가 음(−)의 값이므로 펀드 '아이'의 운용스타일은 ② 성장주이다.

물음 2

회귀모형의 절편치(0.12)는 공통요인들에 의해 설명될 수 있는 적정수익률에 비해 추가적으로 달성된 평균적인 초과수익률을 의미하는데, 절편치에 대한 t값($\frac{0.12}{0.15} = 0.8$)이 2보다 작기 때문에 통계적으로 유의미한 양(+)의 추가적인 초과수익을 달성했다고 판단할 수는 없다.

물음 3

Fama와 French의 3요인모형은 3요인 이외의 모멘텀요인(UMD = up minus down = 승자포트폴리오 수익률 − 패자포트폴리오 수익률)과 같은 공통요인의 영향에 대해서 설명하지 못한다는 문제점이 있다. 또한, 이머징마켓은 상대적으로 기간별 변동성이 크고, 시장의 효율성이 낮을 수 있으며, 여기에 공격적으로 투자하는 헤지펀드는 포트폴리오의 자산배분과 종목선정에 잦은 재조정이 발생할 수 있다. 따라서 Fama와 French의 3요인모형을 이용하는 경우에 추정계수의 기간별 변동가능성과 추가적인 공통요인의 존재 가능성을 고려하지 못할 수 있다는 문제점이 있다.

문제 33 3요인모형과 모멘텀요인

CPA 15

정보통신 관련 주식에 많은 부분을 투자하고 있는 펀드 '제이'의 자본비용과 펀드성과 등을 측정하기 위하여 Fama와 French의 3요인모형에 모멘텀(momentum)요인을 추가한 다중회귀모형을 다음과 같이 추정하였다. 표본기간은 2008년 1월부터 2014년 12월까지이며 월별 자료를 이용하여 분석하였다.

$$R_j = 0.82 + 1.21R_m + 0.57SMB - 0.25HML + 0.12MTM + \epsilon_j$$

(0.32) (0.24) (0.21) (0.45) (0.06)

$\overline{R^2} = 0.21$

단, R_j는 펀드 '제이'의 수익률에서 무위험수익률을 차감한 펀드 '제이'의 초과수익률, R_m은 시장포트폴리오 수익률에서 무위험수익률을 차감한 시장초과수익률(시장요인), SMB는 Fama와 French의 기업규모요인, HML은 Fama와 French의 가치주요인, MTM은 승자포트폴리오 수익률에서 패자포트폴리오 수익률을 차감한 모멘텀요인, ϵ_j는 펀드 '제이' 초과수익률의 잔차, $\overline{R^2}$는 조정 R^2를 각각 의미하며, 추정된 회귀계수 아래 괄호 안의 숫자는 표준오차(standard error)를 나타낸다.

물음 1

추정된 다중회귀모형의 절편 0.82가 의미하는 바를 표준오차를 고려하여 5줄 이내로 설명하시오.

물음 2

추정된 시장 베타는 1.21이다. 추정모형에는 펀드 '제이'의 베타가 2008년 1월부터 2014년 12월까지 동일하다는 가정이 내포되어 있다. 이 가정이 합리적인지 또는 비합리적인지 기술하고 그 근거를 3줄 이내로 설명하시오.

물음 3

추정된 다중회귀모형의 결과를 이용하여 펀드 '제이'가 시장요인위험, 기업규모요인위험, 가치주요인위험 및 모멘텀요인위험에 노출되어 있는지 파악하시오.

물음 4

CAPM과 APT의 실증분석 한계점을 비교하여 5줄 이내로 설명하시오.

해답

물음 1

회귀모형의 절편치(0.82)는 공통요인들에 의해 설명될 수 있는 적정수익률에 비해 추가적으로 달성된 평균적인 초과수익률을 의미하는데, 이에 대한 t값($\frac{0.82}{0.32}$ = 2.56)이 유의수준 5%에서의 일반적 임계치인 2 이상이기 때문에 통계적으로 유의미한 양(+)의 추가적인 초과수익을 달성했다고 판단할 수 있다. 즉 회귀모형에 따른 적정수익률보다 우월한 성과를 달성했다고 판단할 수 있다.

물음 2

기업의 경영위험과 재무위험은 시간의 경과에 따라 가변적이므로 해당 기간 동안 베타가 동일하다고 가정하는 것은 비합리적인 가정이다. 특히나 정보통신 관련 주식에 많이 투자하는 펀드의 베타는 해당 기간 동안의 시장상황 변화에 따라 크게 변동할 것으로 예상된다.

물음 3

시장요인: $t=\frac{1.21}{0.24}=5.0417$ 　　기업규모요인: $t=\frac{0.57}{0.21}=2.7143$

가치주요인: $t=\frac{-0.25}{0.45}=-0.5556$ 　　모멘텀요인: $t=\frac{0.12}{0.06}=2.0000$

각 요인 t값의 절댓값이 가치주요인을 제외하고는 모두 2 이상이므로 펀드 '제이'는 5% 유의수준에서 시장요인위험, 기업규모요인위험, 모멘텀요인위험에 노출되어 있다고 볼 수 있다.

물음 4

CAPM은 모든 위험자산들을 개별 위험자산들의 시장가치 비율대로 포함하는 진정한 의미의 시장포트폴리오를 구성하는 것이 불가능하므로 실증검증이 불가능하다는 한계점이 있으며, APT는 공통요인의 개수가 불명확하고 공통요인의 경제적 의미가 불명확한 경우가 나타날 수 있으며, 경우에 따라서 검증결과가 달라질 수 있다는 한계점이 있다.

문제 34 3요인모형과 시장타이밍 능력

CPA 19

사회적 책임활동이 활발한 기업에 주로 투자하는 주식형 펀드 '케이'의 시장타이밍(market timing) 능력과 운용성과를 사후적으로 측정하기 위하여 다음과 같은 회귀모형을 추정하였다.

$$R_k = 0.09 + 0.92R_m + 0.12R_m^2 - 0.16SMB + 0.08HML + \epsilon_k$$

(0.03) (0.25) (0.03) (0.05) (0.12)

$\overline{R^2}$ = 0.21

표본으로 2010년 1월부터 2018년 12월까지 월별 자료를 이용하였다. R_k는 펀드 '케이'의 수익률에서 무위험이자율을 차감한 펀드 '케이'의 초과수익률, R_m은 시장포트폴리오 수익률에서 무위험이자율을 차감한 시장초과수익률, SMB는 Fama와 French의 기업규모요인, HML은 Fama와 French의 가치요인, ϵ_k는 펀드 '케이'의 잔차, $\overline{R^2}$는 조정 R^2를 의미한다. 추정 회귀계수 아래 괄호 안의 숫자는 표준오차를 나타낸다.

물음 1

회귀모형 추정결과를 이용하여 ① 기업규모요인과 가치요인의 유의성을 판별한 다음 그 의미를 설명하고 ② 시장타이밍 능력 판별모형에 Fama와 French의 기업규모요인과 가치요인을 추가하는 이유는 무엇인지 설명하시오.

물음 2

회귀모형 추정결과를 이용하여 ① 상수항 추정계수 0.09가 의미하는 바를 설명하고 ② 젠센의 알파(Jensen's alpha)와 어떻게 다른지 설명하시오.

물음 3

시장타이밍 능력이란 펀드매니저가 미래 시장상황에 맞추어 보유주식에 대한 투자 비중을 적절하게 변화시켜 포트폴리오의 베타를 조정할 수 있음을 의미한다. 위의 회귀모형 추정결과를 이용하여 펀드 '케이' 매니저의 시장타이밍 능력을 판별하시오.

물음 4

제시된 회귀모형이 펀드 '케이' 매니저의 시장타이밍 능력을 판별할 수 있는 모형임을 보일 수 있는 근거를 적절한 수식을 사용하여 제시하시오.

해답

물음 1

① 기업규모요인의 추정계수(−0.16)에 대한 t값($\frac{-0.16}{0.05}=-3.2$)의 절댓값이 유의수준 5%에서의 일반적 임계치인 2 이상이므로 추정계수가 유의미하여 펀드 '케이'는 기업규모요인에 노출되어 있다고 할 수 있으며, 추정계수가 음(−)의 값이므로 펀드 '케이'는 주로 대형주에 투자한 펀드라고 할 수 있다. 가치요인의 추정계수(0.08)에 대한 t값($\frac{0.08}{0.12}=0.67$)이 2 미만이므로 추정계수의 유의성이 낮기 때문에, 펀드 '케이'는 특별히 가치주나 성장주 위주로 운용되지 않아서 가치요인과는 무관하다고 할 수 있다.

② 기업규모요인과 가치요인을 추가하면 측정편의(measurement bias)를 감소시킬 수 있어서 시장타이밍 능력 판별모형의 설명력을 증가시킬 수 있기 때문이다.

물음 2

① 회귀모형의 상수항(절편치)의 추정계수(0.09)는 공통요인들에 의해 설명될 수 있는 적정수익률에 비해 추가적으로 달성된 평균적인 초과수익률을 의미하는데, 이에 대한 t값($\frac{0.09}{0.03}=3$)이 2 이상이기 때문에 통계적으로 유의미한 양(+)의 추가적인 초과수익을 달성했다고 판단할 수 있다. 즉 회귀모형에 따른 적정수익률보다 우월한 성과를 달성했다고 판단할 수 있다.

② 회귀모형의 상수항은 젠센의 알파에서 기업규모요인과 가치요인 및 시장타이밍 능력(베타의 조정)에 따라 발생된 초과수익률을 제외한 나머지 부분, 즉 종목선정능력에 따라 발생된 초과수익률이라고 할 수 있다.

물음 3

시장타이밍 능력의 추정계수(0.12)에 대한 t값($\frac{0.12}{0.03}=4$)이 2 이상이므로 추정계수의 유의성이 높고 추정계수가 양(+)의 값이므로 펀드 '케이'는 성공적인 시장타이밍 능력이 있는 것으로 판별할 수 있다.

물음 4

시장상황에 대한 예측에 따라 포트폴리오의 베타를 조정할 수 있는 경우에 베타는 R_m과 선형관계를 갖게 되므로 SMB와 HML을 포함하여 제시된 회귀모형은 시장타이밍 능력의 추정계수(γ_k)를 이용해서 시장타이밍 능력을 판별할 수 있는 3요인 TM(Treynor and Mazuy)모형이라고 할 수 있다.

$$\beta_k = \beta_k^{MKT} + \gamma_k \times R_m$$

$$R_k = \alpha_k + \beta_k R_m + \beta_k^{SMB} SMB + \beta_k^{HML} HML + \epsilon_k$$

$$R_k = \alpha_k + \beta_k^{MKT} R_m + \gamma_k R_m^2 + \beta_k^{SMB} SMB + \beta_k^{HML} HML + \epsilon_k$$

문제 35 단일요인APT

CPA 09

아래의 표는 위험요인이 1개이고 잘 분산된(well - diversified) 두 개의 포트폴리오 백두산펀드와 한라산펀드의 기대수익률과 베타계수를 나타낸 것이다.

포트폴리오	기대수익률	베타계수
백두산펀드	16%	0.8
한라산펀드	20%	1.6

물음 1

시장에서 차익거래가 존재하지 않기 위한 무위험이자율을 구하시오.

물음 2

시장의 무위험이자율이 6%이다. 위의 두 펀드로부터 차익거래가 가능한지 여부를 밝히고, 가능할 경우 구체적인 차익거래전략과 차익의 규모를 제시하시오. 무위험차입과 무위험대여가 가능하다고 가정하며, 최대금액은 각각 50만원까지로 제한한다. 또한 차입거래전략을 수립할 때, 새로 구성한 포트폴리오의 베타계수는 0.8로 일치시킨다.

물음 3

시장에 CAPM모형이 성립한다고 가정하자. 또한 두 포트폴리오 백두산펀드와 한라산펀드의 수익률의 표준편차가 각각 18%, 25%이고 시장수익률의 표준편차가 14%라고 하자. 두 포트폴리오의 총위험을 체계적위험과 비체계적위험으로 각각 구분하고 체계적위험이 총위험 중에서 차지하는 비율을 구하시오. 위험의 크기는 반올림하여 소수점 넷째 자리까지 표시하고 비율은 백분율로 소수점 둘째 자리까지 표시하시오.

해답

물음 1

균형상태에서는 각 펀드의 체계적위험 1단위당 위험프리미엄이 동일해야 한다.

$$\frac{E(R_{백두})-R_f}{\beta_{백두}}=\frac{0.16-R_f}{0.8}=\frac{0.2-R_f}{1.6}=\frac{E(R_{한라})-R_f}{\beta_{한라}}$$

∴ 무위험이자율(R_f) = 12%

물음 2

$$w_{한라}\times\beta_{한라}+(1-w_{한라})\times\beta_f=w_{한라}\times1.6+(1-w_{한라})\times0=0.8=\beta_{백두}$$

∴ $w_{한라}=0.5,\quad w_f=0.5$

차익거래전략: 50만원 무위험차입 + 한라산펀드 50만원 공매 + 백두산펀드 100만원 매입

차익거래이익: 연간 3만원의 차익획득 가능

구분	현재시점 현금흐름	기대수익률	기대수익
무위험차입	50만원	- 6%	- 3만원
한라산펀드 공매	50만원	- 20%	- 10만원
백두산펀드 매입	- 100만원	16%	16만원
합계(차익거래이익)	0원		3만원

물음 3

구분	총위험 = $Var(R_i)$	체계적위험 = $\beta_i^2\times\sigma_m^2$	비체계적위험 = $Var(e_i)$	체계적위험 ÷ 총위험
백두산펀드	0.18^2=0.0324	$0.8^2\times0.14^2$=0.0125	0.0199	38.58%
한라산펀드	0.25^2=0.0625	$1.6^2\times0.14^2$=0.0502	0.0123	80.32%

문제 36 2요인APT와 차익거래

CPA 05

수익률이 2개의 위험요인으로 생성된다고 가정하자. 다음과 같이 잘 분산된 3개의 포트폴리오가 존재한다. 여기서 b_{i1}과 b_{i2}는 i포트폴리오의 첫 번째와 두 번째 요인에 대한 민감도이다.

포트폴리오	기대수익률(%)	b_{i1}	b_{i2}
A	9.25	1.0	0.5
B	8.75	0.5	0.9
C	6.70	0.4	0.2

물음 1

APT(차익거래가격결정이론) 위험 - 기대수익률 관계를 나타내는 식을 구하라.

물음 2

포트폴리오 D의 기대수익률이 8.7%이고 b_{i1}이 0.725, b_{i2}가 0.525라고 가정하자. 차익거래과정을 정확히 설명하고 무위험이익(%)을 계산하라(이를 위해 새로 구성한 포트폴리오를 E로 명명할 것). 또한 차익거래의 3가지 조건을 제시하고 이 조건이 모두 충족됨을 보여라.

해답

물음 1

$$E(R_A)=0.0925=\lambda_0+\lambda_1\times1.0+\lambda_2\times0.5$$

$$E(R_B)=0.0875=\lambda_0+\lambda_1\times0.5+\lambda_2\times0.9$$

$$E(R_C)=0.0670=\lambda_0+\lambda_1\times0.4+\lambda_2\times0.2$$

$$\therefore \lambda_0=0.05,\ \lambda_1=0.03,\ \lambda_2=0.025$$

APT균형식: $E(R_i)=0.05+0.03\times b_{i1}+0.025\times b_{i2}$

물음 2

균형$E(R_D)=0.05+0.03\times0.725+0.025\times0.525=0.084875$

$$w_A+w_B+w_C=1$$

$$w_A\times1.0+w_B\times0.5+w_C\times0.4=b_{D1}=0.725$$

$$w_A\times0.5+w_B\times0.9+w_C\times0.2=b_{D2}=0.525$$

$$\therefore w_A=0.5,\ w_B=0.25,\ w_C=0.25$$

〈차익거래〉

구분		투자비율	b_{i1}	b_{i2}	기대수익률
D 매입		1	1 × 0.725	1 × 0.525	1 × 8.7%
E 공매	A 공매	- 0.5	- 0.5 × 1.0	- 0.5 × 0.5	- 0.5 × 9.25%
	B 공매	- 0.25	- 0.25 × 0.5	- 0.25 × 0.9	- 0.25 × 8.75%
	C 공매	- 0.25	- 0.25 × 0.4	- 0.25 × 0.2	- 0.25 × 6.70%
합계(차익거래이익)		0	0	0	0.2125%

〈차익거래 조건의 충족〉

① 순투자금액의 부담이 없음

$$\Sigma w_i=1-0.5-0.25-0.25=0$$

② 위험 부담이 없음

$$\Sigma w_i b_{i1}=1\times0.725-0.5\times1.0-0.25\times0.5-0.25\times0.4=0$$

$$\Sigma w_i b_{i2}=1\times0.525-0.5\times0.5-0.25\times0.9-0.25\times0.2=0$$

③ 차익거래이익의 발생

$$\Sigma w_i E(R_i)=1\times8.7\%-0.5\times9.25\%-0.25\times8.75\%-0.25\times6.70\%=0.2125\%>0$$

문제 37 CAPM의 실증검증 CPA 18

※ 물음 1 ~ 물음 3은 각각 독립적이다.

물음 1

(주)대한은 자산규모가 동일한 (주)민국의 주식 전부를 현재 시장가격을 적용한 주식교환방식으로 흡수합병하는 것을 검토하고 있다. 무위험이자율은 5%이고, 두 기업과 시장포트폴리오의 기대수익률, 표준편차, 시장과의 상관계수는 아래의 표와 같다.

	기대수익률	표준편차	시장과의 상관계수
(주)대한	0.13	0.4	0.4
(주)민국	0.10	0.2	0.4
시장포트폴리오	0.10	0.1	

① 시장모형을 이용하여 합병 후 (주)대한의 기대수익률과 표준편차를 계산하시오. %단위로, 소수점 아래 셋째 자리에서 반올림하여 둘째 자리까지 표시하시오.

② CAPM이 성립하고, 합병 후 사업구조의 변경이 없다고 가정하자. 외부컨설턴트가 (주)대한의 주주에게 흡수합병을 추진하는 것이 타당하다고 조언할 수 있겠는가? 그 이유를 간단히 쓰시오.

③ 합병 후 사업구조의 변경을 통해 (주)대한의 주가가 추가로 상승하기 위해서는 합병기업과 시장포트폴리오와의 상관계수가 어떠한 범위에 있어야 하는가? 단, CAPM이 성립하고, 사업구조의 변경에도 불구하고 합병기업의 현금흐름은 일정하다고 가정한다. 소수점 아래 셋째 자리에서 반올림하여 둘째 자리까지 표시하시오.

물음 2

A씨의 효용함수가 $U(W) = \sqrt{W}$라고 가정하고 아래의 질문에 답하시오. 현재 10,000달러를 보유하고 있는 A씨는 5,000달러로 주택을 구입하고, 나머지를 연 10% 수익률을 주는 무위험자산에 투자할 계획이다. 주택에 화재가 날 확률은 1%이고, 그 경우 주택가치는 0이 된다. 화재가 일어나지 않으면 연말의 주택가치는 여전히 5,000달러이다. 아래 주어진 로그함수와 지수함수의 예시 표를 이용하시오.

X	$\ln X$	X	$\ln X$
1,500	7.313	6,500	8.780
2,500	7.824	7,500	8.923
3,500	8.161	8,500	9.048
4,500	8.412	9,500	9.159
5,500	8.613	10,500	9.259

X	e^X	X	e^X
9.2510	10,414.98	9.2535	10,441.05
9.2515	10,420.18	9.2540	10,446.27
9.2520	10,425.40	9.2545	10,451.49
9.2525	10,430.61	9.2550	10,456.72
9.2530	10,435.83	9.2555	10,461.95

① 만일 어떤 보험회사가 화재발생 시 주택가치 전액을 보장해주는 보험상품을 제시할 경우, A씨가 지급할 의향이 있는 최대의 보험료는 얼마인가? 소수점 아래 셋째 자리에서 반올림하여 둘째 자리까지 표시하시오.

② A씨는 효용함수가 $U(W) = \ln W$ 인 투자자에 비해 더 위험회피적인지 또는 덜 위험회피적인지 답하고, 그 이유를 간단히 쓰시오.

물음 3

다음은 CAPM이 실제 주식시장에서 성립하는가를 검증한 실증연구 방법에 대한 설명이다. 먼저, 1단계로 모든 개별기업별로 초과수익률과 동일기간의 종합주가지수 초과수익률을 이용한 시계열 회귀분석으로 시장모형($R_{i,t} = \alpha_i + \beta_i R_{m,t} + e_{i,t}$)을 추정하여 기업 i의 베타를 도출한다. 2단계로, 1단계에서 도출한 $\widehat{\beta}_i$, $\widehat{\sigma^2_{e_i}}$와 각 개별기업의 평균초과수익률($\overline{R_i}$)을 이용해 아래와 같은 횡단면 회귀분석을 실시한다. 수익률은 소문자 r로, 초과수익률은 대문자 R로 표시하였다. $\widehat{\sigma^2_{e_i}}$은 1단계 회귀분석의 잔차항의 분산이다.

$$\overline{R_i} = \gamma_0 + \gamma_1 \widehat{\beta}_i + \gamma_2 \widehat{\sigma^2_{e_i}} + \epsilon_i$$

① 연구자들이 지난 10년간의 자료를 이용해 추정한 결과가 아래와 같다. 10년간의 평균 시장초과수익률($\overline{R_m}$)은 16.5%였다. 아래의 결과를 토대로 판단할 때, 이 시장에서 CAPM이 성립한다고 할 수 있는가? 그 이유를 간단히 설명하시오.

	γ_0	γ_1	γ_2
추정치	0.127	0.042	0.310
표준오차	0.006	0.006	0.026

② 위 검증방법이 몇 가지 문제점을 갖고 있기 때문에 위의 결과만으로는 CAPM 성립 여부를 판단하기 어렵다. 이 검증방법이 갖고 있는 문제점 3가지를 5줄 이내로 쓰시오.

해답

물음 1

① $E(R_{합병후}) = 0.5 \times E(R_{대한}) + 0.5 \times E(R_{민국}) = 0.5 \times 0.13 + 0.5 \times 0.1 = 11.5\%$

$\beta_{대한} = \dfrac{\sigma_{대한}}{\sigma_m} \times \rho_{대한m} = \dfrac{0.4}{0.1} \times 0.4 = 1.6$

$Var(R_{대한}) = 0.4^2 = \beta^2_{대한} \times Var(R_m) + Var(e_{대한}) = 1.6^2 \times 0.1^2 + Var(e_{대한})$

$\therefore Var(e_{대한}) = 0.1344$

$\beta_{민국} = \dfrac{\sigma_{민국}}{\sigma_m} \times \rho_{민국m} = \dfrac{0.2}{0.1} \times 0.4 = 0.8$

$Var(R_{민국}) = 0.2^2 = \beta^2_{민국} \times Var(R_m) + Var(e_{민국}) = 0.8^2 \times 0.1^2 + Var(e_{민국})$

$\therefore Var(e_{민국}) = 0.0336$

$\beta_{합병후} = 0.5 \times \beta_{대한} + 0.5 \times \beta_{민국} = 0.5 \times 1.6 + 0.5 \times 0.8 = 1.2$

$Var(e_{합병후}) = 0.5^2 \times Var(e_{대한}) + 0.5^2 \times Var(e_{민국})$

$= 0.5^2 \times 0.1344 + 0.5^2 \times 0.0336 = 0.042$

$\sigma_{합병후} = \sqrt{\beta^2_{합병후} \times Var(R_m) + Var(e_{합병후})} = \sqrt{1.2^2 \times 0.1^2 + 0.042} = 23.75\%$

② 균형$E(R_{대한}) = R_f + [E(R_m) - R_f] \times \beta_{대한} = 0.05 + (0.1 - 0.05) \times 1.6 = 0.13$

균형$E(R_{민국}) = R_f + [E(R_m) - R_f] \times \beta_{민국} = 0.05 + (0.1 - 0.05) \times 0.8 = 0.09 < 0.1$

균형$E(R_{합병후}) = R_f + [E(R_m) - R_f] \times \beta_{합병후} = 0.05 + (0.1 - 0.05) \times 1.2 = 0.11 < 0.115$

(주)대한의 현재 주가는 균형상태이지만 (주)민국의 현재 주가는 과소평가되어 있기 때문에 현재 시장가격을 적용해서 합병하는 경우에 합병 후 기업 주식의 기대수익률(11.5%)이 균형기대수익률(11%)을 초과하므로 흡수합병을 추진하는 것이 타당하다.

③ $E(R_{합병후}) = 0.115 >$ 균형$E(R_{합병후}) = 0.05 + (0.1 - 0.05) \times \beta_{합병후}$

$\beta_{합병후} = \dfrac{\sigma_{합병후}}{\sigma_m} \times \rho_{합병후m} = \dfrac{0.2375}{0.1} \times \rho_{합병후m} < 1.3$

$\therefore \rho_{합병후m} < 0.55$

물음 2

① 기대효용$= 0.99 \times \sqrt{\$5,000 \times 1.1 + \$5,000} + 0.01 \times \sqrt{\$5,000 \times 1.1 + \$0} = 102.1864$

1년 후 기대부의 확실성등가$= 102.1864^2 = \$10,442.07$

현재 지급 가능 최대 보험료$= \dfrac{(\$5,000 \times 1.1 + \$5,000) - \$10,442.07}{1.1} = \$52.67$

② 효용함수가 $U(W) = \ln W$인 투자자

기대효용$= 0.99 \times \ln(\$10,500) + 0.01 \times \ln(\$5,500) = 9.25254$

1년 후 기대부의 확실성등가$= e^{9.2525} = \$10,430.61$

동일한 기대부에 대한 확실성등가가 더 큰 A씨는 효용함수가 $U(W) = \ln W$인 투자자에 비해 덜 위험회피적이다.

물음 3

① CAPM이 성립하기 위해서는 γ_1이 평균 시장초과수익률과 통계적으로 유의미한 차이가 없어야 하고, γ_0와 γ_2가 0과 통계적으로 유의미한 차이가 없어야 한다. 회귀분석에 따른 γ_1의 추정치가 0.042로 평균 시장초과수익률인 0.165와 상이하고, γ_0와 γ_2의 추정치가 0이 아니며, γ_0과 γ_1 및 γ_2의 추정치에 대한 t값이 각각 $\dfrac{0.127}{0.006} = 21.17$과 $\dfrac{0.042}{0.006} = 7$ 및 $\dfrac{0.310}{0.026} = 11.92$이므로 모두 5% 유의수준하에서의 일반적 임계치인 2 이상이므로 유의미하기 때문에 CAPM이 성립하지 않는다고 할 수 있다.

② 시장포트폴리오의 대용치로 종합주가지수를 이용하고 있으나, 진정한 시장포트폴리오의 구성이 불가능하기 때문에 CAPM의 실증검증은 불가능하다. 개별기업 초과수익률과 종합주가지수 초과수익률의 비선형관계도 확인해야 한다. 시간의 경과에 따라 β가 가변적일 수 있음에도 불구하고 10년간 안정적이라는 가정하에 분석하고 있다.

해커스 윤민호 재무관리연습

제7장

기업의 현금흐름

핵심 이론 요약

01 기업의 현금흐름과 기업가치

(1) 이자비용의 법인세 감세효과를 현금흐름에서 고려하는 경우

① 기업잉여현금흐름

- 영업현금흐름: $EBIT \times (1-t) + D = (R-C) \times (1-t) + t \times D$
- 순운전자본 변동에 따른 현금흐름: 기초NWC − 기말NWC
- 비유동자산 투자에 따른 현금흐름: 기초FA − D − 기말FA
- 이자비용의 법인세 감세효과: $I \times t$

② 채권자 현금흐름

- I + (기초B − 기말B)

③ 주주잉여현금흐름

- NI + (기초S − 기말S) = 배당 + (기초S + 유보 − 기말S)

④ 무성장영구기업 가정 시

- 기업잉여현금흐름: $EBIT \times (1-t) + I \times t = I + NI$

(2) 이자비용의 법인세 감세효과를 할인율에서 고려하는 경우

① 기업잉여현금흐름: 자산으로 인한 현금흐름

- 영업현금흐름: $EBIT \times (1-t) + D = I \times (1-t) + (NI + D)$
- 순운전자본 변동에 따른 현금흐름: 기초NWC − 기말NWC
- 비유동자산 투자에 따른 현금흐름: 기초FA − D − 기말FA

② 부채로 인한 현금흐름

- $I \times (1-t)$ + (기초B − 기말B)

③ 주주잉여현금흐름: 자본으로 인한 현금흐름

- NI + (기초S − 기말S) = 배당 + (기초S + 유보 − 기말S)

④ 무성장영구기업 가정 시

- 기업잉여현금흐름: $EBIT \times (1-t) = I \times (1-t) + NI$

(3) 무성장영구기업의 현금흐름과 부채사용기업의 가치

① 이자비용의 법인세 감세효과를 현금흐름에서 고려하는 경우

- $V_L = \dfrac{EBIT \times (1-t) + I \times t}{k_0 = k_d \times \dfrac{B}{V} + k_e \times \dfrac{S}{V}}$

② 이자비용의 법인세 감세효과를 할인율에서 고려하는 경우

- $V_L = \dfrac{EBIT \times (1-t)}{k_0 = k_d \times (1-t) \times \dfrac{B}{V} + k_e \times \dfrac{S}{V}}$

③ 무부채기업의 가치와 레버리지이득

- $V_L = V_U + B \times t = \dfrac{EBIT \times (1-t)}{\rho} + \dfrac{I \times t}{k_d}$

④ 부채의 가치와 자기자본의 가치

- $V_L = B + S_L = \dfrac{I}{k_d} + \dfrac{NI}{k_e}$

02 경제적 부가가치와 시장부가가치, 잔여이익모형

(1) 경제적 부가가치(EVA)

① 총투하자본에 대한 총자본비용을 초과하여 벌어들인 초과이익

- EVA = 세후영업이익 − 총자본비용 $= EBIT \times (1-t) - WACC \times IC$

$$= \frac{EBIT \times (1-t)}{IC} \times IC - WACC \times IC = (ROIC - WACC) \times IC$$

② 총투하자본과 투하자본수익률

- 총투하자본(IC): 영업관련자산의 기초 장부금액
- 투하자본수익률($ROIC$) $= \dfrac{EBIT \times (1-t)}{IC}$

(2) 시장부가가치(MVA)

① 기간별 EVA를 가중평균자본비용으로 할인한 현재가치

- $MVA = PV(EVA) = \displaystyle\sum_{t=1}^{\infty} \frac{EVA_t}{(1+WACC)^t}$

② 기업가치(영업자산가치)의 순증가분 또는 자기자본가치의 순증가분

- 무성장영구기업: $MVA = \dfrac{EBIT \times (1-t)}{WACC} - IC$
- MVA = 영업관련자산의 내재(시장)가치 − 영업관련자산의 장부금액

(3) 잔여이익(residual income: RI)모형

① 자기자본에 대한 자본비용을 초과하여 벌어들인 순이익

- RI = 당기순이익 − 자기자본비용= $NI - k_e \times$ 자기자본장부금액

$$= \frac{NI}{\text{자기자본장부금액}} \times \text{자기자본장부금액} - k_e \times \text{자기자본장부금액}$$

$$= (ROE - k_e) \times \text{자기자본장부금액}$$

② 기간별 RI를 자기자본비용으로 할인한 현재가치 = 자기자본가치의 순증가분

- 무성장영구기업: $PV(RI) = \frac{NI}{k_e} -$ 자기자본장부금액

= 자기자본의 내재(시장)가치 − 자기자본의 장부금액

문제 01 기업잉여현금흐름의 계산

CPA 01

W기업의 비교식 재무상태표와 당기손익계산서는 다음과 같고, 당기순이익 중에서 30,000원을 현금 배당으로 지급하였다. 관련된 물음에 답하시오.

재무상태표 (단위: 원)

	기초	기말		기초	기말
유동자산	20,000	60,000	유동부채	12,000	40,000
비유동자산	80,000	130,000	비유동부채	30,000	80,000
			자본	58,000	70,000
계	100,000	190,000	계	100,000	190,000

손익계산서 (단위: 원)

매출액	200,000
매출원가	(90,000)
감가상각비	(20,000)
영업이익	90,000
이자비용	(10,000)
세전이익	80,000
법인세(세율 20%)	(16,000)
세후순이익	64,000

물음 1

영업현금흐름을 구하고 현금흐름의 조달과 운용을 원천별로 구분하여 각각 설명하라. 그리고 순운전자본으로 인한 현금흐름은 얼마인가?

물음 2

비유동자산에 대한 투자로 인한 현금흐름은 얼마인지 구하라. 비유동자산에 대한 투자로 인한 현금흐름이 음수가 나올 수 있는지 말하라.

물음 3

자산으로 인한 현금흐름은 얼마인가? 그리고 자산으로 인한 현금흐름이 음수가 나올 수 있는지 말하라. 단, 이자비용의 법인세 감세효과는 현금흐름에서 고려하지 않는다.

물음 4

W기업이 금년 중에 새로운 부채 60,000원을 차입하였다면 금년 중 부채상환액은 얼마인가? 또한 부채로 인한 현금흐름은 얼마인가?

물음 5

W기업은 금년 중 유상증자는 없었고, 자사주 매입을 실시하였다. W기업의 금년 중 자사주 매입액을 구하라. 그리고 자본으로 인한 현금흐름을 구하고, 자산으로 인한 현금흐름이 부채로 인한 현금흐름과 자본으로 인한 현금흐름의 합과 같음을 보이시오.

해답

물음 1

영업현금흐름(운용측면) = $EBIT \times (1-t) + D$
= 90,000원 × (1 − 0.2) + 20,000원 = 92,000원

영업현금흐름(조달측면) = $I \times (1-t) + (NI + D)$
= 10,000원 × (1 − 0.2) + (64,000원 + 20,000원) = 92,000원

순운전자본으로 인한 현금흐름 = (20,000원 − 12,000원) − (60,000원 − 40,000원) = −12,000원

물음 2

비유동자산에 대한 투자로 인한 현금흐름 = (80,000원 − 20,000원) − 130,000원 = −70,000원

비유동자산에 대한 신규투자액이 비유동자산의 처분액보다 많은 경우에는 비유동자산에 대한 투자로 인한 현금흐름이 음(−)수가 나올 수 있다.

물음 3

자산으로 인한 현금흐름 = 92,000원 − 12,000원 − 70,000원 = 10,000원

영업현금흐름을 초과하여 순운전자본과 비유동자산에 대한 투자가 이루어지는 경우에는 자산으로 인한 현금흐름이 음(−)수가 나올 수 있다.

물음 4

부채상환액 = 기초부채 − 기말부채 + 추가차입액
= 30,000원 − 80,000원 + 60,000원 = 10,000원

부채로 인한 현금흐름 = $I \times (1-t) + (\text{기초부채} - \text{기말부채})$
= 10,000원 × (1 − 0.2) + (30,000원 − 80,000원) = −42,000원

물음 5

자사주 매입액 = 기초자본 + 유보 + 유상증자 − 기말자본
= 58,000원 + (64,000원 − 30,000원) + 0원 − 70,000원 = 22,000원

자본으로 인한 현금흐름 = 배당 + 기초자본 + 유보 − 기말자본
= 30,000원 + 58,000원 + 34,000원 − 70,000원 = 52,000원

자산으로 인한 현금흐름 = 10,000원
= 부채로 인한 현금흐름 + 자본으로 인한 현금흐름
= −42,000원 + 52,000원

문제 02 기업잉여현금흐름과 가중평균자본비용 CPA 03

신설법인인 삼환기업은 유아완구업에 투자할 예정이다. 삼환기업이 부채를 조달하지 않고 투자하면 자본비용이 20%가 된다. 삼환기업은 최대한 부채를 사용하려 하지만 정부의 정책에 적극 부응하기 위해 시장가격으로 환산한 부채비율(= 부채/자기자본)을 100%로 맞출 예정이다. 이 경우 주주와 채권자에게 귀속되는 현금흐름은 이자비용으로 인한 법인세절감효과를 포함하여 9억원씩 매년 무한히 발생할 것으로 기대된다. 부채에 대한 이자율은 10%이며 법인세율은 40%이다. 또한 무위험수익률은 10%이다. MM의 명제가 성립함을 가정한다.

물음 1

삼환기업의 현금흐름 9억원에 대한 할인율은 얼마인가?

물음 2

삼환기업의 주주가 이 투자를 통해 얻게 되는 가치의 증가분은 10억원이다. 이 기업의 장부가격 기준 부채비율(= 장부상 부채/장부상 자기자본)은 얼마인가?

해답

물음 1

$k_e = 0.2 + (0.2 - 0.1) \times (1 - 0.4) \times 1 = 0.26$

$k_0 = k_d \times \frac{B}{V} + k_e \times \frac{S}{V} = 0.1 \times 0.5 + 0.26 \times 0.5 = 0.18$

물음 2

$V_L = \frac{EBIT \times (1-t) + I \times t}{k_0} = \frac{9억원}{0.18} = 50억원$

부채의 시장가치 = 부채의 장부금액 = 50억원 × 0.5 = 25억원

자산의 장부금액(총투하자본) = 50억원 − 10억원 = 40억원

자기자본의 장부금액 = 40억원 − 25억원 = 15억원

장부가격 기준 부채비율 = $\frac{장부상\ 부채}{장부상\ 자기자본} = \frac{25억원}{15억원} = 166.67\%$

문제 03 가중평균자본비용의 계산

CPA 13

(주)우리는 부채비율(타인자본가치/기업가치) 40%를 목표부채비율로 설정하여 유지하고 있으며, 채권 베타는 0.2이고 주식베타는 1.4이다. 회사는 매년 영업활동에서 세전현금흐름 405억원을 창출하고 있으며 이러한 상태가 영원히 지속될 것으로 전망된다. 채권에 지급하는 이자율은 채권에 대한 기대수익률과 동일하다. 법인세율 25%, 무위험수익률 4%, 시장기대수익률 9%이다. 이외에는 CAPM과 MM 자본구조이론이 성립한다고 가정한다. 다음 질문에 대하여 계산과정을 제시하고 답하라.

물음 1

가중평균자본비용을 이용해서 계산한 (주)우리의 기업가치는 얼마인가?

물음 2

(주)우리가 부채를 이용하지 않고 자기자본만으로 사업한다면 기업가치는 얼마가 되는가?

물음 3

가치평가에서는 부채를 이용하는 효과를 할인율에 반영하지 않고 현금흐름에 반영할 수도 있다. 이러한 접근법을 (주)우리에 적용하면 현금흐름, 할인율, 기업가치는 얼마가 되는가?

물음 4

(주)우리의 세전현금흐름 405억원은 다음과 같은 두 가지 상황의 기대치이다. 이러한 현금흐름의 확실성등가를 계산하고 이를 이용해서 기업가치를 계산하라.

경기상황	확률	세전현금흐름
호황	50%	650억원
불황	50%	160억원

해답

물음 1

$k_d = 0.04 + (0.09 - 0.04) \times 0.2 = 0.05$

$k_e = 0.04 + (0.09 - 0.04) \times 1.4 = 0.11$

$$k_0 = k_d \times (1-t) \times \frac{B}{V} + k_e \times \frac{S}{V} = 0.05 \times (1 - 0.25) \times 0.4 + 0.11 \times 0.6 = 0.081$$

$$V_L = \frac{EBIT \times (1-t)}{k_0} = \frac{405\text{억원} \times (1-0.25)}{0.081} = \frac{303.75\text{억원}}{0.081} = 3{,}750\text{억원}$$

물음 2

$B = V_L \times 0.4 = 3{,}750\text{억원} \times 0.4 = 1{,}500\text{억원}$

$V_U = V_L - B \times t = 3{,}750\text{억원} - 1{,}500\text{억원} \times 0.25 = 3{,}375\text{억원}$

물음 3

$$\begin{aligned}\text{현금흐름} &= EBIT \times (1-t) + I \times t \\ &= 405\text{억원} \times (1-0.25) + 1{,}500\text{억원} \times 0.05 \times 0.25 = 322.5\text{억원}\end{aligned}$$

$$k_0{}' = k_d \times \frac{B}{V} + k_e \times \frac{S}{V} = 0.05 \times 0.4 + 0.11 \times 0.6 = 0.086$$

$$V_L = \frac{EBIT \times (1-t) + I \times t}{k_0{}'} = \frac{322.5\text{억원}}{0.086} = 3{,}750\text{억원}$$

물음 4

$$\alpha_t = \left(\frac{1+R_f}{1+k}\right)^t = \left(\frac{1+0.04}{1+0.081}\right)^t = 0.96207^t$$

$CEQ_1 = 405\text{억원} \times 0.96207 = 389.63835\text{억원}$

확실성등가의 성장률: $g = 0.96207 - 1 = -0.03793$

$$V_L = \frac{CEQ_1 \times (1-t)}{R_f - g} = \frac{389.63835\text{억원} \times (1-0.25)}{0.04 - (-0.03793)} = 3{,}750\text{억원}$$

문제 04 주주잉여현금흐름과 자기자본가치

CPA 99

20X1년 초 A기업은 잔여현금을 다량 보유하고 있어서 투자기회를 찾던 중 마땅한 투자기회가 존재하지 않아 B기업을 흡수합병할 것을 검토하고 있다. 무위험부채를 사용하고 있는 B기업의 합병 전 부채구성비율($\frac{B}{V}$)은 30%이고, 주식베타는 1.3이며, 법인세율은 30%이다. A기업은 합병 후 B기업의 부채구성비율을 50%로 유지하려고 하며, 시장포트폴리오의 기대수익률은 20%, 무위험이자율은 10%, 합병 후 법인세율은 40%가 될 것으로 예상된다. 모든 현금흐름은 매년 말에 발생함을 가정하며, B기업을 흡수합병하는 경우에 A기업의 증분현금흐름(단위: 원)과 관련 자료는 다음과 같다.

구분	20X1년	20X2년	20X3년
매출액	2,000	3,000	5,000
현금영업비용	1,000	1,500	2,500
감가상각비	100	150	200
영업이익	900	1,350	2,300
이자비용	200	100	100
증분투자금액	0	400	500

물음 1

합병으로 인한 20X1년 말부터 20X3년 말까지 A기업 주주의 증분현금흐름(FCFE)을 연도별로 추정하라.

물음 2

합병 후 주주의 증분현금흐름을 할인할 자기자본비용을 계산하라.

물음 3

20X3년 말 이후에는 매년 4%의 주주현금흐름 증가가 영구히 발생할 것으로 예상되는 경우에 20X4년 말부터 발생하는 주주현금흐름의 가치를 20X3년 말 기준으로 계산하고, 이를 토대로 합병 후 주주의 입장에서 현금흐름의 총현재가치를 추정하라.

해답

물음 1

$FCFE = [EBIT \times (1-t) + D] - 증분투자액 - I \times (1-t)$

$FCFE_1 = [900원 \times (1-0.4) + 100원] - 0원 - 200원 \times (1-0.4) = 520원$

$FCFE_2 = [1,350원 \times (1-0.4) + 150원] - 400원 - 100원 \times (1-0.4) = 500원$

$FCFE_3 = [2,300원 \times (1-0.4) + 200원] - 500원 - 100원 \times (1-0.4) = 1,020원$

물음 2

$\beta_L^{합병전B} = 1.3 = \beta_U^B + (\beta_U^B - 0) \times (1-0.3) \times \frac{3}{7}$

$\therefore \ \beta_U^B = 1$

$\beta_L^{합병후B} = 1 + (1-0) \times (1-0.4) \times 1 = 1.6$

$k_e = 0.1 + (0.2-0.1) \times 1.6 = 0.26$

물음 3

$TV_3 = \frac{FCFE_4}{k_e - g} = \frac{1,020원 \times 1.04}{0.26-0.04} = 4,821.82원$

$PV = \frac{520원}{1.26} + \frac{500원}{1.26^2} + \frac{1,020원 + 4,821.82원}{1.26^3} = 3,648원$

문제 05 부채사용액의 변동과 주주잉여현금흐름

(주)파랑은 신규사업을 위한 투자를 고려 중이다. 투자비용은 30만원이며, 신규투자 시 증가되는 순현금영업이익(EBITDA)은 투자의 내용연수 동안 매년 20만원이 발생할 것으로 예상된다. 투자비용은 내용연수인 3년 동안 잔존가치 없이 정액법에 의해 감가상각된다. 문제에서 언급된 사항 이외의 현금흐름은 없고, 법인세율은 40%라고 가정하며, 금액계산 시 소수점 아래 첫째 자리에서 반올림하여 원 단위로 표시한다. 다음의 독립적인 질문에 답하시오.

물음 1

투자비용 30만원 중에서 15만원은 10%의 이자를 매년도 말에 지급하는 조건으로 부채를 차입하고, 나머지는 신주를 발행하여 조달할 예정이며, 차입하는 부채의 원금은 매년도 말에 5만원씩 상환할 예정이다. 투자시점부터 내용연수 말까지 발생될 주주의 현금흐름을 시점별로 나타내시오.

물음 2

(주)파랑은 신규사업을 수행함에 있어 목표부채비율($\frac{B}{S}$) 150%가 투자의 내용연수 동안 유지되도록 매년도 말에 부채사용액(이자율 10%, 매년 말 이자지급조건)을 조정하여 투자의 내용연수 말까지 부채를 전액 상환할 것이다. 신규사업에 적용될 적절한 가중평균자본비용은 20%라고 가정하며, 이러한 경우에 신규사업의 현재시점에서의 가치는 337,037원이다. 투자시점부터 내용연수 말까지 발생될 주주의 현금흐름을 시점별로 나타내시오.

해답

물음 1

$$영업현금흐름 = (R-C)\times(1-t)+t\times D$$
$$= 200,000원\times(1-0.4)+0.4\times100,000원 = 160,000원$$

구분	t = 0	t = 1	t = 2	t = 3
투자금액	(300,000)			
영업현금흐름		160,000	160,000	160,000
부채차입/상환	150,000	(50,000)	(50,000)	(50,000)
이자지급		(15,000)	(10,000)	(5,000)
이자비용감세효과		6,000	4,000	2,000
주주현금흐름	(150,000)	101,000	104,000	107,000

물음 2

t = 0 시점: $투자안의\ 가치 = \frac{160,000원}{1.2}+\frac{160,000원}{1.2^2}+\frac{160,000원}{1.2^3}=337,037원$

$부채사용액 = 337,037원\times60\% = 202,222원$

t = 1 시점: $투자안의\ 가치 = \frac{160,000원}{1.2}+\frac{160,000원}{1.2^2}=244,444원$

$부채사용액 = 244,444원\times60\% = 146,666원$

t = 2 시점: $투자안의\ 가치 = \frac{160,000원}{1.2}=133,333원$

$부채사용액 = 133,333원\times60\% = 80,000원$

구분	t = 0	t = 1	t = 2	t = 3
투자금액	(300,000)			
영업현금흐름		160,000	160,000	160,000
부채차입/상환	202,222	(55,556)	(66,666)	(80,000)
이자지급		(20,222)	(14,667)	(8,000)
이자비용감세효과		8,089	5,867	3,200
주주현금흐름	(97,778)	92,311	84,534	75,200

문제 06 경제적 부가가치와 시장부가가치 CPA 03

(주)삼천리는 100억원을 모두 자기자본으로 조달하여 건물임대업을 시작하였다. 이를 위해 이 기업은 70억원 상당의 건물을 구입하였으며, 건물임대로 인한 순수입은 매년 21억원으로 예상된다. (주)삼천리의 사장 토지애 씨가 판단해 본 결과 건물임대로 인한 수익률의 분산은 종합주가지수 수익률 분산의 4배이며, 두 수익률 간의 상관계수는 0.5이다. 한편, 이 기업은 나머지 30억원을 다음과 같이 투자하였다.

① 10억원은 5년 만기 국채에 투자하였다. 이 채권의 만기수익률은 10%이다.
② 20억원은 종합주가지수연동형펀드에 투자하였다. 이 펀드의 수익률은 향후 20%로 계속 유지될 것으로 예상된다.

시장의 상황이 유지되며, 기업의 자산구조가 일정하다는 가정하에 이 기업의 경제적 부가가치(EVA), 시장부가가치(MVA), 기업가치를 구하라. 세금은 없다.

해답

$$\beta_U = \frac{2 \times \sigma_m}{\sigma_m} \times 0.5 = 1$$

$$\rho = 0.1 + (0.2 - 0.1) \times 1 = 0.2$$

$$EVA = EBIT \times (1-t) - WACC \times IC = 21\text{억원} - 0.2 \times 70\text{억원} = 7\text{억원}$$

$$MVA = PV(EVA) = \frac{7\text{억원}}{0.2} = 35\text{억원}$$

기업가치 = (70억원 + 35억원) + (10억원 + 20억원) = 135억원

문제 07 순현재가치와 시장부가가치

CPA 12

AAA기업은 3,000만원이 소요되는 설비를 도입하는 프로젝트를 고려하고 있다. 다음 자료를 이용하여 각 물음에 답하시오. 계산결과는 만원 단위로 소수점 첫째 자리까지 계산하시오.

[자료]

① 설비의 수명은 3년이고 잔존가치는 300만원이며 정액법으로 상각한다.

② 설비를 도입한 후에 예상되는 매출증가는 다음과 같으며 모두 현금으로 발생한다.

	1차년	2차년	3차년
매출증가	2,800만원	3,600만원	4,000만원

③ 매출증가에 필요한 변동비용은 매출액의 65%이며 모두 현금으로 지불된다.

④ 매출증가에 필요한 고정비용에는 설비의 감가상각비만 있다.

⑤ 법인세율은 25%이고 투하자본에 대한 기대수익률은 12%이다.

물음 1

프로젝트에 대한 3년간의 추정손익계산서를 작성하시오.

물음 2

프로젝트의 증분현금흐름(incremental cash flow)을 연도별로 계산하고 이를 이용해서 프로젝트의 순현재가치를 계산하시오.

물음 3

프로젝트의 경제적 부가가치(economic value added)를 연도별로 계산하고 이를 이용해서 프로젝트의 순현재가치를 계산하시오. 단, 경제적 부가가치는 경제적 이익(economic income) 또는 잔여이익(residual income)과 같은 개념이다.

해답

물음 1

추정손익계산서 (단위: 만원)

구분	1차년	2차년	3차년
매출액	2,800	3,600	4,000
변동비용	(1,820)	(2,340)	(2,600)
고정비용	(900)	(900)	(900)
영업이익	80	360	500
법인세비용	(20)	(90)	(125)
당기순이익	60	270	375

물음 2

$CF_0 = -3{,}000\text{만원}$

$CF_1 = 80\text{만원} \times (1-0.25) + 900\text{만원} = 960\text{만원}$

$CF_2 = 360\text{만원} \times (1-0.25) + 900\text{만원} = 1{,}170\text{만원}$

$CF_3 = 500\text{만원} \times (1-0.25) + 900\text{만원} + 300\text{만원} = 1{,}575\text{만원}$

$$NPV = -3{,}000\text{만원} + \frac{960\text{만원}}{1.12} + \frac{1{,}170\text{만원}}{1.12^2} + \frac{1{,}575\text{만원}}{1.12^3} = -89.1\text{만원}$$

물음 3

$EVA_1 = 80\text{만원} \times (1-0.25) - 3{,}000\text{만원} \times 0.12 = -300\text{만원}$

$EVA_2 = 360\text{만원} \times (1-0.25) - 2{,}100\text{만원} \times 0.12 = 18\text{만원}$

$EVA_3 = 500\text{만원} \times (1-0.25) - 1{,}200\text{만원} \times 0.12 = 231\text{만원}$

$$NPV = MVA = \frac{-300\text{만원}}{1.12} + \frac{18\text{만원}}{1.12^2} + \frac{231\text{만원}}{1.12^3} = -89.1\text{만원}$$

문제 08 경제적 부가가치와 잉여현금흐름

CPA 20

(주)대한의 2019년 세전영업이익(EBIT)은 500억원이었다. (주)대한에서는 2019년 초와 2020년 초에 리조트 건설에 필요한 150억원의 자본적 지출이 각각 발생했다. 2020년 말부터 발생되는 (주)대한의 잉여현금흐름은 향후 지속될 것이다. 한편, (주)대한의 2019년과 2020년 리조트 건설사업의 연 투하자본이익률(ROIC)은 15%이다. 2019년과 2020년에 공통 적용되는 (주)대한에 관한 아래의 정보를 이용해서 물음에 답하시오.

(1) 목표 부채비율(부채/자기자본)은 50%이다.
(2) 보통주 자기자본비용, 세후 부채비용은 각각 연 10%, 4%이다.
(3) 우선주 발행은 없다.
(4) 법인세율은 25%이다.
(5) 감가상각비는 존재하지 않는다.
(6) 시간선상 t = 0, 1, 2는 각각 2019년 기말(2020년 기초), 2020년 기말, 2021년 기말이다.

물음 1

2020년 초에 발생된 자본적 지출 150억원을 통해 2020년에 창출되는 경제적 부가가치(EVA)는 19.5억원으로 추정된다. (주)대한의 2020년 리조트 건설사업의 연 가중평균자본비용(WACC)을 추정하시오.

※ 물음 2 ~ 물음 4는 물음 1과 독립적이다.

물음 2

(주)대한의 2019년 말 잉여현금흐름이 200억원일 경우, 2019년 말의 순운전자본 증감액을 구하시오.

물음 3

2020년 기준 (주)대한의 매출액은 전년 대비 10% 감소할 것이다. 또한, (주)대한의 2020년에 적용되는 영업레버리지도(DOL)는 2.0으로 예상된다. 2020년 초 기준으로 (주)대한의 기업가치를 추정하시오. 단, 2020년 말 기준 유동자산, 유동부채는 각각 99억원, 87억원으로 전년 대비 10% 감소, 16% 증가할 전망이다. 계산결과는 반올림하여 억원 단위로 표시하시오.

물음 4

(주)대한은 부채이용 기업이다. (주)대한이 무부채 기업일 경우와 비교하면, (주)대한의 부채사용에 따른 법인세 절감효과로 늘어난 2020년 말 기업가치 증가분은 100억원으로 추정된다. 2020년 말 기준 발행주식수는 100만주, 이자비용은 총부채의 10%가 될 것이다. 주당순이익(EPS) 20,000원에 해당하는 (주)대한의 2020년 말 기준 세전영업이익(EBIT)을 구하시오. 단, MM 수정명제 I이 적용된다. 계산결과는 반올림하여 억원 단위로 표시하시오.

해답

물음 1

$EVA = 19.5\text{억원} = (ROIC - WACC) \times IC = (0.15 - WACC) \times 150\text{억원}$

$\therefore\ WACC = 0.02$

물음 2

2019년 잉여현금흐름 = 200억원

= EBIT × (1 − t) − 순운전자본 증가액 − 비유동자산 투자액

= 500억원 × (1 − 0.25) − 순운전자본 증가액 − 150억원

∴ 순운전자본 증가액 = 25억원

물음 3

영업이익(EBIT) 감소율 = 매출액 감소율 × DOL = 10% × 2 = 20%

2020년 영업이익 = 500억원 × (1 − 0.2) = 400억원

2020년 기초 유동자산 = 99억원 ÷ (1 − 0.1) = 110억원

2020년 기초 유동부채 = 87억원 ÷ (1 + 0.16) = 75억원

2020년 잉여현금흐름

= EBIT × (1 − t) − 순운전자본 증가액 − 비유동자산 투자액

= 400억원 × (1 − 0.25) − [(99억원 − 87억원) − (110억원 − 75억원)] − 150억원 = 173억원

$$\text{WACC} = k_d(1-t) \times \frac{B}{V} + k_e \times \frac{S}{V} = 0.04 \times \frac{1}{3} + 0.1 \times \frac{2}{3} = 0.08$$

$$\text{기업가치} = \frac{\text{기업잉여현금흐름}}{WACC} = \frac{173\text{억원}}{0.08} = 2{,}163\text{억원}$$

물음 4

$B \times t = B \times 0.25 = 100\text{억원}$

$\therefore\ B = 400\text{억원}$

$$\text{EPS} = 20{,}000\text{원} = \frac{(EBIT - I) \times (1-t)}{\text{발행주식수}} = \frac{(EBIT - 400\text{억원} \times 0.1) \times (1 - 0.25)}{100\text{만주}}$$

∴ EBIT = 307억원

문제 09 현금흐름할인모형과 잔여이익모형 CPA 22

다음은 (주)한국의 향후 2년간 추정 재무자료(단위: 억원)이다.

	1년 말(t = 1)	2년 말(t = 2)
순이익	1,000	1,100
지급이자	20	20
순운전자본증감액	50	40
감가상각비	70	80
순자본적 지출액	100	120
장기부채	2,000	2,000
자기자본	8,000	10,000

현재시점(t = 0)의 기타 재무정보는 다음과 같다.

(1) 주식의 베타계수: 1.5
(2) 무위험이자율: 1%
(3) 기대 시장수익률: 7%
(4) 법인세율: 20%
(5) 발행주식수: 1천만주

위의 자료 이외에 현금흐름에 영향을 미치는 요인은 없다. 무위험이자율, 기대 시장수익률, 법인세율, 발행주식수는 향후에도 현재시점의 측정치와 동일하다. (주)한국의 부채는 장기부채만 존재하며 장기부채는 전액 이자를 지급하는 금융부채이다. 장기부채 및 자기자본의 장부가치는 시장가치와 항상 동일하며, 현재시점(t = 0)과 1년 말(t = 1)에 동일하다. 발행주식은 모두 보통주이다. 자기자본수익률(ROE)은 2년차(t = 2) 이후 모두 2년차와 동일하다. ROE 및 자기자본비용금액은 기말 자기자본을 이용하여 계산한다.

물음 1

1년차와 2년차의 가중평균자본비용(WACC)을 계산하시오. 계산결과는 %단위로 소수점 아래 셋째 자리에서 반올림하여 둘째 자리까지 표시하시오.

물음 2

1년 말(t = 1)의 기업관점의 잉여현금흐름(FCFF: Free Cash Flow for the Firm)과 주주관점의 잉여현금흐름(FCFE: Free Cash Flow to Equity)을 계산하시오.

물음 3

배당할인모형(DDM: Dividend Discount Model)을 활용하여 1주당 본질가치(intrinsic value)를 계산하시오. 배당금은 3년차(t = 3)부터 매년 일정하게 영구히 성장한다. 배당성향은 1년차(t = 1)는 0.2, 2년차(t = 2)는 0.3이고 3년차(t = 3)부터는 0.4이다.

물음 4

잔여이익모형(RIM: Residual Income Model)을 활용하여 1주당 본질가치를 계산하시오. 잔여이익은 3년차(t = 3)부터 매년 5%씩 일정하게 영구히 성장한다.

해답

물음 1

$k_d = \frac{I}{B} = \frac{20억원}{2,000억원} = 0.01 = R_f$

1년차 $k_e = R_f + [E(R_m) - R_f] \times \beta_L = 0.01 + (0.07 - 0.01) \times 1.5 = 0.1$

1년차 $k_0 = k_d(1-t)\frac{B}{V} + k_e\frac{B}{V} = 0.01 \times (1-0.2) \times \frac{2}{10} + 0.1 \times \frac{8}{10} = 8.16\%$

1년차 $\beta_L = 1.5 = \beta_U + (\beta_U - \beta_d)(1-t)\frac{B}{S} = \beta_U + (\beta_U - 0) \times (1-0.2) \times \frac{2}{8}$

$\therefore \beta_U = 1.25$

2년차 $\beta_L{}' = 1.25 + (1.25 - 0) \times (1 - 0.2) \times \frac{2}{10} = 1.45$

2년차 $k_e = 0.01 + (0.07 - 0.01) \times 1.45 = 0.097$

2년차 $k_0 = 0.01 \times (1 - 0.2) \times \frac{2}{12} + 0.097 \times \frac{10}{12} = 8.22\%$

물음 2

$NI = 1,000억원 = (EBIT - I) \times (1 - t) = (EBIT - 20억원) \times (1 - 0.2)$

$\therefore EBIT = 1,270억원$

$OCF = EBIT \times (1-t) + D = 1,270억원 \times (1 - 0.2) + 70억원 = 1,086억원$

기업잉여현금흐름: $FCFF = OCF$ − 순운전자본증가액 − 자본적지출액

$= 1,086억원 - 50억원 - (70억원 + 100억원) = 866억원$

주주잉여현금흐름: $FCFE = FCFF - I \times (1-t) = 866억원 - 20억원 \times (1 - 0.2) = 850억원$

물음 3

2년차 이후 자기자본비용은 모두 2년차와 같다고 가정한다.

$D_1 = NI_1 \times 0.2 = 1,000억원 \times 0.2 = 200억원$

$D_2 = 1,100억원 \times 0.3 = 330억원$

$g_{2\sim3} = b_2 \times ROE_{2\sim3} = 0.7 \times \frac{1,100억원}{10,000억원} = 0.7 \times 0.11 = 0.077$

$D_3 = 1,100억원 \times 1.077 \times 0.4 = 1,184.7억원 \times 0.4 = 473.88억원$

$g_{3\sim4} = b_3 \times ROE_{3\sim4} = 0.6 \times 0.11 = 0.066$

$$본질가치: P_0 = \frac{\frac{200억원}{1.1} + \frac{330억원 + \frac{473.88억원}{0.097 - 0.066}}{1.1 \times 1.097}}{1천만주} = 131,232.71원$$

물음 4

2년차 이후 자기자본비용은 모두 2년차와 같고, 3년차 순이익의 성장률은 물음 3과 동일하게 7.7%라고 가정한다.

$$RI_1 = NI_1 - k_e \times \text{자기자본} = 1{,}000\text{억원} - 0.1 \times 8{,}000\text{억원}$$

$$= (ROE - k_e) \times \text{자기자본} = (0.125 - 0.1) \times 8{,}000\text{억원} = 200\text{억원}$$

$$RI_2 = 1{,}100\text{억원} - 0.097 \times 10{,}000\text{억원}$$

$$= (0.11 - 0.097) \times 10{,}000\text{억원} = 130\text{억원}$$

$$RI_3 = 1{,}100\text{억원} \times 1.077 - 0.097 \times \frac{1{,}100\text{억원} \times 1.077}{0.11}$$

$$= (0.11 - 0.097) \times 10{,}770\text{억원} = 140.01\text{억원}$$

$$\text{본질가치: } P_0 = \frac{8{,}000\text{억원} + \dfrac{200\text{억원}}{1.1} + \dfrac{130\text{억원} + \dfrac{140.01\text{억원}}{0.097 - 0.05}}{1.1 \times 1.097}}{1\text{천만주}} = 107{,}582.13\text{원}$$

해커스 윤민호 재무관리연습

제8장

자본구조이론

핵심 이론 요약

01 원천별 자본비용과 가중평균자본비용

(1) 세전타인자본비용

① CAPM을 이용하는 경우

- $k_d = R_f + [E(R_m) - R_f] \times \beta_d$
- 무위험부채($\beta_d = 0$)의 경우: $k_d = R_f$

② 채무불이행위험과 타인자본비용

- 채무불이행위험이 없는 경우: $k_d =$ 채권 투자자의 YTM
- 채무불이행위험이 있는 경우: $k_d =$ 채권 투자자의 기대수익률

③ 영구부채의 경우

- $k_d = \dfrac{\text{이자지급액}}{\text{부채순조달액}} = \dfrac{\text{이자지급액}}{\text{부채조달액} - \text{조달경비}}$

(2) (보통주)자기자본비용

① CAPM과 MM모형(1963)을 이용하는 경우

- $\beta_L = \beta_U + (\beta_U - \beta_d)(1-t)\dfrac{B}{S}$
- $\rho = R_f + [E(R_m) - R_f] \times \beta_U = R_f + \text{영업위험프리미엄}$
- $k_e = R_f + [E(R_m) - R_f] \times \beta_L = \rho + (\rho - k_d)(1-t)\dfrac{B}{S} = \rho + \text{재무위험프리미엄}$

② 배당평가모형을 이용하는 경우

- 무성장모형: $k_e = \dfrac{d}{P_0 - \text{주당조달경비}} = \dfrac{EPS}{P_0 - \text{주당조달경비}}$
- 항상성장모형: $k_e = \dfrac{d_1}{P_0 - \text{주당조달경비}} + g = \dfrac{EPS_1 \times (1-b)}{P_0 - \text{주당조달경비}} + g$

(3) 가중평균자본비용

① 이자비용의 법인세 감세효과를 현금흐름에서 고려하는 경우

- $k_0 = k_d \times \dfrac{B}{V} + k_e \times \dfrac{S}{V}$

② 이자비용의 법인세 감세효과를 할인율에서 고려하는 경우

- $k_0 = k_d \times (1-t) \times \dfrac{B}{V} + k_e \times \dfrac{S}{V} = \rho \times (1 - t \times \dfrac{B}{V})$

③ 매년 일정액의 주당배당금을 지급하는 우선주자본비용을 고려하는 경우

• $k_p = \dfrac{\text{우선주 주당배당금}}{\text{우선주 주가} - \text{주당조달경비}}$

• $k_0 = k_d \times (1-t) \times \dfrac{B}{V} + k_e \times \dfrac{S}{V} + k_p \times \dfrac{P}{V}$

02 MM 이전의 자본구조이론

(1) 순이익접근법

① 기업가치 평가 순서: $\left(\dfrac{NI}{k_e} = S_L\right) + B = V_L$

② 가정

• 타인자본비용의 저렴효과: $k_d < k_e$

• 타인자본의 사용정도와 무관하게 k_d와 k_e는 불변

③ 최적자본구조

• 타인자본사용 증가 시 k_0는 감소, 기업가치는 증가

(2) 순영업이익접근법

① 기업가치 평가 순서: $\left(\dfrac{NOI = EBIT}{k_0} = V_L\right) - B = S_L$

② 가정

• 타인자본비용의 저렴효과: $k_d < k_e$

• 타인자본사용 증가 시 k_d는 불변, k_e는 증가

③ 최적자본구조

• 부채사용정도와 무관하게 k_0와 기업가치 모두 불변

(3) 전통적접근법

① 가정

• 타인자본비용의 저렴효과: $k_d < k_e$

• 부채사용 증가 시 k_d와 k_e는 모두 증가 가능

② 타인자본사용 증가 시 효과

• 특정부채수준 이하: 타인자본비용의 저렴효과 〉 위험 증가효과

• 특정부채수준 초과: 타인자본비용의 저렴효과 〈 위험 증가효과

③ 최적자본구조

• 최적적인 타인자본과 자기자본의 구성비율 존재

03 MM의 자본구조이론

(1) MM의 무관련이론(1958)

① 무관련: 기업가치는 기대영업이익과 영업위험에 의해서만 결정

- $V_L = V_U$

② 부채사용기업의 자기자본비용과 가중평균자본비용

- 부채사용 증가 시 자기자본비용 상승: $k_e = \rho + (\rho - k_d)\frac{B}{S}$
- 자기자본비용의 상승이 타인자본비용의 저렴효과를 완전히 상쇄
- 가중평균자본비용은 부채사용정도와 무관하게 일정: $k_0 = \rho$

(2) MM의 수정이론(1963)

① 부채사용 증가 시 이자비용 감세효과의 현재가치만큼 기업가치 증가

- 이자비용 감세효과의 현재가치: $PV(I \times t) = \frac{I \times t}{k_d} = B \times t$
- $V_L = V_U + B \times t$

② 부채사용기업의 자기자본비용과 가중평균자본비용

- 부채사용 증가 시 자기자본비용 상승: $k_e = \rho + (\rho - k_d)(1-t)\frac{B}{S}$
- 자기자본비용의 상승효과 〈 타인자본비용의 저렴효과
- 부채사용 증가 시 가중평균자본비용 하락: $k_0 = \rho(1 - t\frac{B}{V})$

(3) MM의 수정이론(1963)하에서의 자본구조변경

① 효율적 시장과 자본구조변경

- 자본구조변경에 대한 공시직후 시장가격 변동

② 부채발행과 자사주매입을 통한 자본구조변경

- 기업가치: 부채 추가사용액의 레버리지이득($\Delta B \times t$)만큼 기업가치 증가
- 자기자본비용 상승, 가중평균자본비용 하락
- 불균등 고가 자사주 매입 시 잔여주주에게서 처분주주에게로 부의 이전 발생

③ 유상증자와 부채상환을 통한 자본구조변경

- 기업가치: 부채 상환액의 레버리지이득($\Delta B \times t$)만큼 기업가치 감소
- 자기자본비용 하락, 가중평균자본비용 상승
- 불균등 저가 유상증자 시 기존주주에게서 신규주주에게로 부의 이전 발생

④ 저가 유상증자 시 구주 1주당 신주인수권의 가치

- 신주인수권의 가치 = 유상증자 직전 권리부주가 − 유상증자 직후 권리락주가

$$= \frac{\text{권리락주가} - \text{신주 주당 발행가격}}{\text{신주 1주 인수를 위해 필요한 신주인수권의 개수}}$$

04 MM 이후의 자본구조이론

(1) 법인세와 개인소득세 존재 시 부채사용기업의 가치

① $V_L = V_U + B \times \left[1 - \frac{(1-t)(1-t_e)}{1-t_d}\right]$

- t: 법인세율, t_d: 채권자의 개인소득세율, t_e: 주주의 개인소득세율

② 주주들의 개인소득세 회피 가능 가정 시($t_e = 0$)

- $V_L = V_U + B \times \left[1 - \frac{1-t}{1-t_d}\right] = V_U + B \times \left[\frac{t-t_d}{1-t_d}\right]$
- $t > t_d$의 경우: $V_L > V_U$
- $t = t_d$의 경우: $V_L = V_U$

(2) 밀러의 균형부채이론

① 회사채에 대한 수요곡선

- $k_d^D = \frac{r_0}{1-t_d}$ (r_0: 대안인 면세채권의 수익률)
- 개인소득세율이 누진세율 구조이므로 수요곡선은 우상향
- 고세율 적용 채권자가 유입될수록 채권자의 최소요구(세전)수익률은 상승

② 회사채에 대한 공급곡선

- $k_d^S = \frac{r_0}{1-t}$
- 법인세율이 단일세율 구조이므로 공급곡선은 수평
- 회사채 발행 규모와 무관하게 기업의 지급 가능 최대(세전)이자율은 일정

③ 회사채시장의 균형점($k_d^S = k_d^D$)

- 회사채시장의 균형부채발행량과 균형이자율 존재
- 균형이자율 = 기업의 지급 가능 최대(세전)이자율

④ 개별기업의 자본구조와 기업가치는 무관

- 회사채시장 균형점: $t = t_d$이므로 $V_L = V_U$
- 기업은 지급 가능한 최대이자율을 모두 부담(레버리지이득 = 0)

⑤ 균형부채이론의 문제점

- 채권자의 최고소득세율 〈 법인세율인 경우: 균형점 부존재
- 비부채성 감세효과 등으로 인해 기업별 유효법인세율 상이 가능
- 기업별 유효법인세율이 상이한 경우: 개별기업의 최적자본구조 존재

(3) 파산비용이론

① 부채사용 증가 시 기대파산비용의 현재가치만큼 기업가치 감소

- 상충이론: $V_L = V_U + B \times t - PV(기대파산비용)$

② 최적자본구조: 부채사용의 한계이득 = 한계비용

- 한계이득: 이자비용 감세효과의 현재가치 증가분
- 한계비용: 기대파산비용의 현재가치 증가분

(4) 대리비용이론

① 자기자본의 대리비용: 경영자의 특권적 소비, 업무태만

- 기업지분의 분산정도가 심화될수록 자기자본 대리비용의 발생 증가
- 감소: 효율적 노동시장, 적대적 M&A 활성화, 유인장치, 제도적 규제장치

② 부채의 대리비용

- 재산도피유인: 과다한 배당 지급, 자사주 매입
- 위험투자선호유인: 고위험 투자안 실행 시 채권자에게서 주주에게로 부의 이전
- 과소투자유인: 투자안 실행 시 주주에게서 채권자에게로 부의 이전
- 감소: 재무적 통합, 차입약정 강화

③ 최적자본구조: 총대리비용의 최소화

- 부채사용 증가 시 자기자본의 대리비용은 감소, 부채의 대리비용은 증가

(5) 정보비대칭과 자본조달순위이론

① 기존주주의 부를 극대화하는 자본조달순위 존재

- 내부유보자금 〉 부채발행 〉 신주발행
- 외부자금 조달 시 조달경비(정보비대칭 해소비용) 발생

② 자본구조는 정보비대칭의 특성에 따라 결정

- 이익을 많이 내는 기업들이 거의 부채를 사용하지 않는 현상 설명 가능

(6) 정보비대칭과 로스의 신호이론

① 기업의 자본구조가 기업의 미래성과에 대한 전망을 전달하는 신호

- 부채의존도 증가 시 긍정적 신호 전달
- 부채의존도 감소 시 부정적 신호 전달

② 최적자본구조: 신호균형

- 낙관적 전망 시보다 많은 부채, 부정적 전망 시보다 적은 부채 사용
- 경영자 보유 정보 = 자본구조에 의한 신호 = 시장가격 반영 정보

문제 01 원천별 자본비용과 가중평균자본비용 CPA 09

AXE회사의 자본구조는 회사채를 발행해서 조달한 부채(35%)와 보통주를 발행해서 조달한 자본(65%)으로 구성되어 있다. 회사채는 액면이자율(coupon rate)이 10.4%이고 만기까지는 5년이 남아있으며 현재 액면가(par value)에 거래되고 있다. 시장포트폴리오의 기대수익률은 11%, 무위험이자율은 4%이고 이 회사의 베타는 1.6이다. 배당금은 주당 5,000원을 지급했고 향후 매년 5.4%씩 증가할 것으로 예상되며, 현재 주가는 62,000원이다. 법인세율은 25%로 가정한다.

물음 1

배당할인모형 및 CAPM을 사용해서 각각의 자기자본비용과 이에 따른 각각의 가중평균자본비용(WACC)을 구하시오. 백분율은 반올림하여 소수점 첫째 자리까지 계산하시오.

물음 2

현재 AXE회사의 가치는 1,000억원이고, 회사의 최고재무책임자(CFO)는 400억원이 소요되는 신규투자안에 대해 어떤 자본조달방법을 사용할지 두 방안을 놓고 고민하고 있다.

①안: 우선주 발행 - 발행가격 35,000원, 배당금 4,200원

②안: 회사채 발행 - 기존 회사채와 동일한 조건

발행비용은 없는 것으로 가정하며, CFO의 목표는 신규투자안에 대한 자본조달 후 회사의 WACC를 최소화하는 것이다. 목표 달성을 위해 어떤 자본조달 방법을 선택해야 할지 각 방안의 WACC를 구하여 답하시오. 보통주의 자본비용은 CAPM을 사용해서 추정하고, 계산결과는 %단위로 표시하되 반올림하여 소수점 첫째 자리까지 표기하시오.

해답

물음 1

〈배당할인모형〉

$$k_e = \frac{d_1}{P_0} + g = \frac{5{,}000\text{원} \times 1.054}{62{,}000\text{원}} + 0.054 = 13.9\%$$

$$k_0 = k_d(1-t)\frac{B}{V} + k_e\frac{S}{V} = 0.104 \times (1-0.25) \times 0.35 + 0.139 \times 0.65 = 11.8\%$$

〈CAPM〉

$$k_e = R_f + [E(R_m) - R_f] \times \beta_i = 0.04 + [0.11 - 0.04] \times 1.6 = 15.2\%$$

$$k_0 = k_d(1-t)\frac{B}{V} + k_e\frac{S}{V} = 0.104 \times (1-0.25) \times 0.35 + 0.152 \times 0.65 = 12.6\%$$

물음 2

① 우선주 자본비용: $k_p = \frac{4{,}200\text{원}}{35{,}000\text{원}} = 12\%$

$$k_0 = k_d(1-t)\frac{B}{V} + k_e\frac{S}{V} + k_p\frac{P}{V}$$

$$= 0.104 \times (1-0.25) \times \frac{350}{1{,}400} + 0.152 \times \frac{650}{1{,}400} + 0.12 \times \frac{400}{1{,}400} = 12.4\%$$

② $k_d = 0.104 = R_f + [E(R_m) - R_f] \times \beta_d = 0.04 + (0.11 - 0.04) \times \beta_d$

$\therefore\ \beta_d = 0.9143$

$$\beta_L^{전} = 1.6 = \beta_U + (\beta_U - 0.9143) \times (1-0.25) \times \frac{35}{65}$$

$\therefore\ \beta_U = 1.4027$

$$\beta_L^{후} = 1.4027 + (1.4027 - 0.9143) \times (1-0.25) \times \frac{75}{65} = 1.8254$$

$$k_e = 0.04 + (0.11 - 0.04) \times 1.8254 = 16.8\%$$

$$k_0 = k_d(1-t)\frac{B}{V} + k_e\frac{S}{V} = 0.104 \times (1-0.25) \times \frac{750}{1{,}400} + 0.168 \times \frac{650}{1{,}400} = 0.1198 = 12\%$$

∴ ②안 회사채 발행을 선택한다.

문제 02 자본구조와 차익거래

CPA 17

무부채기업인 (주)서울의 자기자본비용은 10%이고 (주)한강은 6% 이자율로 1억원의 부채를 사용하고 있다. 두 기업은 모두 매년 3,000만원의 일정한 영업이익을 영구적으로 기대하고 있다. 법인세율은 40%이고, MM(1963)이론이 성립한다는 가정하에서 다음의 물음에 답하시오.

물음 1

(주)서울과 (주)한강의 기업가치를 각각 구하시오.

물음 2

현재 (주)한강의 시장가치가 2.5억원일 때 다음 물음에 답하시오.

① (주)한강의 주식 10%를 보유한 투자자의 차익거래전략과 과정을 설명하고, 차익거래이익을 구하시오.

② 위 ①에서의 차익거래 행위는 언제까지 지속되겠는가?

물음 3

(주)서울의 발행주식수는 3,000주이며, (주)한강의 발행주식수는 1,500주이다. 두 기업의 EPS(주당순이익)를 각각 구하시오.

물음 4

물음 3에서 두 기업의 EPS를 동일하게 하는 영업이익은 얼마인가? 그 영업이익에서 EPS는 얼마인가?

물음 5

MM(1963)이론과 파산비용이론(또는 상충이론) 이외에 최적 자본구조의 존재를 주장하는 이론을 두 가지 제시하고 각 이론들의 최적 자본구조 요건을 설명하시오.

해답

물음 1

(주)서울의 기업가치: $V_U = \dfrac{3{,}000\text{만원} \times (1-0.4)}{0.1} = 18{,}000\text{만원}$

(주)한강의 기업가치: $V_L = 18{,}000\text{만원} + 10{,}000\text{만원} \times 0.4 = 22{,}000\text{만원}$

물음 2

① 차익거래전략: 한강 주식 10% 매도 + 서울 주식 10% 매입 + 600만원 개인차입
차익거래이익: 현재시점 기준 300만원의 차익거래이익 획득 가능

거래내용	현재시점 CF	미래 매년 발생 CF
(주)한강 주식 10% 매도	1,500만원	-3,000만원 × (1 - 0.4) × 0.1 +600만원 × (1 - 0.4) × 0.1
(주)서울 주식 10% 매입	-1,800만원	3,000만원 × (1 - 0.4) × 0.1
개인차입	600만원	-600만원 × 0.06
합계(차익거래이익)	300만원	0

② (주)서울의 주가(기업가치)가 상승하고, (주)한강의 주가(기업가치)가 하락하여, (주)서울과 (주)한강의 기업가치의 차이가 10,000만원 × 0.4 = 4,000만원이 되는 수준까지 차익거래 행위는 지속될 것이다.

물음 3

(주)서울의 $EPS = \dfrac{3{,}000\text{만원} \times (1-0.4)}{3{,}000\text{주}} = 6{,}000\text{원}$

(주)한강의 $EPS = \dfrac{(3{,}000\text{만원} - 10{,}000\text{만원} \times 0.06) \times (1-0.4)}{1{,}500\text{주}} = 9{,}600\text{원}$

물음 4

$$EPS = \frac{EBIT \times (1-0.4)}{3{,}000\text{주}} = \frac{(EBIT - 10{,}000\text{만원} \times 0.06) \times (1-0.4)}{1{,}500\text{주}}$$

$\therefore\ EBIT = 1{,}200\text{만원},\ EPS = 2{,}400\text{원}$

물음 5

① 대리비용이론: 부채비율 증가에 따라 증가하는 타인자본의 대리비용과 부채비율 증가에 따라 감소하는 자기자본의 대리비용의 합인 총대리비용이 최소화되는 수준에서 기업가치가 극대화되는 최적자본구조가 달성된다.

② 로스의 신호이론: 기업의 미래에 대해 낙관적인 전망을 하는 경우에는 보다 많은 부채를 사용하고 부정적인 전망을 하는 경우에는 보다 적은 부채를 사용하여 경영자가 보유하는 정보의 내용과 자본구조에 의한 신호의 내용 및 시장가격에 반영되는 정보의 내용이 일치하는 신호균형상태에서 기업가치가 극대화되는 최적자본구조가 달성된다.

문제 03 자본구조의 차이와 기업가치

CPA 23

자본구조 이외에 모든 면에서 동일한 (주)을지와 (주)충무의 재무자료는 다음과 같다.

구분	(주)을지	(주)충무
연간 영업이익	10억원	10억원
부채가치	20억원	50억원
자기자본비용	16%	20%

두 기업의 차입이자율은 10%이며, 법인세율은 25%이다. MM(1963)이 성립한다고 가정한다.

물음 1

두 기업의 기업가치를 구하시오.

※ 물음 2와 물음 3은 물음 1에서 구한 (주)을지의 기업가치를 적정한 가치로 가정하고 답하시오.

물음 2

차익거래가 발생하지 않기 위한 (주)충무의 자기자본가치와 자기자본비용을 각각 구하시오.

물음 3

(주)충무의 주식 3.75억원만큼을 보유한 투자자의 차익거래 과정을 설명하고, 차익거래이익을 구하시오. 단, 차익거래이익은 현재시점에서만 발생한다.

물음 4

이 물음은 물음 2 ~ 물음 3과 독립적이다. 연간 영업이익이 10억원이고 무부채기업인 (주)청계는 위 두 기업과 동일한 영업위험을 가지고 있다. (주)청계의 적정한 기업가치가 45억원이라고 할 때, 차익거래가 발생하지 않기 위한 (주)을지와 (주)충무의 자기자본가치와 자기자본비용을 각각 구하시오.

해답

물음 1

(주)을지 자기자본가치: $S_L^{을지} = \frac{NI}{k_e} = \frac{(10억원 - 20억원 \times 0.1) \times (1 - 0.25)}{0.16} = 37.5억원$

(주)을지 기업가치: $V_L^{을지} = B + S_L = 20억원 + 37.5억원 = 57.5억원$

(주)충무 자기자본가치: $S_L^{충무} = \frac{NI}{k_e} = \frac{(10억원 - 50억원 \times 0.1) \times (1 - 0.25)}{0.2} = 18.75억원$

(주)충무 기업가치: $V_L^{충무} = B + S_L = 50억원 + 18.75억원 = 68.75억원$

물음 2

(주)충무 기업가치: $V_L^{충무} = V_L^{을지} + \Delta B \times t = 57.5억원 + (50억원 - 20억원) \times 0.25 = 65억원$

(주)충무 자기자본가치: $S_L^{충무} = V_L^{충무} - B = 65억원 - 50억원 = 15억원$

(주)충무 자기자본비용: $k_e^{충무} = \frac{NI}{S_L^{충무}} = \frac{(10억원 - 50억원 \times 0.1) \times (1 - 0.25)}{15억원} = 0.25$

물음 3

차익거래전략	현재시점 현금흐름	미래 매년 기대투자수익
(주)충무 주식 20% 처분	18.75억원 × 0.2 = 3.75억원	-(10억원 - 50억원 × 0.1) × (1 - 0.25) × 0.2
(주)을지 주식 20% 매입	-37.5억원 × 0.2 = -7.5억원	(10억원 - 20억원 × 0.1) × (1 - 0.25) × 0.2
개인차입	30억원 × (1 - 0.25) × 0.2 = 4.5억원	-30억원 × 0.1 × (1 - 0.25) × 0.2
합계(차익거래이익)	0.75억원	0원

물음 4

(주)을지 기업가치: $V_L^{을지} = V_U^{청계} + B \times t = 45억원 + 20억원 \times 0.25 = 50억원$

(주)을지 자기자본가치: $S_L^{을지} = V_L^{을지} - B = 50억원 - 20억원 = 30억원$

(주)을지 자기자본비용: $k_e^{을지} = \frac{NI}{S_L^{을지}} = \frac{(10억원 - 20억원 \times 0.1) \times (1 - 0.25)}{30억원} = 0.2$

(주)충무 기업가치: $V_L^{충무} = V_U^{청계} + B \times t = 45억원 + 50억원 \times 0.25 = 57.5억원$

(주)충무 자기자본가치: $S_L^{충무} = V_L^{충무} - B = 57.5억원 - 50억원 = 7.5억원$

(주)충무 자기자본비용: $k_e^{충무} = \frac{NI}{S_L^{충무}} = \frac{(10억원 - 50억원 \times 0.1) \times (1 - 0.25)}{7.5억원} = 0.5$

문제 04 가중평균자본비용의 한계치 CPA 17

다음 물음에 대하여 "옳다" 또는 "옳지 않다"라고 답하고 그 근거를 제시하시오.

물음 1

법인세가 있는 MM(1963)이론이 성립한다는 가정하에서 부채를 사용하는 기업의 부채비율(부채/자기자본)이 무한히 증가하면 자기자본비용×자기자본 구성비율 부분이 0에 근접하게 되어 가중평균자본비용(WACC)은 결국 부채비용×(1 - 법인세율)로 수렴하게 된다.

물음 2

자본자산가격결정모형(CAPM)이 성립한다는 가정하에서 CAPM에 의하여 계산된 기업 A의 요구수익률이 12%이고 균형주가가 120만원인데, 자본시장에서 현재 기업 A의 주식이 100만원에 거래되고 있다면 저평가되어 있는 이 주식의 기대수익률은 주가가 120만원이 될 때까지 계속 상승할 것이다.

물음 3

투자안의 현금흐름평가에 사용되는 할인율이 증가하면 투자안의 순현가(NPV)는 감소하게 되어 결국 순현가가 0이 되는 할인율을 내부수익률(IRR)이라고 한다. 따라서 상호배타적 투자안 B와 C 중에 투자안 B의 내부수익률이 투자안 C의 내부수익률보다 크면 투자안 B의 순현가는 투자안 C의 순현가보다 항상 크게 된다.

물음 4

개별자산의 체계적위험을 측정하는 베타는 과거의 개별자산 수익률 및 시장포트폴리오 수익률 자료를 이용하여 실증적으로 추정할 수 있다. 이렇게 추정된 베타가 일정하지 않고 시간에 따라 변하는 이유는 시장포트폴리오 수익률의 분산이 시간가변적일뿐만 아니라 개별자산과 시장포트폴리오 수익률 간의 공분산도 시간가변적이기 때문이다.

해답

물음 1

옳지 않다.

$$MM(1963): \lim_{\frac{B}{S}\to\infty}(k_o) = \lim_{\frac{B}{V}\to 1}\left[\rho\times(1-t\times\frac{B}{V})\right] = \rho\times(1-t)$$

즉, 기업의 부채비율이 무한히 증가하면 모든 영업위험을 채권자가 부담하므로 채권자의 요구수익률이 기존의 타인자본비용이 아닌 영업위험만 반영된 자본비용(ρ)으로 변동하게 되며, 기업의 가중평균자본비용은 $\rho\times(1-t)$로 수렴하게 된다.

물음 2

옳지 않다.

시장가격인 100만원이 균형주가인 120만원에 미달하여 시장가격에 반영된 현재의 기대수익률이 $CAPM$에 의해 계산된 균형기대수익률(12%)을 초과하는 상황이므로 저평가된 주식의 주가는 균형주가인 120만원이 될 때까지 상승할 것이며, 이에 따라 이 주식의 기대수익률은 주가가 120만원이 될 때까지 계속 하락할 것이다.

물음 3

옳지 않다.

상호배타적인 두 투자안의 경우에 투자규모, 투자기간, 현금흐름의 발생양상에 따라 각 투자안의 NPV곡선의 기울기가 상이할 수 있으므로 두 투자안의 NPV곡선이 교차할 수 있다. 두 투자안의 NPV가 같아지는 할인율인 피셔의 수익률보다 할인율(자본비용)이 낮은 경우에는 $IRR_B > IRR_C$인 경우에도 $NPV_B < NPV_C$가 된다.

물음 4

옳다.

$\beta_i = \frac{\sigma_{im}}{\sigma_m^2}$으로 추정되며, 시장포트폴리오 수익률의 분산(σ_m^2)과 개별자산과 시장포트폴리오 수익률 간의 공분산(σ_{im})이 모두 시간가변적이므로 추정된 베타가 일정하지 않고 시간의 경과에 따라 변하게 된다.

문제 05 MM의 수정이론 CPA 05

한별소프트(주)는 자기자본만으로 자금을 조달하여 운영하는 회사인데 매년 2억원의 기대영업이익이 영구적으로 예상되며 현재 자기자본비용은 15%이다. 이 회사는 자본구조를 바꾸기 위하여 8억원의 부채를 10%의 이자율로 조달하여 주식의 일부를 재매입하고자 한다. 부채 만기 후 부채는 동일한 조건으로 재조달할 수 있다고 가정한다. 법인세율은 25%이며 법인세가 존재하는 것 이외에 자본시장은 완전하다고 가정한다.

물음 1

자본구조 변경 후의 기업가치는 얼마인가?

물음 2

자본구조 변경 후 이 기업의 자기자본비용과 가중평균자본비용을 각각 구하라. (퍼센트 기준으로 반올림하여 소수점 첫째 자리까지만 표시한다.)

물음 3

만약 기업의 부채비율을 400%로 조정하고자 한다면 지문에서 제시된 8억원 대신 얼마의 부채를 조달하여 주식의 일부를 재매입해야 하는가? 부채의 조달조건은 금액에 관계없이 동일하다고 가정하라.

해답

물음 1

현재의 (무부채)기업가치: $V_U = \frac{EBIT \times (1-t)}{\rho} = \frac{2억원 \times (1-0.25)}{0.15} = 10억원$

자본구조 변경 후 기업가치: $V_L = V_U + B \times t = 10억원 + 8억원 \times 0.25 = 12억원$

물음 2

$k_e = 0.15 + (0.15 - 0.1) \times (1 - 0.25) \times \frac{8}{4} = 22.5\%$

$k_0 = 0.15 \times (1 - 0.25 \times \frac{8}{12}) = 12.5\%$

물음 3

$k_e = 0.15 + (0.15 - 0.1) \times (1 - 0.25) \times 4 = 0.3$

$k_0 = 0.15 \times (1 - 0.25 \times \frac{4}{5}) = 0.12$

$V_L = \frac{2억원 \times (1-0.25)}{0.12} = 12.5억원$

$B = 12.5억원 \times \frac{4}{5} = 10억원$

∴ 10억원의 부채를 조달하여 주식의 일부를 재매입해야 한다.

문제 06 자본구조의 변경

CPA 11

다라(주)는 매년 기대영업이익이 3억원으로 영구적으로 일정할 것으로 예상된다. 이 회사는 40만주의 보통주로만 자본을 조달하고 있고 현재 주가는 3,000원이다. 다라(주)는 현재 이자율 10%로 회사채 10억원을 발행하여 주식의 일부를 재매입하려고 한다. 만기 후 부채는 동일한 조건으로 재조달할 수 있으며 법인세율은 40%이다. 그 외에 자본시장은 완전하다고 가정하고 다음에 답하시오.

물음 1

회사채 발행 후 다라(주)의 자기자본비용을 구하시오. 계산결과는 %단위로 표시하되 반올림하여 소수점 둘째 자리까지 표기하시오.

물음 2

회사채 발행 후 다라(주)의 가중평균자본비용을 구하시오. 계산결과는 %단위로 표시하되 반올림하여 소수점 둘째 자리까지 표기하시오.

물음 3

부채를 조달할 수 있는 조건이 회사채의 발행 금액에 관계없이 이자율 10%로 동일하다고 가정하자. 다라(주)의 목표부채비율, 즉 자기자본 대비 부채비율($\frac{B}{S}$)을 100%로 유지하려고 한다면 지문에서 제시된 10억원 대신 얼마의 회사채를 발행하여 주식의 일부를 재매입해야 하는지 계산하시오.

해답

물음 1

현재의 (무부채)기업가치: $V_U = 400,000주 \times 3,000원 = 12억원$

현재의 (무부채기업) 자본비용: $\rho = \dfrac{3억원 \times (1-0.4)}{12억원} = 15\%$

회사채 발행 후 기업가치: $V_L = 12억원 + 10억원 \times 0.4 = 16억원$

회사채 발행 후 자기자본가치: $S_L = 16억원 - 10억원 = 6억원$

회사채 발행 후 자기자본비용: $k_e = 0.15 + (0.15 - 0.1) \times (1 - 0.4) \times \dfrac{10}{6} = 20\%$

물음 2

회사채 발행 후 가중평균자본비용:

$k_0 = 0.15 \times (1 - 0.4 \times \dfrac{10}{16}) = 0.1 \times (1 - 0.4) \times \dfrac{10}{16} + 0.2 \times \dfrac{6}{16} = 11.25\%$

물음 3

$V_L = V_U + B \times t = 12억원 + 0.5 \times V_L \times 0.4$

$\therefore\ V_L = 15억원$

회사채 발행액 = 15억원 × 0.5 = 7.5억원

문제 07 MM의 수정이론과 시장의 불완전요인

CPA 07

자본구조를 제외하고 모든 점이 동일한 두 개의 기업 U와 L이 있다. 전액 자기자본만으로 조달된 기업 U의 자본비용은 20%이다. 기업 L의 자본구조는 총액면가 2억원, 액면이자율 7%, 만기수익률 10%의 영구채와 총 10,000주의 주식으로 구성되어 있다. 매년 말 2억원의 세전영업이익(EBIT)이 영구적으로 발생할 것으로 기대된다. 무위험이자율은 10%, 시장포트폴리오의 기대수익률은 15%, 법인세율은 40%이다. MM자본구조이론과 CAPM환경하에서 다음에 답하시오. (모든 수치는 소수점 다섯째 자리에서 반올림하시오.)

물음 1

기업 U의 총시장가치를 구하시오.

물음 2

기업 L의 부채의 시장가치를 구하시오.

물음 3

기업 L의 기업가치와 주당 시장가격을 각각 구하시오.

물음 4

기업 L의 자기자본비용 및 가중평균자본비용을 MM이론을 적용하여 각각 구하시오.

물음 5

기업 L은 현재의 시가기준 부채비율을 목표비율 50%로 조정하려고 한다. 이러한 자본구조조정에 따른 새로운 ① 자기자본비용, ② 가중평균자본비용 및 ③ 기업가치를 하마다(Hamada)모형을 이용하여 각각 산출하시오.

물음 6

물음 3 ~ 물음 5의 결과에 근거하여 ① 법인세를 고려한 MM(1963)이론이 시사하는 바를 언급하고, 지금까지 알려진 이론들에 근거하여 ② 현실 적용 시 추가적으로 고려해야 할 요인 3개를 제시하시오.

해답

물음 1

$$V_U = \frac{EBIT \times (1-t)}{\rho} = \frac{2억원 \times (1-0.4)}{0.2} = 6억원$$

물음 2

$$B = \frac{I}{k_d} = \frac{2억원 \times 0.07}{0.1} = 1.4억원$$

물음 3

$V_L = V_U + B \times t = 6억원 + 1.4억원 \times 0.4 = 6.56억원$

$S_L = V_L - B = 6.56억원 - 1.4억원 = 5.16억원$

주당 시장가격 = 5.16억원 ÷ 10,000주 = 51,600원

물음 4

$$k_e = 0.2 + (0.2 - 0.1) \times (1-0.4) \times \frac{1.4}{5.16} = 0.2163$$

$$k_0 = 0.2 \times (1 - 0.4 \times \frac{1.4}{6.56}) = 0.1829$$

물음 5

$\rho = 0.2 = 0.1 + (0.15 - 0.1) \times \beta_U$

$\therefore \ \beta_U = 2$

$\beta_L' = 2 + (2-0) \times (1-0.4) \times 0.5 = 2.6$

① 자기자본비용: $k_e = 0.1 + (0.15 - 0.1) \times 2.6 = 0.23$

② 가중평균자본비용: $k_0 = 0.1 \times (1-0.4) \times \frac{1}{3} + 0.23 \times \frac{2}{3} = 0.1733$

③ 기업가치: $V_L = \frac{2억원 \times (1-0.4)}{0.1733} = 6.9244억원$

물음 6

① MM(1963)이론의 시사점: 무부채기업에 비해 부채사용기업의 경우에는 부채사용에 따른 이자비용의 법인세 감세효과의 현재가치만큼 기업가치가 증가하므로, 가중평균자본비용을 최소화시켜 기업가치를 극대화하는 자본구조는 최대한 부채를 많이 사용하는 것이다.

② 현실 적용 시 추가 고려 요인: 파산비용, 대리비용, 정보비대칭

문제 08 MM의 수정이론과 부채의 추가 조달 CPA 12

전액 자기자본으로 조달된 ABC기업의 자본비용은 25%이다. 연간 5억원의 세전영업이익(EBIT)이 영구히 발생할 것으로 기대된다. 최근 새로운 프로젝트에 대한 투자를 고려하여 총 액면가 4억원, 액면이자율 8%, 만기수익률 10%의 영구채로 부채를 조달할 계획이다. 무위험이자율은 10%, 시장포트폴리오의 기대수익률은 20%, 법인세율은 30%이다. MM자본구조이론과 CAPM에 근거하여 다음에 답하시오.

물음 1

자본구조 변경 후 부채의 시장가치를 구하시오. 계산결과는 억원 단위로 소수점 첫째 자리까지 표기하시오.

물음 2

자본구조 변경 전·후의 기업가치를 각각 구하시오. 계산결과는 억원 단위로 소수점 둘째 자리까지 표기하시오.

물음 3

새로운 자본구조하에서 자기자본비용과 가중평균자본비용을 MM자본구조이론을 적용하여 각각 구하시오. 계산결과는 %단위로 표시하되 반올림하여 소수점 둘째 자리까지 표기하시오.

물음 4

기업은 현재의 시가기준 부채비율(부채/자기자본)을 60%로 조정하려고 한다. 변화된 자본구조에 따라 다음을 계산과정과 함께 제시하시오. 아래 질문 ①과 ②의 계산결과는 %단위로 표시하되 반올림하여 소수점 둘째 자리까지 표기하고, ③의 계산결과는 억원 단위로 반올림하여 소수점 둘째 자리까지 표기하시오.

① CAPM으로 계산한 자기자본비용

② 원천별 자본비용으로 계산한 가중평균자본비용

③ 기업가치

해답

물음 1

$$B = \frac{4억원 \times 0.08}{0.1} = 3.2억원$$

물음 2

변경 전: $V_U = \dfrac{5억원 \times (1-0.3)}{0.25} = 14억원$

변경 후: $V_L = 14억원 + 3.2억원 + 3.2억원 \times 0.3 = 18.16억원$

물음 3

$S_L = V_L - B = 18.16억원 - 3.2억원 = 14.96억원$

자기자본비용: $k_e = 0.25 + (0.25 - 0.1) \times (1 - 0.3) \times \dfrac{3.2}{14.96} = 27.25\%$

가중평균자본비용: $k_0 = 0.25 \times (1 - 0.3 \times \dfrac{3.2}{18.16}) = 23.68\%$

물음 4

① $\rho = 0.1 + (0.2 - 0.1) \times \beta_U = 0.25$

$\therefore\ \beta_U = 1.5$

$\beta_L = 1.5 + (1.5 - 0) \times (1 - 0.3) \times 0.6 = 2.13$

자기자본비용: $k_e = 0.1 + (0.2 - 0.1) \times 2.13 = 31.3\%$

② 가중평균자본비용: $k_0 = 0.1 \times (1 - 0.3) \times \dfrac{0.6}{1.6} + 0.313 \times \dfrac{1}{1.6} = 22.19\%$

③ 기업가치: $V_L = \dfrac{5억원 \times (1-0.3)}{0.2219} = 15.77억원$

문제 09 MM의 수정이론과 신규투자안의 NPV CPA 08

현재 자기자본만으로 자금을 조달한 (주)소라의 연말 영업이익(EBIT)은 8억원이고, 이 영업이익은 매년 말 영구적으로 발생할 것으로 기대된다. 현재 자기자본비용은 15%이고 법인세는 40%이다. MM이론을 가정하여 다음 물음에 답하시오.

물음 1

현재 (주)소라의 시장가치를 구하시오.

물음 2

(주)소라는 자본구조를 변경하기 위해서 부채를 발행해 이 금액으로 자사주 일부를 매입할 계획이다. (주)소라가 부채를 발행할 경우 10%의 이자율로 자금을 조달할 수 있다. 만약 (주)소라가 자본구조를 50%의 부채와 50%의 자기자본으로 조정하려면 얼마의 부채를 발행해야 하는가?

물음 3

(주)소라가 물음 2와 같이 자본구조를 변경하게 되면 새로운 ① 기업가치, ② 자기자본비용 그리고 ③ 가중평균자본비용(WACC)은 각각 얼마인가?

물음 4

(주)소라는 20억원의 부채를 10%의 시장이자율에 추가로 발행해 기존의 사업과 영업위험이 동일한 프로젝트에 투자할 계획이다. 프로젝트로부터 6억원의 추가적인 영업이익(EBIT)이 영구적으로 기대된다면 이 프로젝트의 순현가(NPV)는 얼마인가?

물음 5

물음 4에서 20억원의 부채로 자금을 조달해 프로젝트를 채택한 직후 (주)소라의 부채비율(debt-to-equity ratio)은 얼마인가?

해답

물음 1

$$V_U = \frac{EBIT \times (1-t)}{\rho} = \frac{8억원 \times (1-0.4)}{0.15} = 32억원$$

물음 2

$V_L = V_U + B \times t = 32억원 + 0.5 \times V_L \times 0.4$

$\therefore\ V_L = 40억원$

$B = 0.5 \times V_L = 0.5 \times 40억원 = 20억원$

물음 3

① $V_L = B \times 2 = 20억원 \times 2 = 40억원$

② $k_e = \rho + (\rho - k_d)(1-t)\frac{B}{S} = 0.15 + (0.15 - 0.1) \times (1-0.4) \times 1 = 0.18$

③ $k_0 = \rho(1 - t\,\frac{B}{V}) = 0.15 \times (1 - 0.4 \times 0.5) = 0.12$

물음 4

APV = 자기자본만으로 투자 시의 NPV + 이자비용 감세효과의 현재가치

$$= \left[\frac{6억원 \times (1-0.4)}{0.15} - 20억원\right] + 20억원 \times 0.4 = 12억원$$

물음 5

기업가치 = 40억원 + 32억원 = 72억원

부채의 가치 = 20억원 + 20억원 = 40억원

$$\therefore\ 부채비율 = \frac{40억원}{72억원 - 40억원 = 32억원} = 125\%$$

문제 10 자본구조와 자본비용 관련 공식의 도출 CPA 15

자동차부품을 생산하는 다라기업은 4,000만원이 소요되는 통신분야 투자를 검토 중이다. 통신분야의 비교기업인 마바기업은 보통주 베타가 2.0이며 부채구성비율$\left(\frac{D}{D+S}\right)$은 50%이다. 이 투자안이 시행되면 매년 5,000만원의 매출과 4,000만원의 영업비용이 영구적으로 발생할 것으로 예상된다. 다라기업의 목표 부채구성비율$\left(\frac{D}{D+S}\right)$은 20%이다. 차입이자율은 무위험이자율과 동일한 10%이고 시장포트폴리오의 기대수익률은 14%이며 법인세율은 30%이다. MM의 자본구조이론과 CAPM 환경하에서 답하시오. 계산결과는, 비율과 베타는 반올림하여 소수점 넷째 자리까지 표시하고 금액은 만원 단위로 소수점 둘째 자리까지 표시하시오.

> [참고사항]
> ※ 다음의 약자를 사용하시오.
> D: 부채, S: 자기자본, A: 자산, T_C: 법인세율
> k_U: 무부채기업의 자기자본비용, k_S: 자기자본비용, k_D: 부채비용
> V_U: 무부채기업의 자산가치, V_L: 부채기업의 자산가치
> β_A: 자산베타, β_U: 무부채기업의 주식베타, β_L: 부채기업의 주식베타
> EBIT: earnings before interest and taxes
> EAT: earnings after taxes

물음 1

이 투자안의 베타(β_L)는 얼마인가?

물음 2

물음 1의 베타를 구하기 위해 사용한 공식을 도출하시오.

물음 3

MM의 수정이론(63년) 중 자본구조와 자기자본비용에 관한 제2명제의 식을 도출하시오.

물음 4

이 투자안의 조정현가(APV)를 구하시오.

해답

물음 1

대용기업의 $\beta_L = 2.0 = \beta_U + (\beta_U - 0) \times (1-0.3) \times 1$

$\therefore\ \beta_U = 1.1765$

투자안의 $\beta_L = 1.1765 + (1.1765 - 0) \times (1-0.3) \times 0.25 = 1.3824$

물음 2

$$\beta_A = \beta_U \times \frac{V_U}{V_L} + \beta_D \times \frac{D \times T_C}{V_L} \qquad (\because V_L = V_U + D \times T_C)$$

$$\beta_A = \beta_D \times \frac{D}{V_L} + \beta_L \times \frac{S}{V_L} \qquad (\because V_L = D + S)$$

$$\beta_U \times \frac{V_U}{V_L} + \beta_D \times \frac{D \times T_C}{V_L} = \beta_D \times \frac{D}{V_L} + \beta_L \times \frac{S}{V_L}$$

$$\therefore\ \beta_L = \beta_U + (\beta_U - \beta_D) \times (1 - T_C) \times \frac{D}{S}$$

물음 3

$$k_S = \frac{EAT}{S} = \frac{(EBIT - I) \times (1 - T_C)}{S}$$

$$= \frac{EBIT \times (1 - T_C) - I \times (1 - T_C)}{S}$$

$$= \frac{k_U \times V_U - I \times (1 - T_C)}{S} \qquad \left(\because V_U = \frac{EBIT \times (1 - T_C)}{k_U}\right)$$

$$= \frac{k_U \times (V_L - D \times T_C) - I \times (1 - T_C)}{S} \qquad (\because V_L = V_U + D \times T_C)$$

$$= \frac{k_U \times (S + D - D \times T_C) - D \times k_D \times (1 - T_C)}{S} \qquad (\because V_L = S + D)$$

$$\therefore\ k_S = k_U + (k_U - k_D) \times (1 - T_C) \times \frac{D}{S}$$

물음 4

$k_U = 0.1 + (0.14 - 0.1) \times 1.1765 = 0.1471$

기본 $NPV = -4{,}000$만원 $+ \dfrac{(5{,}000\text{만원} - 4{,}000\text{만원}) \times (1-0.3)}{0.1471} = 758.67$만원

$APV = 758.67\text{만원} + 0.2 \times (4{,}000\text{만원} + APV) \times 0.3$

$\therefore\ APV = 1{,}062.41$만원

문제 11 자본구조변경의 효과

CPA 02

현재 부채를 사용 중인 W기업은 무차입 경영을 추구해야 한다고 판단하고 있다. 이에 따라 주당 20,000원의 발행가액으로 주주배정(right offering) 방식에 의한 유상증자를 실시하여 기존의 모든 부채를 즉시 상환하기로 하고 이러한 내용을 시장에 공시하였다. 공시 직전 W기업의 총시장가치는 400억원이며, 이 중 부채의 시장가치는 100억원이다. 기발행 주식수는 100만주이며, 자기자본과 부채의 장부금액은 각각 200억원과 100억원이다. W기업은 매년의 이자비용 및 법인세비용 차감 전 순이익(EBIT)이 영구히 일정할 것으로 예상되는 기업이며, 공시 직전 W기업 주주의 요구수익률은 20%, 채권자의 요구수익률은 10%이다. 법인세가 있는 MM이론과 준강형의 효율적 시장이 성립하고, 법인세율은 40%로 일정하게 유지될 것이라는 가정하에 물음에 답하시오.

물음 1

시장공시에 따른 주가 변동액을 계산하고, 주가의 변동이유를 간단히 설명하시오.

물음 2

유상증자 실시 이전과 유상증자 및 부채상환 실시 이후에 ① 가중평균자본비용(WACC)과 ② 자기자본이익률(ROE) 및 ③ 경제적 부가가치(EVA)의 값이 얼마나 변동하는지 계산하고 변동이유를 간단히 설명하오.

물음 3

상기 유상증자에서 권리락(ex-right)주가와 신주인수권 1단위의 가치를 계산하시오.

물음 4

유상증자를 실시하여 조달한 자금 100억원을 부채상환에 사용하지 않고 전액 유상증자 후의 모든 주식에 대해 현금배당으로 지급한다면 배당락(ex-dividend)주가는 얼마가 되겠는가?

물음 5

다른 가정은 그대로 유지하면서 배당금에 대해 개인소득세를 부과한다고 하자. 자본시장이 균형 상태에 있다고 가정할 때 유상증자를 통해 조달한 자금으로 배당금을 지급하는 경우에 주주에게 미치는 영향에 대해 200자 이내로 설명하시오.

해답

물음 1

공시 전 주가 = (400억원 − 100억원) ÷ 100만주 = 30,000원

공시 후 주가 = (400억원 − 100억원 × 0.4 − 100억원) ÷ 100만주 = 26,000원

∴ 주가는 4,000원만큼 하락하며, 이는 효율적 시장의 경우에 부채사용의 주당이득(4,000원 = 100억원 × 0.4 ÷ 100만주)이 상실될 것이라는 정보가 즉각 주가에 반영되기 때문이다.

물음 2

① 이전: $k_0 = 0.1 \times (1 - 0.4) \times 0.25 + 0.2 \times 0.75 = 0.165$

이후: $\rho = \dfrac{0.165}{1 - 0.4 \times 0.25} = 0.1833$

이유: 부채상환에 따라 이자비용의 감세효과가 상실되기 때문이다.

② 세후 영업이익 $= EBIT \times (1-t) = 400\text{억} \times 0.165 = 66\text{억원}$

이전: $ROE = \dfrac{66\text{억원} - 100\text{억원} \times 0.1 \times (1-0.4)}{200\text{억원}} = \dfrac{60\text{억}}{200\text{억원}} = 30\%$

이후: $ROE = \dfrac{66\text{억원}}{200\text{억원} + 100\text{억원}} = \dfrac{66\text{억}}{300\text{억원}} = 22\%$

이유: 부채상환에 따라 재무레버리지효과가 상실되기 때문이다.

③ 이전: $EVA = EBIT \times (1-t) - WACC \times IC = 66\text{억원} - 0.165 \times 300\text{억원} = 16.5\text{억원}$

이후: $EVA = 66\text{억원} - 0.1833 \times 300\text{억원} = 11\text{억원}$

이유: 부채상환에 따라 가중평균자본비용이 상승하기 때문이다.

물음 3

유상증자 시 추가 발행주식수 = $\dfrac{100\text{억원}}{20{,}000\text{원}} = 500{,}000\text{주}$

권리락주가 = $\dfrac{100\text{만주} \times 26{,}000\text{원} + 100\text{억원}}{100\text{만주} + 50\text{만주}} = 24{,}000\text{원}$

신주인수권 1단위의 가치 = 26,000원 − 24,000원 = 2,000원

물음 4

배당락주가 = $\dfrac{300\text{억원} + 100\text{억원} - 100\text{억원}}{100\text{만주} + 50\text{만주}} = 20{,}000\text{원}$

물음 5

유상증자를 통해 조달한 자금으로 배당금을 지급하는 경우에는 주주가 부담하는 배당소득세만큼 주주의 부가 감소하게 된다.

문제 12 파산비용이론

CPA 14

(주)서울은 자기자본만으로 자금을 조달한 기업으로 자본비용은 20%이며, 연간 10억원의 영업이익이 영구히 발생할 것으로 기대된다. (주)경기는 총 액면가 15억원, 액면이자율 10%, 만기수익률 10%의 영구채와 총 10,000주의 주식으로 구성되어 있으며, 영업이익과 영업위험은 (주)서울과 동일하다. 법인세율은 40%이다. 물음 1과 물음 2는 MM의 명제가 성립한다고 가정한다.

물음 1

(주)서울과 (주)경기의 시장가치는 각각 얼마인가?

물음 2

(주)경기의 자기자본비용과 가중평균자본비용(WACC)은 얼마인가? 계산결과는 %로 표시하되 반올림하여 소수점 둘째 자리까지 표기하라.

물음 3

현재 시장에서는 부채가치의 수준에 따라 파산할 확률이 아래와 같이 예상되고 있으며 파산 시 발생하게 되는 비용의 현재가치가 20억원으로 추산된다.

부채가치	파산확률
3억원	10%
6억원	13%
9억원	18%
12억원	25%
15억원	40%

① 기대파산비용을 고려할 때 (주)경기의 기업가치는 얼마인가?

② 세금절감효과와 기대파산비용을 고려할 때 (주)경기의 기업가치를 극대화시킬 수 있는 최적 부채수준을 구하라.

물음 4

자본구조 관련 이론 중 자본조달순위이론(Pecking Order Theory)을 5줄 이내로 설명하라.

해답

물음 1

(주)서울: $V_U = \dfrac{10억원 \times (1-0.4)}{0.2} = 30억원$

(주)경기: $V_L = 30억원 + 15억원 \times 0.4 = 36억원$

물음 2

자기자본비용: $k_e = 0.2 + (0.2-0.1) \times (1-0.4) \times \dfrac{15}{36-15} = 24.29\%$

가중평균자본비용: $WACC = 0.2 \times \left(1 - 0.4 \times \dfrac{15}{36}\right) = 16.67\%$

물음 3

① 기대파산비용의 현재가치 $= 20억원 \times 0.4 = 8억원$
 기업가치 $= 36억 - 8억 = 28억원$

② 기업가치를 극대화시킬 수 있는 최적 부채수준은 9억원이며, 이러한 경우 기업가치는 부채를 사용하지 않는 경우와 동일하다.

부채사용액	이자비용 감세효과의 현재가치	기대파산비용의 현재가치	기업가치에 미치는 영향
3억원	1.2억원	2.0억원	- 0.8억원
6억원	2.4억원	2.6억원	- 0.2억원
9억원	3.6억원	3.6억원	0억원
12억원	4.8억원	5.0억원	- 0.2억원
15억원	6.0억원	8.0억원	- 2억원

물음 4

자본조달순위이론에 따르면 기존주주의 부를 극대화하기 위해서는 자본조달에 일정한 순위가 존재하게 된다. 외부자금을 조달하는 경우에는 정보비대칭의 해소비용과 같은 조달비용이 발생하므로 외부자금보다는 먼저 내부유보자금으로 조달한다. 외부자금을 조달하는 경우에도 신주발행이 주가 과대평가에 대한 신호가 될 수 있고 외부투자자에게 신주를 발행하는 경우에는 투자의 NPV를 기존주주와 신규주주가 공유해야 하므로 신주발행보다는 부채를 발행하여 자금을 조달한다.

문제 13 신주인수권의 가치와 사채차환손익 CPA 96

건설업을 영위하는 A기업의 장부금액 기준 재무상태표에 표시된 현재 총자산은 20억원, 부채(사채)는 8억원, 자본금은 8억원, 유보이익은 4억원이다. A기업의 현재 총발행주식수는 160,000주, 주당 시장가격은 10,000원이다. 부채는 액면발행된 영구사채이며, 사채의 액면금액은 100,000원, 액면이자율은 10%이다. 동 사채의 시장가치는 액면금액과 동일하며 연간 액면이자의 50%를 상환프리미엄으로 지급하는 조건에 수의상환이 가능하다. 현재의 주가지수는 1,000포인트, 무위험이자율은 5%, 법인세율은 40%이며, 1년 후 A기업 주식의 주가와 배당 및 주가지수의 확률분포가 다음과 같고, A기업은 현재의 시장가치 부채비율이 최적 자본구조라고 판단하고 있다.

확률	A기업 주식		주가지수	
	주가(원)	주당배당액(원)	지수(포인트)	연간 평균배당률(%)
1/3	8,000	0	900	4
1/3	12,800	200	1,100	5
1/3	15,600	600	1,300	6

물음 1

A기업 주식의 베타(β_L^A)를 계산하시오.

물음 2

A기업의 자기자본비용과 가중평균자본비용을 계산하시오.

물음 3

A기업은 4억원이 소요되고, NPV가 2억원인 의류사업에 진출하는 것을 고려하고 있으며, 투자자금은 전액 유상증자를 통해 조달할 예정이다. 신주를 주당 5,000원에 발행하는 경우에 신주인수권 1단위의 가치를 계산하시오. 단, 효율적 시장을 가정하며 신규투자안에 대한 정보는 유상증자 전 시장에 공시된다고 가정한다.

물음 4

물음 3과 같은 유상증자에 대하여 시장가격보다 낮은 주당 5,000원에 신주를 발행하는 것은 기존주주의 부의 감소를 가져온다는 주장이 제기되었다. 이에 대한 당신의 의견을 제시하시오.

물음 5

기존사채를 수의상환하는 시점에 기존사채와 미래의 이자부담액이 동일한 신규사채를 8%의 이자율에 발행할 수 있다고 가정한다. 신규사채의 발행을 통해 기존사채를 차환하는 경우의 경제성을 평가하시오.

해답

물음 1

$$E(R_A) = \frac{1}{3}\times(-0.2) + \frac{1}{3}\times0.3 + \frac{1}{3}\times0.62 = 0.24$$

$$E(R_m) = \frac{1}{3}\times(-0.06) + \frac{1}{3}\times0.15 + \frac{1}{3}\times0.36 = 0.15$$

$$\sigma_m^2 = \frac{1}{3}\times(-0.06-0.15)^2 + \frac{1}{3}\times(0.15-0.15)^2 + \frac{1}{3}\times(0.36-0.15)^2 = 0.0294$$

$$Cov(R_A, R_m) = \frac{1}{3}\times(-0.2-0.24)\times(-0.06-0.15) + \frac{1}{3}\times(0.3-0.24)\times(0.15-0.15) + \frac{1}{3}\times(0.62-0.24)\times(0.36-0.15) = 0.0574$$

$$\beta_L^A = \frac{\sigma_{Am}}{\sigma_m^2} = \frac{0.0574}{0.0294} = 1.95$$

물음 2

자기자본비용: $k_e = 0.05 + (0.15 - 0.05)\times1.95 = 0.245$

자기자본의 시장가치 = 160,000주 × 10,000원 = 16억원

부채의 시장가치 = 부채의 장부금액 = 8억원

가중평균자본비용: $k_0 = 0.1\times(1-0.4)\times\frac{1}{3} + 0.245\times\frac{2}{3} = 0.1833$

물음 3

$$\text{권리부주가} = \frac{16\text{억원} + 2\text{억원}}{160{,}000\text{주}} = 11{,}250\text{원}$$

$$\text{유상증자 시 신주 발행주식수} = \frac{4\text{억원}}{5{,}000\text{원}} = 80{,}000\text{주}$$

$$\text{권리락주가} = \frac{16\text{억원} + 2\text{억원} + 4\text{억원}}{160{,}000\text{주} + 80{,}000\text{주}} = 9{,}166.67\text{원}$$

신주인수권 1단위의 가치 = 11,250원 − 9,166.67원 = 2,083.33원

물음 4

유상증자 시 신주의 배정이 기존주주에게 지분 비례대로 이루어지는 경우에는 신주의 발행가격과 무관하게 기존주주의 부는 변하지 않는다. 다만, 특정한 투자자만을 대상으로 신주가 발행되는 경우에는 신주의 발행가격이 시장가격보다 낮으면 유상증자에 참여하지 않는 주주에게서 유상증자에 참여하는 투자자에게로 부의 이전이 발생할 수 있다.

물음 5

기존사채 상환 지급액 = (100,000원 + 100,000원 × 0.1 × 0.5) × 8,000단위 = 8.4억원

상환손실의 세금효과 = (8.4억원 − 8억원) × 0.4 = 0.16억원

신사채 발행 유입액 = $\frac{10,000원}{0.08}$ × 8,000단위 = 10억원

차환의 NPV = 10억원 − 8.4억원 + 0.16억원 = 1.76억원

해설

물음 1 확실성등가 이용

$E(CF_A) = \frac{1}{3} \times 8{,}000원 + \frac{1}{3} \times 13{,}000원 + \frac{1}{3} \times 16{,}200원 = 12{,}400원$

$E(R_m) = \frac{1}{3} \times (-0.06) + \frac{1}{3} \times 0.15 + \frac{1}{3} \times 0.36 = 0.15$

$\sigma_m^2 = \frac{1}{3} \times (-0.06 - 0.15)^2 + \frac{1}{3} \times (0.15 - 0.15)^2 + \frac{1}{3} \times (0.36 - 0.15)^2 = 0.0294$

$Cov(CF_A, R_m) = \frac{1}{3} \times (8{,}000원 - 12{,}400원) \times (-0.06 - 0.15)$

$+ \frac{1}{3} \times (13{,}000원 - 12{,}400원) \times (0.15 - 0.15)$

$+ \frac{1}{3} \times (16{,}200원 - 12{,}400원) \times (0.36 - 0.15) = 574$

$CEQ_A = E(CF_A) - [E(R_m) - R_f] \times \frac{Cov(CF_A, R_m)}{\sigma_m^2}$

$= 12{,}400원 - (0.15 - 0.05) \times \frac{574}{0.0294} = 10{,}447.619원$

A기업 주식의 균형가격= $\frac{10{,}447.619원}{1.05} = 9{,}950.11원$

균형 $E(R_A) = \frac{12{,}400원}{9{,}950.11원} - 1 = 0.2462 = 0.05 + (0.15 - 0.05) \times \beta_L^A$

$\therefore \ \beta_L^A = 1.96$

문제 14 자사주매입과 주당순이익

CPA 20

(주)대한의 2019년과 2020년의 세전영업이익(EBIT)은 각각 100억원으로 동일하다. (주)대한은 회사채 발행을 통한 자사주 매입을 계획 중이다. 2020년 초 (주)대한의 현재 주가는 250,000원이며, 발행주식수는 100만주이다. (주)대한은 연 이자지급 방식인 회사채(3년 만기, 액면가 100,000원)를 액면이자율 연 5%로 100만좌 발행 예정이다. 만기수익률은 연 4%이며, (주)대한의 법인세율은 20%이다. 단, 자사주는 현재 주가로 매입 가능하다.

물음 1

자사주 매입 시 최대로 매입 가능한 (주)대한의 주식수를 구하시오. 계산결과는 소수점 첫째 자리에서 반올림하여 표시하시오.

물음 2

자사주 매입 이후 (주)대한의 주당순이익(EPS)을 구하시오. 이자비용은 액면이자로 계산하고, 계산결과는 반올림하여 원 단위로 표시하시오.

물음 3

(주)대한의 2021년 세전영업이익(EBIT)이 전년 대비 50% 감소될 것으로 가정할 경우, 2021년 주당순이익(EPS)의 감소율(%)을 구하시오. 이자비용은 액면이자로 계산하시오.

물음 4

자본시장이 완전자본시장이라는 가정하에 자사주 매입과 현금배당의 공통점 및 차이점을 4줄 이내로 기술하시오.

해답

물음 1

$$회사채\ 1좌의\ 발행가격 = \frac{5{,}000원}{1.04} + \frac{5{,}000원}{1.04^2} + \frac{105{,}000원}{1.04^3} = 102{,}775원$$

$$최대\ 매입\ 가능\ 주식수 = \frac{102{,}775원 \times 100만좌}{250{,}000원} = 411{,}100주$$

물음 2

$$당기순이익 = (EBIT - I) \times (1 - t)$$
$$= (100억원 - 5{,}000원 \times 100만좌) \times (1 - 0.2) = 40억원$$

$$주당순이익(EPS) = \frac{당기순이익}{주식수} = \frac{40억원}{1{,}000{,}000주 - 411{,}100주} = 6{,}792원$$

물음 3

$$당기순이익 = (50억원 - 5{,}000원 \times 100만좌) \times (1 - 0.2) = 0원$$

$$주당순이익(EPS) = \frac{0원}{1{,}000{,}000주 - 411{,}100주} = 0원$$

∴ 주당순이익(EPS)의 감소율은 100%이다.

물음 4

기업에서는 현금이 사외로 유출되고, (전체) 주주 입장에서는 현금을 수령한다는 점은 동일하다. 자사주 매입 시 발행주식수는 감소하지만, 현금배당 시 발행주식수는 변하지 않고, 자사주 매입 시 주당순이익은 증가하지만, 현금배당 시 주당순이익은 변하지 않으며, 자사주를 시장가격으로 매입 시 주가는 변하지 않지만, 현금배당 시 주가가 하락한다는 것 등의 차이점이 있다.

문제 15 일정성장영구기업의 가치평가

CPA 16

(주)우리의 영업이익은 1년 후 100만원이 예상되고 이후 매년 3%씩 증가할 것으로 예상된다. 자본지출과 감가상각비는 항상 같으며 순운전자본의 변화도 일어나지 않는다. 법인세율은 30%이며, 현재 200만원의 부채를 가지고 있다. 이 회사는 항상 부채비율을 일정하게 유지할 계획이어서 부채도 평균적으로 매년 3%씩 증가할 것으로 예상된다. 무위험수익률과 세전부채비용이 5%이고 시장포트폴리오의 기대수익률은 11%이다. (주)우리의 영업위험만 반영되어 있는 베타는 1.2이며 부채의 크기는 계속 변동하므로 이자비용의 절세액도 베타는 1.2이다. CAPM 모형이 성립한다고 가정한다. 자본비용은 반올림하여 소수점 넷째 자리까지 표시하고 금액은 반올림하여 만원 단위로 소수점 둘째 자리까지 표시하시오.

물음 1

(주)우리가 무부채기업이라면 기업가치는 얼마인가?

물음 2

조정현재가치(APV)는 얼마인가?

물음 3

가중평균자본비용(WACC)은 얼마인가?

물음 4

자기자본비용은 얼마인가?

물음 5

주주현금흐름법(FTE)으로 계산한 자기자본의 가치는 얼마인가?

물음 6

(주)우리는 연속적으로 부채비율을 일정하게 유지시키지 않고 1년에 한 번 연초에 부채의 크기를 조정하여 목표부채비율을 유지하기로 하였다. 부채사용효과는 얼마인가? (힌트: t시점에서의 이자지급액 크기는 t-1시점에서 확정됨)

해답

물음 1

$\rho = 0.05 + (0.11 - 0.05) \times 1.2 = 0.122$

$$V_U = \frac{EBIT_1 \times (1-t)}{\rho - g} = \frac{100\text{만원} \times (1-0.3)}{0.122 - 0.03} = 760.87\text{만원}$$

물음 2

$$\text{이자비용 절세액의 현재가치} = \frac{I_1 \times t}{\rho - g} = \frac{200\text{만원} \times 0.05 \times 0.3}{0.122 - 0.03} = 32.61\text{만원}$$

조정현재가치(APV): $V_L = 760.87\text{만원} + 32.61\text{만원} = 793.48\text{만원}$

물음 3

$$V_L = 793.48\text{만원} = \frac{EBIT_1 \times (1-t)}{k_0 - g} = \frac{100\text{만원} \times (1-0.3)}{k_0 - 0.03}$$

$\therefore\ k_0 = 0.1182$

물음 4

$$k_0 = 0.1182 = k_d(1-t)\frac{B}{V} + k_e\frac{S}{V} = 0.05 \times (1-0.3) \times \frac{200}{793.48} + k_e \times \frac{593.48}{793.48}$$

$\therefore\ k_e = 0.1463$

물음 5

$$\begin{aligned} FCFE_1 &= EBIT_1 \times (1-t) + I_1 \times t - I_1 + \text{부채차입액} \\ &= (EBIT_1 - I_1) \times (1-t) + \text{부채차입액} \\ &= (100\text{만원} - 200\text{만원} \times 0.05) \times (1-0.3) + 200\text{만원} \times 0.03 = 69\text{만원} \end{aligned}$$

$$\text{자기자본의 가치: } S_L = \frac{FCFE_1}{k_e - g} = \frac{69\text{만원}}{0.1463 - 0.03} = 593.29\text{만원}$$

물음 6

부채사용효과(이자비용 감세효과의 현재가치)

$$= \left(200\text{만원} \times 0.05 \times 0.3 + \frac{200\text{만원} \times 1.03 \times 0.05 \times 0.3}{0.122 - 0.03}\right) \times \frac{1}{1.05} = 34.84\text{만원}$$

해설

물음 2, 3, 4 Harris and Pringle
연속적으로 부채비율을 일정하게 유지하는 경우
모든 기간의 이자비용 감세효과를 ρ로 할인

$$k_e = \rho + (\rho - k_d) \times \frac{B}{S} = 0.122 + (0.122 - 0.05) \times \frac{200}{593.48} = 0.1463$$

$$k_0 = \rho - k_d \times t \times \frac{B}{V} = 0.122 - 0.05 \times 0.3 \times \frac{200}{793.48} = 0.1182$$

물음 6 Miles and Ezzell
1년에 한 번씩 부채사용액을 조정하는 경우
첫해는 k_d로, 이후의 기간은 ρ로 할인

문제 16 개인소득세를 고려한 균형부채발행량

CPA 19

자본시장에는 다음과 같은 4명의 투자자만 존재한다고 가정하자.

투자자	이자소득에 대한 한계세율	개인의 부
갑	42%	1,000억원
을	30%	500억원
병	10%	100억원
정	0%	50억원

한편, 모든 투자자들은 국외투자를 통해서 8%의 면세수익률을 얻을 수 있다. 주식투자 시 기대수익률도 8%이며, 주식투자소득에 대한 개인소득세는 부과되지 않는다. 법인세율은 모든 기업들에게 35%로 동일하게 적용된다. 기업 전체의 영업이익은 매년 200억원씩 영구적으로 발생할 것으로 기대되며, 감가상각은 없다. 모든 투자자는 위험중립형이고 밀러(1977)의 균형부채이론이 성립한다고 가정한다. 수익률과 부채비율은 %단위로 소수점 아래 셋째 자리에서 반올림하여 둘째 자리까지 표시하시오.

물음 1

개별 투자자의 입장에서 회사채투자와 주식투자를 무차별하게 하는 회사채의 세전 요구수익률은 투자자별로 얼마인가?

물음 2

사채시장의 균형 상태에서 세전 회사채수익률과 경제 전체의 회사채발행량은 각각 얼마인가?

물음 3

사채시장의 균형 상태에서 기업 전체의 부채비율(B/S)은 얼마인가?

물음 4

법인세율이 30%라면, 사채시장의 균형 상태에서 기업 전체의 부채비율(B/S)은 얼마인가? 단, 법인세율을 제외한 모든 조건은 동일하다고 가정한다.

해답

물음 1

투자자 갑: $\dfrac{r_0}{1-t_d}=\dfrac{0.08}{1-0.42}=13.79\%$

투자자 을: $\dfrac{0.08}{1-0.3}=11.43\%$

투자자 병: $\dfrac{0.08}{1-0.1}=8.89\%$

투자자 정: $\dfrac{0.08}{1-0}=8\%$

물음 2

세전 회사채수익률 $=\dfrac{r_0}{1-t}=\dfrac{0.08}{1-0.35}=12.31\%$

투자자 을과 투자자 병 및 투자자 정이 회사채에 투자한다.

경제 전체의 회사채발행량 = 500억원 + 100억원 + 50억원 = 650억원

물음 3

$$S_L=\frac{(EBIT-I)\times(1-t)}{k_e}=\frac{(200\text{억원}-650\text{억원}\times 12.31\%)\times(1-0.35)}{0.08}=975\text{억원}$$

기업 전체의 부채비율$(\dfrac{B}{S})=\dfrac{650\text{억원}}{975\text{억원}}=66.67\%$

물음 4

세전 회사채수익률 $=\dfrac{0.08}{1-0.3}=11.43\%$

〈투자자 병과 투자자 정이 회사채에 투자하는 경우: B = 150억원〉

$$S_L=\frac{(EBIT-I)\times(1-t)}{k_e}=\frac{(200\text{억원}-150\text{억원}\times 11.43\%)\times(1-0.3)}{0.08}=1{,}600\text{억원}$$

기업 전체의 부채비율$(\dfrac{B}{S})=\dfrac{150\text{억원}}{1{,}600\text{억원}}=9.38\%$

〈투자자 을과 투자자 병 및 투자자 정이 회사채에 투자하는 경우: B = 650억원〉

$$S_L=\frac{(EBIT-I)\times(1-t)}{k_e}=\frac{(200\text{억원}-650\text{억원}\times 11.43\%)\times(1-0.3)}{0.08}=1{,}100\text{억원}$$

기업 전체의 부채비율$(\dfrac{B}{S})=\dfrac{650\text{억원}}{1{,}100\text{억원}}=59.09\%$

∴ 기업 전체의 부채비율은 9.38%부터 59.09%의 범위 내에서 가능하다.

문제 17 재무적 곤경과 출자전환

CPA 00

현재와 1년 후에 모든 현금흐름이 발생하고 종료되는 상황을 가정한다. 1년 전 차입한 투자자금 80억원의 채무를 1년 후에 100억원으로 상환해야 하는 의무가 있는 기업이 있다. 현재 이 기업이 100억원을 새로이 투자하는 경우 1년 후에 150억원의 현금흐름이 발생하지만, 추가투자가 없는 경우에는 20억원의 현금흐름이 발생한다는 가정하에 다음 물음에 답하시오. 단, 무위험이자율은 0%이다.

물음 1

이 투자안의 NPV를 계산하시오.

물음 2

신규로 100억원의 차입을 하는 경우에 신규대출자는 이전의 대출자에 비해 후순위 채권자가 된다. 이때 신규대출자는 100억원을 대출해주겠는가?

물음 3

기존의 채권자가 당해 기업에 출자전환을 하기로 한다. 기존의 채권자가 손해를 보지 않기 위해서 당기업에 요구할 최소한의 지분율은 얼마인가? 단, 기존의 채권자가 출자전환을 하게 되면 신규채권자는 100억원을 대출해 주는 것으로 한다.

해답

물음 1

$NPV = 130$억원 $- 100$억원 $= 30$억원

물음 2

신규대출자의 $NPV = (150$억원 $- 100$억원$) - 100$억원 $= -50$억원

∴ 신규대출자는 대출해주지 않는다.

물음 3

기존채권자의 출자전환 시 $NPV = (150$억원 $- 100$억원$) \times$ 지분율 $- 20$억원 ≥ 0

∴ 기존채권자가 요구할 최소한의 지분율은 40%이다.

문제 18 과도한 이자율과 위험투자선호유인 CPA 00

현재와 1년 후에 모든 현금흐름이 발생하고 종료되는 상황을 가정한다. W기업은 상호배타적인 투자안 A와 투자안 B의 실행을 고려하고 있다. 각 투자안은 투자자금은 모두 100억원으로 동일하고, 투자안 A의 경우에는 1년 후에 120억원의 확정적인 현금흐름이 발생하며, 투자안 B의 경우에는 1년 후에 1/3의 확률로 150억원, 2/3의 확률로 45억원의 현금흐름이 발생할 것이다. 모든 투자자는 위험중립적이며, 무위험이자율은 0%라는 가정하에 다음 물음에 답하시오.

물음 1

각 투자안의 NPV를 계산하고, W기업의 입장에서 투자안 선택에 대한 의사결정을 하시오.

※ 이하의 물음에서는 대출자가 X원을 대출해주고 1기간 후에 Y원을 상환받는 조건의 대출을 f(X, Y)라고 표시한다.

물음 2

f(100, 102)인 경우에 W기업 주주의 입장에서 투자안 선택에 대한 의사결정을 하시오.

물음 3

f(100, 110)인 경우에 W기업 주주의 입장에서 투자안 선택에 대한 의사결정을 하고, 1기간 후 대출자의 부는 물음 2의 경우에 비해 어떻게 되는지 설명하시오.

물음 4

물음 1 ~ 물음 3을 종합하여 볼 때, 이자율 상승에 따른 채무불이행 위험의 변화를 언급하고 이에 대한 대출자(은행)의 대책은 어떤 것이 있는지 간략히 서술하시오.

해답

물음 1

$NPV_A = 120억원 - 100억원 = 20억원$

$NPV_B = (150억원 \times \frac{1}{3} + 45억원 \times \frac{2}{3}) - 100억원 = -20억원$

∴ W기업의 입장에서는 투자안 A를 선택한다.

물음 2

$주주NPV_A = (120억원 - 102억원) - 0원 = 18억원$

$주주NPV_B = [(150억원 - 102억원) \times \frac{1}{3} + (45억원 - 45억원) \times \frac{2}{3}] - 0원 = 16억원$

∴ W기업 주주의 입장에서는 투자안 A를 선택한다.

물음 3

$주주NPV_A = (120억원 - 110억원) - 0원 = 10억원$

$주주NPV_B = [(150억원 - 110억원) \times \frac{1}{3} + (45억원 - 45억원) \times \frac{2}{3}] - 0원 = 13.33억원$

∴ W기업 주주의 입장에서는 투자안 B를 선택한다.

f(100, 102)의 경우 주주가 투자안 A를 선택함에 따라 1기간 후 대출자의 부는 102억원이지만, f(100, 110)의 경우 주주가 투자안 B를 선택함에 따라 1기간 후 대출자의 부는 66.67억원이 된다. 이에 따른 채권자 부의 감소는 35.33억원이다.

물음 4

이자율 상승 시 주주의 위험투자선호유인이 더욱 증가되어 대출자 입장에서는 채무불이행위험의 증가에 따라 대출자의 부가 감소하게 된다. 이에 대한 대출자의 대책으로는 담보 또는 보증을 요구하거나, 기업의 투자정책이나 배당정책 또는 추가 부채차입 등을 제한하는 방식으로 차입약정을 강화하는 방안을 고려할 수 있다.

문제 19 위험투자선호유인과 과소투자유인

CPA 01

W기업은 동일하게 600원의 투자자금이 소요되는 상호배타적인 투자안 A와 B의 실행을 고려하고 있다. 현재 W기업의 부채비율(B/S)은 100%이며, 고려 중인 투자안 A와 B에 소요되는 자금도 기존의 부채비율대로 조달할 계획이다. 투자안과 영업위험이 동일한 대용기업의 주식베타는 1.29, 부채비율(B/S)은 120%이며, 각 투자안으로부터 기대되는 1년 후의 상황별 현금흐름(단위: 원)은 다음과 같다. 1년 후 각 상황의 발생확률은 동일하고, 무위험이자율은 8%, 시장포트폴리오의 기대수익률은 15%, 법인세율은 40%이다. 모든 기업의 부채는 무위험부채이며, 편의상 감가상각비는 없다는 가정하에 물음에 답하시오.

투자안 \ 상황	호황	불황
A	1,300	1,100
B	2,000	300

물음 1

W기업이 신규투자안에 적용할 가중평균자본비용을 계산하시오.

물음 2

각 투자안의 순현재가치를 계산하시오.

물음 3

W기업이 투자자금 중 500원은 액면이자율 8%의 무위험부채로 조달하고 나머지 100원은 자기자본으로 조달할 경우 1년 후 투자안으로부터 기업에 귀속되는 현금흐름을 주주와 채권자 귀속분으로 구분하시오. 단, 부채사용에 따른 이자비용의 감세효과는 고려하지 않는 것으로 한다.

물음 4

W기업이 투자안 B를 실행하기로 결정한 후 새로운 투자기회 C를 포착하였다. 투자안 C는 100원의 투자자금이 소요되고, 1년 후 상황과 무관하게 180원의 확정적인 현금유입이 발생하는 투자안이며, 투자자금은 전액 자기자본으로 조달할 것이다. 투자안 B와 C를 모두 실행하는 경우에 주주와 채권자에게 귀속되는 1년 후 상황별 현금흐름을 나타내고, 주주의 입장에서 투자안 C의 실행 여부에 대한 의사결정을 하시오.

물음 5

이상의 결과에 근거하여 부채의 대리인비용에 대해서 설명하시오.

해답

물음 1

$$\beta_L^{대용} = 1.29 = \beta_U + (\beta_U - \beta_d)(1-t)\frac{B}{S} = \beta_U + (\beta_U - 0) \times (1-0.4) \times 1.2$$

$$\therefore \ \beta_U = 0.75$$

$$\beta_L = 0.75 + (0.75 - 0) \times (1 - 0.4) \times 1 = 1.2$$

$$k_e = 0.08 + (0.15 - 0.08) \times 1.2 = 0.164$$

$$k_0 = 0.08 \times (1 - 0.4) \times 0.5 + 0.164 \times 0.5 = 0.106$$

물음 2

$$NPV_A = \frac{1,300원 \times 0.5 + 1,100원 \times 0.5}{1.106} - 600원 = 484.99원$$

$$NPV_B = \frac{2,000원 \times 0.5 + 300원 \times 0.5}{1.106} - 600원 = 439.78원$$

물음 3

구분		1년 후 현금흐름		
		기업	채권자	주주
투자안 A	호황	1,300	540	760
	불황	1,100	540	560
	기대현금흐름	1,200	540	660
투자안 B	호황	2,000	540	1,460
	불황	300	300	0
	기대현금흐름	1,150	420	730

물음 4

구분		1년 후 현금흐름		
		기업	채권자	주주
투자안 B + 투자안 C	호황	2,000+180	540	1,640
	불황	300+180	480	0
	기대현금흐름	1,330	510	820

투자안 C 실행 시 증가되는 1년 후 주주의 기대현금흐름(90원 = 820원 − 730원)이 현재시점의 자기자본 투자액(100원)에 미달하므로 주주는 투자안 C를 실행하지 않는다.

물음 5

위험투자선호유인: 부채 의존도가 높은 기업의 경우에 주주는 저위험한 투자안 A보다 고위험한 투자안 B를 실행할 유인이 있다. 고위험한 투자안을 실행하는 경우에 채권자 부의 감소를 바탕으로 주주 부의 증가가 가능하기 때문이다.

과소투자유인: 부채 의존도가 높은 기업의 경우에 NPV 〉 0인 투자안이라도 NPV가 충분히 크지 않은 경우에 투자안 C를 실행하지 않을 유인이 있다. 주주의 추가 출자를 통해 해당 투자안을 실행하는 경우에 주주 부의 감소를 바탕으로 채권자 부의 증가가 이루어지기 때문이다.

문제 20 효율적 시장과 대리비용

CPA 04

상록기업은 다음과 같은 신규투자를 고려하고 있다. 신규투자안 A, B는 모두 100원의 투자원금을 필요로 하며 투자기간은 1년이고 상호배타적이다. 이들 투자안의 1년 말 총현금흐름(단위: 원)은 다음과 같다.

상황	확률	투자안 A	투자안 B
불황	0.5	110	50
호황	0.5	130	180

각 경제주체들은 위험중립적이며, 무위험이자율(혹은 시장이자율)은 10%이고, 부채조달 시 채권만기는 투자기간과 동일하다. 아래의 각 물음에 근거와 함께 답하라. 단, 계산은 소수점 셋째 자리에서 반올림할 것.

물음 1

상록기업의 소유경영자가 투자원금 전액을 자기자본으로 조달한다면 어떤 투자안을 선택할 것인가?

물음 2

상록기업은 투자안 선택에 상관없이 시장이자율로 투자원금 전액을 부채로 조달한다고 하자. 이때 상록기업의 소유경영자는 어떤 투자안을 선택할 것인가?

물음 3

채권시장은 완전경쟁시장이므로, 채권은 기대순현가가 0이 되도록 시가발행된다. 상록기업의 소유경영자는 투자원금을 부채로 100% 조달할 예정이며, 각 투자안별로 별도의 가격조건으로 부채를 조달한다. 이때 상록기업의 소유경영자는 어떤 투자안을 선택할 것인가?

물음 4

위의 물음 3에서와 동일한 상황이며, 단지 차이점은 상록기업이 최대한 부채조달을 통해 투자하려고 하지만 부채여력(debt capacity)이 제한되어 있어 투자원금의 나머지는 자기자본으로 조달해야 한다는 것이다. 현재 상록기업이 조달 가능한 부채의 만기 시 약속원리금은 두 투자안 모두 88원이며, 파산 시에는 16원의 파산비용이 발생한다. 이때 상록기업의 소유경영자는 어떤 투자안을 선택할 것인가?

해답

물음 1

$NPV_A = (110원 \times 0.5 + 130원 \times 0.5) \div 1.1 - 100원 = 9.09원$

$NPV_B = (50원 \times 0.5 + 180원 \times 0.5) \div 1.1 - 100원 = 4.55원$

∴ 소유경영자는 투자안 A를 선택할 것이다.

물음 2

$NPV_A = [(110원 - 110원) \times 0.5 + (130원 - 110원) \times 0.5] \div 1.1 - 0원 = 9.09원$

$NPV_B = [(50원 - 50원) \times 0.5 + (180원 - 110원) \times 0.5] \div 1.1 - 0원 = 31.82원$

∴ 소유경영자는 투자안 B를 선택할 것이다.

물음 3

〈투자안 A 실행 시〉

부채조달 시 약속원리금: $(X_A \times 0.5 + X_A \times 0.5) \div 1.1 = 100원$

∴ $X_A = 110원$

$NPV_A = [(110원 - 110원) \times 0.5 + (130원 - 110원) \times 0.5] \div 1.1 - 0원 = 9.09원$

〈투자안 B 실행 시〉

부채조달 시 약속원리금: $(50 \times 0.5 + X_B \times 0.5) \div 1.1 = 100원$

∴ $X_B = 170원$

$NPV_B = [(50원 - 50원) \times 0.5 + (180원 - 170원) \times 0.5] \div 1.1 - 0원 = 4.55원$

∴ 소유경영자는 투자안 A를 선택할 것이다.

물음 4

〈투자안 A 실행 시〉

부채조달액 = $(88원 \times 0.5 + 88원 \times 0.5) \div 1.1 = 80원$

$NPV_A = [(110원 - 88원) \times 0.5 + (130원 - 88원) \times 0.5] \div 1.1 - (100원 - 80원) = 9.09원$

〈투자안 B 실행 시〉

부채조달액 = $[(50원 - 16원) \times 0.5 + 88원 \times 0.5] \div 1.1 = 55.45원$

$NPV_B = [(50원 - 16원 - 34원) \times 0.5 + (180원 - 88원) \times 0.5] \div 1.1 - (100원 - 55.45원)$

$= -2.73원$

∴ 소유경영자는 투자안 A를 선택할 것이다.

문제 21 정보비대칭과 신호효과

CPA 18

김씨는 (주)갑을의 소유경영자이며 현재 100% 지분을 보유하고 있다. 사업확장에 따른 2억원의 신규 투자자금을 조달하기 위해 투자자 박씨와 협의 중이다. 김씨에 따르면 현재 고려 중인 상호배타적 두 투자안의 투자수익 분포는 다음과 같다고 한다.

상황	확률	1년 후 투자수익(억원)	
		투자안 X	투자안 Y
호황	1/3	5	8
보통	1/3	4	4
불황	1/3	3	1

두 투자안의 수명은 1년이고, 투자안의 가치는 수익에 의해서만 결정되며, 김씨는 위험중립형으로 가정한다. 다음 물음에 답하고 구체적 근거를 제시하시오.

물음 1

박씨로부터 2억원을 5% 이자율로 차입할 경우, 김씨가 선호하는 투자안은 무엇인가?

물음 2

파산비용에 따른 사업가치의 하락을 주주가 부담한다면, 김씨는 어떠한 투자안을 선호할 것인가? 단, 기대파산비용의 현재가치는 1억원이며 파산 여부는 위 신규투자안만을 고려하여 판단한다.

물음 3

투자안 X를 선택한 김씨는 박씨에게 대출 대신 지분참여를 제의하였다고 하자. 박씨가 2억원을 투자하는 대가로 이 사업에 대해 최소 몇 퍼센트의 지분율을 요구해야 하는지를 보이시오. 단, 박씨는 지분참여 시 0.5억원의 위험프리미엄을 요구한다.

물음 4

기업 내부정보에 접근이 가능한 김씨는 박씨에게 설명한 것보다 영업상황이 호황, 보통, 또는 불황인지에 대해 더 구체적인 정보를 가지고 있다고 가정한다. 만약 김씨가 박씨에게 대출 대신 물음 3과 같은 최소지분율로 투자안 X에 대한 지분투자를 권유한다면, 이는 박씨에게 어떠한 정보를 전달하는 것인가? 또한 박씨가 요구하는 지분율은 어떻게 변경될 것인가?

물음 5

물음 4의 결과를 토대로 정보비대칭하에서 기업의 유상증자가 시장에 어떠한 신호를 주는지를 설명하시오. 그리고 시장의 투자자들은 기업의 유상증자에 대하여 어떻게 반응하는지를 설명하시오.

해답

물음 1

1년 후 차입금 상환액= 2억원 × 1.05 = 2.1억원

투자안 X 실행 시 김씨의 1년 후 기대수익

$$= \begin{bmatrix} (5억원 - 2.1억원 = 2.9억원) \\ + (4억원 - 2.1억원 = 1.9억원) \\ + (3억원 - 2.1억원 = 0.9억원) \end{bmatrix} \times \frac{1}{3} = 1.9억원$$

투자안 Y 실행 시 김씨의 1년 후 기대수익

$$= \begin{bmatrix} (8억원 - 2.1억원 = 5.9억원) \\ + (4억원 - 2.1억원 = 1.9억원) \\ + Max(1억원 - 2.1억원 = -1.1억원,\ 0원) \end{bmatrix} \times \frac{1}{3} = 2.6억원$$

∴ 기대가치(기대수익)의 극대화를 추구하는 김씨는 투자안 Y를 선호한다.

물음 2

투자안 X 대비 투자안 Y를 실행하는 경우 기대가치 증가분의 현재가치

$$= \frac{2.6억원 - 1.9억원}{1 + R_f} < 1억원$$

∴ 파산비용은 투자안 Y를 실행한 후 1년 후 상황이 불황인 경우에만 발생하며, 투자안 X 대비 투자안 Y를 실행하는 경우 기대가치 증가분의 현재가치가 기대파산비용의 현재가치 1억원보다 작으므로 김씨는 투자안 X를 선호한다.

물음 3

지분참여 시 박씨의 1년 후 기대수익

$$= (5억원 + 4억원 + 3억원) \times \frac{1}{3} \times 지분율 \ \geq \ (2.1억원 + 0.5억원)$$

∴ 박씨의 최소요구지분율 = 65%

물음 4

투자안 X 실행 시 1년 후 상황별 김씨(지분율 35%)의 투자수익

구분	호황	보통	불황
대출(차입) 시	2.9억원	1.9억원	0.9억원
지분참여 시	1.75억원	1.4억원	1.05억원

∴ 65%의 지분참여를 권유하는 것은 1년 후 상황이 불황일 것이라는 정보를 전달한다.

지분참여 시 박씨의 1년 후 기대수익 $= 3\text{억원} \times \text{지분율} \geq (2.1\text{억원} + 0.5\text{억원})$

∴ 박씨의 최소요구지분율 $= 86.67\%$

물음 5

정보비대칭 상황에서 기업의 유상증자는 경영자(기존주주)가 기업의 미래상황에 대해서 부정적인 전망을 하고 있다는 신호(정보)를 전달해준다. 이에 따라 기업의 외부에 있는 시장의 투자자들은 기업의 유상증자에 대해 보다 낮은 주당 발행가격의 유상증자를 요구하거나, 보유주식의 처분과 같은 부정적인 반응을 하게 된다.

문제 22 정보비대칭과 유상증자

CPA 21

2021년 6월 1일 현재, 자기자본으로만 구성된 (주)병정의 기업가치는 투자가 이루어져 이미 운용 중인 자산의 가치와 아직 투자가 이루어지지 않은 투자안의 순현재가치로 이루어져 있다. (주)병정의 기업가치는 비즈니스상황(상황 1 또는 상황 2)에 따라 아래와 같이 변동한다. 상황 1과 상황 2가 발생할 확률은 각각 50%이고 상호배타적이다. 위험중립성을 가정한다. 시장가치로 평가한 기업가치는 아래와 같다.

구분	상황 1	상황 2
운용 중인 자산의 가치	190억원	80억원
투자안의 순현재가치	20억원	10억원
기업가치	210억원	90억원

이 투자안은 이번에 투자하지 않으면 기회가 사라지며, 투자 실행을 위해서는 100억원의 초기투자비용이 요구된다. (주)병정은 현금성 자산을 갖고 있지 않기 때문에 이 투자안을 실행하기 위해서는 100억원의 유상증자를 해야 한다. 이 유상증자에서 기존주주는 배제되며, 부채는 차입할 수 없다. 기존주주와 경영진 사이의 대리인문제는 없으며, 경영진은 기존주주의 이익을 위하여 최선을 다한다. 이 모두는 공공정보이다.

물음 1

경영진이 투자자들과 동일하게 어떤 비즈니스상황인지 알지 못하고 증자 및 투자 결정을 내린다고 가정하자.

새로운 비즈니스상황이 발생하기 전인 현재, 투자자들이 평가하는 (주)병정의 기업가치는 다음과 같이 계산된다.

210억원 × 0.5 + 90억원 × 0.5 = 150억원

① 유상증자를 통해 100억원을 조달하여 투자한 후, 기존주주의 기업가치 배분비율을 계산하고, 각 비즈니스상황에서 기존주주가 차지하게 되는 기업가치를 계산하시오.

② 비즈니스상황에 따라 증자 및 투자 결정을 내릴 수 있다면, 기존주주의 입장에서는 각 상황에서 증자 및 투자를 하는 것과 하지 않는 것 중 합리적인 의사결정은 무엇인지 설명하시오.

물음 2

경영진은 투자자들이 알지 못하는 비즈니스상황을 먼저 알고 증자 및 투자 결정을 내리며, 이 사실을 투자자들이 안다고 가정하자. 현재 투자자들이 평가하는 (주)병정의 기업가치를 계산하시오. 단, 유상증자를 통한 자본조달은 언제나 가능하다.

물음 3

(주)병정이 현금성 자산을 다음과 같이 보유하고 있어 투자안에 사용할 수 있다고 가정하자. 시장가치로 평가한 기업가치는 아래와 같다.

구분	상황 1	상황 2
현금성 자산	100억원	100억원
운용 중인 자산의 가치	190억원	80억원
투자안의 순현재가치	20억원	10억원
기업가치	310억원	190억원

경영진이 투자자들보다 비즈니스상황을 먼저 알고 의사결정을 내리는 경우의 현재 기업가치와, 경영진이 투자자들과 동일하게 비즈니스상황을 알지 못하고 결정을 내리는 경우의 현재 기업가치의 차이를 계산하시오.

물음 4

물음 1에서 물음 3까지의 결과를 바탕으로 정보비대칭하에서 기업가치 극대화를 위한 기업의 재무 관련 행동에 대해 세 줄 이내로 기술하시오.

해답

물음 1

① 기존주주의 기업가치 배분비율 $= \frac{150억원}{150억원 + 100억원} = 60\%$

상황 1: 기존주주 차지 기업가치 $= (190억원 + 20억원 + 100억원) \times 0.6 = 186억원$

상황 2: 기존주주 차지 기업가치 $= (80억원 + 10억원 + 100억원) \times 0.6 = 114억원$

②

상황 1	증자·투자를 하는 경우 기존주주 차지 기업가치 = 186억원 증자·투자를 하지 않는 경우 기존주주 차지 기업가치 = 190억원 ∴ 기존주주의 입장에서 증자 및 투자를 하지 않는 것이 합리적인 의사결정이다.
상황 2	증자·투자를 하는 경우 기존주주 차지 기업가치 = 114억원 증자·투자를 하지 않는 경우 기존주주 차지 기업가치 = 80억원 ∴ 기존주주의 입장에서 증자 및 투자를 하는 것이 합리적인 의사결정이다.

물음 2

상황 1이라는 것을 아는 경우(증자 및 투자를 하지 않음) 기업가치 = 190억원

상황 2라는 것을 아는 경우(증자 및 투자를 실행) 기업가치 = 90억원

현재 투자자들이 평가하는 기업가치 $= 190억원 \times 0.5 + 90억원 \times 0.5 = 140억원$

물음 3

① 경영진이 비즈니스상황을 먼저 알고 의사결정을 내리는 경우

상황 1	투자하는 경우 기업가치 = 100억원 + 190억원 + 20억원 = 310억원 투자하지 않는 경우 기업가치 = 100억원 + 190억원 = 290억원
상황 2	투자하는 기업가치 = 100억원 + 80억원 + 10억원 = 190억원 투자하지 않는 경우 기업가치 = 100억원 + 80억원 = 180억원

∴ 상황과 무관하게 양(+)의 NPV가 발생하는 투자안은 실행하는 것이 유리하다.

현재 기업가치 $= 310억원 \times 0.5 + 190억원 \times 0.5 = 250억원$

② 경영진이 비즈니스상황을 알지 못하고 결정을 내리는 경우

현재 기업가치 $= 310억원 \times 0.5 + 190억원 \times 0.5 = 250억원$

∴ 현재 기업가치의 차이는 0원이다.

물음 4

정보비대칭의 상황에서는 경영성과에 대해 낙관적인 전망을 하는 경우에도 신주발행을 통해 외부자금을 조달해야 하는 투자안은 실행하지 않을 수 있다. 즉, 신주발행을 통해 외부자금을 조달하는 경우에는 기존주주 부의 극대화를 위한 의사결정이 기업가치 극대화를 위한 의사결정과 상이할 수 있다.

해커스 윤민호 재무관리연습

회계사 · 세무사 · 경영지도사 단번에 합격!
해커스 경영아카데미 cpa.Hackers.com

제9장

투자안의 가치평가

핵심 이론 요약

01 투자안의 현금흐름 추정

(1) 현금흐름 측정의 기본원칙

① 세후증분현금흐름으로 측정
- 법인세는 현금유출로 처리

② 감가상각비는 현금유출이 없는 비용
- 감가상각비의 감세효과는 현금유입으로 처리

③ 매몰원가와 기회비용 및 부수효과
- 매몰원가: 비관련원가이므로 현금흐름에서 고려하지 않음
- 기회비용: 상실되는 현금유입액을 현금유출로 처리
- 부수효과: 기존투자안의 현금흐름에 미치는 영향을 현금흐름에서 고려

④ 금융비용(이자비용, 배당지급액)과 금융수익(예상 이자수익)
- 할인율(자본비용)에 반영

(2) 투자안의 현금흐름 측정

① 현금흐름의 측정
- $\Delta OCF = \Delta EBIT \times (1-t) + \Delta D = (\Delta R - \Delta C) \times (1-t) + t \times \Delta D$
- 자산의 처분에 따른 현금유입액 = 처분가액 − (처분가액 − 장부금액) × t

② 자산을 대체하는 투자안의 시점별 현금흐름
- 투자시점: −신자산 투자액 + 구자산 처분유입액 − 순운전자본 추가소요액
- 투자기간 중: 증분영업현금흐름 − 순운전자본 순증가액
- 종료시점: 신자산 처분유입액 − 구자산 처분유입액 + 순운전자본 회수액

02 투자안의 경제성 분석방법

(1) 회수기간법

① 회수기간
- 투자에 소요된 자금이 투자안의 현금흐름으로 회수되는 데 걸리는 기간
- 일반적으로 현금흐름이 연간 균등하게 발생함을 가정

② 할인회수기간법
- 화폐의 시간가치를 반영한 회수기간법
- 할인회수기간 〉 회수기간

(2) 회계적 이익률법

① 회계적 이익률
- 투자기간 동안 기대되는 연평균이익률
- 회계적 이익과 회계적 장부금액을 이용해서 계산

② 평균투자액 대비 회계적 이익률
- 회계적 이익률 = $\frac{\text{연평균순이익}}{\text{평균투자액}}$
- 평균투자액(정액법 감가상각 가정 시) = $\frac{\text{투자액} + \text{잔존가치}}{2}$

(3) 순현재가치법

① 순현재가치
- $NPV = PV(\text{유입액}) - PV(\text{유출액})$
- 투자에 따른 부의 증가분
- 기회비용을 초과해서 벌어들이는 이득의 현재가치

② 순현재가치법의 우위성
- 재투자수익률(기회비용, 자본비용) 가정의 타당성
- 가치가산의 원칙 적용 가능
- 기업가치극대화 목표에 부합

(4) 수익성지수법

① 수익성지수
- $PI = \frac{PV(\text{유입액})}{PV(\text{유출액})}$: 투자금액 단위당 벌어들이는 가치
- 투자의 우선순위 결정에 유용

② 가중평균수익성지수
- 잔여자금의 $PI = 1$(기회비용, 자본비용으로 투자)로 가정

(5) 내부수익률법

① 내부수익률
- 투자의 내용연수 동안 얻을 것으로 기대되는 연평균 투자수익률
- PV(유입액)과 PV(유출액)을 일치시키는 할인율

② 내부수익률법의 문제점
- 재투자수익률(해당 투자안의 내부수익률) 가정의 비합리성
- 현금흐름의 양상에 따른 의사결정기준의 변경
- 혼합형 현금흐름의 경우에 해가 없거나 복수의 해 존재 가능
- 기간별 자본비용이 상이한 경우 비교대상 자본비용 선정 곤란

(6) 순현재가치법과 내부수익률법의 의사결정결과 비교

① 의사결정결과의 일치 여부
- 독립적인 투자안 평가 시: 의사결정결과 항상 일치
- 상호배타적인 투자안 평가 시: 의사결정결과가 상반될 수 있음

② 의사결정결과가 상반되는 경우
- NPV곡선의 기울기 차이: 투자규모, 투자수명, 현금흐름의 양상의 차이
- 피셔의 수익률: 두 투자안의 NPV를 일치시키는 할인율
- 할인율(기회비용, 자본비용) $<$ 피셔의 수익률인 구간에서 상반된 의사결정

(7) IRR법의 수정

① 수정IRR법: 공통의 재투자수익률(기회비용, 자본비용) 가정
- 투자규모가 상이한 경우에 NPV법과 의사결정결과 불일치 가능

② 증분분석: 두 투자안의 기간별 차이나는 현금흐름을 이용한 투자안 평가
- 증분NPV 의사결정결과 = 증분IRR 의사결정결과 = NPV법 의사결정결과
- 증분IRR = 피셔의 수익률

03 자본예산의 현실적 적용

(1) 투자규모의 차이

① 중복투자 가능 여부에 따른 총NPV의 극대화 추구

② 중복투자 가능 시: PI법
- 투자금액 단위당 상대적인 수익성 비교
- 투자규모의 차이에 대해 해당 투자안의 IRR로 투자 가정

③ 중복투자 불가능 시: NPV법 또는 $WAPI$법
- 투자규모의 차이에 대해 $PI = 1$(기회비용 투자, $NPV = 0$)인 투자안 가정

(2) 자본제약 존재 시

① 부분(분할)투자 가능 여부에 따른 총NPV의 극대화 추구

② 부분투자 가능 시: PI법
- PI가 높은 순서대로 투자

③ 부분투자 불가능 시: NPV법 또는 $WAPI$법
- 가능한 투자조합들 중에서 총$NPV(WAPI)$가 극대화되는 투자조합 선택
- 잔여자금에 대해 $PI = 1$(기회비용 투자, $NPV = 0$)인 투자안 가정

(3) 내용연수의 차이

① 반복투자 가능 여부에 따른 총NPV의 극대화 추구

② 반복투자 가능 시: 최소공배수법, 무한반복투자법, 연간균등가치법

- 내용연수 차이에 대해 해당 투자안의 IRR로 투자 가정
- 연간균등가치(AEV) = 무한반복투자 시 $NPV \times$ 기회비용(자본비용)

$$= \frac{1\text{회 투자 시 } NPV}{PVIFA(\text{내용연수, 기회비용})}$$

③ 반복투자 불가능 시: NPV법

- 내용연수 차이에 대해 기회비용으로 투자 가정

④ 위험이 상이한 상호배타적 투자안 평가 시 연간균등가치

- NPV 계산 시: 각 투자안의 위험이 반영된 할인율 이용
- AEV 계산 시: 동일한 할인율 이용

(4) 경제성 분석 방법들의 재투자수익률에 대한 가정

구분	투자규모의 차이	투자기간 중의 CF	내용연수의 차이
NPV법, $WAPI$법	기회비용	기회비용	기회비용
IRR법	IRR	IRR	IRR
$MIRR$법	$MIRR$	기회비용	기회비용
PI법	IRR(중복투자)	기회비용	기회비용
AEV법	기회비용	기회비용	IRR(반복투자)

(5) 인플레이션을 고려한 자본예산

① 실질할인율과 명목할인율

- $(1+\text{명목할인율}) = (1+\text{실질할인율}) \times (1+\text{예상인플레이션율})$

② 실질현금흐름과 명목현금흐름

- 실질현금흐름: 투자시점의 불변가격을 이용하여 측정된 현금흐름
- 명목현금흐름: 인플레이션의 효과가 반영된 현금흐름
- $\text{명목}CF_t = \text{실질}CF_t \times (1+\text{예상인플레이션율})^t$

③ 인플레이션 효과의 고려: 현금흐름과 할인율에 일관되게 적용

- $PV = \dfrac{\text{명목}CF_t}{(1+\text{명목할인율})^t} = \dfrac{\text{실질}CF_t}{(1+\text{실질할인율})^t}$

04 최적소비-투자결정

(1) 자본시장과 생산기회의 존재

① 무차별곡선

- 동일한 효용수준을 제공하는 현재소비와 미래소비 간의 조합
- 무차별곡선의 기울기 = 한계대체율(MRS): 개인의 주관적인 현재소비와 미래소비 간의 교환비율

② 자본시장의 존재: 시장이자율(R)로 차입 또는 대출

- 시장기회선: 차입 또는 대출을 통해 가능한 현재소비와 미래소비 간의 조합
- 시장기회선의 기울기 = $-(1+R)$: 자본시장에서의 객관적인 현재부와 미래부 간의 교환비율

③ 생산기회의 존재: 실물투자기회

- 생산기회선: 현재시점 투자액과 미래 투자수익 간의 관계
- 생산기회선의 기울기 = 한계전환율(MRT) = $-$(1 + 한계투자수익률)
- 실물자산에 대한 투자 증가 시 한계투자수익률 체감

(2) 자본시장과 생산기회를 이용한 최적소비-투자결정

① 피셔의 분리정리

- 완전자본시장하에서 자본시장과 생산기회가 모두 존재하는 경우
- 최적소비-투자결정은 2단계로 분리: 최적투자결정 이후에 최적소비결정

② 최적투자점($P_0,\ P_1$)의 결정: 부의 PV 극대화 = 투자의 NPV 극대화

- 주관적인 소비의 시차선호와는 무관하게 객관적인 시장기준에 의해 결정
- 생산기회선상의 점: $f(P_0,\ P_1)=0$
- 생산기회선과 시장기회선의 접점: $MRT = -(1+R)$
- 한계투자수익률 = 시장이자율

③ 최적소비점($C_0,\ C_1$)의 결정: 효용의 극대화

- 주관적인 소비의 시차선호에 따라 차입 또는 대출을 통해 최적소비 결정
- 최적투자 후 시장기회선상의 점: 최적투자 후 부의 PV = 소비의 PV
- $P_0+\dfrac{P_1}{1+R}$ = 투자 전 부의 $PV+NPV = C_0+\dfrac{C_1}{1+R}$
- 무차별곡선과 시장기회선의 접점: $MRS = -(1+R)$

④ 최적소비-투자결정이 이루어지는 경우

- $MRT = -(1+R) = MRS$

(3) 효용함수와 시장이자율의 변동이 의사결정에 미치는 영향

① 개인의 주관적인 효용함수 변동 시
- 최적투자의사결정 불변
- 최적소비의사결정만 변동

② 시장이자율 상승 시
- 최적투자금액 감소
- 대출자의 효용 증가
- 차입자의 효용 감소, 단 대출자로 전환하는 경우 중 일부는 효용 증가

05 부채사용투자안의 가치평가

(1) 평가방법의 선택

① 투자기간 동안 투자안의 위험(β)이 안정적인 경우: 위험조정할인율법
- 부채비율이 일정하게 유지되는 경우: 가중평균자본비용법, 주주현금흐름법
- 부채사용액이 일정하게 유지되는 경우: 조정현재가치법

② 투자기간 동안 투자안의 위험(β)이 안정적이지 못한 경우: 확실성등가법

(2) 위험조정할인율법

① 가중평균자본비용($WACC$)법
- 기업 입장에서의 NPV 계산: 기업 전체의 현금흐름이 평가대상
- 무성장영구투자안: $NPV = \dfrac{EBIT \times (1-t)}{k_0} - C_0$

② 주주현금흐름(FTE)법
- 주주 입장에서의 NPV 계산: 주주의 현금흐름이 평가대상
- 무성장영구투자안: $NPV = \dfrac{(EBIT - I) \times (1-t)}{k_e} - (C_0 - \text{부채사용액})$

③ 조정현재가치(APV)법
- 원천별 현금흐름을 각 원천별 자본비용으로 할인한 후 합산
- 자기자본만으로 투자 시의 NPV에 부채사용효과의 현재가치를 추가로 고려
- 무성장영구투자안: $APV = \left[\dfrac{EBIT \times (1-t)}{\rho} - C_0\right]$ + 부채사용효과의 현재가치

(3) 투자수명이 유한한 투자안과 조정현재가치법

① 기본NPV: 자기자본만으로 투자하는 경우의 NPV

- $OCF = EBIT \times (1-t) + D = (R-C) \times (1-t) + t \times D$
- 감가상각비의 감세효과에 적용할 할인율: ρ(또는 R_f)

② 이자비용 감세효과의 현재가치

- 적용할 할인율: k_d(또는 ρ)
- $PV(I \times t)$ = 부채조달액 − [PV(세후이자지급액) + PV(원금상환액)]

③ 자금조달비용효과의 현재가치

- 적용할 할인율: k_d(또는 R_f)
- PV(조달비용효과) = − 조달비용 + PV(조달비용상각액의 감세효과)

④ 특혜금융효과의 현재가치

- 적용할 할인율: k_d(정상적인 시장의 차입이자율)
- 시장이자율 차입 대비 PV(특혜금융효과)
  = PV[부채사용액 × (시장차입이자율 − 특혜금융이자율) × $(1-t)$]
- 자기자본으로 투자 대비 PV(특혜금융효과)
  = 부채조달액 − [PV(특혜금융세후이자지급액) + PV(원금상환액)]

(4) 확실성등가(CEQ)법

① 효용함수를 이용하는 방법

- 확실성등가(CEQ): 기대효용과 동일한 효용을 제공하는 무위험한 현금흐름
- 갬블의 비용 = 현재부 − CEQ
- 위험프리미엄 = 기대부 − CEQ
- 지급 가능 최대보험료 = 보장되는 부 − CEQ

② 확실성등가계수(α_t)를 이용하는 방법

- 확실성등가계수: 기대현금흐름에 대한 확실성등가의 비율
- $\alpha_t = \dfrac{CEQ_t}{E(CF_t)} = \left(\dfrac{1+R_f}{1+k}\right)^t$
- 확실성등가계수를 이용한 확실성등가 계산: $CEQ_t = E(CF_t) \times \alpha_t$

③ $CAPM$을 이용하는 방법

- $CEQ = E(CF) - [E(R_m) - R_f] \times \dfrac{Cov(CF, R_m)}{\sigma_m^2}$
- $\dfrac{Cov(CF, R_m)}{\sigma_m^2}$: 투자안의 현금흐름을 기준으로 측정된 베타
- $[E(R_m) - R_f] \times \dfrac{Cov(CF, R_m)}{\sigma_m^2}$: 금액단위로 측정된 위험프리미엄

06 투자안 평가와 관련된 기타사항

(1) 최적투자규모의 결정: MCC–IOS분석

① MCC(marginal cost of capital): 한계자본비용

- 원천별 자본비용이 변동하는 총투자액의 규모 파악
- 투자액 구간별 원천별 자본비용 파악
- 투자액 구간별 가중평균자본비용의 계산

② IOS(investment opportunities schedule): 투자기회선

- 투자액 구간별 투자수익률: 투자안별 투자수익률 파악

③ 투자안의 분할투자가 가능한 경우

- $MCC = IOS$인 투자규모까지 투자

④ 투자안의 분할투자가 불가능한 경우

- 한계 투자안의 투자수익률과 동 투자안에 대한 가중평균자본비용 비교

(2) 자금조달 방안 비교

① 재무손익분기점

- 순이익(또는 세전이익, 주당이익)이 0이 되는 영업이익 수준
- $EPS = \dfrac{(EBIT^* - I) \times (1-t)}{N} = 0$
- $EBIT^* = I$

② 자본조달분기점

- 각 자금조달방안하에서 주당이익이 동일하게 되는 영업이익 수준
- $EPS_1 = \dfrac{(EBIT^* - I_1) \times (1-t)}{N_1} = \dfrac{(EBIT^* - I_2) \times (1-t)}{N_2} = EPS_2$

문제 01 투자안의 현금흐름

CPA 21

(주)무기전자는 중요한 거래처인 (주)임계통신으로부터 생산이 중단된 제품인 음성인식 스피커를 매년 100,000개씩 4년간 공급해 달라는 요청을 받았다. (주)무기전자는 음성인식 스피커에 대한 다른 수요처는 없지만 (주)임계통신과의 관계를 돈독하게 유지하기 위하여 회사의 가치를 훼손하지 않는 선에서 가장 낮은 가격에 공급하기로 결정하였다. 음성인식 스피커 생산을 위해서 내용연수가 4년인 생산설비를 250억원에 구입해야 한다. 이 설비는 잔존가치 없이 정액법으로 감가상각되며 사업 종료 시 30억원에 매각할 수 있다. 순운전자본은 시작시점($t=0$)에 5억원이 소요되며, 4년 후 사업 종료시점($t=4$)에 전액 회수된다. 매년 발생하는 고정비는 50억원(감가상각비 미포함)이며, 변동비는 개당 150만원이 소요된다. 법인세율은 40%이고, 요구수익률은 13%이다.

이자율이 13%일 때의 현가이자요소(PVIF)와 연금의 현가이자요소(PVIFA)는 아래 표와 같다.

구분	1년	2년	3년	4년
PVIF	0.8850	0.7831	0.6931	0.6133
PVIFA	0.8850	1.6681	2.3612	2.9745

주어진 정보하에 다음 물음에 답하시오. 계산결과는 소수점 아래 첫째 자리에서 반올림하여 원 단위까지 표시하시오.

물음 1

사업 시작시점($t=0$)에 초기투자비용으로 유출되는 현금흐름을 계산하시오.

물음 2

사업 종료시점($t=4$)에 생산설비의 매각을 통해 유입되는 현금흐름을 계산하시오.

물음 3

사업의 NPV를 0으로 만드는 연간 영업현금흐름을 계산하시오.

물음 4

(주)무기전자가 (주)임계통신에게 공급할 수 있는 음성인식 스피커의 개당 최저가격을 계산하시오.

해답

물음 1

사업 시작시점 유출되는 현금흐름= 5억원 + 250억원 = 255억원

물음 2

처분유입액 = 30억원 − (30억원 − 0원) × 0.4 = 18억원

물음 3

$$NPV = -255억원 + OCF \times PVIFA(4, 13\%) + (5억원 + 18억원) \times PVIF(4, 13\%)$$
$$= -255억원 + OCF \times 2.9745 + 23억원 \times 0.6133 = 0원$$

∴ NPV를 0으로 만드는 연간 영업현금흐름: $OCF = 8,098,641,789$원

물음 4

$$OCF = 8,098,641,789원$$
$$= [100,000개 \times (@P - 150만원) - 50억원] \times (1 - 0.4) + 0.4 \times \frac{250억원 - 0원}{4}$$

∴ 공급할 수 있는 개당 최저가격: $@P = 1,643,311$원

문제 02 인플레이션을 고려한 자본예산

CPA 22

(주)대한은 새로운 기계(A)를 도입하는 신규투자 사업을 통해 생산능력을 향상시키고자 한다. A의 가격은 18억원이다. (주)대한은 A의 도입 여부에 대한 연구조사를 시행하였으며, 비용은 5천만원 발생하였다. 연구조사 결과는 아래와 같다.

> (1) 투자시점($t = 0$)에 A의 설치에 따른 생산 차질로 발생하는 매출 손실은 10억원이다. 매출은 1년차($t = 1$)부터 매년 30억원씩 발생한다.
> (2) 제조원가는 매출액의 60%로 이전과 동일하다. 재고자산은 투자시점에 1억원이 증가하고 1년차부터는 매출액의 3%이다.
> (3) 인건비는 판매 인력의 증가로 매년 3천만원이 발생한다.
> (4) A는 정액법으로 감가상각되며 내용연수는 3년이다. A의 잔존가치는 없다.
> (5) 투자시점부터 외상매출금은 매출액의 7%, 미지급금은 제조원가의 10%이다.
> (6) 사업종료시점($t = 3$)에 A를 1억원에 매각한다.
> (7) (주)대한의 법인세율은 30%이다.

모든 현금흐름은 증분현금흐름이다. 계산결과는 소수점 아래 첫째 자리에서 반올림하여 원 단위까지 표시하시오.

물음 1

투자시점부터 사업종료시점까지 A로 인하여 발생하는 현금흐름과 영업현금흐름(OCF)을 매 시점별로 합산하여 구하시오.

물음 2

투자시점부터 사업종료시점까지 순운전자본변동으로 발생하는 현금흐름을 구하시오. 단, 순운전자본은 사업 종료시점에 전액 회수된다.

물음 3

신규사업의 증분잉여현금흐름을 계산하고 순현가(NPV)를 구하시오. 이 사업에 적용되는 할인율은 10%이다. 계산결과는 십만원 단위에서 반올림하여 백만원 단위까지 표시하시오.

물음 4

물음 3의 할인율에는 5%의 기대인플레이션율이 반영되어 있다. 신규사업의 실질잉여현금흐름을 계산하고 순현가를 구하시오. 계산 과정상 산출되는 수치는 %단위로 소수점 아래 넷째 자리에서 반올림하여 이용하고, 계산 결과는 십만원 단위에서 반올림하여 백만원 단위까지 표시하시오.

해답

물음 1

$OCF_0 = (R-C)\times(1-t)+t\times D = (-10억원+6억원)\times(1-0.3) = -2.8억원$

$OCF_{1,2,3} = (30억원-18억원-0.3억원)\times(1-0.3)+0.3\times6억원 = 9.99억원$

사업종료시점(t = 3) A의 처분유입액$= 1억원-(1억원-0)\times0.3 = 0.7억원$

시점	0	1	2	3
A로 인한 현금흐름	-18억원			0.7억원
영업현금흐름	-2.8억원	9.99억원	9.99억원	9.99억원
합계	-20.8억원	9.99억원	9.99억원	10.69억원

물음 2

시점	0	1	2	3
재고자산	1억원	30억원 × 0.03	30억원 × 0.03	0
외상매출금	-10억원 × 0.07	30억원 × 0.07	30억원 × 0.07	0
미지급금	-6억원 × 0.1	18억원 × 0.1	18억원 × 0.1	0
순운전자본 소요액	0.9억원	1.2억원	1.2억원	0
순운전자본 현금흐름	-0.9억원	-0.3억원	0	1.2억원

물음 3

시점	0	1	2	3
물음 1 현금흐름	-20.8억원	9.99억원	9.99억원	10.69억원
물음 2 현금흐름	-0.9억원	-0.3억원	0	1.2억원
증분잉여현금흐름	-21.7억원	9.69억원	9.99억원	11.89억원

$$NPV = -21.7억원+\frac{9.69억원}{1.1}+\frac{9.99억원}{1.1^2}+\frac{11.89억원}{1.1^3} = 4.2984억원 = 430백만원$$

물음 4

$$실질할인율 = \frac{1.1}{1.05} - 1 = 4.762\%$$

$$실질FCF_1 = \frac{9.69억원}{1.05} = 922,857,143원$$

$$실질FCF_2 = \frac{9.99억원}{1.05^2} = 906,122,449원$$

$$실질FCF_3 = \frac{11.89억원}{1.05^3} = 1,027,102,905원$$

$$NPV = -21.7억원 + \frac{922,857,143원}{1.04762} + \frac{906,122,449원}{1.04762^2} + \frac{1,027,102,905원}{1.04762^3} = 430백만원$$

문제 03 투자안 실행의 조건

CPA 23

(주)가나는 정부조달제품을 전문적으로 생산하는 기업이고, 현재 정부조달단가가 200만원인 제품 1만 개를 매년 정부에 공급하고 있다. 정부의 탄소배출저감정책 추진과 기업의 친환경 이미지 제고를 위해 (주)가나는 탄소배출저감시설의 설치를 고려 중이다. 만약 탄소배출저감시설을 설치한다면, 구입설치비용은 30억원이 소요되며 해당 시설의 내용연수는 5년이다. 이 시설은 잔존가치 10억원에 정액법으로 감가상각되며, 시설의 내용연수 종료 시 15억원에 매각할 수 있을 것으로 예상된다. 감가상각비 외에 추가적인 고정비로 5억원이 소요되며, 변동비는 개당 5만원이 추가된다. 순운전자본은 시작시점($t = 0$)에 3억원이 소요되며 내용연수 종료시점($t = 5$)에 전액 회수된다. 법인세율은 40%이며 자본비용과 시장이자율은 모두 8%이다. 이자율이 8%일 때의 현가이자요소(PVIF)와 연금의 현가이자요소(PVIFA)는 다음과 같다.

구분	1년	2년	3년	4년	5년
PVIF	0.9259	0.8573	0.7938	0.7350	0.6806
PVIFA	0.9259	1.7833	2.5771	3.3121	3.9927

※ 물음 1 ~ 물음 3은 독립적이다.

물음 1

정부에서는 정부조달제품에 대해 공급업체가 탄소배출저감시설을 설치하는 경우 조달단가를 일정 수준 인상하는 정책을 시행하기로 결정하였다. 탄소배출저감시설을 설치하는 경우 NPV를 0으로 만드는 조달단가 인상률을 구하시오. 계산결과는 소수점 아래 셋째 자리에서 반올림하여 둘째 자리까지 표시하시오.

물음 2

정부에서는 정부조달제품에 대해 공급업체가 탄소배출저감시설을 설치하는 경우 조달단가를 개당 20만원 인상하는 한편, 설치하지 않는 경우 조달단가를 일정 수준 감액하는 정책을 시행하기로 결정하였다. 그러나 (주)가나는 올해에는 투자여력이 없어 해당 시설의 구입설치시점을 내년으로 미루고자 한다. 내년으로 설치를 미루는 경우 NPV를 0으로 만드는 조달단가 감액률을 구하시오. 단, 탄소배출저감시설의 설치 관련 사항은 변화가 없다고 가정한다. 계산결과는 소수점 아래 셋째 자리에서 반올림하여 둘째 자리까지 표시하시오.

물음 3

정부에서는 조달단가를 변경하는 정책 대신에 탄소배출저감시설을 설치하는 경우 매도제한이 있는 탄소배출거래권을 기업에 제공하는 정책을 시행하기로 결정하였다. 해당 탄소배출거래권에는 1년 동안 매도금지 조건이 부가되어 있고, 그 기간이 지난 후에는 전용 거래시장에서 자유롭게 매각할 수 있다. 탄소배출거래권의 액면가는 10,000원이며 1년 후 경제 상황에 따라 그 가격은 다음과 같을 것으로 예상하고 있다. (주)가나는 매도금지기간 종료 후 탄소배출거래권을 즉시 매각할 계획이다.

시장상황	확률	예상가격
호황	30%	11,000원
보통	30%	10,400원
불황	40%	9,500원

탄소배출저감시설을 설치하기 위해서는 정부로부터 탄소배출거래권을 최소 몇 개를 받아야 하는지 구하시오. 계산결과는 소수점 아래 첫째 자리에서 반올림하여 정수로 표시하시오.

해답

물음 1

$$감가상각비 = \frac{30억원 - 10억원}{5년} = 4억원$$

내용연수 말 처분유입액= 15억원 − (15억원 − 10억원) × 0.4 = 13억원

$NPV = -(3억원 + 30억원) + \Delta OCF \times 3.9927 + (3억원 + 13억원) \times 0.6806 = 0원$

$\Delta OCF = 5.5377억원$

$= [10,000개 \times (200만원 \times 인상률 - 5만원) - 5억원] \times (1 - 0.4) + 0.4 \times 4억원$

∴ NPV를 0으로 만드는 조달단가 인상률= 8.28%

물음 2

$\Delta OCF_{2\sim6} = [10,000개 \times (20만원 - 5만원) - 5억원] \times (1 - 0.4) + 0.4 \times 4억원 = 7.6억원$

$NPV_1 = -33억원 + 7.6억원 \times 3.9927 + 16억원 \times 0.6806 + \Delta OCF_1 = 0원$

$\Delta OCF_1 = -8.23412억원$

$= -10,000개 \times 200만원 \times 감액률 \times (1 - 0.4)$

∴ NPV를 0으로 만드는 조달단가 감액률= 6.86%

물음 3

탄소배출거래권의 1년 후 기대가격

= 0.3 × 11,000원 + 0.3 × 10,400원 + 0.4 × 9,500원 = 10,220원

$\Delta OCF = (-10,000개 \times 5만원 - 5억원) \times (1 - 0.4) + 0.4 \times 4억원 = -4.4억원$

$NPV = -33억원 - 4.4억원 \times 3.9927 + 16억원 \times 0.6806 + 거래권수 \times 10,220원 \times 0.9259$

$= 0원$

∴ 최소한 받아야 하는 탄소배출거래권의 수 = 419,313개

문제 04 순현재가치법과 내부수익률법

CPA 02

W기업은 매년 말 1억원씩 10년을 투자하면 11년도 말부터 매년 영구적으로 1억원의 순현금유입이 발생하는 투자안을 개발하였다. 이 투자안을 위해 3억원의 개발비가 과거 3년간 지출되었는데 전액 회수 불가능하다. 매년의 투자금액 1억원에는 기회비용 5,000만원이 포함되어 있다. W기업의 자기자본과 부채의 비율은 5 : 5이고 주주의 요구수익률은 12%, 채권자의 요구수익률은 8%, 법인세율은 50%로 매년 일정하게 유지되고, 이 투자안의 수행으로 W기업의 영업위험과 재무위험은 영향을 받지 않는다고 가정하여 물음에 답하시오.

(단, $A + Ag + Ag^2 + \cdots + Ag^{n-1} = A(1-g^n)/(1-g)$이고, $1.10^{10} = 2.5937$, $1.09^{10} = 2.3674$, $1.08^{10} = 2.1589$, $1.07^{10} = 1.9672$, $1.06^{10} = 1.7908$이다.)

물음 1

투자안의 내부수익률을 계산하고, 그 결과에 근거해 이 투자안의 채택 여부를 결정하시오. 단, 내부수익률은 %로 표시하되 정수 자리까지 구해서 가장 근사치를 택하시오.

물음 2

투자안의 순현가를 계산하고, 그 결과에 근거해 투자안의 채택 여부를 결정하시오.

물음 3

만일 이 투자안의 수행을 위해 독립법인인 A기업을 설립한다고 하자. 이때 A기업 주주의 요구수익률이 10%, 자기자본과 부채의 구성 비율이 6 : 4라고 하자. 투자안을 채택하기 위해서는 채권자의 요구수익률이 얼마가 되어야 하는가? 단, 투자안의 현금흐름은 동일하고, 독립법인 설립에 따른 비용은 없으며, 법인세율은 변화가 없다고 가정하자.

물음 4

물음 3에서 거래 은행으로부터 연 이자율 4.95%, 분기별 이자지급 조건으로 투자안의 수행을 위한 부채 전액을 조달할 수 있다면 투자안을 채택하겠는가? 단, 이자율은 %단위로 소수점 둘째 자리까지 구하시오.

해답

물음 1

현금유출액의 현재가치

$$= \frac{1억원}{1+R} + \frac{1억원}{(1+R)^2} + \cdots + \frac{1억원}{(1+R)^{10}} = \frac{1억원}{1+R} \times \frac{1-\frac{1}{(1+R)^{10}}}{1-\frac{1}{1+R}} = \frac{1억원}{R} \times \frac{(1+R)^{10}-1}{(1+R)^{10}}$$

현금유입액의 현재가치 $= \frac{1억원}{R} \times \frac{1}{(1+R)^{10}}$

$$\frac{1억원}{R} \times \frac{(1+R)^{10}-1}{(1+R)^{10}} = \frac{1억원}{R} \times \frac{1}{(1+R)^{10}}$$

$(1+R)^{10} = 2$

$\therefore$ $IRR = 7\%$

가중평균자본비용: $k_0 = 0.08 \times (1-0.5) \times 0.5 + 0.12 \times 0.5 = 0.08$

$\therefore$ 내부수익률이 자본비용보다 낮기 때문에 투자안을 기각한다.

물음 2

$$NPV = \frac{1억원}{0.08} \times \frac{1}{1.08^{10}} - \frac{1억원}{0.08} \times \frac{1.08^{10}-1}{1.08^{10}} = -0.92억원$$

$\therefore$ NPV가 0보다 작기 때문에 투자안을 기각한다.

물음 3

내부수익률 $= 7\% \geq$ 가중평균자본비용 $= k_d \times (1-0.5) \times 0.4 + 0.1 \times 0.6$

$\therefore$ 채권자의 요구수익률(k_d)이 5%보다 낮아야 투자안을 채택한다.

물음 4

은행 차입금의 연간실효이자율 $= \left(1 + \frac{0.0495}{4}\right)^4 - 1 = 5.04\%$

$\therefore$ 은행 차입금의 연간실효이자율이 5%를 초과하므로 투자안을 기각한다.

문제 05 반복투자를 고려한 자본예산 CPA 07

신제품 생산라인을 도입할 예정인 P사는 동일한 성능을 지닌 두 기계 A와 B 중 하나를 선택하는 상호배타적 투자안을 평가 중이다. 기계 A는 내용연수가 2년이고 구입 및 설치비용이 100원이며 매년 말 유지비용이 20원 소요된다. 내용연수 만료 시 10원에 매각이 가능할 것으로 예상된다. 한편 기계 B는 내용연수가 3년이고 구입 및 설치비용이 100원이며 매년 말 유지비용이 30원 소요된다. 기계 B는 잔존가치가 없다. 모든 투자안 가치평가에 10%의 할인율이 적용된다. 법인세는 없으며, 모든 수치는 소수점 셋째 자리에서 반올림하시오.

연간 할인율, 연수	10%, 2년	10%, 3년	10%, 4년
현가이자요소(PVIF)	0.8264	0.7513	0.6830
연금의 현가이자요소(PVIFA)	1.7355	2.4868	3.1699

물음 1

두 기계 A와 B 모두 내용연수 만기와 동시에 동일한 조건의 동종기계로 지속적으로 대체한다는 가정하에 최적 투자안을 선택하시오.

물음 2

현재 외부업체가 기계 C를 개발하고 있으며 상용화가 될 확률이 50%이다. P사가 최초에 기계 A를 도입한 경우에 한해서 2년 후 시점(t = 2)에 기계 A 혹은 기계 C로 대체할 수 있다. 일단 대체할 기계가 결정되면 계속해서 동일 기계를 사용해야 한다. 기계 C의 성능은 기계 A와 동일하다. 내용연수 2년간 소요되는 기계 C의 비용의 현가는 2년 후 시점(t = 2)을 기준으로 100원이다. 물음 1과 동일한 가정하에 t = 0시점에서 기계 A와 기계 B의 도입안을 비교하여 최적 투자안을 선택하시오.

해답

물음 1

기계 A 1회 투자 시 비용의 $PV = 100원 + 20원 \times 1.7355 + (-10원) \times 0.8264 = 126.45원$

기계 A 무한반복투자 시 총비용의 $PV = 126.45원 + \dfrac{126.45원}{0.21} = 728.59원$

기계 A의 연간균등비용 $= \dfrac{126.45원}{1.7355} = 728.59원 \times 0.1 = 72.86원$

기계 B 1회 투자 시 비용의 $PV = 100원 + 30원 \times 2.4868 = 174.60원$

기계 B 무한반복투자 시 총비용의 $PV = 174.60원 + \dfrac{174.60원}{0.331} = 702.09원$

기계 B의 연간균등비용 $= \dfrac{174.60원}{2.4868} = 702.09원 \times 0.1 = 70.21원$

∴ 무한반복투자 시 총비용의 현가 또는 연간균등비용이 적은 기계 B를 선택한다.

물음 2

기계 A 선택 시 총비용의 $PV = 126.45원 + (\dfrac{126.45원}{0.21} \times 0.5 + \dfrac{100원}{0.21} \times 0.5) = 665.62원$

기계 B 선택 시 총비용의 $PV = 174.60원 + \dfrac{174.60원}{0.331} = 702.09원$

∴ 무한반복투자 시 총비용의 현가가 적은 기계 A를 선택한다.

문제 06 도달 가능한 최대성장률

CPA 16

물음 1

갑부보험이 출시한 연금 ①은 매년 말 1,000만원씩 25년 동안 지급하는 상품이고 연금 ②는 매년 말 750만원씩 영원히 지급하는 상품이다. 이 두 상품의 현재가치가 동일하다면 여기에 적용된 할인율은 얼마인가? 아래 주어진 자연로그 함수와 지수 함수의 예시 표를 이용하여 실수로 반올림하여 소수점 셋째 자리까지 계산하시오.

x	1.5	2.0	2.5	3.0	3.5	4.0	4.5	5.0	5.5
Ln(x)	0.405	0.693	0.916	1.099	1.253	1.386	1.504	1.609	1.705

x	0.015	0.020	0.025	0.030	0.035	0.040	0.045	0.050	0.055
Exp(x)	1.015	1.020	1.025	1.030	1.036	1.041	1.046	1.051	1.057

물음 2

을지쇼핑은 부채비율(부채/자기자본)을 25%로 유지하고 내부유보율(유보이익/순이익)을 40%로 유지하는 재무정책을 시행하고 있다. 올해 초 자기자본은 80억원이고 올해 순이익은 30억원이다. 다음 질문에 대하여 %기준으로 반올림하여 소수점 첫째 자리까지 계산하시오.

① 올해의 ROA(총자산순이익률)와 ROE(자기자본순이익률)는 얼마인가? 단, 수익률 계산에서 총자산과 자기자본은 기초와 기말의 평균값을 사용해야 한다.

② 을지쇼핑은 내년 순이익이 올해보다 20% 성장할 것으로 예측하였다. 을지쇼핑이 차입이나 유상증자를 이용하지 않고 내부자금만으로 성장하기로 재무정책을 바꾼다면, 내년에 도달할 수 있는 최대의 총자산성장률은 얼마인가?

③ 을지쇼핑은 내년 순이익이 올해보다 50% 성장할 것으로 예측을 바꾸었다. 을지쇼핑이 유상증자는 이용하지 않고 부채비율을 유지하는 기존의 재무정책을 시행한다면, 내년에 도달할 수 있는 최대의 자기자본성장률은 얼마인가?

물음 3

오닭축산은 축산폐기물의 정화처리를 위하여 현재 K1 시스템을 가동하고 있는데, 최근 연구팀이 수명은 짧지만 설치비와 운영비가 보다 저렴한 K2 시스템을 개발하였다. 이사회는 K2 시스템을 도입하고 수명이 다 되면 영원히 반복 투자하기로 결정하였다. 재무이사는 K2 시스템으로 교체하는 시점에 대하여 (A) 지금 당장 교체하는 방안과 (B) 2년 후에 교체하는 방안을 검토하고 있다. 두 시스템에 대한 재무자료의 현재 값(단위: 억원)은 다음과 같으며 미래에도 동일하다. 오닭축산의 기대수익률은 12%이다. 다음 질문에 대하여 억원 단위로 반올림하여 소수점 첫째 자리까지 계산하시오.

구분	설치비	운영비	철거비	수명(년)
K1 시스템	-100	-16	-35	10
K2 시스템	-60	-8	-18	4

① 새로 설치되는 K2 시스템의 EAC(equivalent annual cost; 균등연간비용)는 얼마인가? 단, 연금현가요소 PVIFA(0.12, 4)는 3.04이다.

② 질문 ①에서 계산된 결과와 무관하게 K2 시스템의 EAC는 30억원이라고 가정한다. 주어진 EAC를 이용해서 방안 (A)와 방안 (B)의 NPV(net present value; 순현가)를 계산하고 어느 방안이 유리한지 판단하라.

③ 투자수명이 서로 다른 투자안을 평가할 때 사용할 수 있는 3가지 방법은 무엇인가?

해답

물음 1

$$\frac{1{,}000\text{만원}}{1+R}\times\frac{1-\left(\frac{1}{1+R}\right)^{25}}{1-\left(\frac{1}{1+R}\right)}=\frac{1{,}000\text{만원}\times\left[1-\left(\frac{1}{1+R}\right)^{25}\right]}{R}=\frac{750\text{만원}}{R}$$

$(1+R)^{25}=4$

$\text{Ln}(1+R)^{25}=25\times\text{Ln}(1+R)=\text{Ln}4=1.386$

$\text{Ln}(1+R)=0.05544$

$R=\text{Exp}(0.05544)-1=1.057-1=0.057$

물음 2

① 올해 초: 자기자본 = 80억원, 부채 = 20억원, 총자산 = 100억원

올해 말: 자기자본 = 80억원 + 30억원 × 0.4 = 92억원, 부채 = 23억원, 총자산 = 115억원

$$ROA=\frac{30\text{억원}}{(100\text{억원}+115\text{억원})\div 2}=27.9\%$$

$$ROE=\frac{30\text{억원}}{(80\text{억원}+92\text{억원})\div 2}=34.9\%$$

② 기초자산 = 115억원

기말자산 = 115억원 + 30억원 × 1.2 × 0.4 = 129.4억원

내년에 도달 가능한 최대 총자산성장률 $=\frac{129.4\text{억원}}{115\text{억원}}-1=12.5\%$

③ 기초자기자본 = 92억원

기말자기자본 = 92억원 + 30억원 × 1.5 × 0.4 = 110억원

내년에 도달 가능한 최대 자기자본성장률 $=\frac{110\text{억원}}{92\text{억원}}-1=19.6\%$

물음 3

① 1회 투자 시 비용의 $PV=60\text{억원}+8\text{억원}\times 3.04+\frac{18\text{억원}}{1.12^4}=95.759\text{억원}$

$$EAC=\frac{95.759\text{억원}}{3.04}=31.5\text{억원}$$

② 방안 (A) 비용의 $PV=\frac{30\text{억원}}{0.12}+35\text{억원}=285\text{억원}$

방안 (B) 비용의 $PV=\frac{16\text{억원}}{1.12}+\left(\frac{30\text{억원}}{0.12}+35\text{억원}+16\text{억원}\right)\times\frac{1}{1.12^2}=254.2\text{억원}$

∴ 비용의 현재가치가 보다 적은 방안 (B)가 유리하다.

③ 영구히 반복투자가 가능한 경우에는 각 투자안 내용연수의 최소공배수 기간까지의 총 NPV를 비교하는 방법과 무한히 반복투자됨을 가정하여 총 NPV를 비교하는 방법 및 각 투자안의 연간 균등가치(또는 연간균등비용)를 비교하는 방법을 적용할 수 있다.

해설

물음 2

② 내부성장률: 차입이나 유상증자를 이용하지 않고 내부자금만으로 성장하는 경우에 달성 가능한 최대성장률

총자산순이익률: $ROA = \dfrac{NI_1}{(A_0 + A_1)/2} = \dfrac{36억원}{(115억원 + 129.4억원)/2} = 0.2946$

자산투자액 = 자산증가액: $\Delta A = A_1 - A_0 = A_0 \times (1+g) - A_0 = A_0 \times g$

내부자금조달액 = 내부유보액: 당기순이익 × 유보율 $= NI_1 \times b$

자산증가액 = 내부유보액: $A_0 \times g = NI_1 \times b$

$$g = \frac{NI_1}{A_0} \times b = \frac{\dfrac{NI_1}{(A_0+A_1)/2} \times (A_0+A_1)/2}{A_0} \times b = ROA \times \frac{A_0 + A_1}{A_0} \times \frac{b}{2}$$

$$= ROA \times \frac{A_0 + A_0 + \Delta A}{A_0} \times \frac{b}{2} = ROA \times (2+g) \times \frac{b}{2}$$

$$\therefore\ g = \frac{ROA \times b}{1 - ROA \times \dfrac{b}{2}} = \frac{2 \times ROA \times b}{2 - ROA \times b} = \frac{2 \times 0.2946 \times 0.4}{2 - 0.2946 \times 0.4} = 0.1252$$

③ 지속가능성장률: 유상증자는 이용하지 않고 부채비율을 일정하게 유지하면서 달성 가능한 최대성장률

자기자본순이익률: $ROE = \dfrac{NI_1}{(S_0 + S_1)/2} = \dfrac{45억원}{(92억원 + 110억원)/2} = 0.4455$

자산투자액 = 자산증가액: $\Delta A = A_1 - A_0 = A_0 \times (1+g) - A_0 = A_0 \times g$

자기자본증가액 = 내부유보액: $\Delta S = S_0 \times g = NI_1 \times b$

차입액 = 내부유보액 $\times \dfrac{B_0}{S_0}$

자산증가액 = 내부유보액 + 차입액:

$$A_0 \times g = NI_1 \times b + NI_1 \times b \times \frac{B_0}{S_0} = NI_1 \times b \times \left(1 + \frac{B_0}{S_0}\right) = NI_1 \times b \times \frac{A_0}{S_0}$$

$$g = \frac{NI_1}{S_0} \times b = \frac{\dfrac{NI_1}{(S_0+S_1)/2} \times (S_0+S_1)/2}{S_0} \times b = ROE \times \frac{S_0 + S_1}{S_0} \times \frac{b}{2}$$

$$= ROE \times \frac{S_0 + S_0 + \Delta S}{S_0} \times \frac{b}{2} = ROE \times (2+g) \times \frac{b}{2}$$

$$\therefore\ g = \frac{ROE \times b}{1 - ROE \times \dfrac{b}{2}} = \frac{2 \times ROE \times b}{2 - ROE \times b} = \frac{2 \times 0.4455 \times 0.4}{2 - 0.4455 \times 0.4} = 0.1956$$

문제 07 전망이론과 손실회피현상 CPA 11

투자자 A는 부의 크기(W)로 효용(U)을 얻는 것이 아니라 투자로 인한 부의 증감(ΔW)에 따라 효용을 얻는다. 그의 효용함수는 다음과 같다.

$\Delta W \geq 0$인 경우, $U(\Delta W) = \sqrt{\Delta W}$
$\Delta W < 0$인 경우, $U(\Delta W) = -\sqrt{|\Delta W|}$

물음 1

ΔW에 대한 이 투자자의 효용함수를 도시하고, 이 투자자는 위험에 대해 어떤 태도를 보이는 투자자인지 설명하시오.

물음 2

이 투자자는 어떤 투자를 시작한 직후 10원의 평가손실을 얻게 되었다. 투자를 계속하게 되면 50%의 확률로 -15원의 결과($\Delta W = -15$)를 얻게 되거나 50%의 확률로 -5원의 결과($\Delta W = -5$)를 얻게 된다. 이 투자의 위험프리미엄을 구하시오. 계산결과는 반올림하여 소수점 아래 네 자리까지 표시하시오.

물음 3

이 투자자의 효용함수를 토대로 전망이론(prospect theory)에서 말하는 '손실회피(loss aversion)' 현상이 발생하는 이유를 5줄 이내로 설명하시오.

해답

물음 1

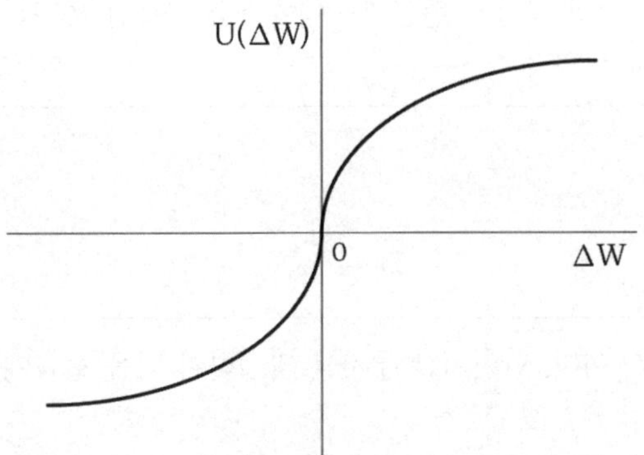

$\Delta W \geq 0$인 경우: 위험회피형

$\Delta W < 0$인 경우: 위험선호형

물음 2

기대 부의 증감 = -15원 $\times 0.5 - 5$원 $\times 0.5 = -10$원

기대 부의 증감의 확실성등가부 = $-(-\sqrt{15\text{원}} \times 0.5 - \sqrt{5\text{원}} \times 0.5)^2 = -9.3301$원

위험프리미엄 = -10원 $-$ (-9.3301원) = -0.6699원

물음 3

인간의 비합리성을 고려하는 전망이론에서는 사람들의 선택행동이 어떤 기준점으로부터의 손익에 의해 상이하게 결정된다고 가정한다. 즉, 이득이 발생한 상황에서는 불확실한 이득보다 확실한 이득을 선호하여 위험을 회피하는 태도를 갖게 되며, 손실이 발생한 상황에서는 확실한 손실보다는 손실을 축소할 수 있는 대안을 더 선호하여 위험을 선호하는 태도를 갖게 된다. 이는 사람들의 손실회피 현상에 근거하며 그 이유는 사람들이 동액의 이익보다 손실에 대해 더 민감하게 반응하기 때문이다. 즉, 동액의 손실로 인한 불만족이 동액의 이익으로 인한 만족보다 더 크기 때문이다.

문제 08 최적소비 - 투자의사결정

CPA 99

무부채기업인 W기업은 50%의 지분을 가지고 있는 대주주 甲과 나머지 50%의 소액주주들로 구성되어 있으며, 총발행주식수는 100만주이다. 현재 W기업의 자산은 현금 339억원과 유가증권 161억원으로 구성되어 있으며, 다음과 같은 투자기회를 가지고 있다.

투자안 1: $P_1 = 1.03 \times P_0$ (투자한도액: 113억원)
투자안 2: $P_1 = 1.15 \times P_0$ (투자한도액: 113억원)
투자안 3: $P_1 = 1.20 \times P_0$ (투자한도액: 113억원)

대주주 甲의 효용함수가 $U(C_0, C_1) = 10 \times C_0 + C_1$이며, 단일기간 투자를 가정하여 다음 물음에 답하시오.

물음 1

시장이자율이 13%인 경우에 W기업의 최적 투자금액은 얼마인가?

물음 2

시장이자율이 17%로 상승하는 경우에 W기업의 최적 투자금액은 얼마인가?

물음 3

시장이자율이 13%인 상황에서 대주주 甲의 효용함수가 $U(C_0, C_1) = C_0 + 10 \times C_1$으로 변한다면 최적 투자금액은 얼마가 되겠는가?

물음 4

시장이자율이 13%인 상황에서 최적 투자 시 W기업의 기업가치와 1주당 주식가치는 얼마인가?

물음 5

시장이자율이 13%인 상황에서 대주주 甲이 기업 확장정책을 무리하게 추진하여 현금 339억원을 모두 투자하는 경우에 W기업의 기업가치와 1주당 주식가치를 구하라.

물음 6

W기업의 주식 중 50%를 소유하고 있는 소액주주들이 시민연대와 공동으로 대주주 甲의 무리한 사업확장에 대한 손해배상을 청구한다면 승소할 확률은 90%이다. 이때 소액주주들은 소송비용이 얼마 이하이어야만 소송을 제기할 것인가? 단, 소송비용은 현재가치로 할인한 값을 의미한다.

해답

물음 1

투자의 수익률이 시장이자율(13%)보다 높은 투자안 2와 투자안 3에만 투자하는 것이 최적이므로 최적 투자금액은 226억원이다.

물음 2

투자의 수익률이 시장이자율(17%)보다 높은 투자안 3에만 투자하는 것이 최적이므로 최적 투자금액은 113억원이다.

물음 3

최적 투자는 개인의 주관적인 효용함수와는 무관하게 결정되므로 대주주 甲의 효용함수가 변하더라도 최적 투자금액 226억원(투자안 2와 투자안 3)은 변하지 않는다.

물음 4

최적 투자 시

$$NPV = \frac{113\text{억원} \times 1.15 + 113\text{억원} \times 1.20}{1.13} - (113\text{억원} + 113\text{억원}) = 9\text{억원}$$

최적 투자 시 기업가치 = (339억원 + 161억원) + 9억원 = 509억원

1주당 주식가치 = 509억원 ÷ 100만주 = 50,900원

물음 5

339억원 모두 투자 시

$$NPV = \frac{113\text{억원} \times 1.03 + 113\text{억원} \times 1.15 + 113\text{억원} \times 1.20}{1.13} - 339\text{억원} = -1\text{억원}$$

339억원 모두 투자 시 기업가치 = (339억원 + 161억원) − 1억원 = 499억원

1주당 주식가치 = 499억원 ÷ 100만주 = 49,900원

물음 6

소송 시 소액주주의 기대이득 = [9억원 − (−1억원)] × 50% × 0.9 + 0원 × 0.1 = 4.5억원

∴ 소액주주들은 소송비용이 4.5억원 이하이어야만 소송을 제기할 것이다.

문제 09 위험이 상이한 상호배타적인 투자안 CPA 03

새로 설립될 아산기업(무부채기업)은 사업을 시작하면서 두 개의 상호배타적인 무위험 투자안 A와 위험 투자안 B를 놓고 투자 여부를 검토 중이다. 두 투자안의 투자금액은 같지만 투자기간은 2년과 1년으로 서로 다르며, 각 투자안의 경우 투자기간 종료 후에도 동일한 투자기회가 계속 반복될 수 있다고 가정한다. 한편 아산기업과 유사한 사업위험을 갖고 있는 천안기업은 부채 3,000만원, 자기자본 6,000만원이며 자기자본 베타는 1.5이다. 단, 법인세는 없으며 시장의 무위험 수익률은 5%, 시장포트폴리오의 기대수익률은 10%이고, 이는 이후의 모든 기간에도 계속 적용된다고 가정한다. 단, 금액은 원 단위 미만 절사 즉, 만원 단위 기준으로 계산하는 경우에는 소수점 넷째 자리 미만 절사하고, 금액 이외의 경우에도 소수점 넷째 자리 미만 절사한다.

무위험 투자안 A(단위: 만원)	
시점	현금흐름
0	-5,000
1	2,600
2	3,200

위험 투자안 B(단위: 만원)		
시점	확률	현금흐름
0	1.0	-5,000
1	0.5	3,500
	0.5	8,000

물음 1

효용함수가 $U(X) = \sqrt{X}$(단, X는 현금흐름)로 알려져 있는 '김갑동'이 아산기업의 소유경영자(1인 소유기업)가 된다면 어느 투자안을 선택할 것인지 '김갑동'의 위험태도를 반영한 확실성등가법을 이용하여 투자안을 평가하라.

물음 2

① 효용함수가 $U(X) = \sqrt[4]{X} = \sqrt{\sqrt{X}}$ (단, X는 현금흐름)로 알려져 있는 '박을동'이 아산기업의 소유경영자(1인 소유기업)가 된다면 어느 투자안을 선택할 것인지 '박을동'의 위험태도를 반영한 확실성등가법을 이용하여 투자안을 평가하라.

② 그리고 시장에서 평가하는 투자안 B의 1년 후 현금흐름에 대한 확실성등가계수와, '김갑동', '박을동' 각 개인이 평가하는 확실성등가계수를 계산하고 비교하라.

물음 3

'김갑동'과 '박을동'은 아산기업의 주주로만 참여하고 경영은 전문 경영자에게 맡기기로 하였다고 하자. 이 경영자 입장에서 모든 주주가 동의하는 만장일치의 투자결정을 하기 위해서는 ① 어떤 시장조건이 필요한지 그 내용을 기술하고, ② 이 시장조건하에서 자본예산과 관련하여 경제적으로 중요한 의미를 갖는 내용이 무엇인지 간단히 설명하라. (①, ②의 설명은 각각 2줄 이내) ③ 또한 이러한 시장조건하에서 투자안을 평가하라.

물음 4

위험 투자안 B에 내포되어 있는 위험을 회피할 수 있는 어떤 제도적 방법이 도입된다고 하면, '김갑동'과 '박을동'은 이 제도에 대해 어느 정도의 비용까지 부담할 의사가 있다고 보는가? 단, 비용은 현재시점의 가치로 나타내시오.

해답

물음 1

$$NPV_A = -5{,}000\text{만원} + \frac{2{,}600\text{만원}}{1.05} + \frac{3{,}200\text{만원}}{1.05^2} = 378.6848\text{만원}$$

$$AEV_A = 378.6848\text{만원} \div 1.8594 = 203.6596\text{만원}$$

$$CEQ_B = (\sqrt{3{,}500\text{만원}} \times 0.5 + \sqrt{8{,}000\text{만원}} \times 0.5)^2 = 5{,}520.7513\text{만원}$$

$$NPV_B = -5{,}000\text{만원} + \frac{5{,}520.7513\text{만원}}{1.05} = 257.8583\text{만원}$$

$$AEV_B = 257.8583\text{만원} \div 0.9524 = 270.7458\text{만원}$$

∴ 김갑동은 연간균등가치(AEV)가 보다 큰 투자안 B를 선택할 것이다.

물음 2

① $AEV_A = 203.6596\text{만원}$

$$CEQ_B = (\sqrt{\sqrt{3{,}500\text{만원}}} \times 0.5 + \sqrt{\sqrt{8{,}000\text{만원}}} \times 0.5)^4 = 5{,}405.5193\text{만원}$$

$$NPV_B = -5{,}000\text{만원} + \frac{5{,}405.5193\text{만원}}{1.05} = 148.1136\text{만원}$$

$$AEV_B = 148.1136\text{만원} \div 0.9524 = 155.5161\text{만원}$$

∴ 박을동은 연간균등가치(AEV)가 보다 큰 투자안 A를 선택할 것이다.

② $\beta_L^{\text{천안}} = 1.5 = \beta_U + (\beta_U - 0) \times (1 - 0) \times 0.5$

∴ $\beta_U = 1$

$k = 0.05 + (0.1 - 0.05) \times 1 = 0.1$

$E(CF_1) = 3{,}500\text{만원} \times 0.5 + 8{,}000\text{만원} \times 0.5 = 5{,}750\text{만원}$

시장의 확실성등가계수: $\alpha_1 = \dfrac{1 + R_f}{1 + k} = \dfrac{1.05}{1.1} = 0.9545$

김갑동의 확실성등가계수: $\alpha_1 = \dfrac{CEQ_1}{E(CF_1)} = \dfrac{5{,}520.7513\text{만원}}{5{,}750\text{만원}} = 0.9601$

박을동의 확실성등가계수: $\alpha_1 = \dfrac{CEQ_1}{E(CF_1)} = \dfrac{5{,}405.5193\text{만원}}{5{,}750\text{만원}} = 0.9400$

∴ 김갑동이 시장보다 덜 위험회피적이며, 박을동이 시장보다 더 위험회피적이다.

물음 3

① 시장조건: 무위험자산이 존재하는 완전자본시장에서 위험회피형 투자자들이 동질적 기대하에 기대효용을 극대화하기 위해 평균-분산기준에 의해 의사결정한다.

② 경제적 의미: 투자자들의 주관적인 위험회피정도와 무관하게 객관적인 시장위험프리미엄을 이용하여 모든 투자자들의 기대효용을 극대화할 수 있는 위험자산에 대한 최적투자의사결정이 가능하다.

③ $AEV_A = 203.6596$만원

$$NPV_B = -5{,}000\text{만원} + \frac{5{,}750\text{만원}}{1.1} = 227.2727\text{만원}$$

$$AEV_B = 227.2727\text{만원} \div 0.9524 = 238.6315\text{만원}$$

∴ 연간균등가치(AEV)가 보다 큰 투자안 B를 선택해야 한다.

물음 4

김갑동: $\dfrac{5{,}750\text{만원} - 5{,}520.7513\text{만원}}{1.05} = 218.3320\text{만원}$

박을동: $\dfrac{5{,}750\text{만원} - 5{,}405.5193\text{만원}}{1.05} = 328.0768\text{만원}$

문제 10 가중평균자본비용법과 주주현금흐름법

CPA 98

고려건설의 부채구성비율($\frac{B}{V}$)은 50%이고, 새로이 백화점을 설립하여 유통업에 진출하려고 한다. 현재 동일 업종에서 영업을 하고 있는 연세백화점의 주식베타는 1.05이고 부채구성비율($\frac{B}{V}$)은 40%이다. 한편 고려건설은 백화점의 목표자본구조로 부채구성비율($\frac{B}{V}$)이 60%가 되도록 할 계획이며, 부채의 차입이자율은 10%이다. 무위험이자율은 10%, 시장수익률은 18%, 법인세율은 25%일 때 다음 물음에 답하시오.

물음 1

고려건설이 백화점 사업에 진출하는 경우의 영업위험과 주주의 요구수익률을 계산하시오.

물음 2

고려건설의 초기 투자자금이 20억원이고, 매년 말 4억원의 영업이익이 영구히 일정하게 발생할 것으로 예상된다고 할 때, 투자안의 경제성을 평가하시오.

물음 3

현재 고려건설의 회계부장은 투자안을 평가할 때 현금흐름에서 이자비용을 차감하면 안 되므로 기업 전체의 자본비용을 사용하여야 한다고 주장한다. 한편, 자금부장은 이자비용을 고려한 후 주주의 현금흐름을 이용하여도 되기 때문에 자기자본비용을 사용하여 투자안을 평가하여도 동일한 결과를 얻는다고 주장하고 있다. 자금부장의 주장이 옳은지 설명하고, 옳다면 구체적 계산근거를 제시하시오.

해답

물음 1

$$\beta_L^{연세백화점} = 1.05 = \beta_U + (\beta_U - 0) \times (1 - 0.25) \times \frac{4}{6}$$

$$\therefore \ \beta_U = 0.7$$

$$\beta_L = 0.7 + (0.7 - 0) \times (1 - 0.25) \times \frac{6}{4} = 1.4875$$

$$k_e = 0.1 + (0.18 - 0.1) \times 1.4875 = 0.219$$

물음 2

$$k_0 = 0.1 \times (1 - 0.25) \times 0.6 + 0.219 \times 0.4 = 0.1326$$

$$NPV = \frac{4억원 \times (1 - 0.25)}{0.1326} - 20억원 = 2.62억원$$

∴ NPV가 0보다 크므로 투자안을 실행한다.

물음 3

기업잉여현금흐름을 가중평균자본비용으로 할인하여 계산되는 NPV는 주주잉여현금흐름을 자기자본비용으로 할인하여 계산되는 NPV와 동일하므로 자금부장의 주장이 옳다.

부채사용액 = (20억원 + 2.62억원) × 0.6 = 13.572억원

$$NPV = \frac{(4억원 - 13.572억원 \times 0.1) \times (1 - 0.25)}{0.219} - (20억원 - 13.572억원) = 2.62억원$$

해커스 윤민호 재무관리연습 제9장 투자안의 가치평가

문제 11 조정현재가치법

CPA 09

이동통신사업을 무부채로 경영해오고 있던 ABC기업은 새로운 이동통신 콘텐츠사업을 담당할 자회사 설립을 고려하고 있다. 해당 자회사의 설립에는 90억원이 소요되고, 설립 첫해에는 20억원의 세전영업이익이 발생한 후 매년 2%씩 영속적으로 늘어나며, 감가상각비는 없을 것으로 예상된다. 동종 콘텐츠회사인 XYZ기업의 경우 주식베타가 1.92이며, 부채비율(타인자본/자기자본)은 200%이다. 무위험이자율은 10%, 시장위험프리미엄은 10%, 그리고 법인세율은 30%이다. 금액은 억원 단위로 표기하고, 반올림하여 소수점 넷째 자리까지 계산하시오.

물음 1

ABC기업이 100% 주식발행만으로 자회사 설립을 고려할 경우, 순현가(NPV)를 이용하여 해당 투자안의 경제성을 평가하시오.

물음 2

ABC기업은 자회사 설립 시 투자액의 1/3을 무위험부채를 통해 조달하고, 나머지는 주식으로 조달하려고 한다. 해당 투자안의 경제성을 조정현가(APV)법을 이용하여 평가하시오.

물음 3

ABC기업은 모든 투자안에 대해 18%의 필수수익률(cut-off rate)을 요구한다고 하자. 자회사 설립 투자안에 대한 내부수익률(internal rate of return)을 구하고, 투자 여부를 판단하시오.

해답

물음 1

$\beta_L^{XYZ} = 1.92 = \beta_U + (\beta_U - 0) \times (1 - 0.3) \times 2$

$\therefore\ \beta_U = 0.8$

$\rho = R_f + [E(R_m) - R_f] \times \beta_U = 0.1 + 0.1 \times 0.8 = 0.18$

$$NPV = \frac{EBIT_1 \times (1-t)}{\rho - g} - \text{투자액} = \frac{20\text{억원} \times (1-0.3)}{0.18 - 0.02} - 90\text{억원} = -2.5\text{억원}$$

∴ NPV가 0보다 작기 때문에 경제성이 없다.

물음 2

자기자본만으로 투자 시의 NPV = −2.5억원

이자비용 감세효과의 현재가치 = B × t = 30억원 × 0.3 = 9억원

APV = −2.5억원 + 9억원 = 6.5억원

∴ APV가 0보다 크기 때문에 경제성이 있다.

물음 3

$$\frac{EBIT_1 \times (1-t)}{IRR - g} = \frac{20\text{억원} \times (1-0.3)}{IRR - 0.02} = 90\text{억원}$$

∴ IRR = 17.56%

투자안의 내부수익률(17.56%)이 필수수익률(18%)에 미달하므로 투자안을 기각한다.

문제 12 자금조달경비와 조정현재가치법 CPA 15

가나기업은 기존의 기계설비를 새로운 기계설비로 교체할 것을 고려하고 있다. 기존의 기계설비는 3년 전 3,000만원에 취득했으며 구입 시 내용연수는 5년이고, 내용연수 종료시점에서의 잔존가치와 매각가치는 없으며 현재 매각 시 1,000만원을 받을 수 있는 것으로 추정된다. 내용연수가 2년인 새 기계설비의 구입비용은 2,000만원이며 내용연수 종료시점에서의 잔존가치는 없는 것으로 가정하고 감가상각을 할 예정이나 실제로는 내용연수 종료시점에서 500만원의 매각가치를 가질 것으로 예상하고 있다. 기존의 기계설비를 사용하는 경우에 기계설비 관련 연간 매출액은 1,500만원, 영업비용은 700만원이고, 새로운 기계설비를 사용하는 경우 향후 2년간 기계설비 관련 연간 매출액은 1,900만원, 영업비용은 600만원일 것으로 추정된다. 새 기계설비를 사용하게 될 경우 교체시점에서 1,000만원의 순운전자본이 추가되며 내용연수 종료시점에서 전액 회수된다. 가나기업은 감가상각방법으로 정액법을 사용하고 있으며 타인자본비용은 무위험이자율과 동일한 8%이다. 무부채기업이면서 같은 제품을 생산하는 경쟁업체의 자기자본비용은 12%이다. 가나기업의 법인세율은 30%이다. 가나기업은 만기가 2년이고 표면이자율이 8%인 사채를 발행하여 새 기계설비 구입비용의 50%와 사채발행비를 조달할 예정이다. 사채를 발행하면 발행액의 2%에 해당하는 금액을 사채발행비로 지출해야 하는데 이는 사채의 만기까지 정액법으로 상각할 예정이다. 기계설비 매각대금 및 이에 관련된 처분손익의 법인세 효과는 매각시점에서 즉시 실현된다고 가정한다. 그리고 감가상각비의 절세효과는 항상 이용할 수 있다고 가정한다. 비율은 반올림하여 소수점 넷째 자리까지 표시하고 금액은 만원 단위로 소수점 둘째 자리까지 표시하시오.

물음 1

새로운 기계설비를 도입할 경우 매년의 증분잉여현금흐름은 얼마인가?

물음 2

자기자본만 사용한다고 가정하는 경우, 새로운 기계설비로 교체하는 투자안의 NPV는 얼마인가?

물음 3

부채사용에 따른 기업가치 변화는 얼마인지 계산하시오.

해답

물음 1

$$CF_0 = -1,000\text{만원} - 2,000\text{만원} + [1,000\text{만원} - (1,000\text{만원} - 1,200\text{만원}) \times 0.3]$$
$$= -1,940\text{만원}$$

$$CF_1 = (400\text{만원} + 100\text{만원}) \times (1-0.3) + 0.3 \times \left(\frac{2,000\text{만원}}{2\text{년}} - \frac{3,000\text{만원}}{5\text{년}}\right) = 470\text{만원}$$

$$CF_2 = 470\text{만원} + 1,000\text{만원} + [500\text{만원} - (500\text{만원} - 0\text{원}) \times 0.3] = 1,820\text{만원}$$

물음 2

$$NPV = -1,940\text{만원} + \left(\frac{350\text{만원}}{1.12} + \frac{1,700\text{만원}}{1.12^2}\right) + \left(\frac{120\text{만원}}{1.08} + \frac{120\text{만원}}{1.08^2}\right) = -58.28\text{만원}$$

물음 3

$$\text{부채발행액} = \frac{1,000\text{만원}}{0.98} = 1,020.41\text{만원}$$

$$\text{PV(이자비용의 감세효과)} = 1,020.41\text{만원} \times 0.08 \times 0.3 \times \left(\frac{1}{1.08} + \frac{1}{1.08^2}\right) = 43.67\text{만원}$$

$$\text{PV(사채발행비효과)} = -20.41\text{만원} + \frac{20.41\text{만원}}{2} \times 0.3 \times \left(\frac{1}{1.08} + \frac{1}{1.08^2}\right) = -14.95\text{만원}$$

$$\text{PV(부채사용효과)} = 43.67\text{만원} - 14.95\text{만원} = 28.72\text{만원}$$

∴ 기업가치는 28.72만원만큼 증가한다.

해설

물음 1

구분	0	1	2
ΔOCF		470	470
순운전자본	-1,000		1,000
신기계	-2,000		350
구기계	1,060		
합계	-1,940	470	1,820

물음 2

감가상각비의 절세효과($t \times D = 0.3 \times 400\text{만원} = 120\text{만원}$)는 항상 이용할 수 있다고 가정하므로 무위험이자율로 할인한다.

문제 13 현금흐름의 측정과 투자안 평가 CPA 11

ABC기업의 재무이사는 신규사업팀에서 제안한 투자수명 3년의 프로젝트 X를 검토하고 있다. 신규사업팀은 아래의 가정을 이용해서 프로젝트 X에 대한 추정손익계산서를 작성하였다. 각 물음에 대하여 금액은 억원 단위로 표기하고 수익률은 퍼센트 단위로 표기하되, 반올림하여 소수점 두 자리까지 계산하시오.

[가정]

1. 프로젝트 X에는 400억원의 고정자산 투자가 필요하다. 고정자산은 투자가 시작되는 시점(1차년 초)에 모두 구입하며 이후 고정자산에 대한 추가적인 투자는 없다. 고정자산의 수명은 3년이고 잔존가치는 투자액의 10%이며 정액법으로 감가상각한다. 고정자산의 잔존가치는 투자가 종료되는 시점(3차년 말)에 장부가액으로 회수된다.
2. 순운전자본에 대한 투자는 다음 해 매출액의 30% 수준을 유지해야 한다. 투자가 종료되는 3차년에는 순운전자본에 대한 추가투자가 필요하지 않으며, 3차년 말의 순운전자본은 장부가액으로 회수된다.
3. 매출액은 1차년에 1,200억원이 되고 매년 8%씩 성장할 것으로 예상된다.
4. 변동영업비가 매출액에서 차지하는 비중은 64%이다. 감가상각비 이외에 추가로 소요되는 고정영업비는 매년 200억원이다.
5. ABC기업은 현재 부채비율(타인자본/총자본) 50%를 유지하고 있다. 프로젝트 X의 자본조달에도 부채비율 50%를 적용하며 순이익은 모두 배당한다.
6. ABC기업의 타인자본비용은 6.4%, 자기자본비용은 13.6%, 법인세율은 25%이다.

추정손익계산서 (단위: 억원)

구분	1차년	2차년	3차년
매출액	1,200.00	1,296.00	1,399.68
변동영업비	768.00	829.44	895.80
고정영업비	200.00	200.00	200.00
감가상각비	120.00	120.00	120.00
영업이익	112.00	146.56	183.88
이자비용	24.32	24.32	24.32
세전이익	87.68	122.24	159.56
세금	21.92	30.56	39.89
순이익	65.76	91.68	119.67

물음 1

신규사업팀장은 순이익을 할인해서 프로젝트 가치를 계산하려고 한다. 그러나 재무이사는 이러한 프로젝트의 가치는 순이익이 아니라 현금흐름을 할인해야 하며, 자본조달의 효과를 배제하고 순수하게 영업의 효과만을 측정해야 한다고 지적하였다. 재무이사가 원하는 가치를 계산하기 위해서는 프로젝트에서 얻게 되는 잉여현금흐름(free cash flow)을 알아야 한다. 프로젝트 X에 대한 매년의 잉여현금흐름은 얼마인가?

물음 2

신규사업팀장은 **물음 1**에서 계산한 잉여현금흐름에 대한 NPV(순현재가치)를 계산하기 위하여 가중평균자본비용을 할인율로 사용하려고 한다. 재무이사는 잉여현금흐름은 프로젝트를 자기자본만으로 수행한다고 가정할 때의 기대수익률을 이용해서 할인해야 한다고 지적하였다. MM의 자본구조이론에 의하면 재무이사가 원하는 할인율은 얼마이며 그 때의 NPV는 얼마인가?

물음 3

재무이사는 프로젝트 X에서 매년 얼마의 매출액이 발생해야 영업활동에서 손익분기가 되는가를 알고 싶어 한다. 이를 위해서 신규사업팀장은 세후영업이익이 손익분기를 이루기 위한 매출액을 계산하였다. 신규사업팀장이 계산한 매출액은 얼마인가?

물음 4

재무이사는 **물음 3**에서 신규사업팀장이 계산한 것은 회계적 손익분기점(accounting BEP)이며, 이 매출액만 달성해서는 고정자산 투자에 대한 기회비용을 충족시키지 못한다고 지적하였다. 영업현금흐름이 고정자산 투자에 대한 균등연간비용(equivalent annual cost; EAC)과 같아질 때를 재무적 손익분기점(financial BEP)이라고 한다. 프로젝트 X가 재무적 손익분기점에 도달하려면 매출액은 얼마가 되어야 하는가?

해답

물음 1

$OCF_1 = 112억원 \times (1 - 0.25) + 120억원 = 204억원$

$OCF_2 = 146.56억원 \times (1 - 0.25) + 120억원 = 229.92억원$

$OCF_3 = 183.88억원 \times (1 - 0.25) + 120억원 = 257.91억원$

$NWC_0 = 1{,}200억원 \times 0.3 = 360억원$

$NWC_1 = 1{,}296억원 \times 0.3 = 388.8억원$

$NWC_2 = 1{,}399.68억원 \times 0.3 = 419.90억원$

$FCF_0 = -400억원 - 360억원 = -760억원$

$FCF_1 = 204억원 + (360억원 - 388.8억원) = 175.2억원$

$FCF_2 = 229.92억원 + (388.8억원 - 419.90억원) = 198.82억원$

$FCF_3 = 257.91억원 + 419.90억원 + 40억원 = 717.81억원$

물음 2

$k_e = 0.136 = \rho + (\rho - 0.064) \times (1 - 0.25) \times 1$

∴ 자기자본만으로 수행한다고 가정할 때의 기대수익률: $\rho = 10.51\%$

$$NPV = \frac{175.2억원}{1.1051} + \frac{198.82억원}{1.1051^2} + \frac{717.81억원}{1.1051^3} - 760억원 = 93.21억원$$

물음 3

세후 영업이익 = 회계적 손익분기 매출액 × (1 − 0.64) − 320억원 = 0원

∴ 회계적 손익분기 매출액 = 888.89억원

물음 4

$$고정자산\ 투자\ 비용의\ 현재가치 = 400억원 - \frac{40억원}{1.1051^3} = 370.36억원$$

$$균등연간비용 = \frac{370.36억원}{\frac{1}{1.1051} + \frac{1}{1.1051^2} + \frac{1}{1.1051^3}} = 150.27억원$$

[재무적 손익분기 매출액 × (1 − 0.64) − 320억원] × (1 − 0.25) + 120억원 = 150.27억원

∴ 재무적 손익분기 매출액 = 1,001억원

문제 14 이자비용 절세효과의 현재가치 계산 CPA 18

(주)가나는 기존 사업과 동일한 위험을 가지고 있는 신규사업 A(투자수명 2년)를 시작하려고 하며 부채비율(부채/자기자본)은 기존의 부채비율인 1을 항상 유지할 계획이다. 신규사업 A를 위해 구입해야 하는 내용연수가 2년인 새 기계는 10억원이고, 정액법으로 감가상각되며 잔존가치는 없다. 신규사업 A로 인해, 향후 2년간 연간 매출액은 60억원, 감가상각비를 제외한 연간 영업비용은 25억원 증가할 것으로 추정된다. 마케팅 비용은 시작시점(t = 0)에서 한 번 10억원이 발생하며 신규사업과 관련된 순운전자본의 증감은 없다. (주)가나의 세전타인자본비용은 6%, 자기자본비용은 10%, 법인세율은 20%이다. 영업위험만 반영된 베타는 1이고 시장포트폴리오의 기대수익률은 8%이며, CAPM이 성립한다. 금액의 단위는 억원이며, 소수점 아래 셋째 자리에서 반올림하여 둘째 자리까지 표시하시오.

물음 1

가중평균자본비용(WACC)법을 이용하여 신규사업 A의 순현재가치(NPV)를 구하시오.

물음 2

t = 0에서 증분 기준으로 자산, 부채, 자기자본의 크기는 얼마인가?

물음 3

t = 0에서 증분 기준 자기자본의 크기가 신규사업 A의 NPV와 같지 않은 이유는 무엇인가?

물음 4

t = 1과 t = 2에서 이자지급 후 남아 있는 증분 기준 부채 잔액은 얼마인가?

물음 5

조정현재가치(APV) 계산에 필요한 이자비용 절세효과의 현재가치는 얼마인가? 단, 금액의 단위는 억원이며, 소수점 아래 다섯째 자리에서 반올림하여 넷째 자리까지 표시하시오.

해답

물음 1

$$k_0 = k_d \times (1-t) \times \frac{B}{V} + k_e \times \frac{S}{V} = 0.06 \times (1-0.2) \times 0.5 + 0.1 \times 0.5 = 0.074$$

$$\Delta OCF = (60\text{억원} - 25\text{억원}) \times (1-0.2) + 0.2 \times \frac{10\text{억원} - 0}{2} = 29\text{억원}$$

$$NPV = -[10\text{억원} + 10\text{억원} \times (1-0.2)] + \frac{29\text{억원}}{1.074} + \frac{29\text{억원}}{1.074^2} = 34.14\text{억원}$$

물음 2

$$\text{자산} = \frac{29\text{억원}}{1.074} + \frac{29\text{억원}}{1.074^2} = 52.14\text{억원}$$

$$\text{부채} = 52.14\text{억원} \times 0.5 = 26.07\text{억원}$$

$$\text{자본} = 52.14\text{억원} \times 0.5 = 26.07\text{억원}$$

물음 3

부채비율$\left(\frac{B}{S}\right)$을 1로 유지하기 위해서는 최초 현금유출액(18억원)을 초과해서 조달한 부채액(8.07억원 = 26.07억원 - 18억원)만큼 자사주를 매입·소각해야 하므로 증분 기준 자기자본의 크기(26.07억원 = 34.14억원 - 8.07억원)는 신규사업 A의 NPV(34.14억원)와 같지 않다.

물음 4

$$t=1 \text{ 시점 부채 잔액} = \frac{29\text{억원}}{1.074} \times 0.5 = 13.5\text{억원}$$

$$t=2 \text{ 시점 부채 잔액} = 0\text{원}$$

물음 5

$$\rho = E(R_m) = 0.08 \ (\because \beta_U = 1)$$

이자비용 절세효과의 현재가치

$$= \frac{26.07\text{억원} \times 0.06 \times 0.2}{1.08} + \frac{13.5\text{억원} \times 0.06 \times 0.2}{1.08^2} = 0.4286\text{억원}$$

해설

물음 5

Harris and Pringle: $k_e = 0.1 = \rho + (\rho - k_d) \times \frac{B}{S} = 0.08 + (0.08 - 0.06) \times 1$

문제 15 CAPM을 이용한 확실성등가의 계산 CPA 08

자본자산가격결정모형(CAPM)이 성립하는 경우 (주)문원의 상호배타적인 투자안 A와 투자안 B의 1년 후 경기변동 상황에 따른 현금흐름(CF)과 시장수익률(R_M)의 확률분포는 다음의 표와 같다. 투자안 A와 투자안 B의 내용연수는 1년이고 투자비용은 동일하다. 모든 계산은 반올림하여 소수점 넷째 자리까지 표시한다.

경기상황	확률	투자안 A 현금흐름	투자안 B 현금흐름	시장수익률
불황	1/3	3,100원	2,800원	15%
정상	1/3	3,300원	3,300원	20%
호황	1/3	3,500원	3,800원	25%

물음 1

확실성등가법을 이용하여 (주)문원이 투자안 A와 투자안 B 중 어느 것을 선택해야 하는지 풀이과정을 보여 설명하시오. 이때 시장수익률(R_M)은 양(+)의 무위험이자율(R_F)보다 크다고 가정하시오.

> [힌트] 투자안의 현재가치는 기대현금흐름에 대한 확실성등가를 무위험이자율(R_F)로 할인한 값이다. 투자안 X의 기대현금흐름 $E(CF_X)$에 대한 확실성등가는 다음과 같다.
>
> $CEQ_X = E(CF_X) - \lambda Cov(CF_X, R_M)$
>
> 단, $\lambda = \dfrac{[E(R_M) - R_F]}{Var(R_M)}$ = 시장위험 1단위에 대한 위험프리미엄

물음 2

무위험이자율(R_F)이 16%일 경우 ① 투자안 A와 투자안 B의 CAPM 베타 β_A, β_B를 각각 구하고 ② 위험조정할인율 $E(R_A)$, $E(R_B)$를 각각 구하시오.

> [힌트] 투자안 X의 수익률 R_X와 시장수익률 R_M과의 공분산은 다음과 같다. 여기서 PV_X는 기대현금흐름의 현재가치이다.
>
> $Cov(R_X, R_M) = \dfrac{Cov(CF_X, R_M)}{PV_X}$

해답

물음 1

$$E(R_M) = \frac{1}{3}\times 0.15 + \frac{1}{3}\times 0.20 + \frac{1}{3}\times 0.25 = 0.20$$

$$Var(R_M) = \frac{1}{3}\times(0.15-0.20)^2 + \frac{1}{3}\times(0.20-0.20)^2 + \frac{1}{3}\times(0.25-0.20)^2 = 0.0017$$

$$E(CF_A) = \frac{1}{3}\times 3{,}100\text{원} + \frac{1}{3}\times 3{,}300\text{원} + \frac{1}{3}\times 3{,}500\text{원} = 3{,}300\text{원}$$

$$E(CF_B) = \frac{1}{3}\times 2{,}800\text{원} + \frac{1}{3}\times 3{,}300\text{원} + \frac{1}{3}\times 3{,}800\text{원} = 3{,}300\text{원}$$

$$Cov(CF_A, R_M) = \frac{(3{,}100-3{,}300)\times(0.15-0.20)}{3} + \frac{(3{,}300-3{,}300)\times(0.20-0.20)}{3} + \frac{(3{,}500-3{,}300)\times(0.25-0.20)}{3} = 6.6667$$

$$Cov(CF_B, R_M) = \frac{(2{,}800-3{,}300)\times(0.15-0.20)}{3} + \frac{(3{,}300-3{,}300)\times(0.20-0.20)}{3} + \frac{(3{,}800-3{,}300)\times(0.25-0.20)}{3} = 16.6667$$

$$CEQ_A = 3{,}300 - \frac{0.2-R_F}{0.0017}\times 6.6667 \qquad CEQ_B = 3{,}300 - \frac{0.2-R_F}{0.0017}\times 16.6667$$

시장수익률 = 0.2 〉 무위험이자율(R_F)이므로, CEQ_A 〉 CEQ_B이다.

∴ 투자안 A를 선택해야 한다.

물음 2

$$PV_A = \frac{CEQ_A}{1+R_F} = \frac{3{,}300 - \frac{0.2-0.16}{0.0017}\times 6.6667}{1+0.16} = 2{,}709.6004\text{원}$$

$$PV_B = \frac{CEQ_B}{1+R_F} = \frac{3{,}300 - \frac{0.2-0.16}{0.0017}\times 16.6667}{1+0.16} = 2{,}506.7606\text{원}$$

$$Cov(R_A, R_M) = \frac{Cov(CF_A, R_M)}{PV_A} = \frac{6.6667}{2{,}709.6004} = 0.0025$$

$$Cov(R_B, R_M) = \frac{Cov(CF_B, R_M)}{PV_B} = \frac{16.6667}{2{,}506.7606} = 0.0066$$

① $\beta_A = \frac{Cov(R_A, R_M)}{Var(R_M)} = \frac{0.0025}{0.0017} = 1.4706$ $\qquad \beta_B = \frac{Cov(R_B, R_M)}{Var(R_M)} = \frac{0.0066}{0.0017} = 3.8824$

② $E(R_A) = R_F + [E(R_M) - R_F]\times\beta_A = 0.16 + (0.2-0.16)\times 1.4706 = 0.2188$

$E(R_B) = 0.16 + (0.2-0.16)\times 3.8824 = 0.3153$

문제 16 확실성등가법과 위험조정할인율법 CPA 20

자본자산가격결정모형(CAPM)이 성립한다고 가정한다. (주)대한은 불확실성하에서 상호배타적인 투자안 A와 투자안 B 중에서 자본예산 의사결정을 하고자 한다. 투자안 A의 초기투자액은 1,000원, 기대현금흐름 $E(CF_A)$는 1,300원, 현금흐름과 시장수익률의 공분산 $COV(CF_A, R_M)$은 2이다. 투자안 B의 초기투자액은 1,100원, 기대현금흐름 $E(CF_B)$는 1,350원, 현금흐름과 시장수익률의 공분산 $COV(CF_B, R_M)$은 6이다. 기대시장수익률 $E(R_M)$은 12%이고 무위험이자율 R_F는 5%이다.

투자안 A와 투자안 B의 투자기간은 1년이다. 초기투자액은 투자기간 초에 지출되고 현금흐름은 투자기간 말에 발생한다. 기대시장수익률 $E(R_M)$은 양(+)의 무위험이자율 R_F보다 크다고 가정한다. 즉, $E(R_M) > R_F > 0$이다.

주어진 정보하에 확실성등가법을 활용하여 다음 물음에 답하시오. 계산결과는 소수점 아래 다섯째 자리에서 반올림하여 넷째 자리까지 표시하시오.

물음 1

투자안 A와 투자안 B의 확실성등가액이 동일할 경우 시장위험 $VAR(R_M)$ 1단위에 대한 위험프리미엄(λ)과 $VAR(R_M)$을 구하시오.

※ 물음 2와 물음 3은 물음 1과는 독립적으로 시장수익률의 분산 $VAR(R_M)$을 0.03으로 가정한다.

물음 2

투자안 A와 투자안 B의 CAPM 베타 β_A, β_B와 자본비용 $E(R_A)$, $E(R_B)$를 각각 구하시오.

물음 3

투자안 A와 투자안 B 중 어느 것을 선택해야 하는지 풀이과정을 보여 설명하시오.

물음 4

불확실성하의 자본예산 의사결정에 있어서 확실성등가법과 위험조정할인율법의 공통점 및 차이점을 4줄 이내로 기술하시오.

해답

물음 1

$$CEQ_A = E(CF_A) - \lambda \times COV(CF_A, R_M) = 1,300\text{원} - \lambda \times 2$$

$$= CEQ_B = E(CF_B) - \lambda \times COV(CF_B, R_M) = 1,350\text{원} - \lambda \times 6$$

$$\therefore\ \lambda = 12.5$$

$$\lambda = 12.5 = \frac{E(R_M) - R_F}{VAR(R_M)} = \frac{0.12 - 0.05}{VAR(R_M)}$$

$$\therefore\ VAR(R_M) = 0.0056$$

물음 2

$$CEQ_A = 1,300\text{원} - \frac{0.12 - 0.05}{0.03} \times 2 = 1,295.3333\text{원}$$

$$PV_A = \frac{CEQ_A}{1 + R_F} = \frac{1,295.3333\text{원}}{1.05} = 1,233.6508\text{원}$$

$$\beta_A = \frac{COV(R_A, R_M)}{VAR(R_M)} = \frac{1}{PV_A} \times \frac{COV(CF_A, R_M)}{VAR(R_M)} = \frac{1}{1,233.6508\text{원}} \times \frac{2}{0.03} = 0.0540$$

$$CEQ_B = 1,350\text{원} - \frac{0.12 - 0.05}{0.03} \times 6 = 1,336\text{원}$$

$$PV_B = \frac{CEQ_B}{1 + R_F} = \frac{1,336\text{원}}{1.05} = 1,272.3810\text{원}$$

$$\beta_B = \frac{COV(R_B, R_M)}{VAR(R_M)} = \frac{1}{PV_B} \times \frac{COV(CF_B, R_M)}{VAR(R_M)} = \frac{1}{1,272.3810\text{원}} \times \frac{6}{0.03} = 0.1572$$

$$E(R_A) = R_F + [E(R_M) - R_F] \times \beta_A = 0.05 + (0.12 - 0.05) \times 0.0540 = 0.0538$$

$$E(R_B) = R_F + [E(R_M) - R_F] \times \beta_B = 0.05 + (0.12 - 0.05) \times 0.1572 = 0.0610$$

물음 3

$$NPV_A = -1,000\text{원} + \frac{1,300\text{원}}{1.0538} = -1,000\text{원} + \frac{1,295.3333\text{원}}{1.05} = 233.6508\text{원}$$

$$NPV_B = -1,100\text{원} + \frac{1,350\text{원}}{1.0610} = -1,100\text{원} + \frac{1,336\text{원}}{1.05} = 172.3810\text{원}$$

∴ 투자안 A를 선택한다.

물음 4

확실성등가법은 투자안의 위험을 현금흐름에 반영하는 방법이며, 위험조정할인율법은 투자안의 위험을 할인율에 반영하는 방법이다. 확실성등가법에서 기대현금흐름을 확실성등가로 전환한 후 무위험이자율로 할인한 투자안의 현재가치와 위험조정할인율법에서 기대현금흐름을 위험조정할인율로 할인한 투자안의 현재가치는 동일하다.

문제 17 확실성등가법과 위험중립확률 CPA 10

(주)한강은 내용연수가 1년이고 현재시점에서 60억원의 투자금액이 소요되는 투자안을 가지고 있다. 투자안의 1년 후 현금흐름과 시장포트폴리오의 연간 수익률에 대한 확률분포는 다음과 같다.

상황	확률	투자안의 현금흐름	시장포트폴리오의 수익률
불황	50%	30억원	-20%
호황	50%	200억원	40%

연간 무위험수익률은 5%이다. 금액은 억원 단위로 표기하고, 모든 계산은 반올림하여 소수점 넷째 자리까지 나타내시오.

물음 1

투자안의 확실성등가를 계산하시오.

물음 2

투자안의 NPV를 계산하여 투자의사결정을 내리시오.

※ 물음 1에서 계산한 투자안의 확실성등가를 100억원으로 가정하고 물음 3부터 물음 5까지 답하시오.

물음 3

투자안의 위험조정할인율을 계산하시오.

물음 4

경제상황이 호황이 될 위험중립확률을 구하시오.

물음 5

(주)한강이 투자안을 1년 연기할 수 있는 기회를 갖는다면, 이 연기옵션의 가치를 이항옵션평가모형(binomial option pricing model)을 이용하여 계산하시오. 단, 1년을 연기해서 투자할 경우 투자금액은 물가상승 등의 영향으로 65억원으로 증가하며, 또한 첫해가 호황(불황)이면 둘째 해도 호황(불황)이라고 가정하시오.

해답

물음 1

$E(CF) = 0.5 \times 30\text{억원} + 0.5 \times 200\text{억원} = 115\text{억원}$

$E(R_m) = 0.5 \times (-0.2) + 0.5 \times 0.4 = 0.1$

$\sigma_m^2 = 0.5 \times (-0.2 - 0.1)^2 + 0.5 \times (0.4 - 0.1)^2 = 0.09$

$Cov(CF, R_m) = 0.5 \times (30 - 115) \times (-0.2 - 0.1) + 0.5 \times (200 - 115) \times (0.4 - 0.1) = 25.5$

$$\therefore\ CEQ = E(CF) - [E(R_m) - R_f] \times \frac{Cov(CF, R_m)}{\sigma_m^2}$$

$$= 115\text{억원} - (0.1 - 0.05) \times \frac{25.5}{0.09} = 100.8333\text{억원}$$

물음 2

$$NPV = \frac{100.8333\text{억원}}{1.05} - 60\text{억원} = 36.0317\text{억원} > 0$$

∴ 투자안을 실행한다.

물음 3

$$\frac{CEQ_1}{1+R_f} = \frac{100\text{억원}}{1.05} = \frac{E(CF_1)}{1+k} = \frac{115\text{억원}}{1+k}$$

∴ 위험조정할인율: $k = 0.2075$

물음 4

$100\text{억원} = 200\text{억원} \times p + 30\text{억원} \times (1-p)$

∴ 경제상황이 호황이 될 위험중립확률: $p = 0.4118$

물음 5

연기가능성을 고려하지 않는 경우: $NPV = \dfrac{100\text{억원}}{1.05} - 60\text{억원} = 35.2381\text{억원}$

연기가능성을 고려하는 경우: $NPV = \dfrac{\left(\dfrac{200\text{억원}}{1.05} - 65\text{억원}\right) \times 0.4118}{1.05} = 49.2106\text{억원}$

∴ 연기옵션의 가치 = 49.2106억원 − 35.2381억원 = 13.9725억원

문제 18 투자안의 평가와 실물옵션 CPA 18

(주)신생은 초기투자비용이 1,100만원인 사업에 대한 투자를 고려하고 있다. 이 사업의 1년 후 현금흐름은 다음과 같으며, 현재 무위험이자율은 10%이다. 금액의 단위는 만원이며, 소수점 아래 셋째 자리에서 반올림하여 둘째 자리까지 표시하시오.

상황	확률	1년 후 현금흐름
호황	60%	1,800만원
불황	40%	800만원

물음 1

(주)신생은 이 투자안의 평가를 위해 주식시장의 자료를 사용하기로 하고, 재무위험이 동일한 (주)벤치를 대용기업으로 선정하였다. (주)벤치의 현재 주가는 24,560원이다. 이 주식의 1년 후 주가는 호황일 경우 36,000원이고 불황일 경우 16,000원이며, 그 가능성은 각각 60%와 40%이다. 이를 이용하여 (주)신생이 고려하고 있는 투자안에 대한 적절한 할인율과 투자안의 NPV를 구하시오. 단, 현재 주식시장은 효율적 시장이라고 가정한다.

물음 2

(주)신생에게 투자결정을 1년 연기할 수 있는 옵션이 주어졌으며, 1년 후 현금흐름을 확실히 알 수 있다고 한다. 1년을 연기하여 투자하는 경우 투자비용은 10% 증가하며, 현금흐름 1,800만원 또는 800만원은 2년 후(t = 2) 발생한다. 위 옵션의 가치를 구하시오.

물음 3

물음 2와 관련 없이, 정부는 1년 후 불황일 경우 이 사업을 1,800만원에 인수할 것을 보증하였다. 정부보증의 가치를 구하시오.

물음 4

물음 2 ~ 물음 3과 관련 없이, (주)신생은 1년 후 다음과 같은 실물옵션들을 행사할 수 있다고 한다. 이와 같은 실물옵션들을 고려할 경우 투자안의 NPV를 구하시오.

- 추가적으로 500만원을 투자하여 현금흐름을 30% 증가시킬 수 있음
- 1년 후 이 투자안을 초기투자비용의 75%를 받고 처분할 수 있음

해답

물음 1

$$24{,}560\text{원} = \frac{\left(\frac{1{,}800\text{만원}}{500} = 36{,}000\text{원}\right) \times 0.6 + \left(\frac{800\text{만원}}{500} = 16{,}000\text{원}\right) \times 0.4}{1+k}$$

적절한 할인율: $k = 0.14$

$$NPV = \frac{1{,}800\text{만원} \times 0.6 + 800\text{만원} \times 0.4}{1.14} - 1{,}100\text{만원} = 1{,}228\text{만원} - 1{,}100\text{만원}$$

$$= 24{,}560\text{원} \times 500 - 1{,}100\text{만원} = 128\text{만원}$$

물음 2

위험중립확률: $p = \frac{24{,}560\text{원} \times 1.1 - 16{,}000\text{원}}{36{,}000\text{원} - 16{,}000\text{원}} = 0.5508$

1년 후 호황인 경우: $NPV_1 = \frac{1{,}800\text{만원}}{1.1} - 1{,}100\text{만원} \times 1.1 = 426.36\text{만원}$

1년 후 불황인 경우: $NPV_1 = \frac{800\text{만원}}{1.1} - 1{,}100\text{만원} \times 1.1 = -482.73\text{만원} < 0$

연기옵션을 고려하는 경우: $NPV = \frac{426.36\text{만원} \times 0.5508}{1.1} = 213.49\text{만원}$

$\therefore$ 연기옵션의 가치 $= 213.49\text{만원} - 128\text{만원} = 85.49\text{만원}$

물음 3

정부보증이 있는 경우: $NPV = \frac{1{,}800\text{만원}}{1.1} - 1{,}100\text{만원} = 536.36\text{만원}$

$\therefore$ 정부보증의 가치 $= 536.36\text{만원} - 128\text{만원}$

$$= \frac{(1{,}800\text{만원} - 800\text{만원}) \times (1 - 0.5508)}{1.1} = 408.36\text{만원}$$

물음 4

1년 후 상황	후속투자	처분옵션
호황	1,800만원 × 0.3 - 500만원 = 40만원	1,100만원 × 0.75 - 1,800만원 = -975만원 < 0
불황	800만원 × 0.3 - 500만원 = -260만원 < 0	1,100만원 × 0.75 - 800만원 = 25만원

$$NPV = 128\text{만원} + \frac{40\text{만원} \times 0.5508 + 0\text{원} \times (1 - 0.5508)}{1.1}$$

$$+ \frac{0\text{원} \times 0.5508 + 25\text{만원} \times (1 - 0.5508)}{1.1} = 158.24\text{만원}$$

문제 19 연기가능성을 고려한 투자안의 가치평가 CPA 14

(주)한국건설은 주택을 건설한 후 임대할 예정이다. 주택건설에 소요되는 초기 투자비용은 600억원이며, 잔존가치 없이 향후 3년간 정액법으로 감가상각된다. 주택임대수요가 향후 3년간 높을 확률은 60%이며, 낮을 확률은 40%로 예상된다. 임대수요가 높을 경우 향후 3년간 매년 임대소득 500억원, 매년 현금지출비용 120억원이 발생한다. 임대수요가 낮을 경우 매년 임대소득 350억원, 매년 현금지출비용 100억원이 발생한다. (주)한국건설의 자본비용은 10%이며 법인세율은 40%이다. 현재 평균시장이자율은 연 10%이다. 기간 3년, 할인율 10%인 연금의 현가이자요소($=\sum_{t=1}^{3}\frac{1}{(1.10)^t}$)는 2.4869이다. 모든 계산결과는 억원 단위로 표시하되 반올림하여 소수점 둘째 자리까지 표기하라.

물음 1

주택임대수요가 높을 경우와 낮을 경우 연간 영업현금흐름을 각각 구하라.

물음 2

현재시점에서 투자안의 기대NPV를 계산하라.

물음 3

(주)한국건설은 임대수요를 정확히 파악할 수 있도록 주택건설을 1년간 연기할 수 있는 기회를 가지고 있다.

① 1년 후 주택건설을 시행할 경우 투자안의 기대NPV를 계산하라. 단, 주택건설의 초기 투자비용, 임대로 인한 현금흐름 및 임대수요의 확률분포는 투자시기와 관계없이 변하지 않는다고 가정한다.

② 1년간 임대수요조사를 위해 5억원의 추가 비용을 현재시점에서 지불해야 한다면, 주택건설을 당장 시행하는 방안과 1년간 연기하는 방안 중 어떤 방안이 유리한가?

물음 4

투자안 평가에서 실물옵션접근법 사용 시 장점 및 문제점을 5줄 이내로 설명하라.

해답

물음 1

수요가 높을 경우: $OCF=(500억원-120억원)\times(1-0.4)+0.4\times200억원=308억원$
수요가 낮을 경우: $OCF=(350억원-100억원)\times(1-0.4)+0.4\times200억원=230억원$

물음 2

기대$NPV=-600억원+(308억원\times0.6+230억원\times0.4)\times2.4869=88.37억원$

물음 3

① 수요가 높을 경우: $NPV_1=-600억원+308억원\times2.4869=165.97억원$
수요가 낮을 경우: $NPV_1=-600억원+230억원\times2.4869=-28.01억원$
1년 후 시행할 경우 현재시점의 기대$NPV=\dfrac{165.97억원\times0.6}{1.1}=90.53억원$

② 당장 시행하는 방안의 $NPV=88.37억원$
1년간 연기하는 방안의 $NPV=90.53억-5억=85.53억원$
∴ 당장 시행하는 방안이 유리하다.

물음 4

장점: 투자전략의 수정기회와 투자안의 전략적 가치를 고려할 수 있다.
문제점: 실물투자안의 경우에는 차익거래가 활발하게 발생할 수 없기 때문에 옵션가결정모형에 따라 평가된 가치가 현실성이 없을 수 있고, 옵션가격결정모형 적용을 위한 변동성의 추정과 변동성의 안정성에 대한 가정이 문제가 될 수 있으며, 행사가격 자체가 변동될 수도 있다는 문제점이 있다.

문제 20 옵션가격결정모형과 투자안의 가치평가

CPA 11

정유회사인 XYZ(주)는 30억 배럴의 매장량을 갖고 있는 미개발 유전 M에 대한 채굴권 계약을 했다. 이 유전의 개발비용은 290억 달러로 예측되며 계약 기간은 향후 12년이다. 원유가격은 배럴당 43달러, 생산비용은 배럴당 28달러로 추정되고 원유가격 변화율의 분산은 0.04, 무위험이자율은 8%로 가정한다. 계산결과는 소수점 넷째 자리까지 표시하고, 금액은 억 달러 단위로 표기하시오.

물음 1

유전 M이 개발 완료되어 생산을 시작하면 매년 유전 가치의 5%에 해당하는 순현금유입(net cash inflow)이 발생할 것으로 예상된다. 유전 M에 대한 채굴권의 가치를 배당이 있는 경우의 블랙-숄즈 옵션가격공식을 사용하여 구하시오. 만기까지의 기간(T)은 12년이다. 단, 무배당인 경우의 블랙-숄즈 옵션가격공식에서 기초자산의 가치(S)는 408.2억 달러이고, 배당을 고려해서 S를 조정하여 d_1 및 콜옵션 가격을 구한다.

> [힌트] 무배당인 경우의 블랙-숄즈 옵션가격공식은 다음과 같다.
>
> $C = SN(d_1) - Xe^{-rT}N(d_2)$
>
> $d_1 = \dfrac{\ln(S/X) + (r + \sigma^2/2)\,T}{\sigma\sqrt{T}}$
>
> $d_2 = d_1 - \sigma\sqrt{T}$
>
> ln(0.7165) = -0.3334, ln(0.7724) = -0.2582,
>
> $e^{-0.4}$ = 0.6703, $e^{-0.6}$ = 0.5488, $e^{-0.96}$ = 0.3829
>
> N(0.6666) = 0.7475, N(0.8807) = 0.8108, N(1.3594) = 0.9130

물음 2

이 회사는 기존에 개발 완료되어 생산 중인 유전 K도 보유하고 있는데, 이 유전으로부터는 3년간 매년 27억 달러씩의 현금흐름이 발생할 것으로 예상되며 할인율은 9%이다. 한편, 이 회사의 주가는 65달러, 발행주식수는 1.5억주이고 총부채는 65억 달러이다. 보유 유전은 유전 K와 유전 M이 전부라면 현재 주식이 고평가 혹은 저평가되어 있는지 판단하시오.

물음 3

순현가법(NPV)과 같은 전통적인 투자안 평가방법과 비교하여 실물옵션(real option) 접근방법이 제공하는 장점을 5줄 이내로 논하시오.

해답

물음 1

$$S' = \frac{S}{e^{0.05\times12}} = S\times e^{-0.6} = \$408.2억\times0.5488 = \$224.0202억$$

$$\ln(\frac{S'}{X}) = \ln(\frac{\$224.0202억}{\$290억}) = \ln(0.7724) = -0.2582$$

$$d_1 = \frac{-0.2582+(0.08+\frac{0.04}{2})\times12}{0.2\times\sqrt{12}} = 1.3594$$

$$d_2 = 1.3594-0.2\times\sqrt{12} = 0.6666$$

$$N(d_1) = N(1.3594) = 0.9130$$

$$N(d_2) = N(0.6666) = 0.7475$$

유전 M에 대한 채굴권의 가치 $= \$224.0202억\times0.9130 - \$290억\times e^{-0.08\times12}\times0.7475$
$= \$121.5273억$

물음 2

유전 K의 가치 $= \frac{\$27억}{1.09}+\frac{\$27억}{1.09^2}+\frac{\$27억}{1.09^3} = \$68.345억$

XYZ(주)의 자기자본의 가치 = ($121.5273억 + $68.345억) − $65억 = $124.8723억

적정주가 = $124.8723억 ÷ 1.5억주 = $83.2482

∴ 현재 주가 65달러는 저평가되어 있다.

물음 3

순현가법과 같은 전통적인 투자안 평가방법은 미래상황의 안정성을 가정하여 의사결정 이후에 발생하는 상황의 변화와 이에 대한 대처 가능성을 고려하지 못하는 문제점이 있다. 이와 달리 실물옵션 접근방법은 미래상황의 변화에 따른 투자전략의 수정기회(유연성)와 투자안의 전략적 가치를 고려해서 투자안을 평가할 수 있다는 장점이 있다.

문제 21 후속투자기회의 선택권

CPA 05

(주)에어테크는 (주)스카이항공으로부터 다음과 같은 제안을 받았다.

"비행기용 특수부품의 성능이 보통이면 연간 70개를 개당 20억원에 매입하고, 성능이 우수하면 연간 100개를 개당 30억원에 매입하겠다."

특수부품을 개발하는 데 1년이 소요되며 500억원을 즉시 지출해야 한다. 개발된 부품의 성능이 보통일 확률은 70%이고, 우수할 확률은 30%이다. 부품개발 완료 즉시 부품생산을 위해 1,500억원을 투자해야 하며 잔존가치 없이 정액법으로 3년간 감가상각된다. 부품의 성능에 관계없이 변동비용은 개당 10억원, 감가상각비를 제외한 고정비용은 연간 200억원으로 예상된다.

(t: 시점, 단위: %, 억원, 개)

부품성능	확률	투자금액 (t = 1)	3년간(t = 2, 3, 4)				
			판매수량	판매단가	변동비용	총고정비용	감가상각비
보통	70	1,500	70	20	10	200	500
우수	30	1,500	100	30	10	200	500

무부채기업인 (주)에어테크의 적절한 할인율은 10%, 법인세율은 34%이다.

할인율	6%	7%	8%	9%	10%
3년 연금현가요소	2.6730	2.6243	2.5771	2.5313	2.4869

물음 1

부품의 성능이 보통일 경우와 우수할 경우의 연간 영업현금흐름(OCF)은 각각 얼마인가?

물음 2

부품의 성능이 보통일 경우와 우수할 경우의 개발완료시점(t = 1)에서의 순현가(NPV)는 각각 얼마인가?

물음 3

(주)에어테크가 (주)스카이항공이 제안한 내용대로 부품개발 전에 계약을 체결한다면 현재시점(t = 0)에서의 순현가(NPV)는 얼마인가?

물음 4

당장 계약을 체결하는 대신 부품개발 완료시점(t = 1)에서 (주)스카이항공이 제시한 내용대로 계약을 체결할 수 있는 권한이 (주)에어테크에게 주어진다면 현재시점(t = 0)에서의 순현가(NPV)는 얼마인가?

물음 5

당장 계약을 체결하지 않고 부품개발 완료시점에서 생산 및 판매 여부를 결정할 수 있는 프로젝트의 순현가(NPV)는 당장 부품을 개발·생산·판매하기로 하는 계약을 체결하는 프로젝트의 순현가(NPV)와 얼마나 차이가 나는가? 이 차이를 "무엇"의 가치라고 부르는가?

물음 6

부품개발이 완료된 시점(t = 1)에서 (주)에어테크가 자기자본만으로 부품을 생산하면 순현가(NPV)는 1,877.21억원이다. 만일 1,500억원의 투자액 중 1,000억원을 채권 발행으로 조달한다면 부품완료시점(t = 1)에서의 조정순현가(APV)는 얼마인가? 채권의 연이율은 6%이고 원금은 3년 후에 전액 지급된다.

해답

물음 1

보통일 경우: $OCF = [70 \times (20억원 - 10억원) - 200억원] \times (1-0.34) + 0.34 \times 500억원$
$= 500억원$

우수할 경우: $OCF = [100 \times (30억원 - 10억원) - 200억원] \times (1-0.34) + 0.34 \times 500억원$
$= 1{,}358억원$

물음 2

보통일 경우: $NPV_1 = 500억원 \times 2.4869 - 1{,}500억원 = -256.55억원$

우수할 경우: $NPV_1 = 1{,}358억원 \times 2.4869 - 1{,}500억원 = 1{,}877.21억원$

물음 3

$$NPV = \frac{-256.55억원 \times 0.7 + 1{,}877.21억원 \times 0.3}{1.1} - 500억원 = -151.29억원$$

물음 4

$$NPV = \frac{0원 \times 0.7 + 1{,}877.21억원 \times 0.3}{1.1} - 500억원 = 11.97억원$$

물음 5

NPV의 차이 = 11.97억원 - (-151.29억원) = 163.26억원
이 차이를 "후속투자기회 선택권"의 가치라고 부른다.

물음 6

PV_1(부채사용효과) $= 1{,}000억원 \times 0.06 \times 0.34 \times 2.6730 = 54.53억원$

조정순현가(APV_1) = 1,877.21억원 + 54.53억원 = 1,931.74억원

문제 22 연기의 유연성과 투자안의 가치평가 CPA 06

동북아(주)는 A설비제품만을 생산하는 공장에의 투자를 고려하고 있다. 이 투자의사결정은 현재 또는 1년 후(연기에 따르는 기회비용은 없음)에만 할 수 있고, 철회 불가능(irreversibility)한 성격을 가지고 있다. 투자의사결정만 내려지면 A설비제품공장은 건설비용(I) 16억원(단, 현재와 1년 후의 공장건설비용은 동일함)으로 순간적으로 건설되어, 유지관리비 없이 1년에 단 1개만의 A설비제품을 영원히 연초에 생산한다고 한다. 현재의 A설비제품단가(P_0)는 2억원이며, 1년 후의 A설비제품단가(P_1)는 50%의 확률로 3억원으로 상승하거나 50%의 확률로 1억원으로 하락하여, 그 후로는 변동된 A설비제품가격이 영원히 유지된다고 한다. 또한 무위험이자율은 10%이며, 장래의 A설비제품가격에 대한 위험은 충분히 다양화되어 있어, 동북아(주)는 무위험이자율을 사용하여 장래의 현금흐름을 할인한다고 가정한다.

물음 1

동적계획법을 사용하여 A설비제품공장에의 투자의사결정(현재투자, 1년 후 투자, 또는 투자안 기각의 결정)을 하시오. 동적계획법이란 각 투자전략을 비교하여, NPV가 가장 큰 투자전략을 찾아내는 방법을 말함.

물음 2

위의 물음 1에서 연기의 유연성(flexibility)이 없다고 할 경우의 투자(현재 투자) 대신에 연기의 유연성을 가진 투자기회(F_0)를 얻기 위하여 최대한 지불할 수 있는 투자비용(I^*: A설비제품공장의 건설비용)을 구하시오.

물음 3

만약 현재 A설비제품의 선물가격이 1년 후의 A설비제품가격의 기댓값으로 형성된, A설비제품에 대한 선물시장이 존재한다고 가정한다. 그리고 현재 투자를 함과 동시에, A설비제품의 가격변동을 A설비제품선물을 사용하여 비용 없이 헤지(hedge)할 수 있다면, 위의 물음 1의 투자의사결정에 변화가 일어나는지 여부를 나타내라. 그리고 이 결과를 MM의 무관련이론(1958)의 명제 3과 연계하여 4줄 이하로 설명하시오. 단, 문제풀이과정에 ① A설비제품 한단위의 현재 선물가격, ② 헤지포지션과 헤지수량, ③ 헤지결과, ④ 투자의사결정에 변화 여부, ⑤ ④의 결과를 MM의 무관련이론(1958)의 명제 3과 연계한 설명 등이 반드시 나타나도록 하시오.

해답

물음 1

현재 투자하는 경우:

$$NPV = -16억원 + 2억원 + \frac{(3억원 + \frac{3억원}{0.1}) \times 0.5 + (1억원 + \frac{1억원}{0.1}) \times 0.5}{1.1} = 6억원$$

1년 후 A설비제품단가 상승 시: $NPV_1 = -16억원 + 3억원 + \frac{3억원}{0.1} = 17억원$

1년 후 A설비제품단가 하락 시: $NPV_1 = -16억원 + 1억원 + \frac{1억원}{0.1} = -5억원$(기각)

1년 후로 연기하는 경우: $NPV = \frac{17억원 \times 0.5 + 0원 \times 0.5}{1.1} = 7.73억원$

∴ 1년 후로 연기하여 A설비제품단가가 상승한 경우에만 투자한다.

물음 2

$6억원 = \frac{(33억원 - I^*) \times 0.5 + 0원 \times 0.5}{1.1}$ ∴ I^* = 19.8억원

물음 3

① 선물가격 = 1년 후 A설비제품가격의 기댓값 = $3억원 \times 0.5 + 1억원 \times 0.5 = 2억원$

② $(3억원 + \frac{3억원}{0.1}) + N \times (3억원 - 2억원) = (1억원 + \frac{1억원}{0.1}) + N \times (1억원 - 2억원)$

∴ N = -11: A설비제품에 대한 선물 11계약 매도

③ 1년 후 A설비제품가격의 변동과 무관하게 투자안의 가치가 22억원으로 확정된다.

구분	1년 후 A설비제품의 가격	
	3억원	1억원
투자안의 가치	33억원	11억원
선물매도손익(11계약)	(2억원 - 3억원) × 11계약	(2억원 - 1억원) × 11계약
합계	22억원	22억원

④ 현재 투자함과 동시에 선물을 매도하는 경우에도 투자안의 NPV가 다음과 같이 6억원으로 동일하므로 투자의사결정에는 변화가 없다.

$$NPV = -16억원 + 2억원 + \frac{22억원}{1.1} = 6억원$$

⑤ MM 무관련이론의 명제 3에 따르면 투자안의 가치는 투자안의 기대영업이익과 영업위험에 의해 결정되는 것일 뿐 자금조달수단 등 이외의 요인에 의해 영향을 받지 않는다. 따라서 선물과 같은 단순한 자본시장을 이용하는 방안을 통해서는 투자안 가치의 증가를 가져올 수 없다.

문제 23 연기옵션과 위험중립확률 CPA 22

(주)민국은 해외 현지기업 (주)다랑 인수를 통해 해외시장을 개척하고자 한다. 현재(t = 0) 해외시장에서는 전쟁 발생의 위험이 존재하며 1년 후(t = 1)에는 전쟁 발생 여부가 결정된다. 현 시점(t = 0)에 (주)다랑을 인수하는 경우 250억원의 투자비용이 소요된다. 1년 후 (주)다랑을 인수하는 경우에는 400억원이 소요된다. 만약, 전쟁이 발생할 경우 (주)민국은 투자비용 전액 손실을 감수하여야 한다. 1년 후 전쟁이 발생하지 않을 확률은 60%이며 이 경우 매년 확실한 30억원의 영구 현금흐름이 발생한다. 반면, 전쟁이 발생할 확률은 40%이며 이 경우 현금흐름은 0원이다.

현재 휴업 중인 (주)다랑은 1년 후(t = 1)부터 사업을 재개한다. 투자안의 자본비용은 20%이며 무위험이자율은 5%이다. 다음 물음에 답하시오.

물음 1

(주)민국이 현 시점에 (주)다랑을 인수할 경우 순현가(NPV)를 구하시오.

물음 2

(주)민국의 관점에서 투자결정을 연기할 수 있는 권리의 가치를 구하시오.

물음 3

(주)민국의 관점에서 현 시점에 (주)다랑을 인수하는 것이 유리한 투자의사결정이 되는 전쟁발생 확률의 범위를 구하시오.

해답

물음 1

전쟁이 발생하지 않는 경우 1년 후 (주)다랑의 가치= $\frac{30억원}{0.05}$ = 600억원

$NPV = \frac{600억원 \times 0.6 + 0원 \times 0.4}{1.2} - 250억원 = 300억원 - 250억원 = 50억원$

물음 2

전쟁이 발생하지 않을 위험중립확률: $p = \frac{300억원 \times 1.05}{600억원} = 0.525$

연기가능성을 고려하는 경우 $NPV = \frac{(600억원 - 400억원) \times 0.525}{1.05} = 100억원$

연기할 수 있는 권리의 가치= 100억원 − 50억원 = 50억원

물음 3

위험중립확률(q는 전쟁발생 확률): $p = \frac{\frac{600억원 \times (1-q)}{1.2} \times 1.05}{600억원} = 0.875 \times (1-q)$

$$\frac{600억원 \times (1-q)}{1.2} - 250억원 > \frac{(600억원 - 400억원) \times 0.875 \times (1-q)}{1.05}$$

$\therefore\ q < 0.25$

전쟁발생 확률(q)은 25%보다 작아야 한다.

해커스 윤민호 재무관리연습

회계사·세무사·경영지도사 단번에 합격!

해커스 경영아카데미 cpa.Hackers.com

제10장

사업결합

핵심 이론 요약

01 M&A와 시너지효과

(1) 시너지효과

① 영업시너지효과

- 수익의 증가, 비용의 감소 등 영업현금흐름의 증가에 따른 기업가치 증가효과

② 재무시너지효과

- 위험(자본비용)의 감소와 부채사용여력 증가 등에 따른 기업가치 증가효과

(2) 시너지효과의 발생원인과 측정

① 결합되는 기업들이 갖는 자원의 상호보완효과

- $\Delta V = V_{AB} - (V_A + V_B) = \dfrac{CF_A + CF_B + \Delta CF}{k_0^{AB}} - \left(\dfrac{CF_A}{k_0^A} + \dfrac{CF_B}{k_0^B}\right)$

② 인수대상기업의 경영효율개선

- $\Delta V = V_B^{후} - V_B^{전} = \dfrac{CF_B^{전} + \Delta CF_B}{k_0^{후B}} - \dfrac{CF_B^{전}}{k_0^{전B}}$

(3) 자원의 상호보완효과에 따른 시너지효과 발생 시 자본비용

① M&A 전 각 기업 영업위험(β_U)의 이용이 가능한 경우

- $\beta_U^{AB} = \beta_U^A \times \dfrac{V_U^A}{V_U^A + V_U^B} + \beta_U^B \times \dfrac{V_U^B}{V_U^A + V_U^B}$

- $\beta_L^{AB} = \beta_U^{AB} + (\beta_U^{AB} - \beta_d) \times (1-t) \times \left(\dfrac{B}{S}\right)^{AB}$

- $\rho^{AB} = \rho^A \times \dfrac{V_U^A}{V_U^A + V_U^B} + \rho^B \times \dfrac{V_U^B}{V_U^A + V_U^B}$

② M&A 전 각 기업의 영업위험(β_U)의 이용이 불가능한 경우

- $\beta_L^{A+B} = \beta_L^A \times \dfrac{S_L^A}{S_L^A + S_L^B} + \beta_L^B \times \dfrac{S_L^B}{S_L^A + S_L^B}$

$$= \beta_U^{AB} + (\beta_U^{AB} - \beta_d) \times (1-t) \times \frac{B^A + B^B}{S_L^A + S_L^B}$$

- $\beta_L^{AB} = \beta_U^{AB} + (\beta_U^{AB} - \beta_d) \times (1-t) \times \left(\dfrac{B}{S}\right)^{AB}$

02 M&A의 경제성 분석

(1) 현금지급방식의 M&A 시 경제성 분석

① M&A 프리미엄 = 인수가격 − S_L^B

- 인수대상기업 주주의 이득
- 인수대상기업 주주 입장의 최소인수가격 = S_L^B

② M&A의 $NPV = (S_L^{AB} - S_L^A)$ − 인수가격 $= (V^{AB} - V^A) - B^B$ − 인수가격

- 인수기업 주주의 이득
- 인수기업 주주 입장의 최대인수가격 = S_L^B + 시너지효과
- M&A의 NPV = 시너지효과 − M&A 프리미엄

(2) 주식교환방식의 M&A 시 경제성 분석

① 주식교환비율(ER)

- 인수대상기업의 주식 1주에 대해 교부해주는 인수기업의 주식수

② 인수가격 = 교부주식수 × P_{AB}

- 교부주식수 = $N_B \times ER$
- M&A 후 주가 $= P_{AB} = \dfrac{S_L^{AB}}{N_A + N_B \times ER}$
- 인수가격 = 인수대상기업 주주의 M&A 후 지분율 × S_L^{AB}

③ M&A 프리미엄 = 인수가격 − S_L^B

- 인수대상기업 주주의 M&A 후 지분율 × S_L^{AB} − S_L^B
- $N_B \times ER \times P_{AB} - N_B \times P_B = N_B \times (P_{AB} \times ER - P_B)$

④ M&A의 NPV = 시너지효과 − M&A 프리미엄

- 인수기업 주주의 M&A 후 지분율 × S_L^{AB} − S_L^A
- $N_A \times P_{AB} - N_A \times P_A = N_A \times (P_{AB} - P_A)$

03 주식교환비율의 결정

(1) 시너지효과가 발생하지 않는 경우 주식교환비율의 결정

① M&A 전 EPS를 기준으로 한 ER 결정: $\Delta NI = 0$인 경우

- $ER = \dfrac{EPS_B}{EPS_A}$
- 인수기업 주주: $EPS_A = EPS_{AB}$
- 인수대상기업 주주: $EPS_B = EPS_{AB} \times ER$
- 인수기업 주주와 인수대상기업 주주에게 귀속되는 M&A 전·후의 EPS 불변

② M&A 전 주가를 기준으로 한 ER 결정: $\Delta V = 0$인 경우

- $ER = \dfrac{P_B}{P_A}$
- 인수기업 주주: $P_A = P_{AB}$
- 인수대상기업 주주: $P_B = P_{AB} \times ER$
- 인수기업 주주와 인수대상기업 주주에게 귀속되는 M&A 전·후의 주가 불변

(2) 시너지효과가 발생하는 경우 주식교환비율의 범위

① M&A 전·후의 EPS를 기준으로 의사결정하는 경우

- $EPS_{AB} = \dfrac{NI_{AB}}{N_{AB}} = \dfrac{NI_A + NI_B + \Delta NI}{N_A + N_B \times ER}$
- 주식교환비율의 상한: $EPS_A \le EPS_{AB}$
- 주식교환비율의 하한: $EPS_B \le EPS_{AB} \times ER$
- M&A에 따른 이익성장률의 변화까지 추가로 고려

② M&A 전·후의 주가를 기준으로 의사결정하는 경우

- $P_{AB} = \dfrac{S_L^{AB}}{N_{AB}} = \dfrac{V^{AB} - B^A - B^B}{N_A + N_B \times ER}$
- 주식교환비율의 상한: $P_A \le P_{AB}$
- 주식교환비율의 하한: $P_B \le P_{AB} \times ER$

③ NPV를 기준으로 의사결정하는 경우

- 주식교환비율의 상한: M&A의 NPV = $N_A \times (P_{AB} - P_B) \ge 0$
- 주식교환비율의 하한: M&A 프리미엄 = $N_B \times (P_{AB} \times ER - P_B) \ge 0$
- M&A 전·후의 주가를 기준으로 의사결정하는 경우와 동일

문제 01 시너지효과가 발생하지 않는 경우 주식교환비율 CPA 10

아래의 표는 합병 논의가 있기 전, (주)동해와 (주)백두에 대한 정보를 정리한 것이다. (주)동해는 (주)백두를 주식교환방식으로 흡수합병하고자 한다. 합병의 시너지효과는 없다고 가정하여 아래의 질문에 답하시오.

	(주)동해	(주)백두
주가	40,000원	10,000원
발행주식수	250주	100주
당기순이익	5,000,000원	500,000원

물음 1

(주)동해와 (주)백두의 PER는 각각 얼마인가?

물음 2

인수기업인 (주)동해가 피인수기업인 (주)백두 주가에 대해 20%의 프리미엄을 인정하여 주식을 발행한다고 하면, 합병 시 (주)백두의 주식 1주에 대한 교환비율은 얼마인가? 또 합병기업의 EPS는 얼마인가? EPS는 소수점 첫째 자리에서 반올림하여 답하시오.

물음 3

(주)동해의 입장에서 합병 전후의 EPS를 동일하게 유지하기 위해서는 몇 퍼센트의 프리미엄을 인정해 주어야 하는가? 또 이때의 주식교환비율은 얼마인가?

해답

물음 1

$$EPS_{동해} = \frac{5,000,000원}{250주} = 20,000원$$

$$PER_{동해} = \frac{40,000원}{20,000원} = 2$$

$$EPS_{백두} = \frac{500,000원}{100주} = 5,000원$$

$$PER_{백두} = \frac{10,000원}{5,000원} = 2$$

물음 2

주식교환비율: $ER = \frac{P_{백두} \times 1.2}{P_{동해}} = \frac{10,000원 \times 1.2}{40,000원} = 0.3$

합병기업의 EPS $= \frac{5,000,000원 + 500,000원}{250주 + 100주 \times 0.3} = 19,643원$

물음 3

(주)동해의 EPS = 20,000원 = 합병기업의 EPS $= \frac{5,000,000원 + 500,000원}{250주 + 교부주식수}$

∴ 교부주식수 = 25주

주식교환비율 $= \frac{25주}{100주} = 0.25 = \frac{P_{백두} \times (1+x)}{P_{동해}} = \frac{10,000원 \times (1+x)}{40,000원}$

∴ 인수프리미엄: $x = 0\%$

문제 02 시너지효과가 발생하는 경우 주식교환비율 CPA 00

A기업이 B기업을 주식교환방식으로 흡수합병하고자 한다. 다음 자료를 토대로 물음에 답하시오.

	A기업	B기업
당기순이익	10억원	1억원
발행주식수	500,000주	250,000주
주가	20,000원	4,000원

물음 1

B기업의 합병 전 PER를 계산하시오.

물음 2

B기업 주가에 대하여 25% 프리미엄을 인정하고 주식을 교부하는 경우에, B주식 1주에 대한 주식교환비율을 계산하시오.

물음 3

물음 2와 같은 조건으로 합병하는 경우에 합병 후 각 기업 주주의 EPS는 어떻게 변화하는가? 단, 합병에 따른 당기순이익의 증감은 발생하지 않는 것으로 가정한다.

물음 4

A기업 주주의 입장에서 합병 전후의 EPS를 동일하게 하는 주식교환비율은 얼마인가? 단, 합병에 따른 당기순이익의 증감은 발생하지 않는 것으로 가정한다.

물음 5

중복비용의 절감으로 1억원의 시너지효과(당기순이익의 증가)가 있다고 하면, A주주가 수용할 수 있는 최대의 주식교환비율과 B주주가 수용할 수 있는 최소의 주식교환비율은 얼마인가? 단, 주주는 합병 전후의 EPS를 비교하여 합병의사결정을 한다고 가정한다.

해답

물음 1

$$EPS_B = \frac{1억원}{250,000주} = 400원$$

$$PER_B = \frac{4,000원}{400원} = 10$$

물음 2

주식교환비율: $ER = \frac{P_B \times 1.25}{P_A} = \frac{4,000원 \times 1.25}{20,000원} = 0.25$

물음 3

$$EPS_{합병후} = \frac{10억원 + 1억원}{500,000주 + 250,000주 \times 0.25} = 1,955.56원$$

∴ A기업 주주의 EPS는 합병 전 2,000원에서 합병 후 1,955.56원으로 감소한다.

$$EPS_{합병후} \times ER = \frac{10억원 + 1억원}{500,000주 + 250,000주 \times 0.25} \times 0.25 = 488.89원$$

∴ B기업 주주의 EPS는 합병 전 400원에서 합병 후 488.89원으로 증가한다.

물음 4

$$EPS_A = 2,000원 = EPS_{합병후} = \frac{10억원 + 1억원}{500,000주 + 250,000주 \times ER}$$

$$\therefore\ ER = 0.2 = \frac{EPS_B}{EPS_A} = \frac{400원}{2,000원}$$

물음 5

상한: $EPS_A = 2,000원 \ \le\ EPS_{합병후} = \frac{10억원 + 1억원 + 1억원}{500,000주 + 250,000주 \times ER}$

$\therefore\ ER \le 0.4$

하한: $EPS_B = 400원 \ \le\ EPS_{합병후} \times ER = \frac{10억원 + 1억원 + 1억원}{500,000주 + 250,000주 \times ER} \times ER$

$\therefore\ ER \ge 0.182$

A기업 주주가 수용할 수 있는 최대의 주식교환비율은 0.4이고, B기업 주주가 수용할 수 있는 최소의 주식교환비율은 0.182이다.

문제 03 차입매수와 주식공개매수

CPA 16

(주)대한은 모든 주주가 소액주주이며 발행주식수가 100만주인 무부채회사이다. (주)대한의 주식은 주당 1만원에 거래되고 있다. 주당 2만원에 거래되는 (주)민국은 (주)대한의 최대주주가 되어 경영진을 교체하면 (주)대한의 기업가치가 160억원이 될 것으로 추정하였다. 따라서 (주)대한 발행주식수의 절반을 주당 12,000원에 공개매수하는 것을 계획하고 있다. 50% 미만의 주식이 공개매수에 응하면 공개매수 자체는 취소된다.

물음 1

50%의 주식을 공개매수하게 된다면 (주)민국이 얻는 이익은 얼마인가?

물음 2

(주)대한의 주주인 당신은 공개매수에 참여하겠는가? 근거를 제시하시오.

물음 3

(주)민국이 신주를 발행하여 (주)대한의 주주에게 신주를 교부하는 방식으로 공개매수를 한다면 양의 NPV를 만들어 내면서 제안할 수 있는 최대교환비율은 얼마인가?

물음 4

차입매수(leveraged buyout; LBO) 전문회사인 (주)만세는 (주)대한의 경영권확보를 위해 주당 12,000원에 공개매수를 고려하고 있다. 공개매수에 필요한 자금은 전액 차입할 예정이며 공개매수된 (주)대한의 주식을 차입의 담보물로 제공할 예정이다. 이 차입금은 공개매수되는 (주)대한의 부채가 된다. 50%의 주식이 공개매수에 응한다면 (주)만세가 얻는 이익은 얼마인가?

물음 5

(주)대한의 주주인 당신은 (주)만세의 공개매수에 참여하겠는가? 근거를 제시하시오.

해답

물음 1

인수 주식수 $= 100$만주 $\times 50\% = 50$만주

인수 후 (주)대한의 주가 $= \dfrac{160\text{억 원}}{100\text{만주}} = 16,000$원

(주)민국의 이익 $= (16,000\text{원} - 12,000\text{원}) \times 50$만주 $= 20$억 원

물음 2

공개매수 참여 시 (주)대한 1주당 부 $= 12,000$원

공개매수 성사 가정, 공개매수 불참 시 (주)대한 1주당 부 $= 16,000$원

∴ 공개매수가 성사되는 경우를 가정했을 때 공개매수에 참여하지 않는다.

물음 3

(주)민국의 지급 가능한 최대인수대가 $= 160$억 원 $\times 50\% = 80$억 원

(주)민국의 교부 가능한 최대주식수 $= \dfrac{80\text{억 원}}{20,000\text{원}} = 40$만주

최대교환비율: $ER = \dfrac{40\text{만주}}{50\text{만주}} = 0.8$

물음 4

차입액 $= 12,000$원 $\times 50$만주 $= 60$억 원

차입매수 후 (주)대한의 자기자본가치 $= 160$억 원 $- 60$억 원 $= 100$억 원

(주)만세의 이득 $= 100$억 원 $\times 50\% = 50$억 원

물음 5

공개매수 참여 시 (주)대한 1주당 부 $= 12,000$원

공개매수 성사 가정, 공개매수 불참 시 (주)대한 1주당 부 $= \dfrac{100\text{억 원}}{100\text{만주}} = 10,000$원

∴ 공개매수가 성사되는 경우를 가정했을 때 공개매수에 참여한다.

문제 04 포이즌 필과 주주 간 부의 이전

CPA 19

(주)충무의 주가는 20,000원이고 주가수익비율(PER)은 10이며, 총발행주식수는 2백만주이다. (주)남산은 보통주를 발행하여 주식교환방식으로 (주)충무를 인수하려 한다. (주)남산의 주가는 45,000원이고 PER는 15이며, 총발행주식수는 5백만주이다. 두 기업은 모두 무차입기업이며, 합병 후 PER는 15로 예상된다. 단, 합병 후에도 두 기업의 이익수준은 변하지 않는다고 가정한다. 주식교환비율은 %단위로 소수점 아래 셋째 자리에서 반올림하여 둘째 자리까지 표시하시오.

물음 1

(주)남산이 자신의 합병 전 주가를 유지하기 위하여 제시할 수 있는 최대 주식교환비율은 얼마인가?

물음 2

(주)충무가 자신의 합병 전 주가를 유지하기 위하여 수용할 수 있는 최소 주식교환비율은 얼마인가?

※ 물음 3 ~ 물음 5는 위의 물음과 독립적이다.

한편, (주)충무는 자사의 지분 20%를 가지고 있는 (주)헷지로부터 적대적 인수시도를 받고 있다. (주)충무는 포이즌 필(poison pill)이 도입되어 정관에 포함될 경우를 고려하고자 한다. 특정 주주의 지분이 20% 이상이면 포이즌 필의 시행이 가능하며, 인수자를 제외한 모든 주주는 자신들이 보유하고 있는 주식수 만큼 새로운 주식을 50% 할인된 가격으로 매입할 수 있다. 단, 주가는 포이즌 필이 발효되기 전까지는 20,000원으로 유지되며, 완전자본시장을 가정한다.

물음 3

(주)헷지를 제외한 (주)충무의 모든 주주들이 (주)헷지의 적대적 인수시도에 대해 반대하여 포이즌 필이 발효되고, (주)헷지를 제외한 (주)충무의 모든 주주들이 보유한 주식수만큼 새로운 주식을 매입한다고 가정하자. 이 조항이 발효된 후 (주)헷지의 지분율과 (주)충무의 새로운 주가는 각각 얼마인가?

물음 4

포이즌 필이 발효될 경우 (주)헷지와 (주)헷지를 제외한 (주)충무의 기존주주들 간 부의 이전이 어떻게 발생되는지 설명하시오.

물음 5

적대적 인수시도에 대한 방어장치 도입의 필요성에 관하여 찬성하는 견해와 반대하는 견해를 각각 3줄 이내로 설명하시오.

해답

물음 1

구분	(주)충무	(주)남산
기업가치	400억원	2,250억원
주당이익	2,000원	3,000원
당기순이익	40억원	150억원

$$P_{남산} = 45,000원 \le P_{합병후} = \frac{(150억원 + 40억원) \times 15}{500만주 + 200만주 \times ER}$$

∴ ER ≤ 66.67%

물음 2

$$P_{충무} = 20,000원 \le P_{합병후} \times ER = \frac{(150억원 + 40억원) \times 15}{500만주 + 200만주 \times ER} \times ER$$

∴ ER ≥ 40.82%

물음 3

포이즌 필 발효에 따른 신규발행주식수 = 200만주 × 80% = 160만주

$$포이즌 필 발효 후 (주)헷지의 지분율 = \frac{40만주}{200만주 + 160만주} = 11.11\%$$

$$포이즌 필 발효 후 (주)충무의 주가 = \frac{200만주 \times 20,000 + 160만주 \times 10,000}{200만주 + 160만주} = 15,555.56원$$

물음 4

구분	이전	포이즌 필 발효 후	부의 증감
(주)헷지	주식 40만주 × 20,000원 = 80억원	주식 40만주 × 15,555.56원 = 62.22억원	17.78억원 감소
기존 주주들	주식 160만주 × 20,000원 = 320억원	주식 320만주 × 15,555.56원 = 497.78억원	17.78억원 증가
	현금 160만주 × 10,000원 = 160억원		
	합계 480억원	합계 497.78억원	

∴ (주)헷지로부터 (주)헷지를 제외한 (주)충무의 기존주주들에게로 17.78억원의 부가 이전된다.

물음 5

〈찬성〉 투기자본에 의한 기업침탈이 빈번하게 발생하여 건전한 기업가들의 경영의지를 저해할 수 있으며, 금융시장의 질서가 교란될 수 있으므로 방어장치가 도입되어야 한다.

〈반대〉 방어장치가 도입되는 경우에 금융시장에서의 자유경쟁이 제한될 수 있고, 적대적 인수시도가 활발한 경우에 기업경영의 효율화를 도모할 수 있다.

문제 05 주식교환비율과 주당순이익 CPA 17

(주)비더는 (주)타겟을 인수하려고 하며, 합병 전 두 기업에 대한 자료는 다음과 같다.

	(주)비더	(주)타겟
주가	5,000원	2,000원
발행주식수	6,000주	4,000주
당기순이익	8,000,000원	2,400,000원

시장의 기대수익률은 15%이고, 무위험이자율은 5%이며, 물음 1 ~ 물음 4는 각각 독립적이다.

물음 1

(주)비더가 (주)타겟의 주가에 대해 30% 프리미엄을 인정하여 현금으로 인수할 경우 다음 물음에 답하시오.

① 인수대가와 인수프리미엄을 구하시오.

② (주)타겟은 배당평가모형을 사용하여 자사 주식의 내재가치를 구한다. 이 기업의 배당성향은 40%, 배당금의 성장률은 매년 12%로 일정하다. 주식베타가 2일 때, (주)타겟의 주주 입장에서 (주)비더의 제안을 수용할 것인지를 판단하시오. 단, CAPM이 성립한다고 가정한다.

물음 2

(주)비더가 (주)타겟의 주가에 대해 30% 프리미엄을 인정하여 신주 발행 후 교부할 경우 다음 물음에 답하시오.

① (주)비더의 주식 1주에 대한 교환비율은 얼마인가? 계산결과는 반올림하여 소수점 셋째 자리까지 표시하시오.

② 위 ①의 주식교환비율로 신주가 교부되었을 경우 각 기업의 주주 입장에서 합병 전과 합병 후 EPS 변화를 구하시오.

물음 3

인수 후 기업의 주가수익비율(PER)이 4.5가 될 것으로 예상될 때 다음 물음에 답하시오.

① (주)비더가 현 주가를 유지하기 위하여 제시할 수 있는 최대 주식교환비율을 구하시오. 계산결과는 반올림하여 소수점 셋째 자리까지 표시하시오.

② 위 ①의 주식교환비율로 신주가 교부되었을 경우 각 기업의 주주 입장에서 합병 전과 합병 후 EPS 변화를 구하시오.

물음 4

인수기업 입장에서, 인수대가의 지급방식(현금 또는 주식교부)의 선택에 영향을 미치는 요인을 설명하시오.

해답

물음 1

① 인수대가 $= 2,000원 \times 1.3 \times 4,000주 = 10,400,000원$

인수프리미엄 $= 10,400,000원 - 2,000원 \times 4,000주 = 2,400,000원$

② $k_e = 0.05 + (0.15 - 0.05) \times 2 = 0.25$

$$EPS_0 = \frac{2,400,000원}{4,000주} = 600원$$

$$P_0 = \frac{600원 \times 1.12 \times 0.4}{0.25 - 0.12} = 2,067.69원$$

∴ (주)타겟 주주의 입장에서는 주당 인수대가 2,600원이 (주)타겟 주식의 가치 2,067.69원보다 높기 때문에 (주)비더의 제안을 수용할 것이다.

물음 2

① 주식교환비율: $ER = \frac{5,000원}{2,000원 \times 1.3} = 1.923$

② 교부주식수 $= 4,000주 \times \frac{1}{1.923} = 2,080주$

합병 후 기업의 $EPS = \frac{8,000,000원 + 2,400,000원}{6,000주 + 2,080주} = 1,287.13원$

(주)비더 주주 EPS 감소: 합병 전 1,333.33원 〉 합병 후 1,287.13원

(주)타겟 주주 EPS 증가: 합병 전 600원 〈 합병 후 $1,287.13원 \times \frac{1}{1.923} = 669.33원$

물음 3

① $$5,000원 = \frac{(8,000,000원 + 2,400,000원) \times 4.5}{6,000주 + 4,000주 \times \frac{1}{ER}}$$

∴ $ER = 1.190$

② 교부주식수 $= 4,000주 \times \frac{1}{1.190} = 3,361주$

합병 후 기업의 $EPS = \frac{8,000,000원 + 2,400,000원}{6,000주 + 3,361주} = 1,110.99원$

(주)비더 주주 EPS 감소: 합병 전 1,333.33원 〉 합병 후 1,110.99원

(주)타겟 주주 EPS 증가: 합병 전 600원 〈 합병 후 $1,110.99원 \times \frac{1}{1.190} = 933.61원$

물음 4

인수기업의 입장에서는 긍정적 시너지효과의 발생 가능성이 높거나, 인수(대상)기업의 내재가치에 비해 시장가치가 저평가된 경우에는 현금지급방식을, 반대의 경우에는 주식교부방식을 선호한다.

문제 06 인수대가의 지급방식 결정

CPA 07

합병 논의가 있기 전 개별 기업 (주)산라와 (주)가야에 대한 정보이다.

구분	시장가치	발행주식수	주가
(주)산라	80,000원	40주	2,000원
(주)가야	20,000원	20주	1,000원

무부채기업인 (주)산라가 무부채기업인 (주)가야를 합병하면 20,000원의 시너지가 발생하여 합병 후 기업의 시장가치는 120,000원이 될 것이다.

물음 1

(주)가야는 (주)산라에게 인수대가로 현금 30,000원의 지급을 요구했다. 이 경우에 (주)산라의 주주 입장에서 합병의 순현가(NPV)는 얼마인가?

물음 2

(주)산라는 현금 대신 30,000원에 해당하는 (주)산라의 주식으로 교환해 주려고 한다. 합병 논의 전 (주)산라의 주가인 2,000원을 적용해 (주)가야의 주식 20주와 새로 발행한 (주)산라의 주식 15주를 교환한다면 (주)산라의 주주 입장에서 합병의 순현가(NPV)는 얼마인가?

물음 3

(주)산라가 현금 30,000원을 주는 것과 동일한 순현가 효과가 있기 위한 주식교환비율은 얼마인가?

물음 4

현금매수 금액이나 주식교환비율은 합병 논의가 있기 전 시장가치를 기준으로 하되, 시너지는 (주)산라와 (주)가야에게 동등하게 배분되도록 결정한다. 또한, 합병 후 시장가치는 실제가치를 반영한다고 하자. (주)산라의 경영진이 다음과 같이 판단할 때 각각의 경우 현금매수방식과 주식교환방식 중 어느 것을 더 선호하겠는가? 제시된 표의 칸을 채워 답하시오.

① 합병의 시너지가 시장에 알려진 20,000원보다 작은 15,000원이다.

② (주)산라 자산의 실제가치는 시장가치인 80,000원보다 작은 75,000원이다.

③ (주)가야 자산의 실제가치는 시장가치인 20,000원보다 큰 25,000원이다.

문항	현금매수 시 (주)산라 주주의 NPV	주식교환 시 (주)산라 주주의 NPV	선호방식
①			
②			
③			

해답

물음 1

합병의 NPV = (120,000원 − 80,000원) − 30,000원 = 10,000원

물음 2

$$합병\ 후\ 기업의\ 주가 = \frac{120{,}000원}{40주 + 15주} = 2{,}181.82원$$

합병의 NPV = (2,181.82원 − 2,000원) × 40주 = 7,273원

물음 3

$$30{,}000원 = 20주 \times ER \times \frac{120{,}000원}{40주 + 20주 \times ER}$$

∴ ER = 0.67

물음 4

문항	현금매수 시 (주)산라 주주의 NPV	주식교환 시 (주)산라 주주의 NPV	선호방식
①	5,000원	6,250원	주식교환
②	10,000원	11,250원	주식교환
③	15,000원	13,750원	현금매수

현금매수 시 합병대가 = 20,000원 + 20,000원 × 0.5 = 30,000원

$$주식교환\ 시\ 주식교환비율 = \frac{(20{,}000 + 10{,}000)/20주}{(80{,}000 + 10{,}000)/40주} = \frac{2}{3}$$

① 현금매수 시 합병의 NPV = (115,000원 − 80,000원) − 30,000원 = 5,000원

$$주식교환\ 시\ 합병\ 후\ 주가 = \frac{115{,}000원}{40주 + 20주 \times 2/3} = 2{,}156.25원$$

주식교환 시 합병의 NPV = (2,156.25원 − 2,000원) × 40주 = 6,250원

② 현금매수 시 합병의 NPV = (115,000원 − 75,000원) − 30,000원 = 10,000원

$$주식교환\ 시\ 합병\ 후\ 주가 = \frac{115{,}000원}{40주 + 20주 \times 2/3} = 2{,}156.25원$$

$$주식교환\ 시\ 합병의\ NPV = (2{,}156.25원 - \frac{75{,}000원}{40주}) \times 40주 = 11{,}250원$$

③ 현금매수 시 합병의 NPV = (125,000원 − 80,000원) − 30,000원 = 15,000원

$$주식교환\ 시\ 합병\ 후\ 주가 = \frac{125{,}000원}{40주 + 20주 \times 2/3} = 2{,}343.75원$$

주식교환 시 합병의 NPV = (2,343.75원 − 2,000원) × 40주 = 13,750원

문제 07 사업결합과 성장률의 변화 CPA 13

ABC기업은 XYZ기업을 흡수합병하려고 한다. ABC기업과 XYZ기업은 모두 부채 없이 자기자본만 사용하고 있으며, 이외의 재무정보는 다음과 같다.

	ABC기업	XYZ기업
주가수익비율(PER)	15	10
발행주식수	1,000,000	500,000
당기순이익	30억원	6억원
배당총액	10억원	2억원

시장에서 XYZ기업의 배당은 매년 5% 증가될 것으로 예상하고 있다. 그러나 ABC기업이 인수하게 되면, ABC기업은 XYZ기업의 배당이 매년 7% 성장할 수 있을 것으로 분석하고 있다.

물음 1

ABC기업이 XYZ기업을 인수하는 경우 XYZ기업의 가치는 얼마인가? 억원 단위로 반올림하여 소수점 첫째 자리까지 표기하라.

물음 2

ABC기업이 XYZ기업을 인수하는 경우, ABC기업이 XYZ기업의 주주들에게 제시할 수 있는 주당 가격은 최대 얼마인가? 반올림하여 소수점 둘째 자리까지 표기하라.

물음 3

ABC기업은 XYZ기업 주주들에게 다음과 같이 현금매수방식 혹은 주식제공방식을 고려하고 있다. 억원 단위로 반올림하여 소수점 첫째 자리까지 표기하라.

① XYZ기업에 대한 현금매수금액은 주당 14,000원으로 제시할 계획이며, 주식을 제공하는 경우는 XYZ기업 주주들에게 기존에 발행된 XYZ기업주식 전량을 회수하는 대신 자사주식 150,000주를 제공할 계획이다. 각각의 NPV를 추정하여 ABC기업 입장에서 어느 방식이 더 유리한지 추정하라.

② 외부기업분석가들은 흡수합병 후 XYZ기업의 성장률을 7%로 설정하는 것은 너무 높다는 의견을 제시하고 있다. 따라서 ABC기업은 XYZ기업의 성장률을 6%로 하향하여 수정하려고 한다. ①의 결과와 어떤 차이를 보이는가?

물음 4

위 질문들과 관계없이 흡수합병 후 시너지효과가 반영된 기업의 PER는 15가 될 것으로 예상된다. 다음의 물음에 답하라.

① 인수기업인 ABC기업이 제시할 수 있는 최대 주식교환비율은 얼마인가?

② 인수대상기업인 XYZ기업이 원하는 최소 주식교환비율은 얼마인가?

해답

물음 1

$$k^{XYZ} = \frac{\text{총배당액} \times (1+g^{\text{인수전}})}{\text{인수전기업가치}} + g^{\text{인수전}} = \frac{2\text{억원} \times 1.05}{10 \times 6\text{억원} = 60\text{억원}} + 0.05 = 0.085$$

$$V^{XYZ}_{\text{인수후}} = \frac{\text{총배당액} \times (1+g^{\text{인수후}})}{k^{XYZ} - g^{\text{인수후}}} = \frac{2\text{억원} \times 1.07}{0.085 - 0.07} = 142.7\text{억원}$$

물음 2

$$\text{제시 가능한 최대 주당 가격} = \frac{2\text{억원} \times 1.07}{0.085 - 0.07} \div 500{,}000\text{주} = 28{,}533.33\text{원}$$

물음 3

① 현금매수 시 인수대가 = 14,000원 × 500,000주 = 70억원

현금매수 시 ABC기업의 NPV = 142.7억원 − 70억원 = 72.7억원

$$\text{인수 전 ABC의 주가} = \frac{15 \times 30\text{억원} = 450\text{억원}}{1{,}000{,}000\text{주}} = 45{,}000\text{원}$$

$$\text{주식제공 시 인수 후 ABC의 주가} = \frac{450\text{억원} + 142.7\text{억원}}{1{,}150{,}000\text{주}} = 51{,}539.13\text{원}$$

주식제공 시 ABC기업의 NPV = (51,539.13원 − 45,000원) × 100만주 = 65.4억원

∴ ABC기업의 입장에서는 현금매수방식이 더 유리하다.

② 인수 후 XYZ의 기업가치: $V^{XYZ}_{\text{인수후}} = \dfrac{2\text{억원} \times 1.06}{0.085 - 0.06} = 84.8\text{억원}$

현금매수 시 ABC기업의 NPV = 84.8억원 − 70억원 = 14.8억원

$$\text{주식제공 시 인수 후 ABC의 주가} = \frac{450\text{억원} + 84.8\text{억원}}{1{,}150{,}000\text{주}} = 46{,}504.35\text{원}$$

주식제공 시 ABC기업의 NPV = (46,504.35원 − 45,000원) × 100만주 = 15.0억원

∴ ①의 결과와 달리 ABC기업의 입장에서는 주식제공방식이 더 유리하다.

물음 4

① 인수기업(ABC기업): $45{,}000\text{원} \le \dfrac{15 \times (30\text{억원} + 6\text{억원}) = 540\text{억원}}{1{,}000{,}000\text{주} + 500{,}000\text{주} \times ER}$

∴ $ER \le 0.4$

② 인수대상기업(XYZ기업): $12{,}000\text{원} \le \dfrac{540\text{억원}}{1{,}000{,}000\text{주} + 500{,}000\text{주} \times ER} \times ER$

∴ $ER \ge 0.25$

문제 08 무부채기업의 합병 후 자본비용 CPA 05

대영(주)는 이테크(주)의 흡수합병을 검토하고 있다. 모두 무부채기업인 두 기업의 재무정보는 다음과 같다. 2005년 말 합병 검토 당시 무위험이자율은 4%, 시장포트폴리오 수익률은 10%, 모든 기업의 법인세율은 40%이다.

구분	주식수	당기순이익	당시주가	베타
대영(주)	200만주	60억원	30,000원	0.8
이테크(주)	50만주	16.5억원	21,000원	1.4

물음 1

피합병기업인 이테크(주)의 주주의 입장에서 더 유리한 합병조건은 주당순이익(EPS) 기준인가 아니면 주당 가격 기준인가? 단, 판단기준은 주식교환비율에 따른 EPS크기의 변화로 측정하고 합병시너지는 없다고 가정한다.

물음 2

이테크(주)의 주주는 당시주가에 6,000원의 프리미엄을 추가한 주당 가격 기준으로 주식교환비율을 결정하자고 요구하고 있다. 대영(주) 주주의 입장에서 이 제안의 수용 여부를 판단하라. 단, 판단기준은 주식교환비율에 따른 EPS크기의 변화로 측정하고 합병시너지는 없다고 가정한다.

물음 3

이테크(주)는 당시주가에 6,000원의 프리미엄을 추가한 주당 가격으로 전체 발행주식을 현금으로 인수해 줄 것을 대영(주)에게 요구하고 있다.

① 대영(주)는 합병 당시의 주가가 가장 적절한 주당 인수금액이라고 판단한다. 이 경우 합병 후 대영(주)의 주주가 요구하는 요구수익률은 얼마인가? (퍼센트 기준 소수점 둘째 자리까지만 표시한다.)

② 합병에 따른 매년 말 기준 증분현금흐름은 다음과 같이 예상된다. 주어진 증분현금흐름만을 고려하여 이테크(주)의 요구가 적절한지 대영(주) 주주의 입장에서 판단하라.

기간(t)	1	2	3	4
증분현금흐름	12억원	10억원	7억원	6억원

③ 위 문제에서와 같은 증분현금흐름을 예상할 때 대영(주)가 합병요구를 수용할 수 있게 하려면 이테크(주)가 당시주가에 추가할 수 있는 최대한의 프리미엄은 얼마인가? (가격은 1원 단위까지 구한다. 소수점은 절사한다.)

해답

물음 1

합병 전 $EPS_{대영}$ = 60억원 ÷ 200만주 = 3,000원

합병 전 $EPS_{이테크}$ = 16.5억원 ÷ 50만주 = 3,300원

주당순이익 기준 $ER = \dfrac{3{,}300원}{3{,}000원} = 1.1$

주당순이익 기준 합병 후 이테크(주) 주주의 EPS = $\dfrac{60억원 + 16.5억원}{200만주 + 50만주 \times 1.1} \times 1.1 = 3{,}300원$

주당 가격 기준 $ER = \dfrac{21{,}000원}{30{,}000원} = 0.7$

주당 가격 기준 합병 후 이테크(주) 주주의 EPS = $\dfrac{60억원 + 16.5억원}{200만주 + 50만주 \times 0.7} \times 0.7 = 2{,}278.72원$

∴ 이테크(주) 주주의 입장에서는 주당순이익 기준이 보다 유리하다.

물음 2

$ER = \dfrac{21{,}000원 + 6{,}000원}{30{,}000원} = 0.9$

합병 후 EPS = $\dfrac{60억원 + 16.5억원}{200만주 + 50만주 \times 0.9} = 3{,}122.45원$

∴ 대영(주) 주주는 합병 전 EPS(3,000원)보다 EPS가 증가하므로 수용할 수 있다.

물음 3

① 합병 전 대영(주)의 가치 = 200만주 × 30,000원 = 600억원

합병 전 이테크(주)의 가치 = 50만주 × 21,000원 = 105억원

합병 전 대영(주)의 자본비용: $\rho^{대영} = 0.04 + (0.1 - 0.04) \times 0.8 = 0.088$

합병 전 이테크(주)의 자본비용: $\rho^{이테크} = 0.04 + (0.1 - 0.04) \times 1.4 = 0.124$

합병 후 자본비용: $\rho^{합병후} = \rho^{대영} \times \dfrac{V_U^{대영}}{V_U^{대영} + V_U^{이테크}} + \rho^{이테크} \times \dfrac{V_U^{이테크}}{V_U^{대영} + V_U^{이테크}}$

$= 0.088 \times \dfrac{600}{600 + 105} + 0.124 \times \dfrac{105}{600 + 105} = 9.34\%$

② 시너지효과 = $\dfrac{12억원}{1.0934} + \dfrac{10억원}{1.0934^2} + \dfrac{7억원}{1.0934^3} + \dfrac{6억원}{1.0934^4} = 28.89억원$

합병프리미엄 = 50만주 × 6,000원 = 30억원

합병의 NPV = 28.89억원 − 30억원 = −1.11억원

∴ 대영(주) 주주의 입장에서 이테크(주)의 요구는 적절하지 못하다.

③ 지급 가능한 최대 (주당) 합병프리미엄 = 28.89억원 ÷ 50만주 = 5,778원

해설

물음 3

① 합병 후 영업위험: $\beta_U^{합병후} = \beta_U^{대영} \times \frac{V_U^{대영}}{V_U^{대영} + V_U^{이테크}} + \beta_U^{이테크} \times \frac{V_U^{이테크}}{V_U^{대영} + V_U^{이테크}}$

$$= 0.8 \times \frac{600}{600+105} + 1.4 \times \frac{105}{600+105} = 0.8894$$

합병 후 자본비용: $\rho^{합병후}$ = 0.04 + (0.1 - 0.04) × 0.8894 = 0.0934

문제 09 부채사용기업의 합병 후 자본비용

CPA 03

(주)제일은 기업가치 500억원의 우량회사로 (주)서해를 흡수합병하려고 한다. (주)서해는 작년 말 기준으로 기업에 귀속되는 현금흐름(FCFF: free cashflow to the firm)이 1억원이며 앞으로 매년 5%씩 증가할 것으로 예상된다. 무위험수익률은 5%, 시장포트폴리오 기대수익률은 8%이며, 이후 모든 기간에도 계속 적용된다고 가정한다. 합병 전·후의 (주)제일과 (주)서해에 대한 자료는 다음과 같다.

	합병 전 (주)제일	(주)서해	합병 후 (주)제일
부채/자기자본(시장가치기준)	0.8	1	0.9
주식베타	1.5	1.5	-
타인자본비용(%)	-	5	5
법인세율(%)	40	40	40

물음 1

(주)서해의 기업가치는 얼마인가? (억원 단위 미만 절사)

물음 2

합병 후 (주)제일의 주식베타를 계산하라. (소수점 셋째 자리 이하 절사)

물음 3

(주)제일은 합병 후 기업에 귀속되는 현금흐름(FCFF)이 2년째 말부터 매년 말 10억원씩 추가적으로 영구히 발생할 것으로 예상하고 있다.

① 만약 (주)서해가 제시한 90억원의 현금을 지불하고 합병을 한다면 (주)제일 입장에서의 합병의 순현재가치는 얼마인가? (억원 단위 미만 절사)

② (주)서해가 제시한 90억원을 현금으로 지급하는 대신에 동일 금액의 보통주를 발행하여 지급(합병 후 주가 기준)하려 한다면 발행 후 (주)제일 주식의 주당 시장가치는 얼마인가? 합병 전 (주)제일의 발행주식수는 250만주이다. (금액은 원 단위 미만, 주식수는 만주 미만 절사)

해답

물음 1

$k_e^{서해} = 0.05 + (0.08 - 0.05) \times 1.5 = 0.095$

$k_0^{서해} = 0.05 \times (1 - 0.4) \times 0.5 + 0.095 \times 0.5 = 0.0625$

$$V_L^{서해} = \frac{1억원 \times 1.05}{0.0625 - 0.05} = 84억원$$

물음 2

합병 전 (주)제일의 부채 : 자기자본 = 222억원 : 278억원

합병 전 (주)서해의 부채 : 자기자본 = 42억원 : 42억원

$$\beta_L^{제일+서해} = \beta_L^{제일} \times \frac{S_L^{제일}}{S_L^{제일} + S_L^{서해}} + \beta_L^{제일} \times \frac{S_L^{서해}}{S_L^{제일} + S_L^{서해}}$$

$$= 1.5 \times \frac{278}{278 + 42} + 1.5 \times \frac{42}{278 + 42} = 1.5$$

$$\beta_U^{합병후} = \frac{\beta_L^{제일+서해}}{1 + (1-t) \times \dfrac{B^{제일} + B^{서해}}{S_L^{제일} + S_L^{서해}}} = \frac{1.5}{1 + (1 - 0.4) \times \dfrac{222 + 42}{278 + 42}} = 1$$

$\beta_L^{합병후} = 1 + (1 - 0) \times (1 - 0.4) \times 0.9 = 1.54$

물음 3

$k_e^{합병후} = 0.05 + (0.08 - 0.05) \times 1.54 = 0.0962$

$$k_0^{합병후} = 0.05 \times (1 - 0.4) \times \frac{0.9}{1.9} + 0.0962 \times \frac{1}{1.9} = 0.0648$$

$$시너지효과 = \frac{10억원}{0.0648} \times \frac{1}{1.0648} = 144억원$$

① 합병프리미엄 = 90억원 − 42억원 = 48억원
합병의 NPV = 144억원 − 48억원 = 96억원

② 합병 전 (주)제일의 주가 = 278억원 ÷ 250만주 = 11,120원
합병 후 (주)제일의 주가 = 11,120원 + 96억원 ÷ 250만주 = 14,960원

문제 10 합병의 공동보험효과

CPA 23

(주)갑을은 시장상황에 따른 위험을 헷지하기 위하여 (주)자축에 대한 흡수합병을 고려하고 있으며, 1년 후 시장상황에 따른 두 기업의 영업현금흐름은 다음과 같다.

시장상황	확률	(주)갑을	(주)자축
호황	0.3	150억원	50억원
보통	0.4	80억원	80억원
불황	0.3	30억원	120억원

(주)갑을과 (주)자축의 1년 후 만기가 도래하는 부채의 상환액은 각각 40억원과 60억원이고 채권의 만기수익률은 각각 20%와 16%이며, 주식베타는 각각 2와 1.6이다. 시장포트폴리오의 기대수익률은 15%이고 무위험이자율은 5%이다. 단, CAPM이 성립하고 모든 현금흐름은 1년 후에만 발생하는 단일 기간을 가정한다.

물음 1

(주)갑을의 합병 전 부채가치, 타인자본비용, 자기자본가치 및 기업가치를 각각 구하시오.

물음 2

(주)자축의 합병 전 부채가치, 타인자본비용, 자기자본가치 및 기업가치를 각각 구하시오.

물음 3

합병 후 합병기업의 부채가치, 자기자본가치 및 기업가치를 각각 구하시오. 단, 합병 시 시너지효과는 없으며 추가적인 현금흐름은 발생하지 않는다.

물음 4

(주)자축의 가치대로 합병대가를 지불하는 합병안에 대해 (주)갑을 주주들의 찬성 여부를 밝히고, 그 이유를 세 줄 이내로 설명하시오.

해답

물음 1

부채가치: $B^{갑을} = \frac{만기상환액}{1+YTM} = \frac{40억원}{1.2} = 33.3333억원$

타인자본비용: $k_d^{갑을} = \frac{채권자\ E(CF)}{부채가치} - 1 = \frac{40억원 \times 0.7 + 30억원 \times 0.3 = 37억원}{33.3333억원} - 1$

$= 0.11$

자기자본비용: $k_e^{갑을} = R_f + [E(R_m) - R_f] \times \beta_L = 0.05 + (0.15 - 0.05) \times 2 = 0.25$

자기자본가치: $S_L^{갑을} = \frac{주주\ E(CF)}{1+k_e} = \frac{110억원 \times 0.3 + 40억원 \times 0.4 = 49억원}{1.25} = 39.2억원$

기업가치: $V_L^{갑을} = B + S_L = 33.3333억원 + 39.2억원 = 72.5333억원$

물음 2

부채가치: $B^{자축} = \frac{만기상환액}{1+YTM} = \frac{60억원}{1.16} = 51.7241억원$

타인자본비용: $k_d^{자축} = \frac{채권자\ E(CF)}{부채가치} - 1 = \frac{50억원 \times 0.3 + 60억원 \times 0.7 = 57억원}{51.7241억원} - 1$

$= 0.102$

자기자본비용: $k_e^{자축} = R_f + [E(R_m) - R_f] \times \beta_L = 0.05 + (0.15 - 0.05) \times 1.6 = 0.21$

자기자본가치: $S_L^{자축} = \frac{주주\ E(CF)}{1+k_e} = \frac{20억원 \times 0.4 + 60억원 \times 0.3 = 26억원}{1.21} = 21.4876억원$

기업가치: $V_L^{자축} = B + S_L = 51.7241억원 + 21.4876억원 = 73.2117억원$

물음 3

부채가치: $B^{합병후} = \frac{만기상환액}{1+R_f} = \frac{40억원 + 60억원 = 100억원}{1.05} = 95.2381억원$

기업가치: $V_L^{합병후} = V_L^{갑을} + V_L^{자축} = 72.5333억원 + 73.2117억원 = 145.745억원$

자기자본가치: $S_L^{합병후} = V_L^{합병후} - B^{합병후} = 145.745억원 - 95.2381억원 = 50.5069억원$

물음 4

찬성하지 않는다.

시너지효과가 발생하지 않는 상황에서는 합병 후 기업가치가 합병 전 개별기업가치의 단순합계와 동일하게 되지만, 합병의 공동보험효과로 인해 채무불이행위험이 감소하여 부채가치는 증가하고, 이에 따라 자기자본가치는 감소하기 때문이다.

해커스
윤민호 재무관리연습

초판 1쇄 발행 2024년 3월 26일

지은이	윤민호
펴낸곳	해커스패스
펴낸이	해커스 경영아카데미 출판팀

주소	서울특별시 강남구 강남대로 428 해커스 경영아카데미
고객센터	02-537-5000
교재 관련 문의	publishing@hackers.com
학원 강의 및 동영상강의	cpa.Hackers.com

ISBN	979-11-6999-880-2 (13320)
Serial Number	01-01-01